想天下事　为天下人想事
读天下书　读天下有用之书
立天下理念　为走遍天下立理念
走天下路　走天下人自己的路
只要行动到位　上帝也能扳动

出路

CHULU

申平华 著

出路 天下人第一大梦想

出路 资源组合的魔方

出路 引领成功的智慧『天神』

这辈子就是从出路的门洞里进进出出

只怕自己不发力 不怕上帝不开门

中国青年出版社

天下人关心的问题，就是天大的问题。

人这辈子，就是从出路的门洞里进进出出。

目录

CONTENTS

——出路啊出路，天下人关心的第一大问题

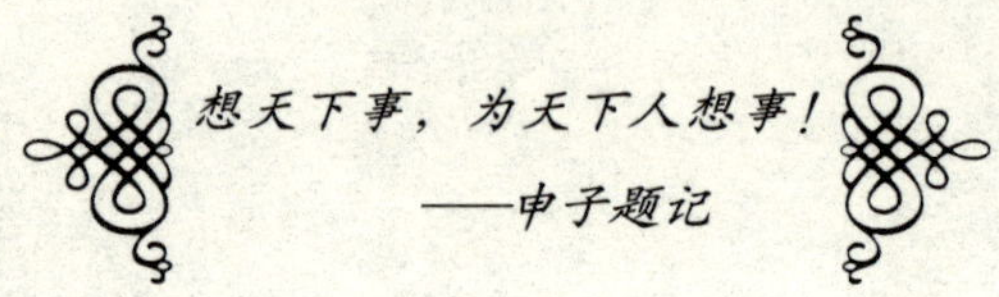

“狡兔三窟”、“狗急跳墙”证明：低级动物都想出路。高级动物关心什么呢？出生取名赋予出路的期待，临终时还要梦想“后未来”的出路。人生梦是要圆一个出路梦！

“路漫漫其修远兮”，几千年来，我们到底修了什么路？人类文明史是一部关于出路的修路史！人生奋斗史是一部出路的打拼史！人的一生，其实就是从出路的门洞里进进出出。

天下人关心的问题变成了天大的问题。农民工像候鸟一样奔走四方，大学生像蝗虫一样涌向街头，对人类的出路、民族的出路充满信心的人们，对个人的出路为何又如此惶恐？说到底这是种选择的恐慌、本领的恐慌和观念的误导所致。

《易经》念成了宿命论，《厚黑学》念成了“流氓混世学”，“狼道”、“狗道”正在冲击“人道”，“应试学”越来越接近“赌博学”。“歪经”盛行，出路将指向何方？

“游走全球的人”，面对空间无边界、资源无边界、发展无边界的大时代，非大气无以驾驭，非大气无以大成？大气做人、大气谋事，不是我们高明，而是必须这么选择！视野大气、理念大气、胸襟大气、思路大气、本事大气、行动大气，以大气人生姿态走向大成人生彼岸！

目录 CONTENTS

用天下资源，为自立于天下组合资源。

——申子题记

目录

CONTENTS

目录 CONTENTS

卷四：天下思维统揽天下出路 ‖ 148

——拿起谋划出路的“秘密武器”

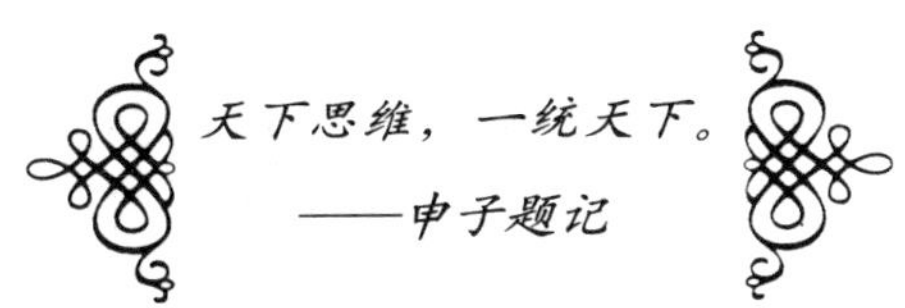

目录

CONTENTS

目录 CONTENTS

只怕自己不发力，不怕上帝不开门。

——申子题记

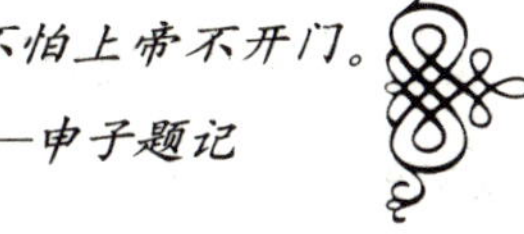

目录 CONTENTS

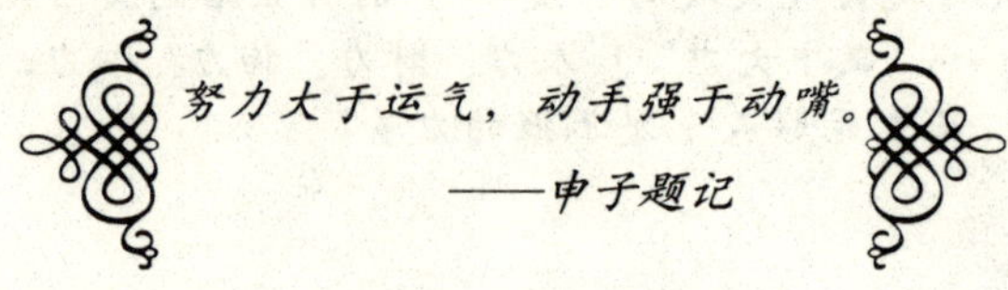

目录 CONTENTS

前言
植一根大气大成的神经

小时候读书，背过圣弗朗西斯的一首诗：

在出现纷争的地方，让我们带来和谐；
在有了错误的地方，让我们带来真理；
在出现怀疑的地方，让我们带来信念；
在感到绝望的地方，让我们带来希望。

没想到长大以后，这首诗便一直萦绕心际，每当置身于纷繁的社会情境中，它便会从脑海里蹦出来，让我琢磨：在出现纷争、错误、怀疑、绝望的地方，到底凭什么、怎么样才能带来和谐、带来真理、带来信念、带来希望？

沧海桑田，这些年有两件刻骨铭心的事，近乎逼着我、拉着我反复地、集中地思考这首诗的蕴藉，思考如何为这两件事中的人带来和谐、真理、信念和希望？

第一件事，我所接触的当代人没有不钟情出路的，但同时又没有几人不被出路所调戏、所折磨的。芸芸众生，都忙出路。为父母者最大的担心是什么？孩子的出路；2000多万在校大学生最大的忧虑是什么？未来的出路；每年500多万走向社会的“天之骄子”最大的恐惧是什么？眼前的出路；10多亿缺钱人夜以继日地在忙什么？奔出路赚钱；几千万有钱人没完没了地又在忽悠什么？为钱找出路。还有单位的出路、地区的出路、国家的出路、民族的出路和人类的出路，大家天天关心什么，时时交谈什么？时而尖叫什么，时而沉思什么？跳出来的关键词，无不是“出路”二字。“出路”，她是这么缠绵，又是那么迷惘。如何为天下人聚焦的问题带来和谐与真理，带来信念和希望呢？这是天大的事，叫我如何不思索？

第二件事，家中的犬子已牛高马大，无论如何都要走向社会奔出路了。然而，凭什么安身立命？凭什么奔出路？当思考这一问题时，猛然发现，我们教育中有一种致命的“内伤”，缺少一根主管立身的“定海神针”，这便是缺乏“出路教育”。广大学子带着“分数”走向社会，一旦发现多年拼着老命争下来的“分数”不能换取真金白银，不能换取牛奶面包时，这将是一件十分恐怖的事情。出路在哪里？路该如何走？脑子一片空白，人生一片茫然。因此，为了履行“自私的责任”，必须在孩子的大脑里植一根立身的神经，这就是打造正确的出路理念、出路思想、出路规律与赢得出路的方法。植上这根神经，便拥有了一根足以顶天立地的“定海神针”！

这是一根主导安身立命的“神经”！是一根主导人生成败的“定海神针”！它主管视野与胸怀，主管思想与行动，主管资源的动员与整合，主管人生的天空与大地。

这根神经的核心思想是什么？是大气大成！它倡导全新的立身之道：拥有世界眼光、全球胸怀，修炼真本事，积累大资源，理直气壮走正道，昂首阔步奔前程，直至取得大成功！

就像在一个锅里争饭吃、在一个办公室里争位置的年代里，一些人势必选择“厚黑”之道、“狼道狗道”或小人之道一样，就像在资源短缺、挤在一条路上找出路的年代里，一些人必然挖空心思削尖脑袋找窍门、走捷径、寻秘笈、靠小聪明取胜一样，当今之世，则必须选择大气大成之道。

放眼时代之变，我们已从夜郎国里的人、桃花源里的人变成了“游走全球的人”。今日之出路，面对的是空间无边界、资源无边界、发展无边界，真是天高任鸟飞、海阔凭鱼跃。在这个时代里，非大气无以驾驭，非大气无以大成？大气做人、大气谋事，不是我们高明，而是必须这么选择！因此，视野大气，像比尔·盖茨一样“戴着望远镜看世界”；胸襟大气，像歌德说的“比大海更广阔的是天空，比天空更广阔的是人的心灵”；思路大气，像牛顿一样看到苹果落地就想出了万有引力定律；本事大气，修炼真本事，以真功夫打天下；还有理念大气、行动大气，饱含大气之人，必然走向大成。这样的人生，犹如戈壁滩上的胡杨，活着三百年不死，死了三百年不倒，倒了三百年不朽！

英国作家詹姆斯·爱伦说：“土壤中没有种子，就没有禾苗破土而出；没有了思想的种子，人的行为也无从谈起。一个人到底能收获甜蜜的果实，或者收获苦涩的果实，都取决于播下的种子。”

如果我们每一个人都能在自己的心灵深处播下一颗大气大成的思想种子，如果能在自己的大脑里植一根大气大成的神经，这也许能为人生、为出路、为社会带来和谐、带来真理、带来信念、带来希望！

文章千古事，得失寸心知。我要衷心感谢家人和无数友人的关心，他们的热情激励，常常让我的思想泛起阵阵涟漪。他们的人生智慧令我感动，我把他们发来的精彩短信当做花朵一样署名镶嵌在书中，相信这些朋友的名言将与他们的事业一样永远放射出耀眼的光辉！

此文本是后记，现又作为前言，就像终点往往是起点一样。如果因此而云里雾里，请与 sz5888@sohu.com 交流，如果因此而出神入化，那就勇敢地上路前行吧！

想天下事，为天下人想事！

天下人聚焦天下路

——出路啊出路，天下人关心的第一大问题

卷一：天下人聚焦天下路

——出路啊出路，天下人关心的第一大问题

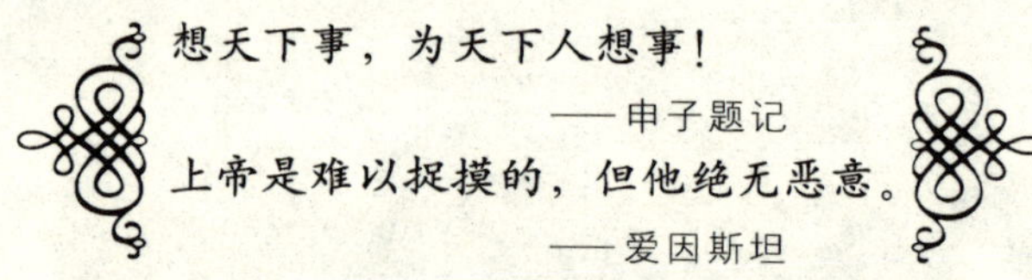

想天下事，为天下人想事！

——申子题记

上帝是难以捉摸的，但他绝无恶意。

——爱因斯坦

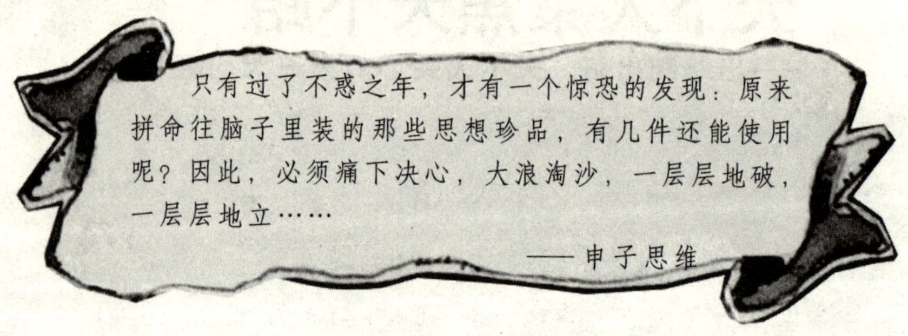

只有过了不惑之年，才有一个惊恐的发现：原来拼命往脑子里装的那些思想珍品，有几件还能使用呢？因此，必须痛下决心，大浪淘沙，一层层地破，一层层地立……

——申子思维

我们认为：有生灵的地方，都要关心出路。探索出路，不仅是每个人天生不可剥夺的权利，而且是与生俱来不得放弃的责任和义务！

人类从懵懵懂懂地闯荡出路，到今天各类人群不约而同地梦想出路、全神贯注地思考出路，并对出路进行“上穷碧落下黄泉”式的探索，这本身是人类理性思维的一次伟大觉醒！是走进出路新天地的一次伟大契机！

●出路——天下人第一大梦想。“狡兔三窟”、“狗急跳墙”证明：低级动物都想出路。高级动物关心什么呢？出生取名赋予出路的期待，临终时还要梦想 “后未来”的出路。人生梦是要圆一个出路梦！

人因出路而梦想，人因梦想而伟大。

——申子题记

我们因有梦想而伟大，所有伟人都是梦想家，他们在春天的和风里或是冬天的火炉边做梦。有些人让自己的伟大梦想枯萎凋谢，但也有人灌溉梦想，保护他们，在颠沛困顿的日子里细心培育梦想，直到有一天得见天日。这些是诚挚地希望自己的梦想能够实现的人。

——威尔逊

2005年6月26日，北京2008年奥运会主题口号从所征集的21万条口号中脱颖而出——“同一个世界，同一个梦想”。

那么，什么是天下人共同的梦想，或天下人第一大梦想是什么？

这个梦想，应该体现天下人共同的利益、共同的本性和共同的追求，它超越种族、肤色，超越年龄、性别，超越时间和空间。

这个梦想，就是出路！生存的出路、发展的出路、人类的出路、民族的出路、企业的出路，而这一切，最终落实在个人的出路上！

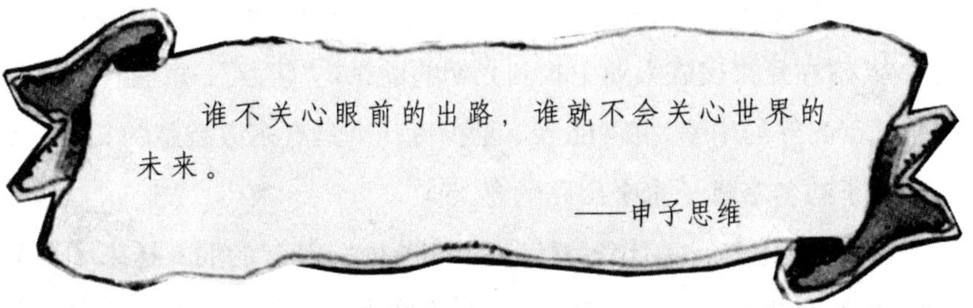

有生灵的地方，第一位的事情是想出路。

先看看动物世界，各种动物为了生存，为了温饱，为了舒适的空间，每天都在忙于找出路。如大雁不辞辛苦，常常不远万里地长途迁徙，为的是寻找新的“活路”；狮子不惜付出缺胳膊少腿的血的代价，也要拼命地扩大自己的领地；“狗急了跳墙”，因为，它希望墙那边也许有新的出路；“狡兔三窟”，说的是并不狡猾的兔崽子要为自己准备三个家，三条路，为的是东方不亮西方亮，此路不通彼路走；就连我们最瞧不起的老鼠，都要准备“隔年粮”，为的是只有“备战备荒”，才不至于走投无路。

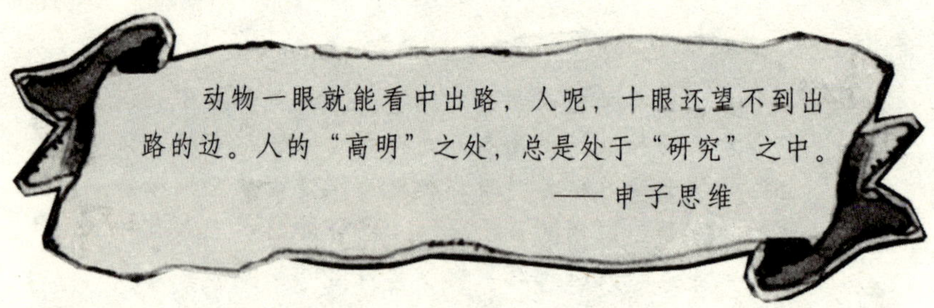

那么，作为高贵的人又在关心什么呢？人的最大梦想是什么？除了出路，当然还是出路！请看：

人一落地，成人文化便梦想着其未来的出路。

人，自从娘肚子里爬出来，赤条条地来到人间，还是类似猫狗一样的小动物一无所知时，长辈们就会考虑他们将来的出路问题。首先，会给他取一个好名字，本来这个名字是此人区别于彼人的符号，但长辈们并不认为这仅仅是个符号，而是赋予了其伟大的意义，即赋予了其将来出路的意义。如取名“建国”，希望在建设国家中大展宏图；“振民”，希望在复兴民族大业中找到光明的前景；“紫方”，意蕴在造福一方中开创美好的未来。诸如此类，至少每一个具有东方智慧的父母，都会给孩子的名字赋予未来出路的意义。

大文豪《围城》的作者钱钟书，出生时，其父的朋友送来了一本《常州先哲丛书》，于是父亲给他取名为仰先，字哲良。满周岁时，父母为他举行“抓周”仪式，他又抓到了一本书，家人乐得合不拢嘴，便认定他钟爱书，是块“秀才”料子，于是又改名为“钱钟书”。从而为他的一生进行了初始定位，一生就在读书、写书中找出路。后来果真不负众望，成为一代文豪。

> 有一次，国王亚历山大·马其顿听别人说，有个年轻战士改名叫亚历山大了。他就把这个战士唤来，对他说：“我不反对你改名，但是，希望你上了战场也不要忘记，你的名字叫亚历山大！”当你有了个伟大的名字，就有了一份伟大的责任。
>
> ——《马太效应》

等到一个人满月或满周岁时，传统社会的南方农村一般都举行类似“抓周”的一种仪式，以预测孩子未来有什么出路。《红楼梦》一书中也有类似的描写，即大人准备好一个托盘，盘子里放有笔、类似兵器的玩具、锤子、稻子等各种东西，每种东西都象征着一种出路。然后由孩子用手抓，如抓到笔则从文，抓到兵器则习武，抓到锤子，将来可以“跳农门”，当工人。这虽然是一种游戏，可许多大人都很当真，因为这是对孩子未来出路的初始定位。如有些家庭，对抓到笔的孩子百般宠爱，家庭再困难砸锅卖铁也要供其上学，那些没有“抓笔”的兄弟姐妹则可能被无情地“剥夺”上学的权利，这是因为，父辈对其未来的出路不寄希望了。

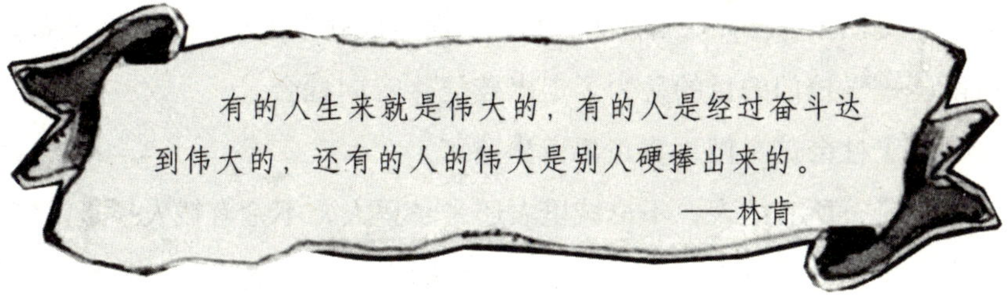

人活着的一生，是为出路追寻的一生。

一个人长到六七岁时，就要出家门，进校门。从小学门、中学门到大学门，跨过一道又一道求学的门坎。现在还考研读博，甚至还出国门，留洋深造。

求学是为了什么？为了获取知识，为了提高修养，为了改变命运，为了做官，为了就业，为了成名成家，为了报效祖国等等，归根结底一句话，就是为了找出路。古代的“学而优则仕”，明确读书的目的是要找一条当官的出路。至于女孩子，她们的出路是在家喂猪打狗，所以就没必要到学校里找出路。

当今的教育是为了什么？同样是为了奔出路。如果孩子已经有了个好的出路，就用不着天天上学了，除非“发神经”的父母，才会起早摸黑地往学校里接送孩子。正因为在家找不到出路，大家才一往情深地把孩子往学校里送，而且不惜代价要往好学校里送。一些人大学毕业找不到出路就读研究生，硕士毕业找不到出路就读博士。不外乎多积累些资本，好找出路。教育的目的就是比不受教育能寻得更好的出路。不论是应试教育还是素质教育，本质上是“出路教育”。有出路，便是教育的成功，没有出路，便是教育的失败。如果教育是一种投资，回报则是一种出路。这种出路既能成就个人，又能报答家人与社会。

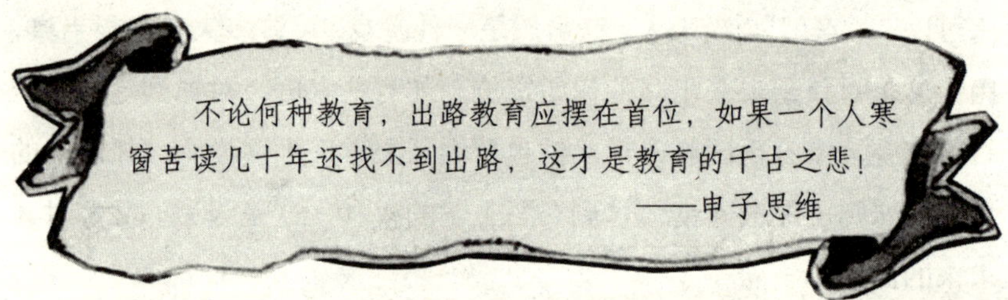

有史以来，教育从来都不是目的，而是成就个人出路的必要准备。所以，进学校门的目的是为了走出校门，奔向社会。

进了社会这个门，真正要奔出路了。

于是，所有的人，不论城里人还是乡里人，不论有钱人还是没钱的人，也不论是有文化的人还是没文化的人，男女老少，工农兵学商全都掉进出路的漩涡里，高速运转着、苦苦追寻着。

进机关，先干事，再股长、科长、处长、司局长……一级一级往上爬。

进商界，先打工，一分一厘地攒钱；再小老板，一把一把地赚钱；再大老板，“数字化”地进钱……

出路，是人生一座攀登不止的山，而且山外有山，永远达不到顶峰；出路，是人生一条流淌不息的河，婉转曲折，没有尽头。

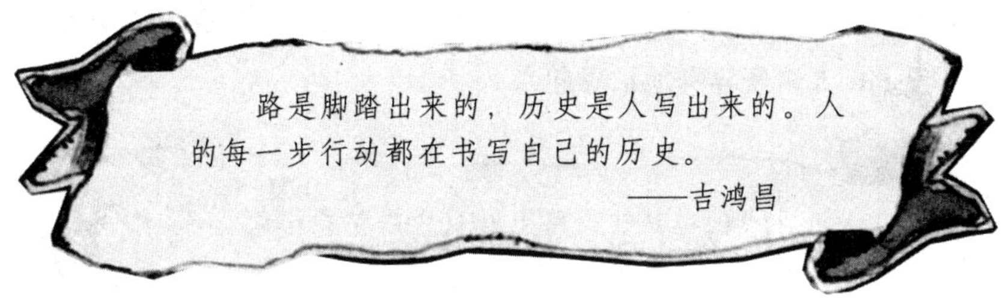

临死的时候，还要梦想“后未来”的出路。

人活着的一生，是在为出路奔波的一生。那么在生命的最后一刻又关心什么呢？关心死后的出路，梦想“后未来”的出路。

除了孙悟空可以找到阎王爷的生死簿，把自己的名字去掉而不死以外，其他全世界所有的人都固有一死。于是，“后未来”的出路问题就成为人们关心的最后大事。

看看秦兵马俑、十三陵的地下宫殿，就知道帝王们对自己“后未来”的出路安排是何等重视了。一般老百姓没有帝王的条件，但在社会心理上，人们对“后未来”的出路一样看得很重，其重视程度并不比帝王逊色。如南方农村，普遍有厚葬之风，一些人提前一二十年就安排“后未来”的工作，对棺木、阴间用的服饰、用具十分讲究，对所葬的风水宝地进行“科学研究”。“归天”时，葬礼要举行七八天，请道士和尚吹吹打打，还要设计阴间的情景，把在阴曹地府可能遇到的出路障碍排除掉，为“后未来”的出路铺设一条阳光大道，免受人世疾苦，让亡灵有个好的出路前景。

人生梦是要圆一个出路梦！

一个人从生到死的生命周期，是一个为出路而梦想的周期。出路，是天下人魂牵梦萦的第一大问题。

大千世界，芸芸众生，人的每一个动机，每一项行为，每一种努力，包括每一个举动、每一个眼神、每一滴汗水、每一个脚印，甚至每一个蠕动的细胞和伸缩的毛孔，都是为了一个目的——“奔出路”。为了个人的出路，企业的出路，民族的出路，国家的出路，人类的出路，于是，人，便异常地忙碌起来。

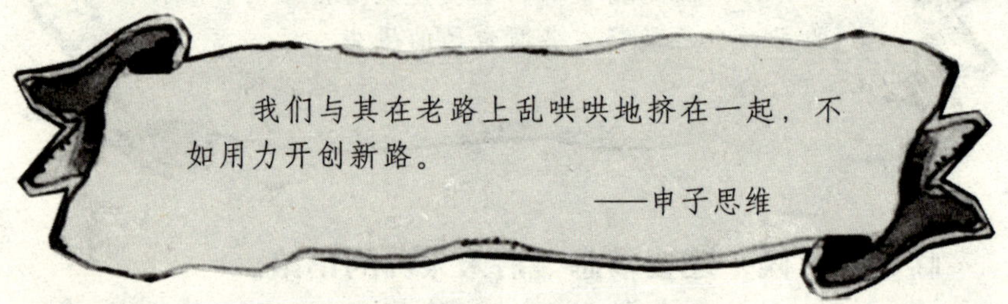

农民——不再满足于修地球的出路，他们外出打工、经商、办企业，以致“民工潮”一浪高过一浪。

大学生——目前每年有数百万大学生走向社会，干什么？奔出路！正在待业的要找出路，已经有工作的大学生又如何呢？可以肯定，他们中更多的人正在酝酿寻找新的出路。

企业家——他们为企业改制、机制创新、产业转型正忙得团团转，他们要为企业发展寻找新的出路。

小老板——他们不满足于小康生活，为更大的发展空间寻找“门道”。

大老板——钱多了，要为钱找出路。

人的每一根神经都系在“出路”二字上，为它而喜，为它而悲，为它而活，为它而死。为它我们要读许多许多的书，要思考许多许多的问题，要消耗许多许多的资源，要做许多许多的事情。

出路，是天下人第一大梦想。出路，是人生的主题、主线、主旋律！

人生梦原来是要圆一个出路梦！

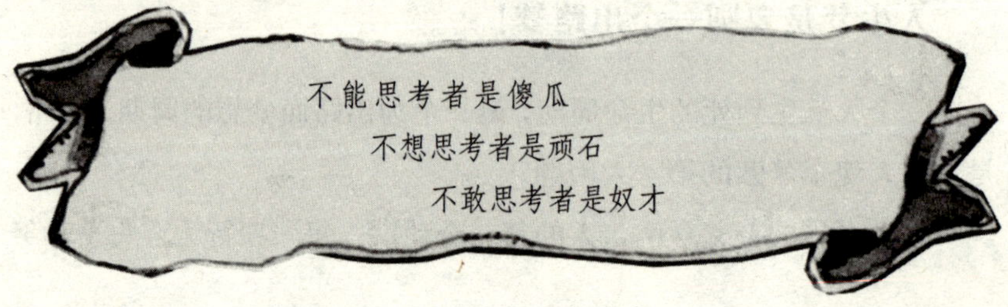

●出路——天下人第一大实践。“路漫漫其修远兮”，几千年来，我们到底修了什么路？人类文明史是一部关于出路的修路史！人生奋斗史是一部出路的打拼史！人的一生，其实就是从出路的门洞里进进出出。

只顾往上爬吧！无暇思考“如何达到山顶？”

——尼采

自从屈夫子写了“路漫漫其修远兮，吾将上下而求索”，几千年来，后人不断地在引用，不断地发感慨。那么，到底在修什么路，为什么路总是修不好？上上下下，大家又在求索什么？

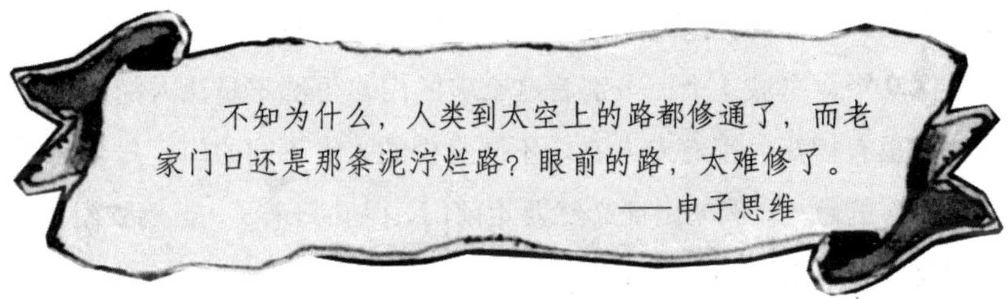

房龙说：人类历史就是一部人类因为饥饿而寻找食物的记载。

历史是朴素的。一部人类文明史，说到底就是一部关于出路的修路史。人类几千年来忙碌什么？还不是为了生存的出路、发展的出路。

人类从茹毛饮血、钻木取火、四大发明到现代机器人的广泛运用，从山顶洞人狭小的生存空间到新大陆的发现、再到当今人类对宇宙太空世界的探索，从游牧社会、农耕社会、工业社会到今天网络信息社会的来临，几千年来，人类的一切活动，都是围绕出路转。不外乎是为解决关于出路的三大问题：一是扩充更为广阔的生存空间；二是为了拥有更多的资源；三是探究更好的人文关怀，实现人类幸福。可见，人类为了生存和发展的出路，演绎了一部浩如烟海的文明史。

为出路而忙碌，为出路而奔波，出路，是天下人的第一大实践。不管是白种人还是黑种人，不管是亚洲人还是美洲人，也不管是古代人还是现代人。

人生的奋斗史，就是一部出路的打拼史。

看看人生的历程，人的一生，说白了，其全部的活动，不外乎就是在出路的门洞里进进出出。

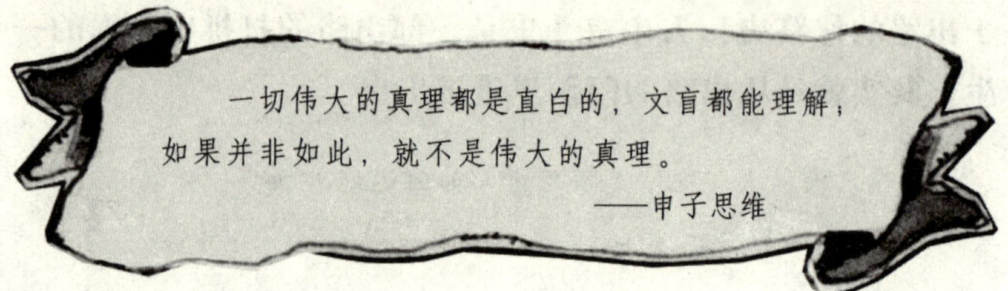

北京历史地名的一个最大特点，就是“门”多。来过北京的人，应该还记得“宣武门”、“和平门”、“东直门”、“西直门”、“德胜门”、“阜城门”、“朝阳门”、“安定门”、“崇文门”等耳熟能详的门，那导游小姐也会因此向你娓娓道来：“北京内、外城共有30座城门，外城镇7个，内城区9个，皇城4个……别看这么多的门，可都不是让人随便出入的，宫里有规矩，都有专人看，不同身份的人走不同的门。每个门都有其特殊的意思，例如出征必然要走前门，得胜归来了，走德胜门。正阳门是皇亲国戚、王公大臣走的地方，朝拜的大臣，必须经过承天门(今天安门)，一般官员是进不了的；这崇文门是运酒车进出的门；朝阳门是运粮车进出的门；运粪车只能走安定门；这兵车走德胜门，水车走西直门，运煤车走阜城门；那宣武门，是供囚犯赴刑走的。这些门都不能走错，走错了没准要杀头的。”“在京城托关系，叫‘找门子’，不会办事的叫‘摸不着门’。”

导游的话让人听起来很“新鲜”。“进门”，原来是一种大学问！

山东的孔府庙里，有一道门专供皇帝走的，想进这道门，就要当“天子”，据说这道门，修好几千年了，还只开了几次，就连“文化大革命”时期的红卫兵也不敢冲击这道门，和其他人一样，只能走“偏门”。在男权社会里，许多地方，女性只能走“后门”。

现实生活中，人的一生，的确是从出路的各种门洞里钻进钻出的一生。各式各样的人，以不同的方式，怀着不同的追求，从这个出路的门出来，又从那一个出路的门进去。以这些年成长起来的“老板”为例，其中相当一部分人经历了这样的出路历程：

第一段：跳“农门”，进“城门”、进大学门；

第二段：出大学门，进机关门；

第三段：出机关门，下海经商，或进企业门办企业；

第四段：进“老板”门，成为总裁、董事长之类的人物；

第五段：继续分化，有的为钱找出路，成为更大的老板；有的又进“机关门”，成为政府官员；有的还进大学门，成为教授；有的再进“农门”，去搞新农村建设。

瞧！这种出路轨迹并没有什么奇特的东西，但反映了生命不息，寻找出路不止的人生历程。人的一生，对出路的探寻，总是这么循环往复，永无穷尽！

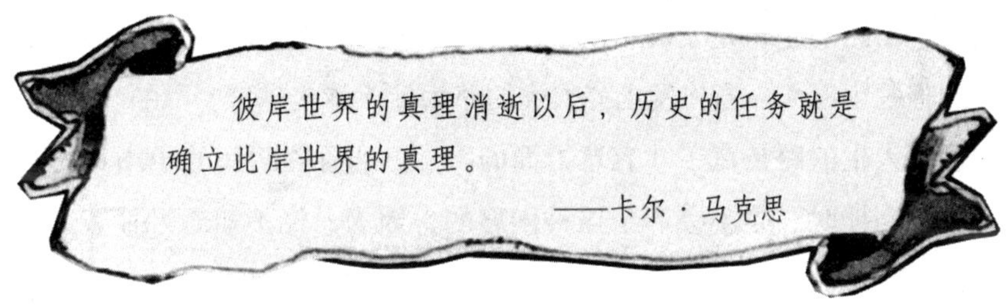

这种极为常见的出路轨迹给我们什么启示呢？

启示一：出路跟随人的脚步而运动。

出路是人人关心的问题，跟随每个人的脚步而运动，不论成功与否，出路都将绷紧你的神经。过去我们思维中有一个很大的误区，就是把出路当做没出路的人所关心的事。其实，没有出路的时候找出路，有了出路更需要寻找新的出路；不成功的人士为出路所困，等成功了更为出路所忧。如农民没出路的时候，到城里找出路打工挣钱，赚了

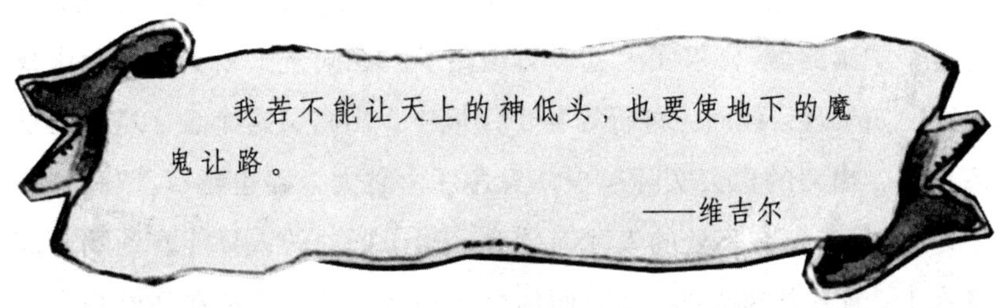

钱后又想开个小店挣更多的钱；于是，又为小店的发展找出路，小店壮大了，又建连锁店，组成集团。于是，又为集团的发展找出路，越来越累，也越来越关心出路问题。

启示二："有出路"即"没出路"，"没出路"即"有出路"。

有出路与没有出路总是结伴而行的。等你有出路的时候，也就是没有出路的开始；当没有出路的时候，又会迫使你寻找新的出路。而且，人人都会遇到这两个方面的伴生困惑。就像钱钟书所说的《围城》，外面的人想进去，里面的人想出来。

同样，寻找出路，不可能一劳永逸。出路，永远没有尽头，没有归宿。出路问题，是发展中的问题，不发展，没有出路，越发展，出路的难题也越大。当你发出"人生的路为什么越走越窄？"的呼喊时，恰恰是人生的路拓宽了才有这方面的困惑。当你在封闭的小山村与太阳月亮为伴时，是不会产生这种困惑的。因为，你不知道天外有天！所以，有出路与没有出路，永远是相辅相成的。

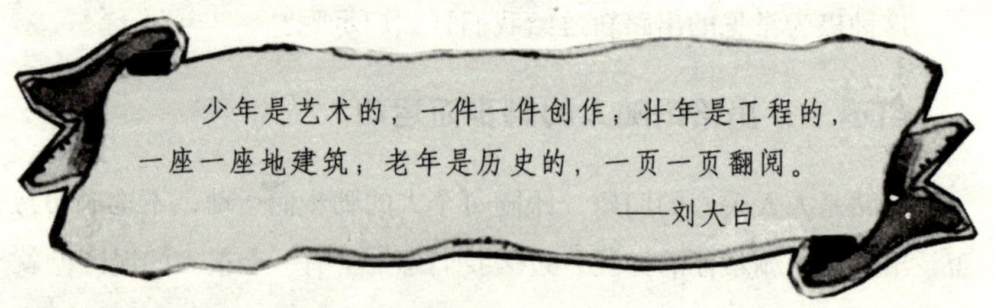

少年是艺术的，一件一件创作；壮年是工程的，一座一座地建筑；老年是历史的，一页一页翻阅。

——刘大白

启示三："出路域"有限，越往高处，路会越来越窄。

出路是无限的，也是有限的，每个人的出路受各种因素的制约，都只能在一定范围或领域中寻找，即在个人的"出路域"中寻找，离开这个"出路域"，事实上就没有出路了。在同一个领域或行业中找出路，如从政、经商、科研等各个领域中，出路又是个金字塔，越往高处走，出路的机会实际越少，竞争压力越大，路也越窄。"高处不胜寒"，只有身在高处的人才有体会，居于低处的人只能看到别人高高在上，看到其风光的一面，而体会不到高处的压力和在高处找出路的无奈。如一个人要找出路解决吃饭问题，门路多的是，只要参与劳动就能解决，万一不劳动，出门乞讨也能解决，办法很多；但是要发财，要成为大富翁，门路自然就少多了，靠体力劳动或乞讨之类的门路是成不了富翁的。又如一般的工作人员，想晋升为科级干部，也许只要工作努力或工作不努力只需“熬年头”，都有可能解决，但是要成为一个很高级别的“重要人物”，门路其实是十分有限的。这就像学生读书考试一样，让成绩合格，办法很多，但要成为状元学生，比登天还难，对99.99%以上的学生来说，几乎不存在这方面的出路。这就是说，“出路域”总是有限的，越往高处越不容易。

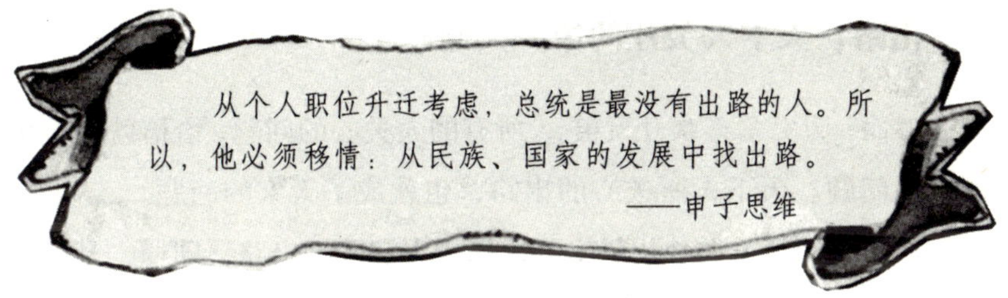

启示四：人的一生总是在出路的“迷宫”里盘旋。

出路伴随着人一生活动的始终。现代社会，变幻莫测，出路的路，在“迷宫”里蜿蜒，永远望不到头。每个人都在找出路，都是从这个门进，又从那个门出，进进出出构成了生命的全部轨迹。每一种出路，都会为你的人生搭建一个平台，但很快会发现这个平台会成为束缚个人发展的“城堡”，你不能留恋这个平台，而必须把它踩在脚下，作为一个新的起点，努力进入新出路的门洞。进取的人生，就是在出路的门洞里走进走出。

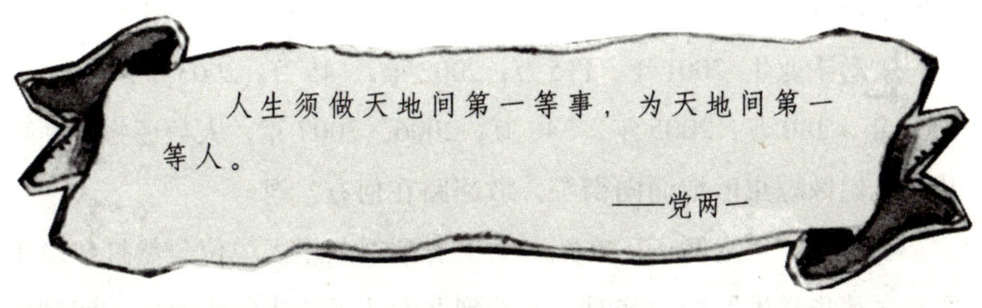

●出路——当代人第一大焦虑。天下人关心的问题变成了天大的问题。农民工像候鸟一样奔走四方，大学生像蝗虫一样涌向街头，对人类的出路、民族的出路充满信心的人们，对个人的出路为何又如此惶恐？说到底这是种选择的恐慌、本领的恐慌和观念的误导所致。

天下人关心的问题，就是天大的问题。

——申子题记

一切历史，都是当代人的历史；一切思考，都是着眼现实人的思考。

出路，天下人关注的第一大问题。

然而，历史总喜欢开玩笑， 所有的人关心的问题，恰恰就会产生所有的问题。天下人所关心的出路，也就成了天大的问题。

天底下的第一大梦想是出路，第一大实践是出路，同样，当代人的第一大焦虑，也是出路。

当代青年学子内心最大的焦虑是什么？不是考大学问题，而是大学毕业后如何找出路问题！

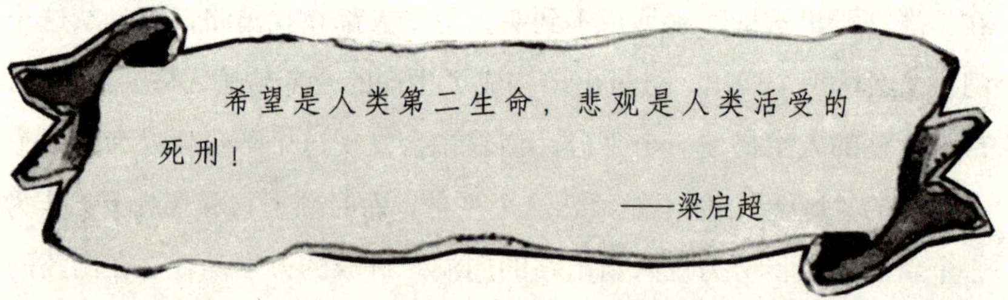

有人形容当今中国的人才市场是：本科满街走，硕士多如狗，只有博士可以抖一抖。

大学毕业生 2001 年，115 万；2002 年，145 万；2003 年，212 万；2004 年，280 万；2005 年，340 万；2006、2007 年，人数还将不断攀升，他们像蝗虫般地涌向街头，敢问路在何方？

当这些“天之骄子”在招聘会上看到一些用人单位公然打出“不要北大清华学生”的招牌时，当看到北大才子陆步轩毕业后，回到西安市长安区开“眼镜肉店”、成为一名默默无闻的卖肉汉时，当看到文科状元毕业后上街卖冰糖葫芦时，当看到十年寒窗的好友毕业后到麻将馆洗麻将以谋生时，当看到“大学生已走进低薪时代”、“天之骄子，你被谁抛弃？”等各种报道时，他们每一个人，不论是学文的还是学理的，不论是名牌大学的还是普通大学的，也不管是优等生还是差等生，都切身感受到了出路的恐慌。

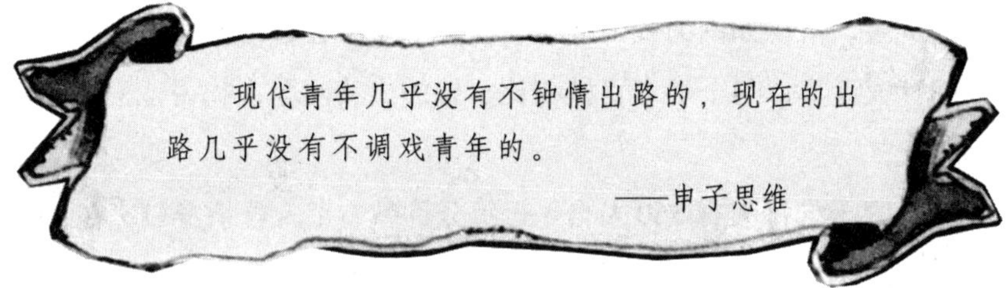

更为焦虑的恐怕还是大学生的父辈，他们在“读书改变全家命运”的感召下，砸锅卖铁，不惜透支家庭后几十年的收入供子女上大学，对贫困家庭而言，一个孩子念完4年大学一般要透支35年收入，可“毕业即失业”的现实，怎不令人焦虑呢？即使是城市富裕家庭，父母倾注大半生的心血，培养出来的子女居然是“啃老族”的成员，同样忧心如焚呀！还有即将或将来有子女上大学的父母，看到这一现实，又怎么不“杞人忧天”呢？

“幸福的家庭是相似的，不幸的家庭各有各的不幸。”我们把目光投向其他人群，不难发现，对出路的焦虑原来是天下人最大的共性问题。

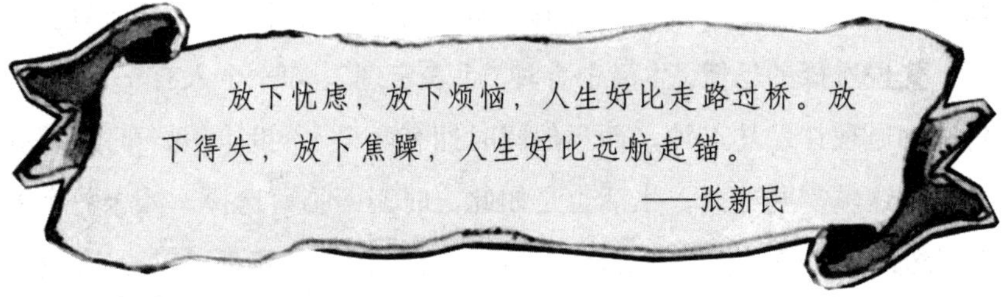

天下人聚焦天下路。

成千上万的下岗职工，谁又不在拷问：出路在哪里？

几亿农民及一亿多农村剩余劳力，他们像候鸟一样奔走四方，哪里有门路就往哪里奔，出路，日夜搅拌着他们的心灵，归宿在哪里？

“一杯清茶一支烟，一张报纸混半天”的公务员，被社会称为“三水干部”，即“上班捧一杯茶水，下班喝一顿酒水，外出捞一些油水”。当发现昔日的理想在泯灭、意志在削弱、能力在退化时，又怎么不为发展的出路而忧虑呢？

还有那些最令人羡慕的老板，他们怀揣着几百万、几千万、几个亿的资金，堆积如山的钱如何花，投资的出路在哪里？他们请来专家顾问日夜盘算，与一般老百姓相比，钱的出路问题，搞得他们更加躁动不安。

中国平均每天有560人自杀，每分钟就有1人自杀身亡，在15～35岁人群中，自杀已成为第一死因。为什么选择自杀？不论何种原因，都是对生命的绝望。对生命的绝望，本质上就是对出路的绝望，自杀的方式，往往是寄希望能在天国里找到出路。

人人关心出路，人人忧虑出路。说到底这是种选择的恐慌、本领的恐慌和观念的误导所致。

上世纪80年代关于“人生之路为何越走越窄？”的大讨论尚感余音缭绕，本世纪出路的现实问题又似惊雷般震撼大地。

焦虑出路，为何是一个挥之不去的情结呢？尤其是当今之世，我们对人类的出路、民族的出路充满信心时，为何对个人的出路又如此惶恐？说到底这是种选择的恐慌、本领的恐慌和观念的误导所致。

先说选择的恐慌。生活中有种“手表定理”，即一个人有一只表时，可以知道现在是几点钟，而当他同时拥有两只不同时间的表时却无法确定。这就需要选择，生活也是如此，时刻面临着选择。如果每个人都“选择你所爱，爱你所选择”，那么，无论走什么路都可以心安理得。然而，困扰很多人的是：他们被“两只表”弄得无所适从，心力交瘁，不知自己该信仰哪一个，加之在环境、他人的压力下，更不知道何去何从？

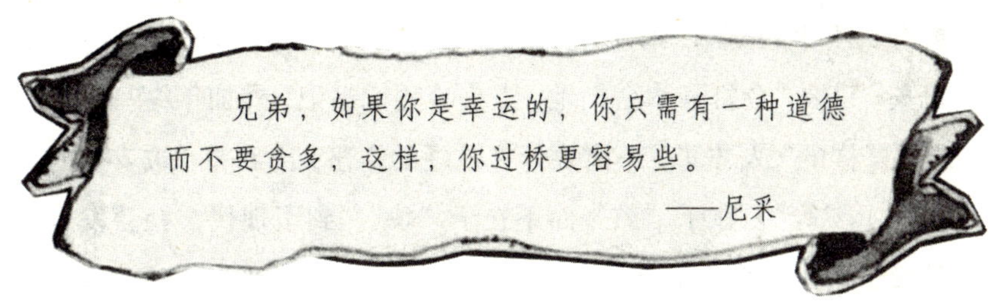

传统社会，人的出路问题毋需选择，简单得两眼一睁就能看清出路，即使读几年书，也是从哪儿来，就到哪儿去，用不着为出路担心。社会流动性差，机会少，人们工作的样式、生活的样式，就那么几种，各就各位，清清楚楚。如“农之子恒为农”，每天跟随太阳一起运动，日出而作，日落而归，除了季节的变化、年成的丰歉对人的情绪有所影响外，人也没有必要太计较出路问题。因为，人对自己的一生，一眼就能望到头。

现代社会，变得色彩斑斓，出路问题也变得扑朔迷离。社会大转型、大分化、大重组，从大的社会结构、社会阶层、社会机制，到小的个人家庭、职业地位及财富分布，都在不断地重新洗牌、重新组合。昨日泥腿子，今日大老板；昨日骑的自行车补过胎，今日开着奔驰到处游。社会急剧变化，社会流动加速，人的出路问题随着社会这架机器高速转动，一切都变得不知所以。什么样的路都可以走，但对每条路的选择都感到惶惑？

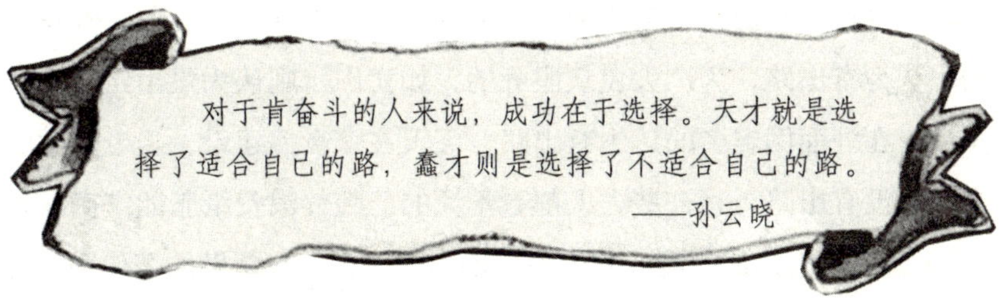

再说本领的恐慌。伟人毛泽东说得好：“我们队伍里边有一种恐慌，不是经济恐慌，也不是政治恐慌，而是本领恐慌。”传统社会，低水平发展，个人不需要什么本领也能适应。譬如当农民，几乎不需要文化也干得很自在，当工人，先当两年学徒便成。对大学毕业生也不需要有真本事的要求，有个“分数杠杆”就解决出路的分配问题了。如进机关，只要“会打开水会扫地，点头哈腰记笔记，外加年终写总结”，就是“好样的”人才了，不需要什么过硬的本事。出路是“被安排的”，出路在于“等”、在于“熬”而不在于“争”。到了现代，社会发展大大升级了，出路变得五花八门了，第一产业、第二产业不断升级，第三、第四产业又扑面而来。无限多的机会、无限多的出路，但需要有特殊的本领才能适应。而且，市场决定一切，由计划经济的安排出路，变成了个人到市场上去“争”出路。市场是残酷的，每个人必须有能换取“真金白银”的真本事才能生存，否则就被淘汰。可是，在学校管用的分数，到了社会却不一定能换取真金白银，于是傻眼了：谁抛弃了我们？怎么没出路了呢？

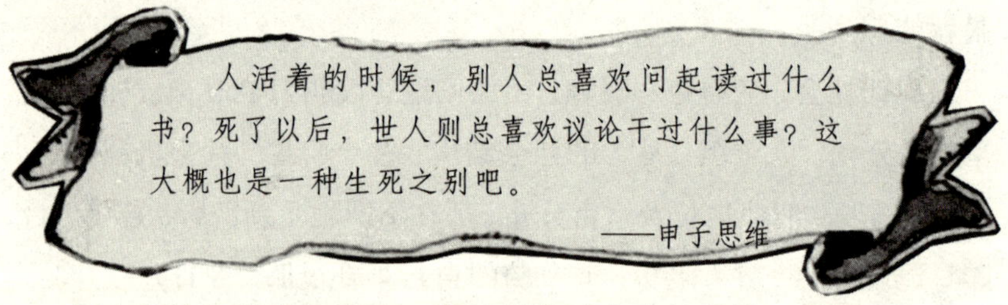

人活着的时候，别人总喜欢问起读过什么书？死了以后，世人则总喜欢议论干过什么事？这大概也是一种生死之别吧。

——申子思维

还有传统出路观的误导，必然引发对出路的恐慌。今天看来，我们传统的出路观的确“有病”，而且病入膏肓，至少有三种毛病：

第一，虚高症——认为那些高高在上、指手画脚的是有出路，实实在在做事的没有出路；为少数人服务的，如为领导老板拎包、开车门的，认为有出路，为广大民众服务的，如卖肉，则认为没出路；远离家乡、在外面图虚名的认为有出路，天天在家乡搞建设、当老黄牛的则认为没有出路；写一些人人都看不懂的、纯粹浪费纸张的“高深理论”，便认为有出路，写一些一看就明白，对人人有帮助的著作则认为没出路。

第二，盲从症——社会是个大观园，有着无限的空间，完全可以走出各式各样的有创造性的个性化之路。但我们盲从，总喜欢往人多的路上钻，千军万马挤“独木桥”，挤过去的便认为有出路，挤不过去的便认为没有出路。认个“死理”，祖祖辈辈就认定那么几条路。如大家死也要当公务员，一个位置几万人争。为什么不学学西方人，他们从尿片子里找出路，成为“尿片大王”；从垃圾堆里找出路，而成为垃圾处理大王。

第三，幻想症——幻想“天上掉下个林妹妹”，上帝能给自己“送”一条好出路。不相信出路是自己闯出来的，不相信出路是用真本事换来的，不实干、不奋斗。一天又一天，一年又一年，就这么幻想，就这么等待。头发等白了，还会恶狠狠地说“上帝，你太不公平了！”于是引发对命运的恐慌。

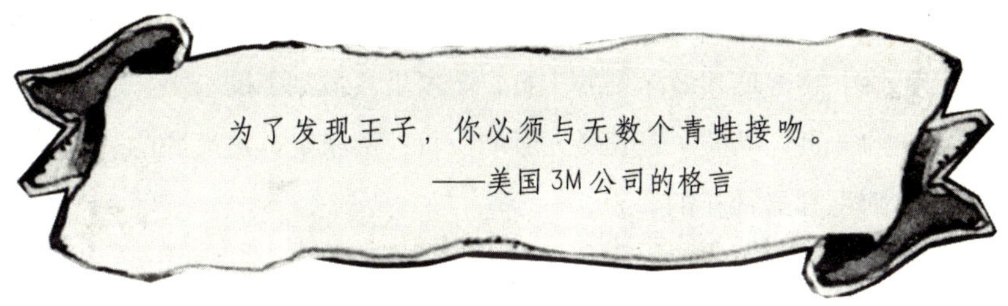

●出路——念歪了的天下第一经。《易经》念成了宿命论，《厚黑学》念成了“流氓混世学”，“狼道”、“狗道”正在冲击“人道”，“应试学”越来越接近“赌博学”。“歪经”盛行，出路将指向何方？

人类一思索，上帝就要发笑。

——犹太谚语

拿破仑曾经说过，世界上有两种东西最有力量，一是剑，二是思想。而思想比剑更有力量。

思想是行动的指南，有什么样的思想，就有什么样的行动。同样，有什么样的行动，必然会产生什么样的思想。

人类的实践归根结底是关于出路的实践，人类的思想归根结底是关于出路的思想。

天下所有的学问，大至天体宇宙之学，中至帝王经世之学，小至企业改革、个人创业成才之学，都是为“出路”拓展思维空间，为出路释疑解惑，为出路“挖资源”、“找门子”。

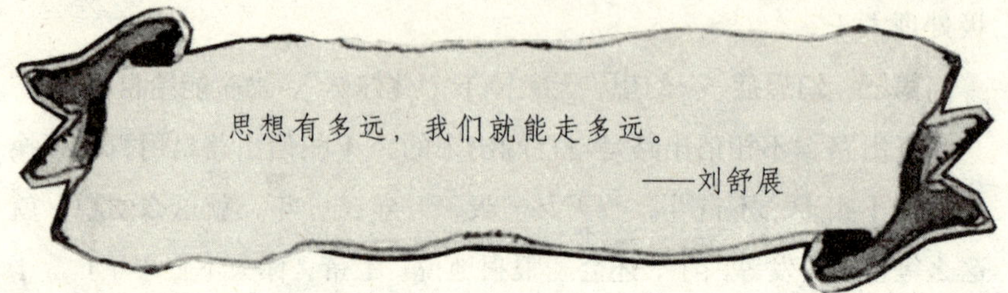

因为出路，才有世界文明，因为出路，才有灿烂的中国文化。一部中国文化，套用冷成金先生的说法，其实就是一部关于出路的智慧经典文化，其中儒家是其最深刻的一页，法家是其最刻毒的一页，道家是其最聪明的一页，纵横家是其最无耻的一页，佛家是其最超脱的一页，而阴阳家则是其最神秘的一页。

出路的思想智慧，博大精深。现代人如何读？如何用？

每个人都有自己的理解方式，每个人都怀着自己的目的“断章取义”。

社会的裂变与转型，各种出路令人眼花缭乱，置身于这个多彩的世界，人们祈求有部立竿见影的“出路经”，拿来就用，以实现自己一夜成名，一步登天的妄想。躁动心的驱使，结果许多人把“天下第一经——出路经”念歪了，《易经》念成了宿命论，《厚黑学》念成了“流氓混世学”，“狼道”、“狗道”正在冲击“人道”，“应试学”越来越接近“赌博学”。

“歪经”之一：《易经》念成了宿命论。

《易经》，是古代中国人研究出路问题的第一部经典。《易经》八卦学说，设定人生出路可能遇到的各种情景，它告诉人们处于顺境时，应如何把握机遇，乘势而上；当处于逆境时，又应如何扭转局面、转危为安。但《易经》太深奥、太玄乎，让人摸不着头脑，没几人能读懂。于是，许多“半桶水”借题发挥、妄加猜测，演绎出许多诸如周易预测学、八卦算命、易经看风水等宿命论的歪理邪说。

“正经”的《易经》看不懂，“歪经”却大行其道。也许是制约出路的不可知因素太多，茫然的人们便迷迷糊糊地掉进了宿命论的泥潭。

简单地说，宿命论就是信命。“死生有命，富贵在天”，“命里有时终须有，命里无时莫强求”。为什么有的人成功，有的人失败？这是由神秘的定数决定的。命中注定考不上大学，就是再努力也考不取；命中注定不会穷，骄奢浮华，再挥霍也不会穷。

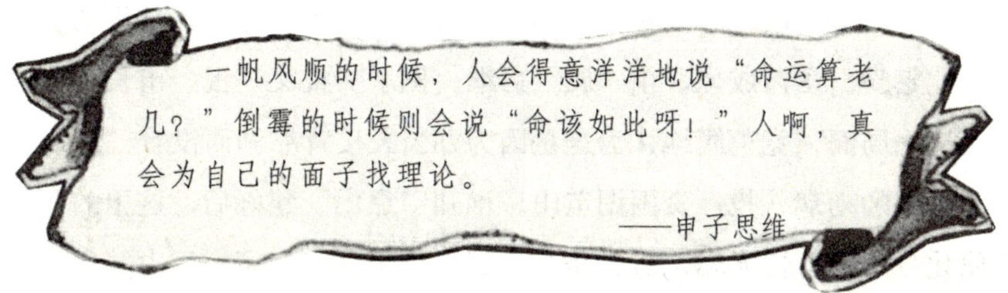
一帆风顺的时候，人会得意洋洋地说“命运算老几？”倒霉的时候则会说“命该如此呀！”人啊，真会为自己的面子找理论。

——申子思维

一个人走在大街上掉进没有井盖的窟窿里弄得半死不活的是命运，一个人“生下来就挨饿，上学就停课，就业没工作，结婚只让生一个，刚刚弄了个科局长，立马遭遇机构改革，正当盛年之际，内退在家没事做”是命运；一个穷人，为了改善生活去努力工作创造财富，最后因为他的努力而奔上小康了，也是命运！然后一个有钱人，因为有钱到处乱挥霍……最后老婆没了，事业毁了，亲叛妻离，结果自杀也是命运。

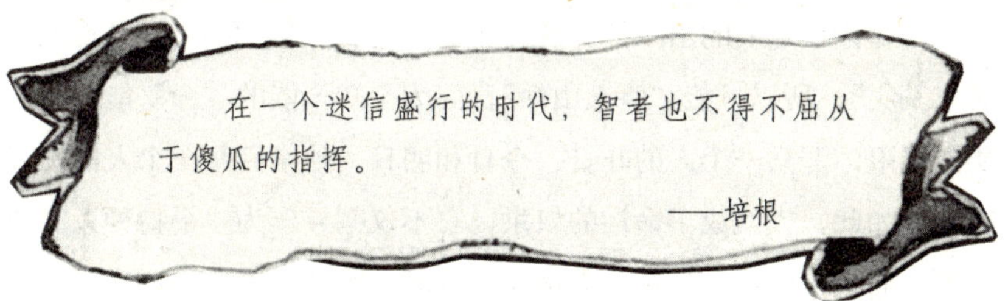
在一个迷信盛行的时代，智者也不得不屈从于傻瓜的指挥。

——培根

众人信命，“八字先生”生意兴隆，许多地方出现“算命一条街”，就连高等学府最集中的北京海淀区清河附近也出现了一条“半仙街”，即将毕业的不少学子纷纷到这里请“半仙”为自己“指点迷津”，网上算命、测字更是红红火火。

于是乎，选人专注看“面相”，谈情说爱看“手相”，不仅看生命线、事业线、生育线，尤其要看清有没有第三者插足的情感线；长沙的洗脚城里还专门有人看“脚相”，认为一个人是富还是贫、是贵还是贱，都由脚上的纹路决定的。

还有看风水的，更是蔚为大观，光是出的书可谓汗牛充栋，有《风水学》、《办公室风水学》、《住宅风水学》等等，不一而足。升官的出路、发财的出路、家庭幸福的出路都是由风水决定的，认为风水转，官运才转，财运才转。尤其是当大官、发大财的，不是因为其本事有多大，而是因为其祖坟风水好、“坟山贯气”。

有一基层政府办公楼，背靠一个大湖，风光秀丽。但这里的干部攀比享受、贪污成风，前“腐”后继，倒了一批又一批。市长为了改变这一局面，竟荒唐地认为这是因为办公大楼背靠湖而没有“靠山”。于是兴师动众，投巨资围湖造山。谁知“靠山”建好后，这里的贪污腐化分子更有恃无恐，过去是几年倒一批干部，有了“靠山”后是一年倒几批，就连市长本人也不能幸免。

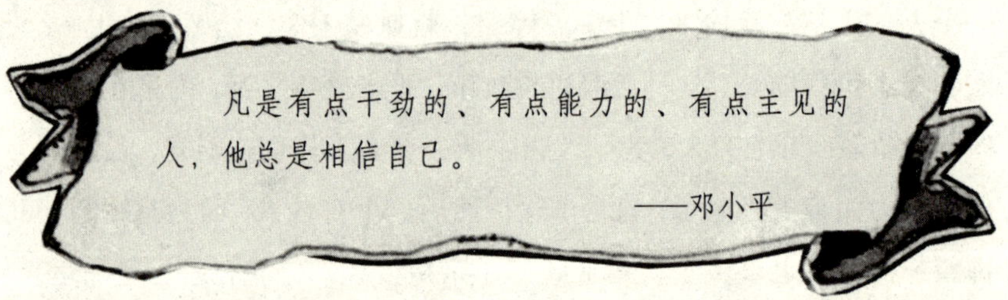

宿命论认定人的出路都是前生注定的，非人力所能改变。“命八尺难求一丈”，所以只能“听天由命”。因为全知全能的“命”能穿透人类的局限，洞察一个人的昨日、今日和明日，他掌管每一个人的发展前程。如此，人就成了命运的奴隶，它不仅嘲弄作为一个物种人类的尊严，而且也无情地打击个人奋斗的价值。既然“天意不可违 ”，谁还会努力奋斗，谁又会不断进取呢？

出路天注定，何必去打拼？进而会觉得人生四大皆空，慢慢形成的心理，如同古人所作的“空空诗”：

天也空，地也空，人生渺茫在其中；
日也空，月也空，东升西沉为谁动；
田也空，屋也空，换了多少主人翁；
金也空，银也空，死后何曾握手中；

妻也空，子也空，黄泉路上不相逢；
朝走西，暮走东，人生状如采花蜂；
采得百花成蜜后，到头辛苦一场空。

既然如此，出路又有何意义？活着又有何意义？人的一生就像同一棵树上的花朵，蒂落之时，随风飘荡，有落于茵席之上者，亦有落于污秽肮脏之处者，个人无力抗争。一切听从命运的摆布，管他咋的就咋的。

“歪经”之二：《厚黑学》念成了“流氓混世学”。

《厚黑学》的核心内容其实就是一句话：“脸皮要厚心要黑，是获得成功的两大秘诀。”“古人成功的秘诀，不过是脸厚心黑，一部二十四史的兴衰成败，用厚黑二字便可一览无遗。”

李宗吾先生本是借古讽今，从反面立意，讽刺国民党腐败政府的官员，实为批判“厚黑”。因为当时国民党的官场，能奉迎拍马，指鹿为马，察颜观色，见风使舵，投其所好，不学无术，吃喝嫖赌，五毒俱全之人，便是官场能手。当时官场十八套学问的精华，便是：为官之道，在于厚黑，厚黑之道，在于黑白搀和；为官之道，在于方圆，方圆之道，在于刚中柔外；为官之道，在于中庸，中庸之道，在于浊清相济！

李宗吾恐怕做梦也不会想到，他当年为讽刺国民党腐败政府混账官员而写成的游戏之作《厚黑学》，如今竟然成了许多人用来指导出路的“葵花宝典”。出版的《厚黑学》、《新厚黑学》、《厚黑大全》、《厚黑人物》、《办公室老狐狸经》等书籍，已成为一些人打拼出路的“必修教材”。

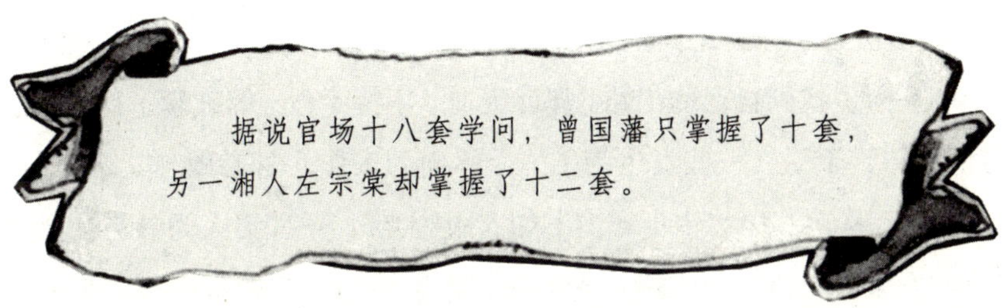

人的脸皮一长厚，理性思维便缺席。捧读厚黑学，一些人自认为得到了一部“天书”，终于找到了千古不传的出路秘诀，悟出的歪经的确令人恐怖。其核心要点有：

一是厚黑决定出路，出路的大小与厚黑程度成正比。认为古之英雄豪杰，个个面厚心黑。小出路、小成功的人是“厚如城墙，黑如煤炭”；中出路、中成功的人是“厚而硬，黑而亮”；大出路、大成功者是“厚而无形，黑而无色”。

二是“滑头成就出路”的小人哲学。认为堂堂正正做人、老老实实做事没有出路，出路就是要耍滑头、玩诡计。君子玩不过小人，所以，做人要做滑头，老是老滑头，小是小滑头，多点头，少说话，见人说人话，见鬼说鬼话。像小人一样，吹牛拍马、笑里藏刀、阳奉阴违，见人只说三分话，未可全抛一片心，方能成事。如果脸皮厚，心地黑，手段狠，六亲不认，变成心狠手辣的冷血动物，那就可成大事了。

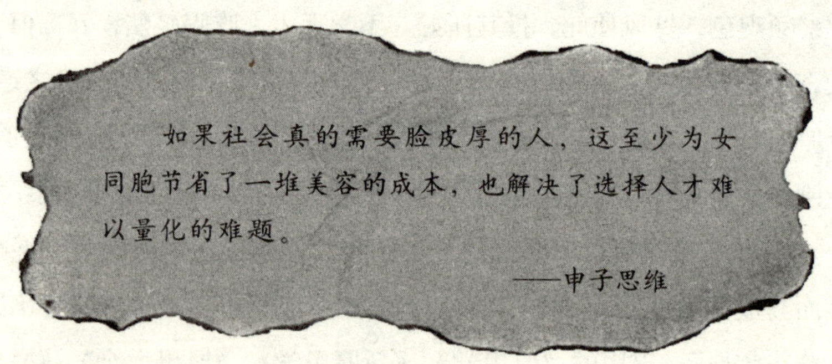

三是“不下流，难入流”的“流氓经典文化”。认为找出路，首要因素是不知荣耻，甚至要做到卑鄙无耻，无耻到极点，方能成大事。而且搬出历代的皇帝爷作证，认为99%以上的帝王是靠下流起家。所以，一些人为了找到自己的出路，厚颜无耻，不择手段。因破解了这一“走红密码”，于是，一些女生为了一个体面的工作，甘心做“父辈男人”的情人，甚至高喊“十年寒窗不如衣服脱光”；一些男人为参与社会竞争，不惜牺牲自尊与人格，先削尖脑壳走后门、托关系，再送礼金加恐吓，什么流氓手段都用上，一步一步给人“下套”。更有甚者，一些人觉得一天不下流就有种跟不上时代的感觉，感慨“如果不下流，就得天天屁滚尿流”，把流氓文化演绎得长江后浪推前浪，一浪更比一浪高。

厚黑歪经、小人哲学、流氓文化，崇尚卑鄙恶行，鄙视美德善举，崇尚阴谋诡计，排斥真才实学。这一歪经的泛滥，势必导致“好人不好活，坏人活千年”，把人间的出路引向尔虞我诈的邪路上。

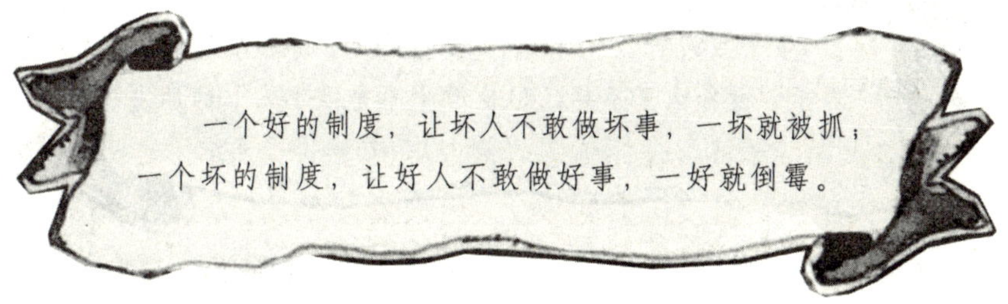

一个好的制度，让坏人不敢做坏事，一坏就被抓；
一个坏的制度，让好人不敢做好事，一好就倒霉。

“歪经”之三：“狼道”、“狗道”正在冲击“人道”。

继姜戎的小说《狼图腾》持续热销而来的，是出版界的狼嚎泛滥，中华大地骤然响起对“狼性文化”的呼唤。《狼》、《狼道》、《狼魂》、《酷狼》、《狼的故事》等鼓吹“狼性”的作品纷纷出笼，还有人写出《像狼一样思考——神奇的商业法则》，文化市场狼烟滚滚，偌大的中国闹起了“狼灾”。

街头巷尾充斥“狼书”，各类媒体一片“狼嚎”，大小讲坛高嚷“狼性”，御用精英大谈“狼文化”。于是，在市场竞争中急于找出路的人们，不假思索地立马把“狼道”作为找出路的经典，要“以狼为师，以狼为父”，要像狼一样生存，以“狼性改造中国人的国民性”。一些人更是把狼当做自己的父亲、爷爷、老祖宗，甚至认为自己的老祖宗还比不上狼，为自己不能成为狼的后代追悔莫及，对“狼性”推崇备至。就连某些社会知名人士也说：“读了《狼图腾》，觉得狼的许多难以置信的做法也值得借鉴。”

于是，举国上下，许许多多的人主张向狼学习，像狼一样去找出路。正如《狼魂》的前言所说：“狼的智慧和谋略永远是我们学习的榜样，从狼的一系列行动中，我们看到的是强者与智者的完美结合。学学狼的这些谋略，能使我们在市场竞争中获益匪浅；那么，不学狼不行吗？不行。为什么呢？因为，在你死我活的生存竞争中，在胜者为王、败者为寇的市场角逐中，如果心存善良，对竞争对手一味地心慈手软，那么就会被对方毫不留情地吃掉，这已经被无数事实所证明，而且还将不断被新的事实证明。”

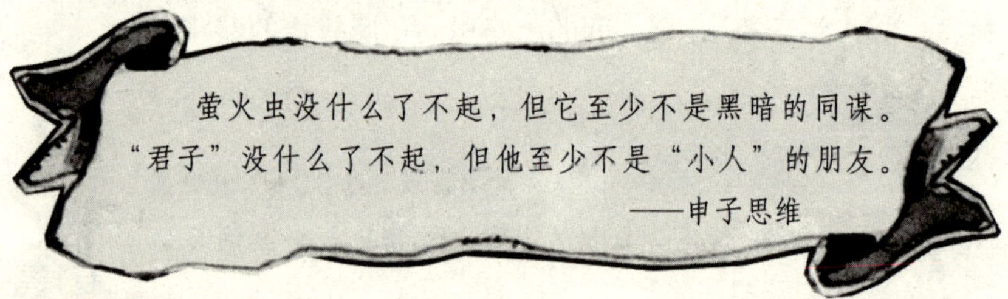

《狼》书的说辞更直白：“一只有勇气、有理想的狼，它为所有为了生存和发展而奋斗的生命提供了借鉴。”“生存是什么？生存就是不择手段地活着。你可以卑鄙，你可以无耻，你还可以下流。只要能在这个世界上活下去就好。理想是什么？理想是一种比生存更深层次的欲望”；“吃草的未必是仁慈，吃肉的未必是残忍。我是一只狼，注定了是一只狼，一只锋牙利爪的狼，鲜血与死亡是我生命的源泉。我要活着就必须有什么东西去死。当所有的牛羊沐浴在阳光里自由自在地吃喝时，那就意味着我死了。”

于是，大有“狼性”取代“人性”之势，大有“狼道”取代“人道”之势，大有“狼图腾”取代“龙图腾”之势。甚至反思，中华民族之所以没断烟火，是因为狼给羊输过三次血，即第一次是秦始皇武力统一，第二次是成吉思汗马踏中原，第三次是八旗兵跨过山海关。那么，言下之意，是不是在市场经济条件下，还要狼给羊输第四次血呢？

这就邪了！在中国文明里，“狼”向来是凶残、狡猾、霸道、无信的象征，著名的寓言《东郭先生与狼》是培育一代代孩子是非观的启蒙读物；《狼来了》、《狼与小羊》和“大灰狼”的故事，借助于狼的凶残来告诫孩子们如何做人，鞭挞邪恶之人的蛮横霸道。对搞阴谋诡计的人，一概痛斥为“狼狈为奸”、“狼子野心”、“狼心狗肺”等等，在毛泽东时代，我们还天天高唱“打倒美帝野心狼”的战歌。

人类已进入到21世纪，五千年的文明不知积累了多少大智大勇的出路智慧。如果今天还要向狼学习，像狼一样去找出路，岂不是五千年文明的悲哀？如果真的大行“狼道”，如果每年400多万大学生真的像400多万只狼一样涌向社会，如果全球60亿人口像60多亿只狼一样生存，如果“只要想赢，就必须狼性十足和不择手段，只要能置对手于死地并最终取胜，无论多么凶残、狠毒、恶劣、阴险、背叛……就都是正当的”，如果把出路上所有人与人的竞争禽兽化为狼对狼的厮咬，如果我们培养的孩子是狼，找的女朋友也是狼，那是多么可怕的局面呀！这样，我们的生存处境将不堪设想，人类最终将万劫不复！

所以，从大气大成的出路观来看，“狼道”，是一种实足的“歪门邪道”。

“歪经”之四：“应试学”越来越接近“赌博学”。

求学，是为了找出路，这是天经地义的事情。

因此，我们完全有理由把教育当做为出路服务的一部“大经典”。

这部经如何念？直接关系到受教育者即学生有没有出路？能否成就出路？

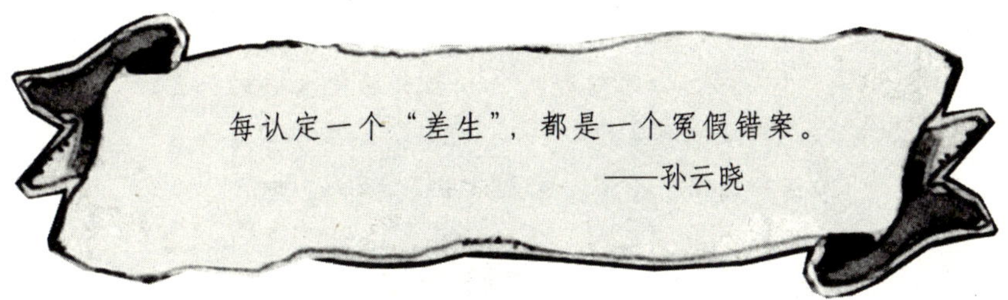

这里要说的问题是，当前的应试教育把这部“经”念歪了，如此念下去，势必导致当今的孩子在未来的竞争中没有出路。

歪在何处？歪在它不仅割断了人与能力的联系，而且割断了人与文化的联系，包括与出路思想、出路思维、出路理念、出路策略等各方面的背离，或者根本就不沾边。念出的“歪经”越来越像一部远离文化的“赌博经”。

不是吗？每个有孩子上学的家长都有体会：一到晚上，家中孩子与同学的电话交流声不绝于耳：“喂！语文第三题答案是A还是B呀？”“老师说数学第五题的答案是C不是D呢？”

天呀！这哪是读书，这是澳门赌场的赌大赌小呀！这和农民在公路上赌来车尾数单号双号的方法有什么不同呢？

由此我想到一个邻居的孩子，大学毕业后不知能干什么，于是就选定考北大的研究生，考了一年又一年，考到第四年时得了神经病，治愈出院的第一句话，就是“什么时候研究生开考？”他的“考研精神”感动了一个女大学生，俩人相爱后，又一起捆绑考研。第五年俩人都得了神经病，于是，每天疯疯癫癫在院子里对唱：“A呀，怎么不是B呀，去掉一个C呀，答案就是D呀。”

不仅读书考试的方法类似于赌博，高考填志愿、选择专业与学校也像赌博，有多少人填志愿时想过出路问题？“大家都上大学，那就上吧！”有多少人毕业后能学以致用？毕业后找出路也是赌，“碰上什么路就走什么路！”有几人心中有数——“到底要干什么？自己又能干什么呢？”

教育是为人的出路服务的，但这堂经实在也念歪了。

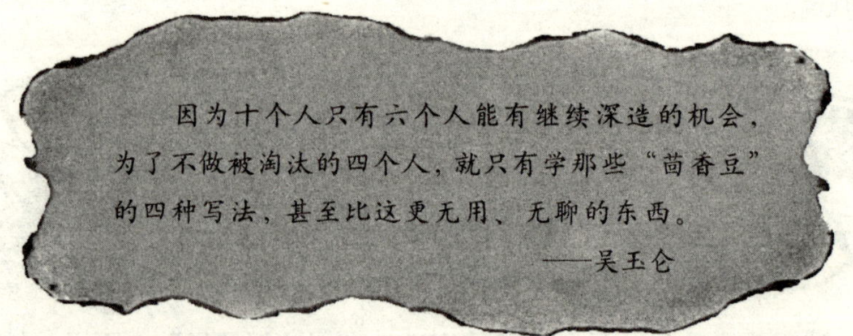

坏消息！出路，这一天下第一经被念歪了！“歪经”充斥心灵，“歪理”弥漫人间，必然导致越来越多的人钻“歪门”、走“邪道”。出路将指向何方？有一点是肯定的，那就是“歪经”的误导，出路将越来越偏离人间的正道，出路的尽头将是罪恶的深渊。

●大气大成——人生出路的第一密码。“游走全球的人”，面对空间无边界、资源无边界、发展无边界的大时代，非大气无以驾驭，非大气无以大成？大气做人、大气谋事，不是我们高明，而是必须这么选择！视野大气、理念大气、胸襟大气、思路大气、本事大气、行动大气，以大气人生姿态走向大成人生彼岸！

写人间书，为现实人写书。

——申子题记

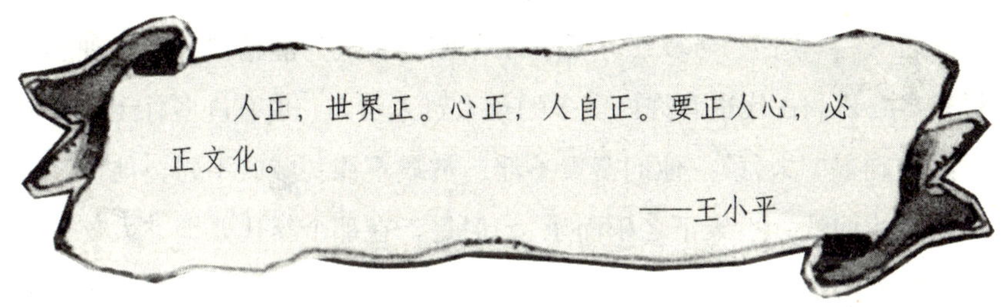

地球上有193种猿类和猴类，其中192种身上长了许多毛，只有一种是无毛或只长了少量汗毛的一种，这便是有别于动物的人类。

对此，莎士比亚曾充满激情地说：“人是一件多么了不起的杰作！多么高贵的理性！多么伟大的力量！多么优美的仪表！多么文雅的举动！在行为上多么像一个天使！在智慧上多么像一个天神！宇宙的精华！万物的灵长！”

这么了不起的人，到底要以什么姿态去谋出路呢？起码的一点，不能像动物一样去找出路。出路是人的出路，人要像人一样找出路，至少我们坚持的出路思想应符合人性、遵循人道、张扬人格。

如此，我们又怎么能学“狼道”、“狗道”，像野兽一样地去找出路呢？又怎么能“脸厚心黑”像流氓地痞一样地去找出路呢？而且，人具有高贵的理性，又怎能把出路交给不可知的“命”去摆布呢？

无疑，传统的出路思维必须颠覆！必须把出路的“歪经”当做尿片一样毫不留情地抛弃！

那么，在这个多元诱惑的年代里，打拼出路凭什么？用什么思想来总揽人生出路？

本书主张：大气才能走向大成！大气大成，是破解人生出路的第一密码，是赢得出路的第一宝典。

这不是“唱高腔”，也不是标榜“高明”，而是时势发展所迫，是世界的巨变和个人出路所面临的崭新时代逼着我们作出这样的选择！

“游走全球的人”，面对空间无边界、资源无边界、发展无边界的大时代，非大气无以驾驭，非大气无以大成？

我们的老祖宗在很早的时候就倡导“做人要大气”，如孟子倡导“养浩然之气”，李白、苏轼、朱熹、王阳明等名人为灌输“大气”理念同样费尽心机。古代也有许许多多的圣人贤人哲人，也有许多壮士或普通百姓的确很“大气”，他们富贵不淫、贫贱不移、威武不屈，他们“先天下之忧而忧，后天下之乐而乐”。但是，在那个年代要把“大气”作为指导人们谋出路的普遍经典，那只是痴心妄想！那只不过是圣人们的理想而已！为什么？因为那是一个“鸡肠小肚”的年代，是一个资源十分短缺、饥肠辘辘的年代，在勒紧裤带过日子时，人们又怎能“大气”起来呢？那个时代，只会逼着我们“小气”。

人类进入21世纪，我们的社会发生了亘古未有的变化，这个时代，鸟枪换炮了，许多东西，都反过来了。如何谋出路？又逼着我们必须“大气”，不大气，无以生存，不大气，无以发展！为什么作出这种判断呢？

出路的主体——人，已由“夜郎国”里或“桃花源”里的人，转化成为“全球游走的人”，由“不知有汉，无论魏晋”的井底之蛙，变成为“行走”于世界各地的人。周游列国成为一种时尚，就连既无文化、又无资金的安徽农民陈良全也要骑着摩托车常年奔走于世界各地，在湖南卫视的鼓动下，还组织了一个“陈良全周游世界团”游走全球。即使不出国门的人，通过网络事实上融入了全球化的浪潮，坐在家里，可以与战火中的伊拉克士兵交流，可以与在欧洲举行的足球世界杯现场互动，全球化、网络化、信息化的确使现代人成为“电子游牧一族”，把我们从“村落人”变成了“全球游走的人”。

与此相应的，出路的空间观发生了颠覆性的改变。过去的人是生活在某个地方的人，如今天下为家，籍贯、肤色、民族都将成为记忆中的符号。我们面对的出路舞台无比宽广，这就是说，我们已从根本上告别了在一个井里争水喝的年代，告别了在一个办公室里争位置的年代。面对一个如此巨大的发展空间，不大气，能行吗?

其次，决定出路命运的资源已发生颠覆性的改观。出路的本质是“抢资源”，即用自己所拥有的资源去交换、整合更多的资源。在“吃不饱”的年代里，人们所拥有的资源非常有限，尤其是共享资源，除了空气、阳光，能共享的资源所剩无几。如今时代大不同，资源极其丰富，遍地是黄金，无论是有形资源还是无形资源，无论是社会资源还是经济资源，无论是先赋资源还是后致性资源，均无比充裕。尤其是共享资源，多如牛毛。天下所有的资源，人人可以共享，譬如说，天下堆积如山的金钱尽管都装在别人的口袋里，尽管你现在身无分文，但只要有足够的“金钱动员能力”，如让别人参股等，这些钱都可以归你使用，怎么也花不完，别人还会对你感恩戴德，大老板都是这么成长的。又譬如个人每月花几十元的上网费，就可以买下一个世界。**从资源整合的角度看，所谓的私有制、公有制、国有制是一个狭隘的、落后的经济学观念，用现代的观念看，所有的资源人人可以享有、可以整合、可以使用，不管你的出身如何，学历如何，年龄如何，既然如此，天下资源事实上已成为“人有制”，至少在整合使用权上是“人有制”**。这就是说，我们告别了资源短缺的年代，告别了面黄肌瘦的年代，告别了在一个锅里争饭吃的年代。

资源短缺的年代里，逼着人“小气”，也必然“小人”辈出，在资源“人有制”的时代里，又逼着我们“大气”，不大气，能驾驭这么丰富的资源吗？

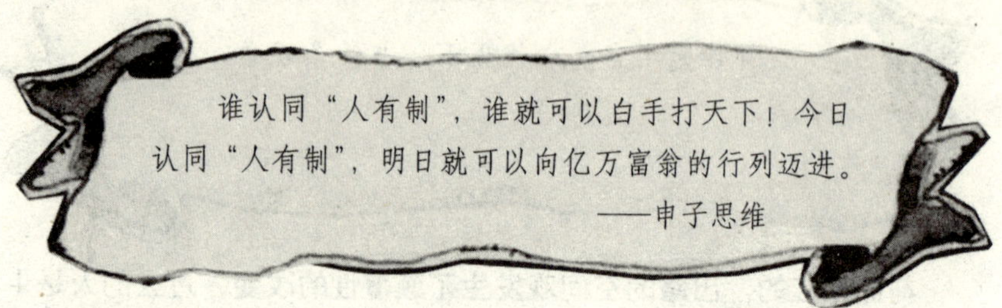

还有赢得出路的途径与方法也发生了颠覆性的改变，靠雕虫小技、靠小聪明、小人哲学、流氓哲学行不通了，而需要真本事、大胸怀、大思路、大战略。因为现代市场宽广、门路非常多，譬如商业竞争过去靠缺斤少两、以次充好、靠“无商不奸”赚取蝇头小利，现在则靠品牌、靠真正的质量、靠服务的大气赢得市场，如海尔的“真诚到永远”、“24 小时的上门服务”，就体现了一种大气法则，也只有这样才是取胜之道；又如人的竞争，过去为了自己爬上去，奉行“小人哲学”，把别人拉下来，还踏上一只脚，现在是把比自己强的人抬上去、送一程，以便给自己赢得更大的发展空间，奉行的是一种“大气哲学”。在小农经济年代，大家乱哄哄地挤在一条狭小的通道上找出路，不搞阴谋诡计，不当小人，也许是难以出头。那么在全球化的背景下，不大气也无法取胜。**这好比拖拉机、汽车、摩托车都挤在公路上“抢出路”，碰得头破血流，“大气法则”是可以把自己变成飞机，到空中去找出路，不同汽车一般见识，还可以把自己变成宇宙飞船，到太空去找出路，不和飞机一般见识。**我们告别了在一条路上找出路的年代，告别吊死在一棵树上的年代，何必还那么“小气”呢？

现代人是在“小人式”的竞争里弄得屁滚尿流后，才学会了“真诚到永远”的大气，正如欧洲在经历成千上万次的战争苦难后，才有“大气意义”的“欧盟”。

——申子思维

大气做人、大气谋事，不是我们高明，而是必须这么选择！视野大气、理念大气、思路大气、本事大气、行动大气，以大气人生姿态走向大成人生彼岸！

历史的发展已经把我们从“山顶洞人”转化为“游走全球的人”。放眼全球，我们的出路面对的空间无边界、资源无边界、发展无边界，真正是天高任鸟飞、海阔凭鱼跃。在这个时代里，非大气无以驾驭，非大气无以大成！大气做人、大气谋事，不是我们高明，而是必须这么选择！因此，我们要视野大气，像比尔·盖茨一样“戴着望远镜看世界”；胸襟大气，像歌德说的“比大海更广阔的是天空，比天空更广阔的是人的心灵”；思路大气，像牛顿一样看到苹果落地就想出了万有引力定律；本事大气，修炼真本事，以真功夫打天下；还有理念大气、行动大气，饱含大气之人，必然走向大成。这样的人生，犹如戈壁滩上的胡杨，活着三百年不死，死了三百年不倒，倒了三百年不朽！

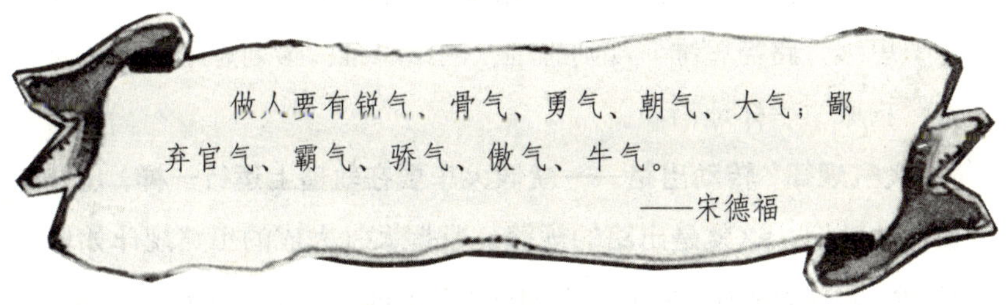

做人要有锐气、骨气、勇气、朝气、大气；鄙弃官气、霸气、骄气、傲气、牛气。

——宋德福

亲爱的朋友，这本书不是要论述为什么要大气、为什么只有大气才能大成的问题，而是以活生生的画面展示如何大气大成，以耳目一新的思想把我们带入一个大气大成的世界。这些思想有：

天下资源匹配出路——出路的第一本质是匹配资源，资源组合出路、决定出路。通俗地说，自己有一块多大的泥巴，就可以做一个多大的菩萨。要改变自己的出路，先改变自己的资源。也就是说，“大气”的底蕴是积累大资源，如何赢得大出路，先考虑如何整合大资源。

“大气理念”引导出路——上帝把穷人安排在穷人的位置上，把富人安排在富人的位置上，依据是什么？首先源于不同的人生理念，好出路必有好理念。大气大成的出路理念有：修炼真本事，取胜不靠“小聪明”，要有个人的核心竞争力；瞄准大方向，大出路蕴含在先进方向里，哪怕是喝粥都要考虑好嘴唇嚅动的方向；在满足社会需要中谋出路，满足大的需要就有大出路，满足小的需要就有小出路，不能满足社会的任何需要就没有出路。如满足人们喝水的需要，就有娃哈哈总裁宗庆后的出路；满足人们对快餐的需要，就有麦当劳总裁克洛克的出路；满足人们对唱歌的爱好，就有宋祖英的出路。胸襟大气，在兼容里找出路，有容乃大，融心融智融天下，既然包容了天下所有的路，难道就没有适合自己走的路吗？

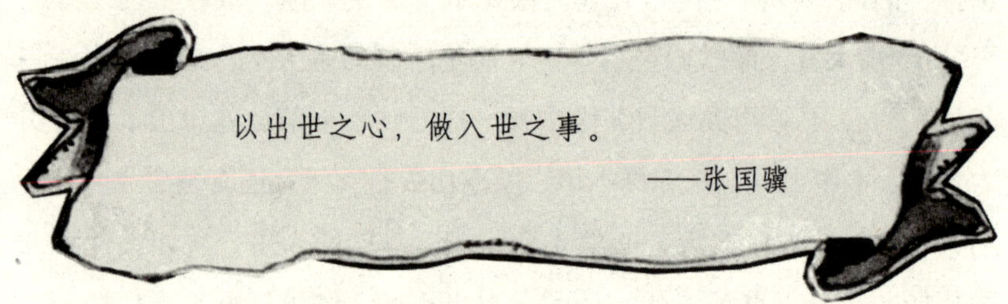

“大气思维”总揽出路——思路决定出路，成功在于选择。科学运用定位思维、路径思维、规则思维、网络思维、策划思维，找出路就像拾“狗屎”一样地简单。

“大气规律”转动出路——就像火车要在轨道上运行一样，出路也有自己的轨道，这就是出路的规律。掌握大气大成的出路规律如雄心引领律、大变大成律、高压逼进律、“牵牛鼻子”律、皮毛结合律、合作双赢律、集中优势律等，就能转动人场，转动出路。

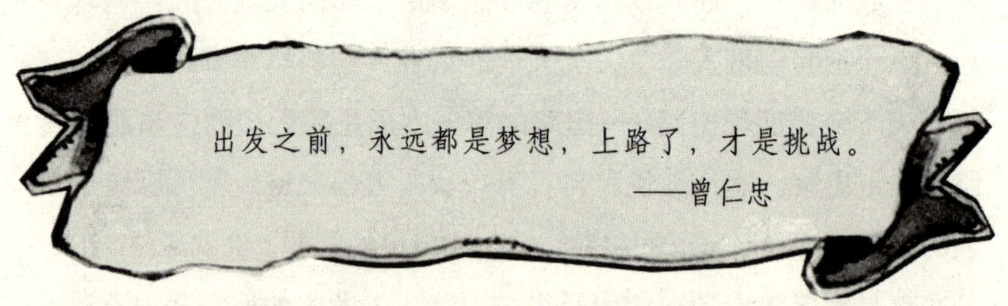

“大气实力”启动出路——走向大成，是实力与实力的碰撞。“大气”是一种实力的象征，有实力才能撞开出路大门。强者定律牢不可破，养气、养德、养智、养能提升实力，每天进步一丁点积累实力，拼命滚雪球壮大实力，还要借用外力，聚天下之力开启天下之门。

“大气行动”成就出路——只要行动到位，上帝都能扳动。出路想不来、求不来、等不来，大气大成靠行动，行动是一种最高的智慧。把握行动法则，打造行动人格，坚韧地行动，不懈地行动，大路朝阳，怎么也能走出一条路来！

“青春应有英雄志，男儿当为天下奇。”大道冲天，大气大成！路是人走出来的，有了大视野、积累大资源、打造新理念、修炼真本事、谋划大思路、定位走大道，就能以大气人生姿态走向大成人生彼岸！

我不是为天才讲课，他们自己会给自己闯出道路来的。我也不是为傻瓜讲课，为他们不值得花这么大的力气。我是为那些水平中等并想把自己培养成为将来能胜任工作的人讲课的。我不是教哲学，而是教人们哲学地思考。

——康德

拥有一块多大的泥巴，就做一个多大的菩萨。

天下资源组合天下出路

——什么是出路？资源组合的魔方

卷二：天下资源组合天下出路

——什么是出路？资源组合的魔方

用天下资源，为自立于天下组合资源。

——申子题记

拥有一块多大的泥巴，就做一个多大的菩萨，想做一个大菩萨，自己就得拥有一块大泥巴。出路哲理就这么简单！

——申子思维

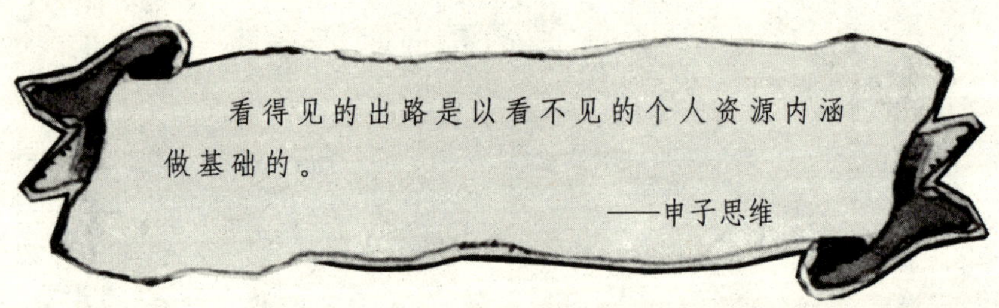

看得见的出路是以看不见的个人资源内涵做基础的。

——申子思维

谈及出路，有人如数家珍，说：第一代人靠“老子”，先天资源决定出路；第二代人靠“胆子”，心理资源决定出路；第三代人靠“卷子”，考试分数决定出路；第四代人靠“脑子”，智力资源决定出路；还有“吃青春饭的”靠“面子”，青春资源决定出路，唱歌的靠“嗓子”，“音色”资源决定出路等等。林林总总，说了一个道理：出路，总得拿点什么东西去换出路，就像钓鱼需要钓饵一样。说得理论化一点，出路，是个人资源与社会资源进行交换、整合、匹配的一种魔方。因此，个人只有积累大资源，进行大投入，才能匹配出真正的大出路。

●出路的第一本质：匹配资源。社会是个巨型金字塔，每一层组合不同的资源，出路的外在表现是往上爬，内在机理是拿拥有的资源去整合更多的资源。因而，有什么个人资源，就有什么样的出路，个人资源匹配出路是大气大成出路学的第一法则。

> 社会是个金字塔，每一层的门是用不同材料做的，底层是敞开的，往上依次为木门、铁门、钢门、铜门、银门，顶层是黄金门。大家都往上爬，但要用相应的资源去敲门。哪道门开了，就是你的出路！
>
> ——申子题记

什么是出路？似乎人人心知肚明，生活中我们所谈的出路不外乎包含这么几种情况：一是指出息，如拥有一个理想的社会职位，有令人羡慕的前途，有出路便是有出息；二是指理想意愿的实现，干出了一番令人羡慕的事业，心想事成便是有出路；三是指解决了困扰人生的问题，跨越了人生障碍，迎来了新的人生局面，便是出路。但是，这些理想的职位、好的前途和美好的人生局面能从天上掉下来吗？能从地下冒出来吗？能从白日梦里跑出来吗？这一切都是痴心妄想，那它又是如何产生的呢？又是怎样真真切切地成为现实的出路呢？其内在运行的机理是什么？

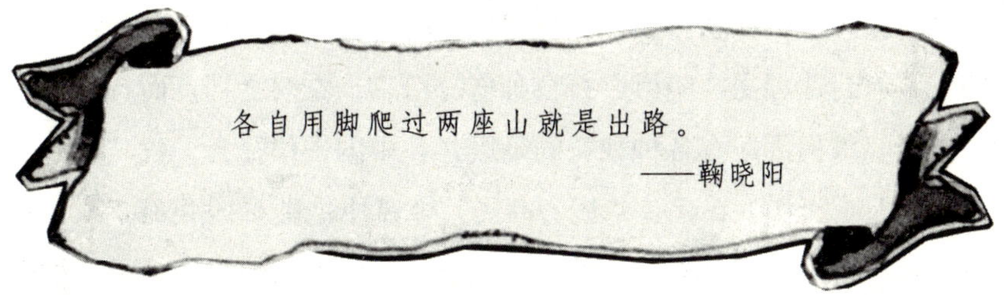

大凡出路，它是人们用个人资源如智力、心力、文凭、本事、关系及付出的努力等一切有形与无形资源、先天与后致性资源，与这些理想的职位、前途、人生局面进行动态匹配的结果，即自己拥有什么、付出什么、投入什么，才能得到什么。因此，就个人的生存与发展而

言，出路是指个人获得社会位置、或从较低社会位置向较高级社会位置的流动中，用个人资源与社会资源进行动态匹配的过程。一般来说，个人资源较少，而匹配上的社会资源较多，便是有出路，反之就是没有出路。如一个农民，通过自学成才，当上了公务员，便是“有出路”；但一个大学生若回乡当一个普通农民，便视同没有出路，如果继续努力，当上了一个农民企业家则又会视同有出路。出路的原理同样符合经济学的投入与产出法则，产出大于投入便是“有出路”，投入大于产出，觉得亏本，会视同“没出路”。

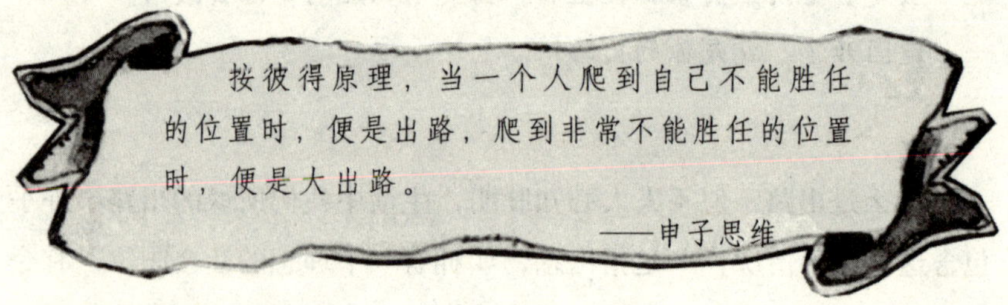

社会是个巨型金字塔，其本质又是一个财富、权力、声望等资源堆积的金字塔，资源的高层集聚性驱动人们不断“往上爬”。

因为有社会金字塔，才有社会的美感和活力。

——申子题记

社会是一个由不同社会位置构成的巨型金字塔。古代社会，有显明的社会等级，如在古罗马，有贵族、骑士、平民、奴隶之分；在中世纪，有封建领主、陪臣、行会师傅、帮工、农奴之别，而且几乎在每一个等级内部还有各种独特的等级。在中国古代社会，仅“民”的划分就有“士民、农民、公民、商民”等四种。到了19世纪，人们广泛使用“阶级”和“阶层”概念来描述社会中人们的地位等级，如上等阶级、中等阶级与下等阶级等。

现代社会虽然看不到历史上那种门阀世家，看不到先天的社会等级与身份特权，也打破了等级之间的森严壁垒，但社会差别依然存在，人们仍然处在不同层级的社会位置上。我们或许可以断言，任何社会及世界上的任何地方，依然矗立着有形或无形的社会金字塔，只不过其具体形式有所不同而已。正如有人所说的，即使是口口声声讲平等的美国社会，在其每一个市镇和小城，都构成为一个金字塔结构：处在底部的是广大平民百姓，往上则是中产阶层，而屹立在塔尖的只是人数极少的上流家族圈。从职业划分看，上至联邦最高法院的大法官、医生，下到清道夫、擦鞋童，不同位置，都有一道难以跨越的鸿沟。

中国的社会结构同样是一个巨型金字塔，陆学艺等社会学家在《当代中国社会阶层研究报告》中，把中国社会划分为10大阶层：

1．国家和社会管理者阶层，约占2.1%；

2．经理人员阶层，约占1.5%；

3．私营企业主阶层，约占0.6%；

4．专业技术人员阶层，约占5.1%；

5．办事人员阶层，约占4.8%；

6．个体工商户阶层，约占4.2%；

7．商业服务业员工阶层，约占12%；

8．产业工人阶层，约占30%；

9．农业劳动者阶层，约占44%；

10．城乡无业、失业、半失业者阶层，约占3.1%。

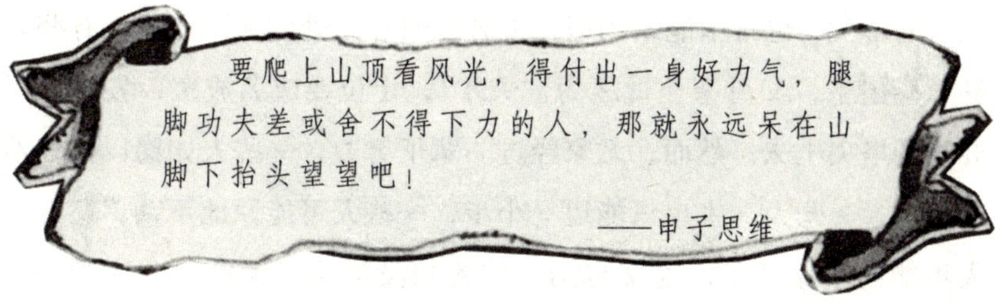

社会金字塔的本质是什么？是不同的社会层次拥有不同的资源，处于不同社会位置的人就可以占有、支配该位置所配置的资源。这些资源主要体现为：经济资源——财富；政治资源——权力；社会资源——声望、关系、影响力等。因而，社会金字塔又是一个资源的金字塔，包括财富金字塔、权力金字塔、声望金字塔等。社会各种资源分布的规律是：社会位置越高，拥有的资源越多、越集中。如国王与平民、老板与打工者所拥有的资源是不可同日而语的。

资源的这种分布规律决定了人们必然选择向上流动，即“往上爬”，进入金字塔的理想层次，或能实现向上流动，便是“有出路”；如果向下流动，即进入金字塔的下一层次，或原地不动且封杀了向上流动的机会，便会认为“没有出路”，这是一个浅显的道理。

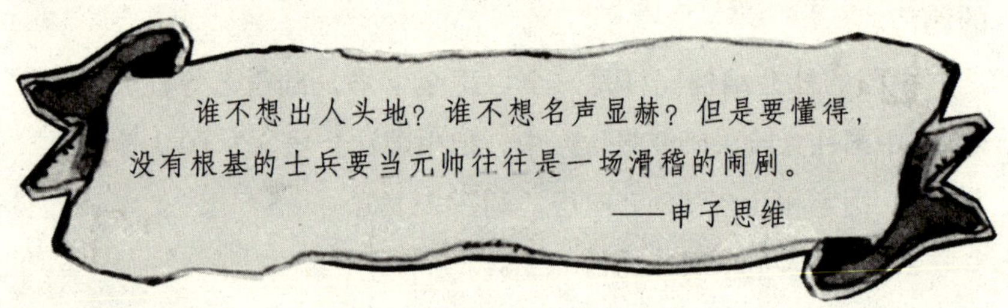

出路的外在表现是往上爬，内在机理是拿拥有的资源去整合更多的资源。因此，大气大成的底蕴在于积累个人大资源，多多积累个人资源是大气大成的第一要义。

“大气”的底蕴在于控制的资源有多大。

——申子题记

每个人都有往上爬的冲动，都有再上台阶的梦想，即使达不到金字塔的塔尖，也希望能站到塔腰上去领略那高处的无限风光。有些人甚至一出生，父母亲便视之为“天才”，定位要成名成家，发誓日后要站到塔尖上去。然而，大家经过一辈子努力，一些人如愿以偿，不断上升，一些人一生也只能迈一小步，一些人可能原地不动，还有些人可能向下流动了，连父母给的位置都没保住。为什么会这样分化呢？原来，进入每一个社会位置，扮演任何一个社会角色，都是需要条件的，社会金字塔里的每一层门都有“守门神”严格把关，符合条件的便“请进”，不符合条件的想进去看一眼都不行。如一个农民想进国家机关当公务员，就要具备许多条件：户籍、年龄、学历、模样、政治素质、业务素质、笔试面试成绩等等。这些条件，我们称之为“个人资源”，它是个人资本或个人的实力。个人所拥有的资源与什么样的社会职位相匹配，通俗地说是个人有几斤几两，才有可能进入社会的某一层次，即赢得某种出路。

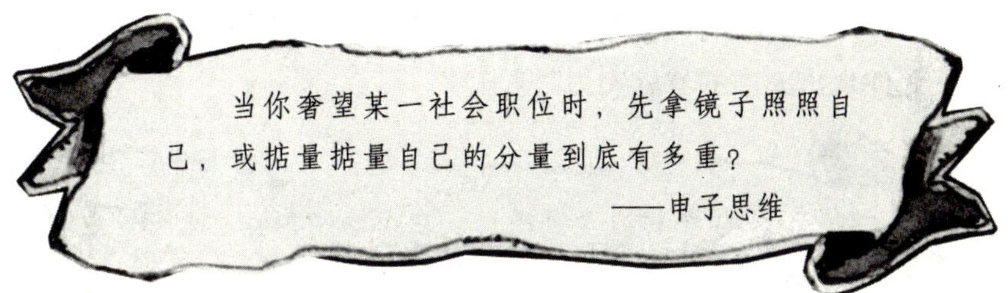

当你奢望某一社会职位时，先拿镜子照照自己，或掂量掂量自己的分量到底有多重？

——申子思维

个人资源是指社会中个人所拥有的一切有一定效用的东西，是与自然资源、社会资源并存的另一种重要资源，是个人生存与发展，或从事一切活动所必须依靠的条件。它就像你所拥有的资产，可以用它做事，也可以用它交换其他资源。

个人资源从构成的要素看，可分为三大类别：

1. **自然性个人资源**——主要指人的自然存在物，如性别、身高、相貌、体魄等，这类资源具有先赋性、现实可感知性和个体惟一性。身体是革命的本钱，也是一切出路的基石。个性化突出的自然性个人资源，是赢得某种出路的极为重要的砝码。以美女为例，“天生丽质”是一些女性天生拥有的自然性个人资源，一旦拥有，价值连城，许多出路非她们莫属，如“香车美女”、“豪宅美女”、“红粉间谍”，谁能取代？如今各大城市的“汽车秀”、“婚纱秀”、“空调秀”、“家具秀”等秀中的腕儿角色，谁又能扮演？

上世纪70年代一部朝鲜电影中有句著名台词：“漂亮的脸蛋能出大米。”未解决温饱的人们对“脸蛋”的理解是如此深刻，那么对“吃饱了撑着”的人来说，自然会对“脸蛋”这一资源进行淋漓尽致的发挥，所以当代中国最红火也是最赚钱的行业只有两个：一个是房地产经济，一个是“美女经济”。美女们被“经济”着的火爆场面惊得目瞪口呆，就连那些寒窗苦读的女博士也垂涎欲滴，惊呼“学得好不如长得好！”

2. **心理性个人资源**——主要指后天个人与社会环境交互作用所形

成的个性心理物质，包括自信心、同情心、理想、毅力、意志、智商、情商、胆商、能力、品行等等。它是后致的、无形的，具有不可量化等特点。如大智大勇的胆识、坚忍不拔的意志、真金不怕火炼的本事、雷厉风行的作风等，都是赢得大出路所必须具有的心理资源条件。这类资源体现出人生的“软实力”。

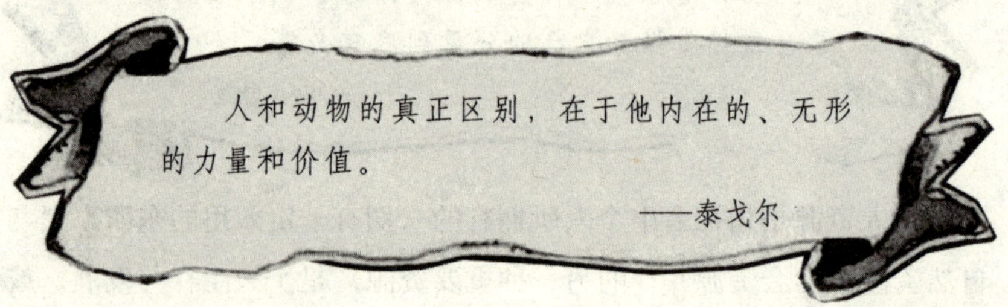
人和动物的真正区别，在于他内在的、无形的力量和价值。

——泰戈尔

3. **社会性个人资源**——主要指人作为社会存在物的显现形式，包括个人所拥有的权力、社会影响力、声望、社会关系、财富、知识学历、信息等。这类资源体现出人生的“硬实力”。

从个人资源的积累途径来看，可分为先赋性个人资源与后致性个人资源。先天的遗传因子、“好爸爸”搭建的平台、继承遗产等一切不需个人努力而自然获得的资源，构成先赋性个人资源；后天经过自己努力获得的资源即为后致性个人资源，如知识、学历、能力、声望、权力、后天的社会关系等。又如“美”的资源，天生丽质属于先赋的，但因整容整出的“美”则属于后致的。南方女孩郝璐璐历时200天，耗资30万元，全身十多处被整容，大大地积累了美的资源，被誉为中国“第一人造美女”，即属于“后致性美女”。

从个人资源的形态来看，可分为有形的个人资源与无形的个人资源。看得见、摸得着的个人资源，如金钱财物、躯体、文凭等个人所属的有形物即为有形的个人资源；而心理性个人资源、能力、思想、

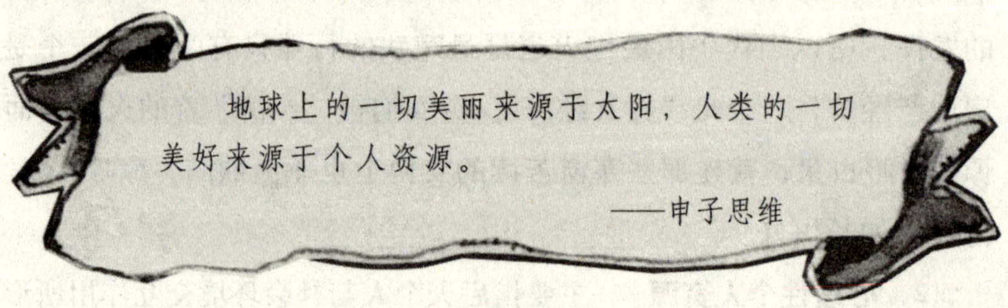
地球上的一切美丽来源于太阳，人类的一切美好来源于个人资源。

——申子思维

智力、关系等个人非物质性资源即为无形的个人资源。

人是一个丰富的资源宝库。个人凭什么活着？凭什么发展？凭什么幸福？靠的是个人资源。惟有个人资源，才是一个人存在的依托、发展的平台、幸福的源泉。

因此，大气大成的出路法则认为，积聚个人资源是人生第一要务。人生价值在于个人资源，人生过程在于积累、消费、运用个人资源。

“人为财死，鸟为食亡”，“天下熙熙，皆为利来，天下攘攘，皆为利往”。撇开其消极意义不说，它反映了一个客观事实，即人类的一切活动都是为了积聚个人资源，从个人资源的角度看，这里的“财”与“利”既是物质财富、有形资源，也包括求知、求名、求爱、求发展等各种非物质财富和无形资源。人生无处不积累，十年寒窗积累个人知识资源，商海搏击积累财富资源，参与社会活动则积累更多的社会资源，即便是遭遇不幸、遇上倒霉的事、经历人生的苦难也可因此历练心理素质，积累心理资源。

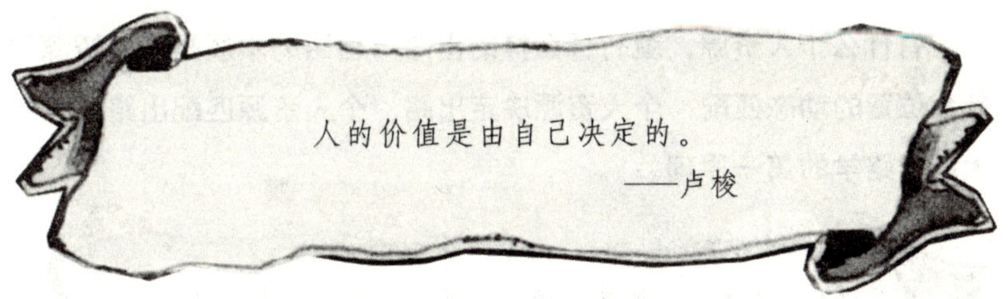

要找出路，先积累个人资源，要有更大的出路，需积累更多的资源。人的一生是个人资源积累的一生。一个人在走向社会前，有一个漫长的准备期，这实质上是一个资源积累期，只有积累了比较丰富的各种资源，才能到社会上去谋出路。谋到出路后又进入一个新的资源积累期，继续积累，包括继续学习、不懈工作、做出社会贡献、赢得更多社会认同，当自己的社会政治、经济、经验、知识、关系等各项个人资源积累到一定程度后，谋求新的发展，实现新的人生突破，从而又获得新的出路。如此，周而复始，实现人生的不断升华与出路的反复升级。

有什么个人资源，就有什么样的出路？出路的本质是个人资源与社会位置的动态匹配，个人资源匹配出路是大气大成出路学的第一法则。

“鬼神”也斗不过市场。出路是自己拿资源与市场进行交换的结果。市场为有心人准备了丰盛的午餐。

——申子思维

“一等美女飘洋过海，二等美女深圳珠海，三等美女北京上海。”这是“脸蛋资源”与区域层级的动态匹配。

“劳心者治人，劳力者治于人。”这是脑力资源与社会分层的动态匹配。

“博硕多多益善，本科等等再看，大专看都不看，中专靠边站站。”这是文凭资源与职场的动态匹配。

当总统、当科学家、当老板、当明星真好，也许人人都有过这方面的梦想，然而为什么不能梦想成真？因为缺乏相应的条件，也就是缺乏与之匹配的个人资源。

有什么个人资源，就有什么样的出路。出路的本质是个人资源与社会位置的动态匹配，个人资源决定出路、个人资源匹配出路是大气大成出路学的第一原理。

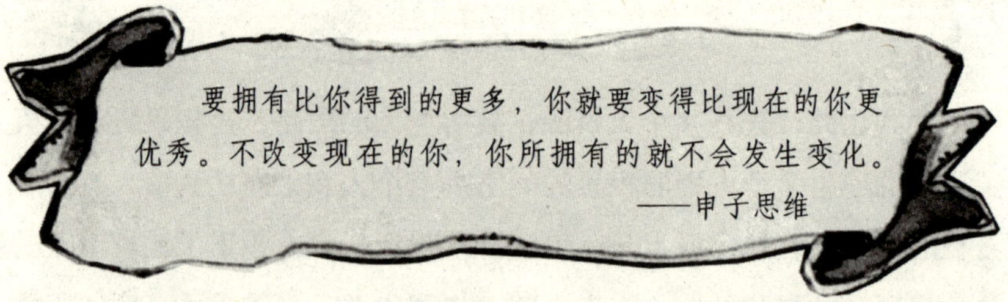

社会金字塔的每一个层次拥有不同的资源，人们要进入金字塔的任何一个层次，都会遇到高低不同的“门坎”。金字塔的底层没什么资源，所以也谈不上什么“门坎”，甚至连“门”都没有，如同牛栏关猫，不论任何人都可以想进就进，想出就出。这一层次是与个人资源稀缺的人匹配的，如一无所有的流浪汉，无背景、无文化、无技能的“三无人员”等大多居于这一层次；越往金字塔的上层流动，资源越多、诱惑力越大，但门坎也越来越高，即要求个人本身拥有相应的资源与之匹配，方可进入。如许多地方招聘厅局级干部，则要求参与者相匹配的个人资源有：①党员、思想可靠、有政绩等政治资源；②年轻有为且当过两年以上正处长的社会阅历；③大本以上的学历资源；④考试分数名列榜首；⑤社会反映好、有群众基础等社会声望资源；⑥重要人物拍板等领导认同资源。个人资源优者上、个人资源多者上，这就是个人资源与社会位置的动态匹配！

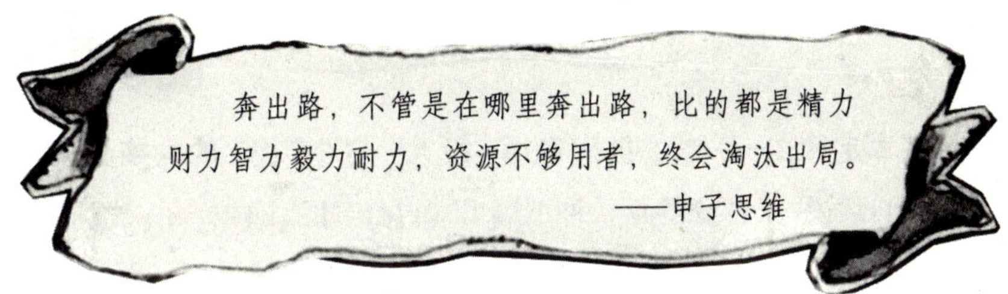

从总统到流浪汉，其实社会的每一个位置、每一个层次都是与个人资源进行动态匹配的结果。即社会金字塔是与个人的能力相匹配的，是与个人的水平相匹配的，是与个人的财富相匹配的，是与个人的社会认同相匹配的，资源多者居于上，资源少者处于下。这就是说，个人的任何出路都要用个人资源与之匹配。这里蕴含三个基本定律：

基本定律一——动态匹配是社会运行的基本逻辑。

社会依个人资源与社会位置的动态匹配形成社会结构、社会关系和社会运行机制，并以此制定社会政策或各种游戏规则，如：

出路的社会竞争——本质是个人资源的竞争，即依个人的实力竞争。高考依个人不同的分数进入不同的大学，因个人不同的分数资源去享受不同的教育资源，形成合理的教育金字塔；科举制因个人不同的分数资源直接进入社会金字塔的不同层次，享有不同的社会政治经济文化资源等。

出路的社会分配——无论是按劳分配、按“资”分配还是按贡献分配，说到底是个人资源匹配论，因劳动、财富或贡献都是属于个人资源的范畴。又如按文凭、能力、社会认同安排个人的社会位置，就是个人资源匹配出路的具体表现形式。

出路的社会公平——动态匹配协调、合理，便是公平，反之则是不公平。

出路运行的逻辑基础是个人资源与社会位置所拥有的资源的动态匹配，并以此构成社会运行的逻辑。

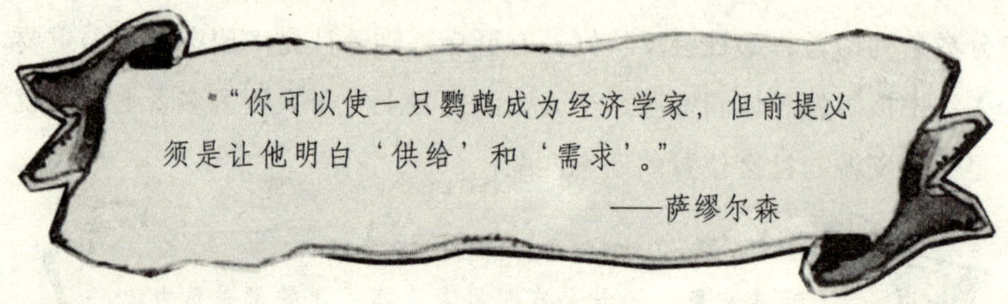

“你可以使一只鹦鹉成为经济学家，但前提必须是让他明白‘供给’和‘需求’。”

——萨缪尔森

基本定律二——动态匹配遵循“投入”与“产出”的交换法则。

人们常说，“种豆得豆，种瓜得瓜”。付出才有回报，投入才有产出，任何出路都是投入个人资源与社会进行交换的结果。如要当科学家，就得投入天才般的智慧、非凡的毅力、全身心的精力等个人资源和特别的工作条件，当成为科学家时，实质上是投入了相当的个人资源交换来的。同样，依据个人资源的多寡与投入程度，则依次匹配出工程师、技术员或技工。《西游记》中“真经不可轻传，亦不可空取”的故事生动地告诉我们：要想“获得”出路，就必须“付出”相当的个人资源。如要当“超女”，就得通过展示魄力、智慧、动员力等各种个人资源，以此交换得到相当的观众、评委认同的“选票”，才能梦想成真，否则，还是只能当“女孩”。

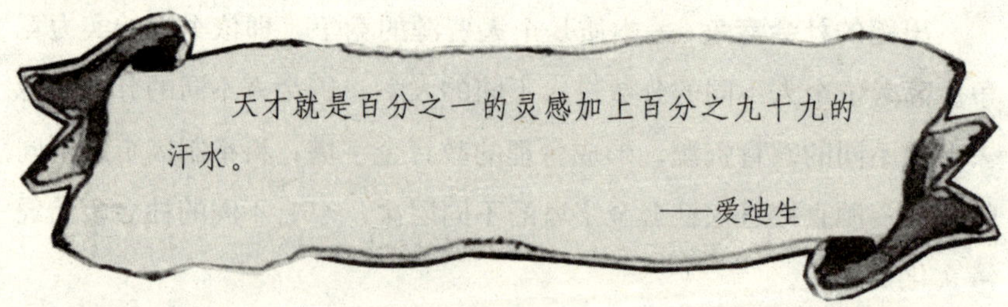

天才就是百分之一的灵感加上百分之九十九的汗水。

——爱迪生

基本定律三——个人资源的效用与出路的功能相匹配法则。

个人资源各要素在人生中综合起作用，但不同的要素，在不同的时代或社会背景中，其发挥的效用是不同的，不同的出路对个人资源有不同的要求。即便是同一项个人资源，在不同的背景中也会有完全不同的功用，如在美国想当总统，也许学历、先天背景、职业等各项个人资源并不重要，关键是“选票”。谁拥有的个人“选票”资源多，谁就可当总统，不管你是高小生还是博士生，也不管你是唱戏的还是杀猪的。那么若放在王位世袭的国度里，这些“选票”则只能当“柴火”烧，因它是以先天性个人资源决定谁当国王的。可见，同一项个人资源要素在不同的情景中效用不同，而出路看中的是个人资源效用与功能，个人要善于根据资源效用与出路进行动态匹配，是从政还是从商、是当学者还是当演员，总是依据个人资源的特色效用与之匹配。因此，个人资源与出路的匹配，不是简单地依据个人资源的多寡进行等值匹配，而是依据个人资源的效用进行功能匹配。

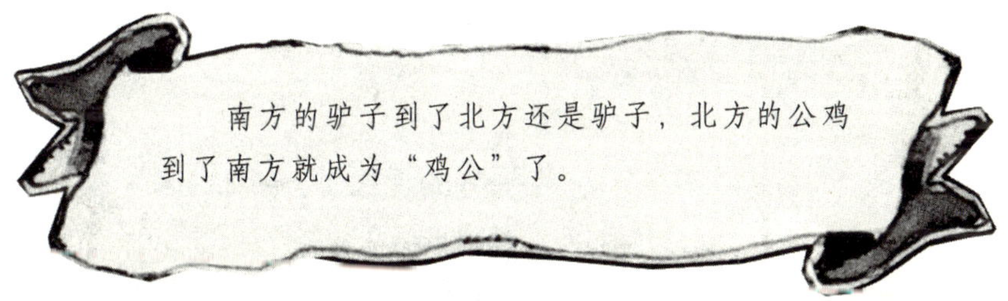

个人资源决定出路、个人资源匹配出路，这是大气大成出路学的第一原理。因此，谋求出路的第一基石是：

积累个人大资源，打牢基础，拥有丰富的个人资源，科学进行大投入，才能匹配大出路！

●“老子”给出路。先天资源有多少，出路的起点有多高。出路的重新洗牌，没有“好老子”未必没有“好路子”？珍惜先天资源，又有“孤儿般奋斗”的“大气精神”。学金庸之子，开创个性化之路。

资源为我用，不为资源累。

——申子题记

先天资源差异注定了人的天然不平等，出路的起点永远高

低有别。“好老子”的确能给人“好路子”，但这条路子到底又能走多长？

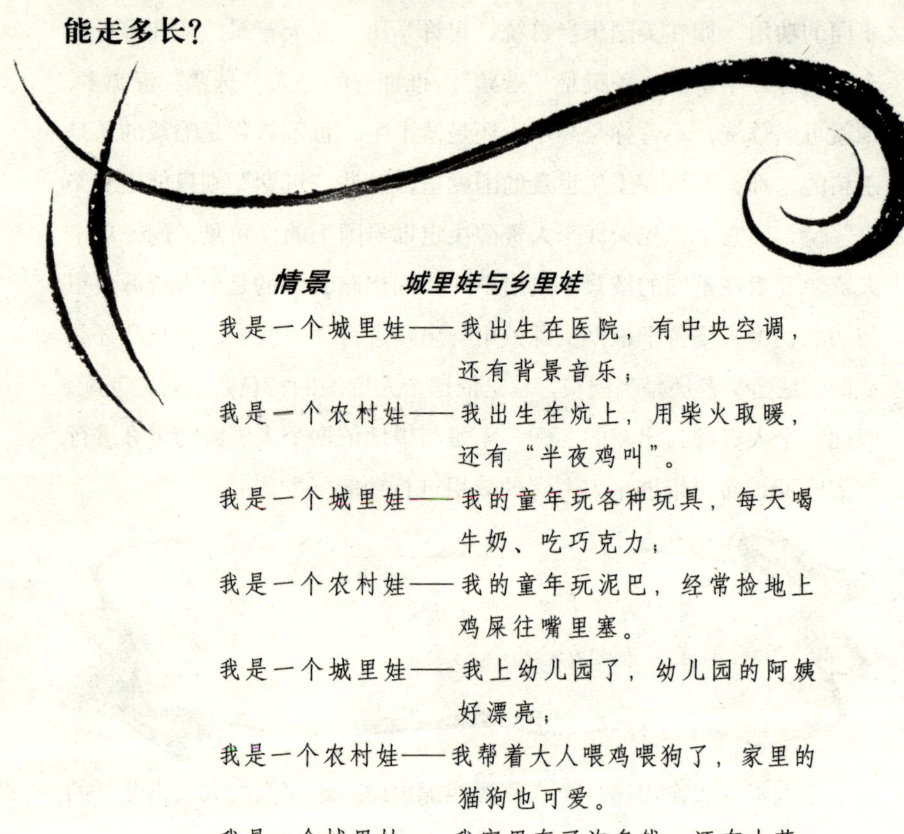

情景　　城里娃与乡里娃

我是一个城里娃——我出生在医院，有中央空调，还有背景音乐；

我是一个农村娃——我出生在炕上，用柴火取暖，还有“半夜鸡叫”。

我是一个城里娃——我的童年玩各种玩具，每天喝牛奶、吃巧克力；

我是一个农村娃——我的童年玩泥巴，经常捡地上鸡屎往嘴里塞。

我是一个城里娃——我上幼儿园了，幼儿园的阿姨好漂亮；

我是一个农村娃——我帮着大人喂鸡喂狗了，家里的猫狗也可爱。

我是一个城里娃——我家里存了许多钱，还有古董；

我是一个农村娃——我家里背了许多债，屋顶还有许多漏洞。

我是一个城里娃——妈妈好疼我经常给我零花钱；

我是一个农村娃——妈妈因为我老喊吃饭，经常打我屁股，好疼。

我是一个城里娃——星期天可以逛公园，逛少年宫，还要学外语；

我是一个农村娃——星期天我要去放牛、割草，还要拾狗屎。

我是一个城里娃——我考大学了，考520分，爸爸托关系我上了一所名牌大学；

我是一个农村娃——我也考大学了，考了620，
但是没钱上学了。
我是一个城里娃——大学毕业了，爸爸托关系，
安排我进机关了；
我是一个农村娃——我去南方打工，因讨薪又挨
包工头的打骂了。
我是一个城里娃——爸爸又托了个更大的关系，
我又晋级提拔了；
我是一个农村娃——包工头太黑，实在受不了，
我又回老家种地了。
我是一个城里娃——好戏还在后头；
我是一个农村娃——明天一片茫然！

人总是出生在一定的平台上，生于富贵之家还是贫寒之家，先天的平台个人无法选择。不同的平台是用不同的资源搭起来的，包括经济资源，即家庭经济状况和所在地的经济条件；社会资源，即家庭的社会关系、社会地位、社会影响力等；教育资源，即个人所拥有的教育条件、成长环境等等。个人先天资源不同，从而决定人生的起点不同。

传统社会里，等级森严，人的出路大多是由父母安排的，社会犹如一台巨型复印机，父母把自己的出路复制给儿女，即“龙生龙，凤生凤，老鼠生儿打地洞”，“农之子恒为农”，“盗贼的儿子永远是盗贼，法官的儿子永远是法官”，先天资源赋予了人的出路具有极强的复制式传承色彩。如出生在帝王之家，生下来就可以当皇帝，从秦始皇到袁世凯，中国的帝王共有408位，而10岁以下的娃娃皇帝竟有44位，其中汉冲帝刘炳两岁就登基，汉殇帝刘隆登基时才出生100天。

社会永远是有差异的，先天资源决定了人天然的不平等性，不同的先天平台决定了人的出路起点永远高低有别。如城里人与乡里人、部长的儿子与平民的儿子，人生的起点当然有着天壤之别。所以，有个“好老子”对于个人的出路便有着决定性的意义。如过去的“太子党”当官的捷径是“一年兵、二年党、三年当个副处长”。林立果小小年纪，一下子当上空军作战部副部长，居然空军司令也要让他三分。

即使到了现代社会，许多落后地区同样还在演绎那种子承父业的复制式“出路模式”。前不久，电视里曾播放过一个记者采访西北牧区的牧童：“你为什么放羊？”“挣钱呗！”“挣钱干什么？”“以后娶媳妇。”“为什么娶媳妇？”“生娃。”“生娃干什么？”“放羊。”一代又一代，就这么循环式生息繁衍。

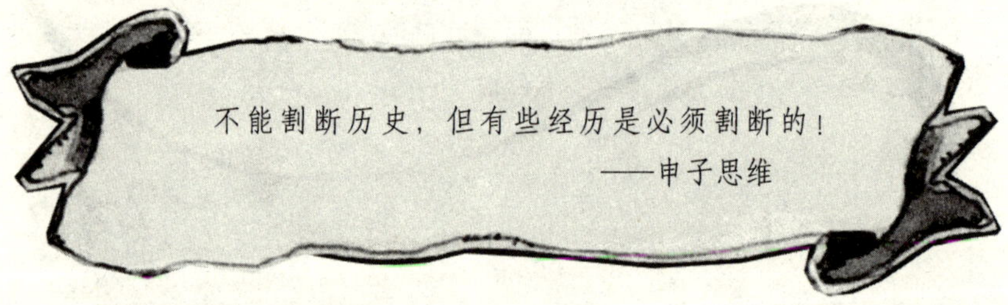

就像城里娃与乡里娃因先天资源的差异而走上不同的发展路子一样，不论社会如何开放与变化，都不能忽视先天资源的作用，它对人的出路产生的影响依然是巨大而深刻的。不同的先天环境、先天背景给人提供截然不同的生存环境、教育环境、社会关系和有天壤之别的就业岗位与机会，即不同的“老子”给人以不同的“路子”，而且上一代的无形资产或人生光环仍然将影响下一代。就连高考这样一个被视为最公平的人生竞技场，某些先天资源也同样在发生作用，如高考加分，除三好学生、特长等因素的加分属于个人原因外，大多数加分的理由属于家庭背景因素，即先天性资源所致，如烈士子女、教师子弟、少数民族身份等因素的加分，先天的光环把这些考生安排在一个特别的平台上，而那些不能加分的“裸生”则没有“垫底分”，只能置身于零起点的高考平台上。至于找工作、谋划发展甚至经商、办企业，先天资源的影响无处不在，“好老子”的确能给人好出路，在一定意义上说，“学好数理化，不如有个好爸爸”。

2002年，中文网络里流行着一首打油诗叫《农民的困惑》，很形象地阐述了二元社会结构的先赋性区域资源差异所引起的后天个人差距。这首诗以一个中国农民的口吻对城里人说：

俺们刚能吃顿饱饭你们又要花钱把肉减了；
俺们刚娶上媳妇你们又包二奶了；
俺们刚吃上糖你们又尿糖了；
俺们刚知道拿白纸擦腚你们又用它抹嘴了。
俺们刚有点钱你们又买保险了；
俺们刚知道洗澡打香皂你们洗头又去洗头房了；
俺们刚羡慕城里的繁华你们又开始建乡村别墅了；
俺们刚住上瓦房你们又要露营了。
俺们的娃儿刚有书念你们又要出国留洋了；
俺们刚知道存款你们又倒腾股票了；
俺们刚看上电视你们又玩电脑了；
俺们还没见过电脑你们又宽带上网了！
俺们刚把白条换成钞票你们又把人民币换美元了；
俺们刚把害虫灭掉你们又爱吃害虫啃过的青菜了；
俺们刚喝上自来水你们又改喝山泉了；
俺们刚养了很多鸡你们又喜欢吃鳖了；
俺们刚学会养鳖你们又喜欢上吃蝎了；
俺们刚结了扎你们又试管婴儿了；
俺们刚通上电你们又兴烛光晚宴了。

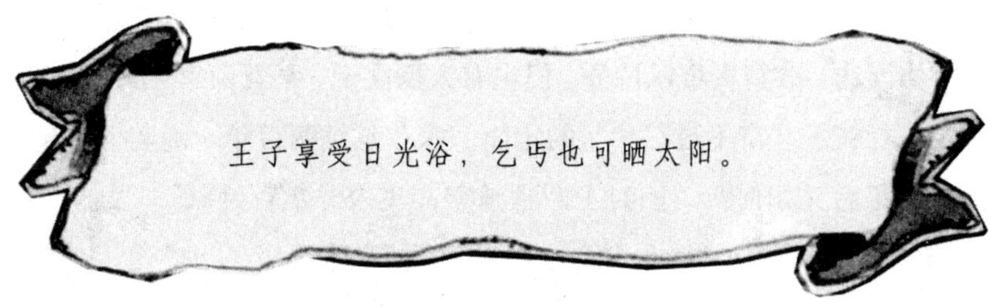

先天性差别是存在的，好爸爸是很有用的，使我们生下来就享受荣华富贵，他可以帮我们进入好大学，帮我们安排好工作，帮我们步入上流社会，过安逸生活。但好爸爸也有副作用，他使我们过多依赖，使我们失去艰苦奋斗的精神。好爸爸管我们一阵子，但不能管一辈子，在这个竞争激烈的社会，一旦失去了好爸爸，美丽的象牙塔便会轰然倒地。

美国有部关于石油大王后代的电视片，讲一个石油大王赚的钱几代人都花不完，后代人生活太优越了，个人没有了奋斗空间，灵魂也被腐蚀了。他们吸毒、犯罪、自杀或患上精神病。只有一个15岁的孩子意识到家族魔鬼般的阴影，放弃了自己的财富，只身来到欧洲，最终成为家族中惟一一位二次创业的成功者。

又如我们常说的“八旗子弟”，在那艰难的岁月里，在先天性资源匮乏的情境中，他们个个是英雄，真是“金戈铁马，气吞万里如虎”。但在后来入主中原后，没过多少年，在与太平军作战或在抵御外敌入侵时，他们“射箭，箭虚发；驰马，人堕地”，腐败无能，溃不成军。为什么会这样呢，是先天性资源太优越了，使这只凶猛的老虎迅速地退化成如此熊样。

先天性资源既是财富，也是包袱。中国历史有种规律是“富不过三代”，为什么富贵人家，总是难以持久？我以为原因有“骄奢淫逸”四字。先天背景好，拥有许多先天性特权。如同八旗子弟入关，一不务农，二不做工，对他人有强烈的优越感，在社会上横行霸道，欺男霸女，必然走向堕落。西方人拥有了财富，会把它变为资本，不断增值。我们中国的富人比较缺少这种进取心，尤其是一些新贵，有一种暴发户心态，喜欢彼此攀比，讲排场，一掷千金。像“石崇与王恺争豪”这样的事，是一种流行病，一直流行到今天。或者饱暖思淫欲，优越的物质条件使人懒惰淫逸，故富贵难以持久。但也有人撰文说，某晋商家业兴盛达两百年，打破了“富不过三代”的定律。家业延续两百年，确实了不起。但两百年后又如何？“旧时王谢堂前燕，飞入寻常百姓家”。

皇帝轮流做，明年到我家。资源的流动性和创造性导致人的出路不断重新洗牌，洗牌周期越来越短，没有好“老子”未必没有“好路子”！

我们虽无法成为富人的后代，但是我们可以成为富人的祖先！

——富兰克林

人们对先天性资源的不平等愤愤不平，对“老子”安排的出路也是“几家欢乐几家愁”，于是就产生出一种社会力量努力改变这种格局。古代的社会结构与资源的配置方式具有超稳定性，社会流动性差，世袭性强，所以改变这一格局需要一种爆发性的革命力量，非得要有陈胜、吴广“王侯将相，宁有种乎？”式的行动才能冲破既定格局、重新洗牌。按自然洗牌的法则将相当漫长、相当缓慢，孟子的预测是“五世而斩”，“五百年必有王者兴”，老百姓的预测是“富不过三代”，即使这样，与个人也没有多大关系，因为人生不过几十年，等不了三代、五代，更等不了五百年，这仍然是“盗贼的儿子永远是盗贼”。那么，还有一种乐观的预测，这就是“三十年河东，三十年河西”。即便如此，对个人来说，也是太漫长了？人生又有几个三十年呢？

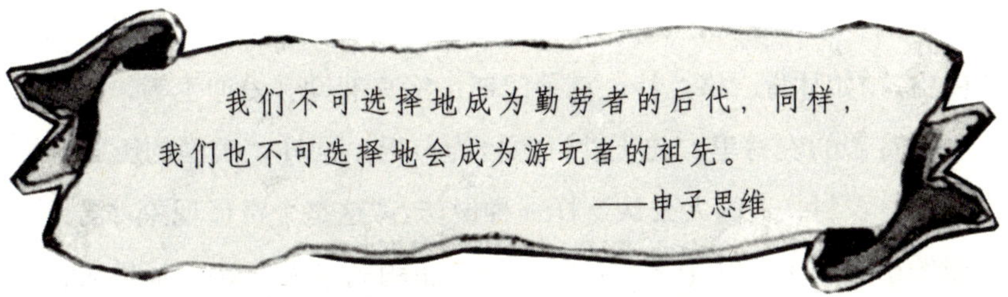

那么到了现代社会，开放性与流动性大大缩短了社会资源重新洗牌的周期，每天都有无数人破产，每天又都有无数的百万、千万、亿万富翁诞生。先天性资源的作用越来越弱化，越来越难以左右人生与社会，而后致性资源如知识、智力等个人资源则成为主导人生的核心资源。有人做过这样的统计：假如比尔·盖茨自1975年创立微软以来每个工作日都在工作，而且每日都工作14小时的话，那么他大概每小时就能挣到146万美金。号称“中国小灵通之父”的吴鹰，1987年刚到美国的时候口袋里只有27美元。如今，他参与创办的UT斯达康，在美国纳斯达克的市值已达17亿美元。试想一想，即使有个再好的爸爸，能给后人留下这么多的财富吗？

现代社会的发展使人越来越清醒地看到，没有“好老子”未必就没有好路子！

即使是从前，也不是“老子决定出路”，没有“好老子”自己照样打造好出路。

先天性资源匮乏的，一出生就面临贫穷、饥饿、痛苦与不幸，客观上会影响人的成长，但对许多人来讲，恰恰是上帝从另一方面赐予了一笔财富，这就是培育了他的意志、雄心及战胜艰难险阻的精神，许多人恰恰是“艰难困苦，玉汝于成”。事实上，世界上更多的是没有背景的成功者。

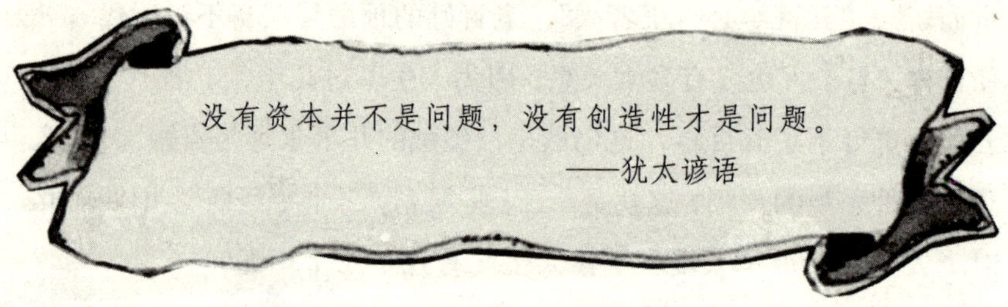

没有资本并不是问题，没有创造性才是问题。

——犹太谚语

英国有位作家在游历美国时说：“美国的名人多半诞生在黑暗的小茅屋中。”如林肯、格兰特、克莱门斯、洛克菲勒、爱迪生等，这些都出生在贫苦的农村里，先天性资源极为贫乏。同样，美国的历届总统大都来自农村，美国人公认这样一种说法：“这是个奇怪现象，偌大一个纽约市竟出不了几个名人！如今住在纽约的名人，90%都是从农村来的。不仅纽约，伦敦、巴黎、柏林等大都市也是如此。”

有位人才学家还做过这样的统计：在40位成功人士中，出生于农村的有22位，出生于小城镇的有10位，出生于大城市的只有8位。

中国有句古话：“自古贫贱出贤能。”先天性资源匮乏又何妨，没有背景，靠自己努力照样成功。我们知道的华人企业家李嘉诚，他是在1939年国难当头时，一家人逃难到了香港，在香港也无任何背景，其父因贫困忧愤，患病无钱医治，很早就撒手西归，李嘉诚于14岁就挑起了家庭重担，在没有任何可依赖资源的情况下，他就从茶楼跑堂做起，一步步攀上成功的巅峰。

没有背景的成功者，这样的情况多如牛毛。大文豪莎士比亚的父亲是一位屠夫；科学家哥白尼是波兰一位面包师的儿子；世界著名的童话作家安徒生只是一个可怜的小鞋匠；美国伟大的法律家、政论家弗兰克林，也是个印刷店的小学徒。而美国前总统约翰逊年轻时只不过是位卑微的裁缝，在华盛顿的竞选演说中，人群中竟有人高喊“你是从裁缝堆里出来的”，对此，约翰逊总是欣然接受这些嘲讽：“某些先生说我过去当过裁缝，我一点都不难过；因为我当裁缝的时候，谁都知道我是个好裁缝，我做的衣服很合体。我对客户很讲信誉，而且干得很出色。”

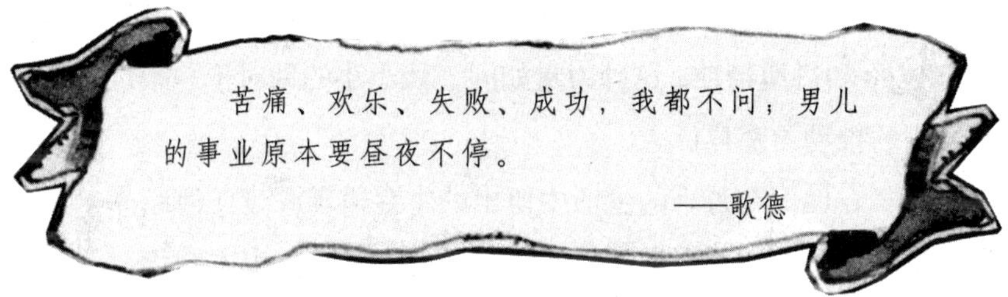

这样的事例不胜枚举，其实只要重温一下“五月花号”上前往美洲移民的艰辛历史，一切足以证明：先天性资源不是那么重要的。

历史告诉我们，美洲的创业者大多来自欧洲的“难民”、欧洲的“弃儿”，他们为生活所迫，抛弃自己的家园，远渡重洋，前往美洲谋生，在大西洋上漂流大半年，遭遇大风大浪、瘟疫疾病的袭击，经历九死一生，才登上美洲大陆。登陆后迎接他们的又是什么呢？不是笑脸、不是温馨、不是面包、不是充满金银财宝的安乐窝，在无任何依托、亦无休整的情况下，迎接他们的第一件事就是要与土著人进行殊死的搏斗，杀出一条血路。他们有什么先天性资源？上帝对他们有什么特别的关照？没有，他们的出路是自己拼杀出来的。后来的北美之所以成为世界发展的“奇迹”，靠的就是这种“拼命”精神。

所以，我常常这么想：

那些先天性资源丰富的，因为天生就有享受不尽的物质财富，出路也有“老子”安排，他们要风得风，要雨得雨，比上帝还要舒服。因此，他们只能够成为一个有趣的守成人物，而不是富有生命力和创造力的家伙！

至于那些出身贫贱、先天性资源匮乏的人，他们要摆脱困境，要自己找出路，就必须努力挣扎、努力创造，永无休止地想办法，不顾一切地拼搏，从社会的底层往高层冲上去！这可以说是一种“原始的本能”，但这种“原始本能”却为他们注入了无限生机与活力，成为永远向上的不竭动力，从而开创出一条成功的出路。

为什么先天性资源匮乏本身又能成为后天的“财富”呢？因为：

第一，既然没有人安排自己的出路，没有人管自己的命运，那么，自己就把出路握在自己的手里，自己主宰自己的命运。

第二，他们对所处环境的极大不满，这种不满转化成寻找出路的“原动力”和拼搏精神，这种力量如同一块小小的铀对于一架巨型喷射机发生的推动力那样巨大。

第三，他们在苦难的生活中悟出的生存道理胜过任何经典，这种经验是从任何书本上也学不到的。而且，一旦接触书本知识，便马上能转化为对自己有用的东西。

第四，因机会对他们而言，也是稀有资源，故一有机会他们便会牢牢抓住，立马脱颖而出，成为时势造的英雄了。

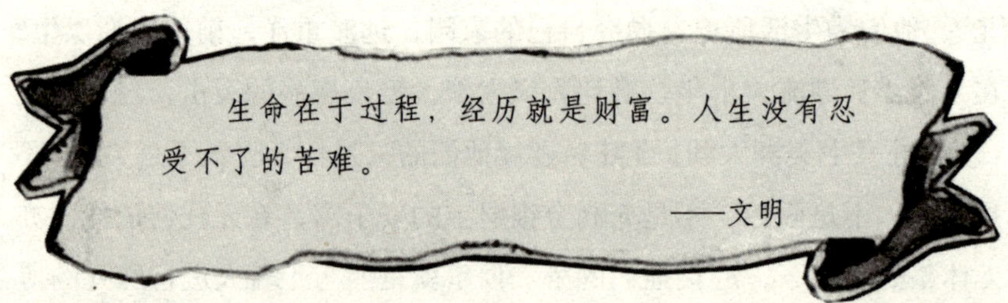

撒切尔夫人的经历同样给我们以莫大的启示：她没有显赫门第的册封庇荫，也不具备夫贵妻荣的现实条件。她的祖父是个鞋匠，外祖父是个铁路警察，父亲是一个白手起家的杂货商，母亲是个裁缝。但是，她凭着自己的努力，在通往权力顶峰的崎岖道路上，硬是把一大群男人甩到了后边。正如世人所描述的：“她是一个登上了梯子就一个劲地往顶点上爬的女人。”

珍惜先天资源，又有“孤儿般奋斗”的“大气精神”，不靠天不靠地，不靠老子靠自己。学金庸之子，开创个性化之路。

先天性资源优厚，如有个好的家境，有个伟大的父亲，上帝赐予这么丰厚的财富，使自己一出生就站在一个较高的平台上，这当然是人生美妙的事情。不用自己费力，先天就能得到那么多的金钱、那么多的关系、那么好的机会，这是天上掉下的“金娃娃”，怎么不令人高兴，怎么能鄙夷呢？当然要好好珍惜，这是人生的优势所在！

但是，我们也不能抱着这个“金娃娃”睡大觉，否则，即使先辈给了我们一座金山银山，也会坐吃山空。

科学的人生、成功的人生，既要珍惜先天资源，又要有孤儿般奋斗的大气精神。有人说成功靠团队，没错！但在团队里，个人也不能当“南郭先生”，要像孤儿一样担当好自己的那份责任。

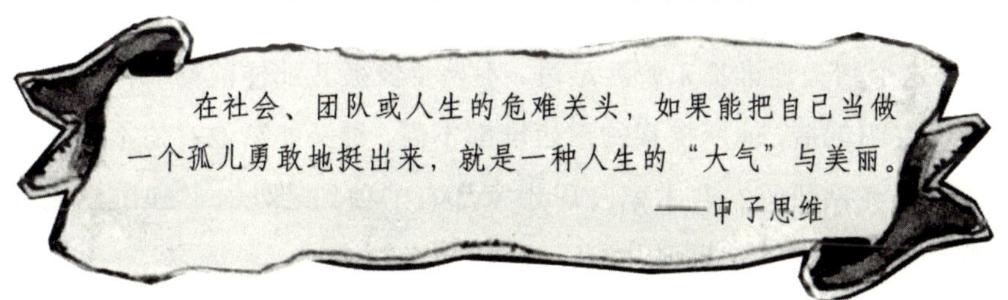

孤儿般奋斗的大气精神就是一种不靠天不靠地、不靠“老子”靠自己的奋斗精神，它折射出一种“我就是自己的主人，我就是天下的主人”的“大气概”人生力量。考察五千年成功人生，所有的成功者无不蕴含着这种伟大的精神！无论是独处时，还是在家庭或团队里，都要有那种“打掉牙，和血吞”的大无畏的、主宰自我的大气精神！

从小开始，像孤儿般生活。大人的呵护要珍惜，同时要把自己想像成孤儿，自己的事情自己做，耻于衣来伸手饭来张口的生活，摔了跟头不要哭，自己爬起来继续走，家务活儿样样干，因为“我是孤儿，我靠谁？”如此，定能炼就生存好本事。

读书，像孤儿般学习。老师与他人的指导要珍惜，但学习就是自己的事，不要依赖他人。每天清晨，不论刮多大的风、下多大的雨，都要像孤儿一样出门上学，不要家里人送，把父母用小汽车接送上学当做最大的耻辱。想想二万五千里长征，又有谁接送？学习中的难题自己解决，学不好，刮自己的耳光。

工作，像孤儿般奋斗。我们在工作中经常口口声声说一靠领导的关心、二靠同志们的帮助，但我今天要告诉你一个千真万确的真理：如果自己不努力，只有鬼才会关心你。自己的工作就得自己做，天塌下来自己扛，只有干好了，干出色了，才有领导的关心，才有同志们的帮助。

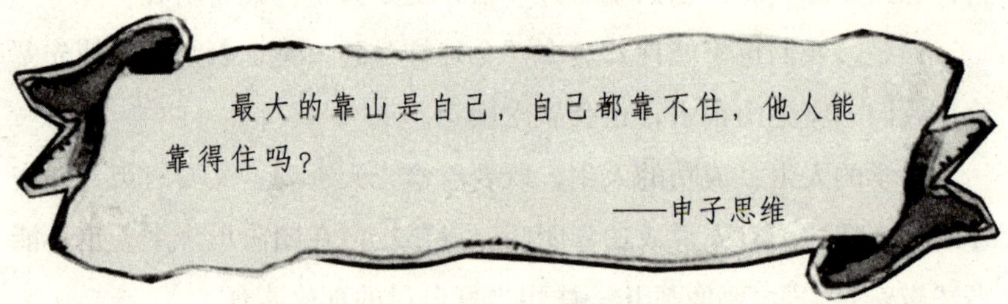

最大的靠山是自己，自己都靠不住，他人能靠得住吗？

——申子思维

成功者一定要有孤儿般奋斗的大气精神。试想政治家要开辟新天地，这个新天地谁都未曾涉足过，不是要像孤儿那样前行吗？科学家要搞发明创造，他所探索的东西谁都不懂，谁又能帮他？他不是像孤儿一样在钻研吗？艺术家、思想家都有“独到之处”、“独出已见”，这个“独”字不就是孤儿所干的事吗？

我们珍惜先天性资源，更要张扬伟大的孤儿般奋斗的大气精神！

当代大文豪金庸的儿子查传倜就是凭着这种精神，开创了自己的人生之路，很值得我们深思与借鉴。

★不靠大树的金庸之子

拥有靠山，让自己的人生之路走得顺风顺水，是许多人的梦想。然而著名的武侠小说大师金庸的儿子查传倜，却拒绝父亲光环的庇护，独立门户，靠自己的努力赢得了成功。

查传倜是金庸的第二个儿子，在家排行第三。由于出身名门，他从小就过着无忧无虑的生活，父母从小就为他铺好了人生的坦途。安排他到最好的学校念书，大学毕业后他任开明出版社的副经理。但没过多久，查传倜觉得自己作为一个男人，在父亲的光环笼罩下坐享其成的生活是多么可耻。很快，查传倜便向父亲提出了辞职，炒了自己的鱿鱼。

查传倜甘为五斗米打工，在当了一段时间的自由撰稿人后，想到自己会品菜，便又选择以“品菜”为生。

为此，他来到杭州西湖边的一家餐馆，老板为他上了一道拿手好菜。查传倜品尝之后，便为这个菜取了个名字：龙飞凤舞迎喜燕。老板一听，不禁拍案叫绝。老板索性要他为好几道菜取了名字。这餐饭，老板不但免了他的饭钱，还付给了100元取名费。

查传倜心中暗喜：原来品菜、取菜名也能赚钱，这是桩多美的差事！他决定在内地体验一下完全离开父亲的打拼生活。查传倜在为一些餐馆品菜和起菜名的过程中，大多受到了餐馆老板的认可和赞扬，但他也数次经历过“失败之痛”。有时忙了半天，不仅没有赚到一分钱，反而被倒扣了吃菜钱。

在内地打工，也经受了说不出的苦楚。经过一段时间的磨炼，查传倜决定自己回香港开餐馆。于是，一家名为“食家菜”的小餐馆开张了。为了吸引顾客，查传倜为每一样菜取了让人回味无穷的名字，还经常把新推出的菜名写成文章在报上发表。这样一来，倒吸引了不少的尝鲜者。

初创时期，为节省成本，查传倜亲自上阵做服务生，里里外外，忙这忙那。一次，一位顾客看到查传倜一身服务生打扮，于是大声说：“这不是金庸的二公子查传倜吗？发生了什么变故，你竟屈尊在这里当起了服务生？”在场的食客都纷纷转过头来，大家都不敢相信眼前的服务生就是金庸的儿子。面对别人的奚落，查传倜没有感到羞愧，反而理直气壮地说：“我不会靠父亲的名声混饭吃，我的双手同样有力。不要把名人的后代想成是只能享乐不能吃苦的人。我同你们一样，在靠自己的双手打拼！”

如今，“食家菜”餐馆已小有名气。查传倜终于成功地走出了父亲的光环，开创了个性化的人生之路。

● “胆子”闯出路。“大气心理”蕴含大智大勇。“心力”无边，天大地大莫过于“心”大，就像唱卡拉OK，只要坚持“大胆、大声、唱个大概”的“三大理论”，没有不会唱的歌。成功人士就是这么走出来的！

成大事须靠英雄气。

——申子题记

***情景*　“辣妹子”是如何炼成“韩国老板”的？**

在北京西单服装市场，有一位专营韩式服装的“大腕”，讲的一口“鸟语”，人称“韩国老板”。我怀着好奇心套个近乎，天啊！这哪是韩国人？原来是位地地道道的老乡——讲湖南乡俚话的“辣妹子”。

七年前，怀着“京城是年轻人的天堂”这一美好憧憬，湖南乡下女孩唐凡群高中毕业后，从姐姐那里借了500元钱，便跟随打工队伍来到了北京。茫茫北京，从哪里“下手”？一位好心朋友帮忙，替她与一家服装店老板牵了线，并谈好了“打工事宜”：月工资500元，管吃住，每天工作10小时，每月休息半天，具体工作是守摊位卖衣服。她满怀希望来到服装店老板面前，老板对她左瞧瞧，右看看，觉得乡里妹子“一身土”，尤其是说话，周围人好似听“鸟语”，不知所云，老板直摇头，当场就把她这桩“美差事”辞掉了。

第一次找事做，得到的是当头一棒，顿觉天旋地转，不仅美好的希望全破灭了，而且感受到了有生以来莫大的耻辱。“命怎么这么苦？人怎么这样不值钱？”小唐的心在流血，继续找工作，估计不会有好的结果，若返回老家？“面子”又往哪里搁？

不能这样罢休！吃辣椒长大的姑娘往往有一股“倔劲”。她在北京街上溜达，饱受心灵的煎熬，逐渐发现那些铺面老板也不是那么“洋气”，讲“鸟语”的老板还不少。做买卖也不是那么太复杂，不就是“一进一出（进货卖货）吗？”“我也要当老板！”她暗暗下定决心。

她壮着胆子，以高息向熟人借了4000元钱，在繁华的商业街西单附近租了一个一尺宽左右的柜台，月租金为2000元，卖起了服装。由于人流量大，她每天晚上进的货，第二天就卖掉了。第一个月下来，扣除租金、成本等一切开支，居然赚了1000多块钱。她欣喜若狂，“自己不是一个合格的打工者，但这并不妨碍自己成为老板”。于是，她又租下第二个柜台、请一个帮手；半年后租下第三个、第四个柜台，雇多个“打工者”。两年以后，她在京城的连锁服装店达十几个，年利润达200多万元。

目前，她又办了两个服装厂，成立了服装集团，生产、销售一条龙，产品出口东南亚。讲的话仍然是一口“鸟语”，但因她主要销售“韩式”服装，顾客都认为她讲的是“韩语”，加之她的头发也染黄了，于是就误以为她是一个地地道道的“韩国老板”。

谈及这种跌宕起伏的人生经历，唐凡群说，想当老板一定要有“胆量”，就像唱卡拉OK，没有音乐素养没关系，只要“大胆、大声”，就能“唱个大概”，世上没有不会唱的歌。

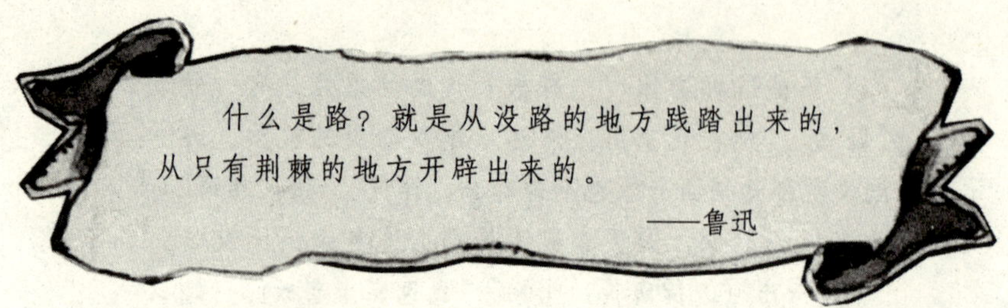

人人都渴望成功，人人羡慕成功，走向成功到底靠什么？人们从不同的角度作出了不同的解释：有人说成功靠恒心、靠天赋，有人说成功靠信念、靠机遇，有人说成功靠习惯、靠心态……而我则要告诉你；是胆识造就了古今中外名声显赫的成功者！剖析成功者的生命轨迹，考查他们取得事业成功的真谛，无可辩驳的事实证明：胆识才是事业成功的关键！敢拼才能赢，敢想敢干才能创造动感人生——胆识成就一切！

胆识是什么？胆识是一种重要的心理资源，胆量、冒险、判断、知识、执行是胆识的构成成分。它是一种敢想敢干、敢闯敢冒、敢作敢为的英雄气，是一种气吞万里如虎、大智大勇的人生气概！

胆识相对知识、见识来说，它是精华里的精华。

知识是科学的系统性的学问，见识是“读万卷书、行万里路、交四方友”的结晶，胆识是智慧的展现，最主要是来自于个人的丰富知识、见识以及对知识、见识的提炼升华。它体现于作决策、办事情的胆量，有胆识才有冒险精神，有冒险精神才有可能成就不平凡的事业。

知识、见识、胆识三者相辅相成，知识是见识的基础，见识是胆识的定心丸，胆识是知识和见识转化成财富的必要条件。光有见识而无胆识，则只能空发议论而没有行动能力。俗话说：“秀才造反，三年不成。”主要的原因就是秀才只有知识和见识，却无行动的胆识。因此，具备了知识和见识，更重要的还是必须有付诸行动的胆识，勇于冒险，开拓创新，追求卓越，才能走上成功之路。

知识是一个境界、见识是一个境界，知识、见识之上的胆识，则更是一个境界。说得浅白一点，大概一桶知识能换来一滴见识，一桶见识才能化为一滴胆识。

纵览历史，横看世界，只有那些有胆有识的人，才能在人类历史长河中留下耀眼的光辉。胆识有多大事业就有多大，古今中外，概莫能外。

政界——第二次世界大战结束之前，世界上最有名的政治家都是世界征服者，如亚历山大大帝、凯撒、成吉思汗、拿破仑等。其次是大国的建立者、大国重要政权的开创者、治国卓有成效者。他们没有大智大勇的胆识能行吗？商界——像李嘉诚、霍英东等商界泰斗，哪一个不是具有眼光独到、敢冒风险、敢为人先的胆识？科学领域，科学家同样是想常人所不敢想、做常人所不敢为的事，他们靠的是一种非凡的胆识，可以说一切发明发现，都是人类的胆识之花结出的胜利之果。

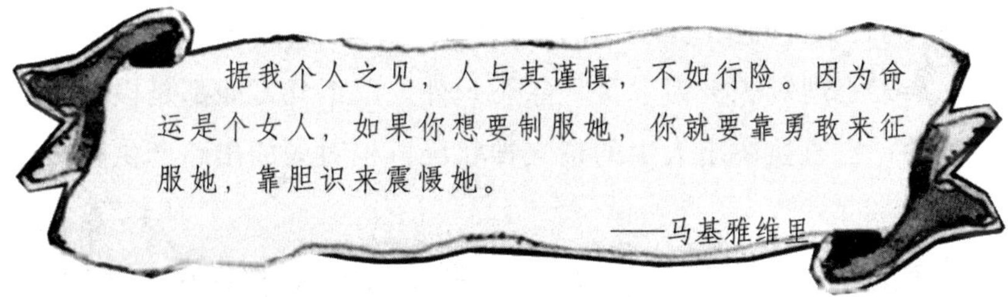

现实生活中，我们打拼出路同样需要胆识，需要冒险。出路是闯出来的，有句话说得好“一个人只有承担大风险，才能获得大成功”。当然胆识不是莽撞，不是无谓的冒险，它不是莽夫的行为，而是一个有识之士在常人面对一件事情看似不可行之时，审时度势，看到危险中所蕴藏的际遇，勇于出手的气魄。生活中能找到理想出路的人，无不是具有这种气魄的人。

人们说：

80 年代初，摆个地摊就能发财，可很多人不敢。

90 年代初，买支股票就能挣钱，可很多人不信。

21 世纪，开个网站就能赚钱，可很多人不试。

敢不敢是需要勇气，信不信是需要远见，试不试需要胆量。

俗话说“撑死胆大的”，有多大胆就能成多大事。这是一条可以反复证明的真理！

智者与庸人之间，成功与失败之间，强者与弱者之间，往往就是那一点一滴之差。这一点一滴，就是胆识。

胆识是人生出路的“开路神”。作为个人心理资源，胆识只是一个小小的方面，个人心理资源极为丰富，每种心理资源，都和胆识一样具有一种神奇的力量，驱动个人不断地开创新的出路！

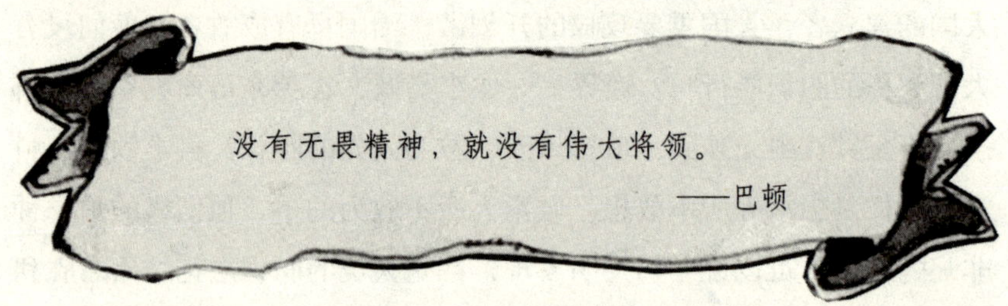

心理资源决定人生状态，具有什么样的心理资源，就有什么样的精气神，有什么样的精气神，就有什么样的出路。这是一条人生的铁律！

个人心理资源极为丰富，除胆识外，以下几方面都是极为重要的资源，它直接决定人生的精气神状况，也对人的出路产生积极的影响——

有积极的人生态度——《财富五百强》研究发现：94%的成功者都将他们的成功归功于态度而不是别的因素。态度是出路最根本的底色，它决定一个人是积极还是消极，是进取还是退让，是全心全意还是虚情假意？我们常说：“干不干是态度问题，干得好不好是水平问题。”可见，态度是决定行动不行动、是有为还是无为的问题。不同的态度决定截然不同的人生之路。找出路不可能一帆风顺，难免遇到坎坷、挫折，人生不如意十之八九，必须要有积极的态度，否则，不论个人先天资源如何优越，不论个人如何聪慧，都不可能找到好的出路。相反，如果有积极的人生态度，那么，即使个人先天资源严重匮乏、后天条件令人揪心，也能开创辉煌的人生之路。因为，积极的人生态度，是一种非常宝贵的心理资源，它将引导我们走出人生的阴影，走向辉煌的明天。那些出身贫寒的“富翁”，那些智力平平的成功者，那些在艰难困苦的环境中追求卓越的奋斗者，为什么能够成功，靠的就是积极的人生态度，是这种伟大的心理资源成就了他们。

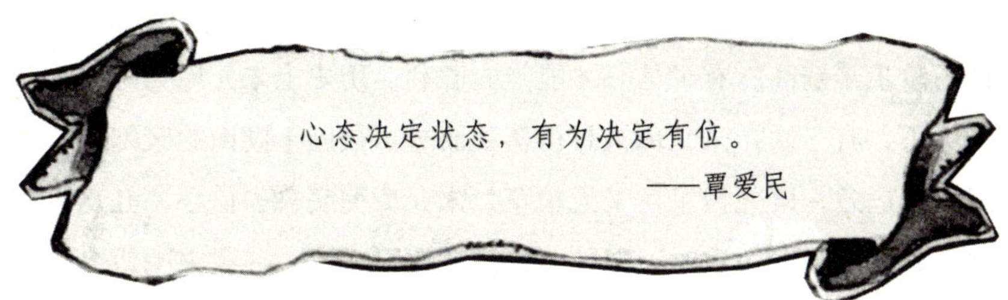

有顽强的意志力——意志力是一种发自内心、自我驱动的力量，作为一种重要的心理资源，它是每个成功者都拥有的重要的精神特质。顽强的意志力从不会怀疑自己的出路，出路面前无论是高山、河流还是沼泽，他都会去攀登、去穿越，而不会停滞不前，他惟一要考虑的问题就是如何前进、如何接近目标，如何走得更远。中国的保尔——张海迪、当代青年洪战辉，就是这种意志力的明证。又比如那个又盲又聋又哑的美国女作家海伦·凯勒，似乎一生下来，老天爷就决定她是一个废人。但她有着非凡的意志力，这种毅力驱动她顽强地奋斗，以至成为一个非常出色的作家，可以毫不逊色地与其他作家站在一起，她写的《假如给我三天光明》令全世界的人感动得流泪。甚至连美国总统艾森豪威尔在接见她时，也激动地说：

“你的顽强的意志力，战胜了本身的残疾，像一个神奇似的，由一个又盲又聋又哑的不幸者变成优秀的作家，这种精神，是值得我们任何一个美国人学习的——特别在极艰苦的时候，在失败的时候！”

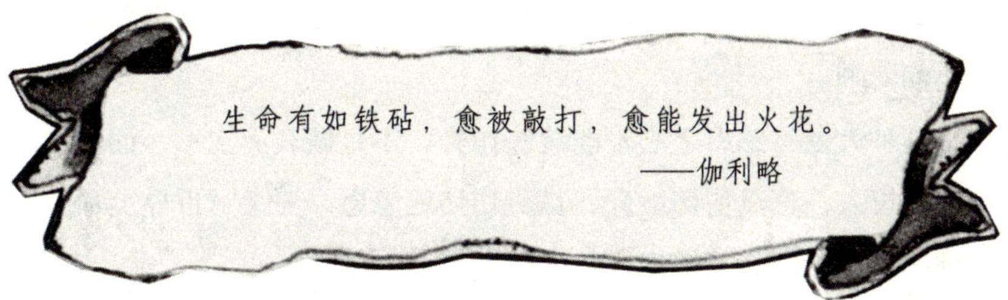

有信心并懂得运用信心——找出路先要相信有出路，只有坚定地相信，才会不懈地去追求。出路这东西，信则有，不信则无。信心这一心理资源是人生重要的力量源泉，所以美国作家爱默生说：“自信是成功的第一秘诀。”信心是人生出路的奠基石，人生之路必须踏着自信的石阶步步登高。有了信心才能走向胜利。历史上朱元璋与陈友谅争夺天下，有一次，朱元璋被打得落荒而逃，被困于湖南的康郎山，情况十分危急，既无援军，又无粮草，朱元璋彻底失去信心，几次想到自杀，放弃战斗。这时，军师刘伯温要他再坚持，寻找突围机会，并开玩笑说，康郎山有“糠”，那么，“猪”就有“活路”。刘伯温的提醒，使朱元璋重新捡回了信心，从心底认为自己的死期未到，“活路”就在眼前。于是振作起来，重新组织力量进行顽强血战，后果然从山洞里找到些粮食，大队人马转危为安，最后以朱元璋的胜利而告终。试想，如果不是信念的作用，朱元璋早就自杀了，还能反败为胜、还有后来的洪武大帝吗？

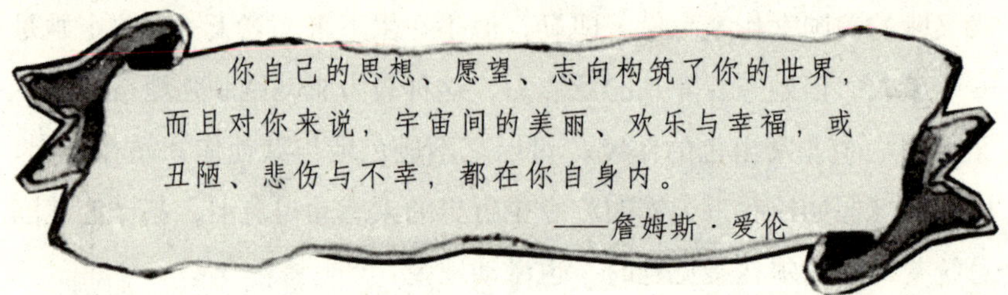

你自己的思想、愿望、志向构筑了你的世界，而且对你来说，宇宙间的美丽、欢乐与幸福，或丑陋、悲伤与不幸，都在你自身内。

——詹姆斯·爱伦

有大爱与感恩之心——出路，总是在“人场”里找出路，总要与这样或那样的人发生联系，或有人帮助，或有人制约；或有人抬，或有人踩。无论如何，人不能与“大众”为敌，否则就没有出路，朋友总是越多越好，支持自己的人越多越好，化“敌”为友才是人生最惬意的事情。怎样才有理想的人缘关系，根本的一点，要有大爱之心，要有感恩之心，这种心理资源不仅滋养自己的心灵，也是滋养出路的重要润滑剂。

这种大爱与感恩之心不能装腔作势，不是做表面文章，而是要全身心地投入，真真切切地爱，真真切切地感恩。要像《世界上最伟大的推销员》一书所写的那样：

> “我要用全身心的爱来迎接今天！从今往后，我对一切都要满怀爱心，这样才能获得新生。我爱太阳，它温暖我的身体；我爱雨水，它洗净我的灵魂；我爱光明，它为我指引道路；我也爱黑

暗，它让我看到星辰。我迎接快乐，它使我心胸开阔；我忍受悲伤，它升华我的灵魂；我接受报酬，因为我为此付出汗水；我不怕困难，因为他给我挑战。我赞美敌人，敌人于是成为我的朋友；我鼓励朋友，朋友于是成为手足。我要常想理由赞美别人，绝不搬弄是非，道人长短。想要批评人时，咬住舌头，想要赞美人时，高声表达。”

生活在社会上，对家庭、对社会、对所有的一切都应常怀感恩之心：感恩父母，是他们给了我们生命，抚育我们长大；感恩师长，是他们给了我们启蒙与智慧；感恩同学同事，他们不论是帮助我们还是嘲弄我们，都会丰富自己的人生；感恩竞争对手，是他们促使我们提高。心怀感激，会得到更多的理解、认同，得到更多的阳光雨露。

关注人的心理资源，心理学家蒂姆·汉塞尔忍不住地尖叫起来：

“好消息！不论你年龄多大、处境如何，你生活中最美好的时期就在你的眼前，等待你的选择，因为你的潜能90%尚未被唤醒，尚未被使用，而且尚未被发现。这不单单是个好消息，简直是个难以令人置信的好消息！”

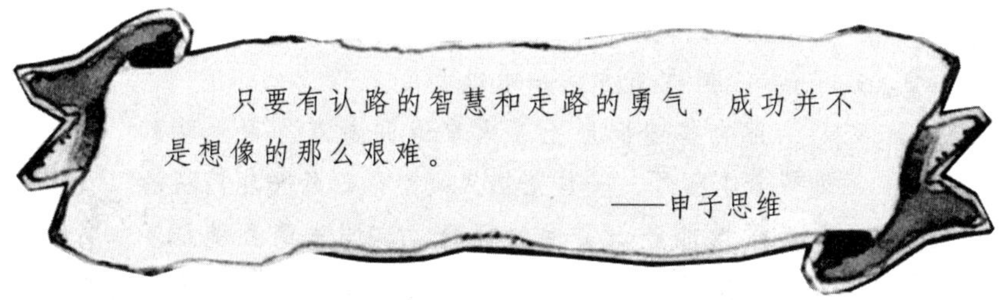

人的心理资源实在是一座了不起的富矿，譬如还有雄心、忠心、诚心、恒心、耐心、热心、进取心，还有激情、爱情、友情、热情、殷情等等，多得不胜枚举。每一种心理资源都可以用来交换出路，都是赢得出路的重要砝码。然而，我们太多的人有眼无珠、目光如豆，太多的人看重的是有个“好老子”等先天资源，看重的是金钱、文凭等有形资源，孰不知世上的杰出人士大多依靠的就是这种无形的心理资源，也有许多成功人士因有形资源造成灭顶之灾，而又靠无形心理资源重新崛起。既然如此，我们何不努力修炼好自己的心理资源？

●“脑子”创出路。大气大成看大脑。“知本”时代以个人智力资源配置出路，有了好脑子才有好路子！所谓“三头六臂”，就是要武装好“三个大脑”：爹妈给的一个、读书组装的一个、实践悟出的一个。

任何时候，大脑都是我们至关重要的资本。

——申子题记

情景 “游手好闲”亦成器

刘大兴初中毕业，无所事事，怀着青春的冲动，从老家南下深圳打工。由于没有技术，又生性懒散，每进一个厂，每次没干几天就被老板开除了，人家打工的见习期为三个月，他是三年也没走出“见习期”。就这么稀里糊涂混了几年，虽然“脑子活”，但在南方还是难以立足。

他有些迷惘地上了火车返回老家，百无聊赖地望着车窗外，一片茫然。突然，窗外一座简陋的平房缓缓地进入了他的视野，这座房简直就是沙漠中的绿洲，特别引人注目。就在这一刻，几乎所有的乘客都像哥伦布发现新大陆一样，欣赏起这特别的风景来。刘大兴机灵一闪，激动不已，到站后立马下了车，似乎要做一件大事。

他几经周折，找到了那座房子的主人，立马买下了这座房屋。亲人朋友对此不可理解，他兴奋地向他们解释：这座房子正好处在一个大拐弯处，那么多的火车从这里减速慢行，突然跃入乘客视野的平房成为一大景观，这是一个再好不过的广告载体呀！

紧接着，他马不停蹄地与一些大企业联系，推荐这座房子的广告墙。很快，一家烟厂经过实地考察，以每年支付20万元租用了这座房子的广告墙。一下子，彻底改变了刘大兴的人生之路。

从此以后，刘大兴永远告别了只当“见习期”的打工者了，创办了一家从事户外广告的公司。他现在虽然不是一个大老板，但在北京买了车、买了房，年收入100多万。每天开着车东逛逛，西瞧瞧，“游手好闲”，把自己的“懒劲”发挥到了极致，到各地旅游考察就成了他生活的重要内容，发现合适的广告牌就做一单，下一单就相当一个打工者一生的打工收入。他还常常自嘲道：自己是懒虫一条，不适合打工，只好当一个东游西逛的老板了。

大气大成看大脑。一切惟人，人惟大脑。“农业经济靠体力，工业经济靠财力”，“知识经济靠智力”。有了好脑子才有好路子。

任何时候，大脑都是我们至关重要的资本。世界银行的一项研究表明：世界64%的财富直接依赖于智力资本。而美国最近一份研究报告则表明，美国80%以上的工作岗位本质上都是脑力劳动。

相对于当今之世的富商巨贾、科技精英和创意经济来说，刘大兴的“大脑”恐怕只属于“小儿科”的大脑。要知道，白手起家的比尔·盖茨只用了十多年的时间，靠一个优秀的大脑居然创造了850亿美元的个人财富。

当今社会，我们已进入知本时代。这是一个大脑决定一切、智力资源主宰一切的时代！知识和信息已取代资本、土地和能源在经济中的地位，成为最重要的资源，知识将不再依附于土地或资本而成为独立的现实力量，并将成为权力、市场、资本之外支配社会资源流向和财富分配的“第四只手”；知识经济不仅仅是一种技术、一个产业、一种经济形态，更是一种社会形态、一个新的历史阶段！

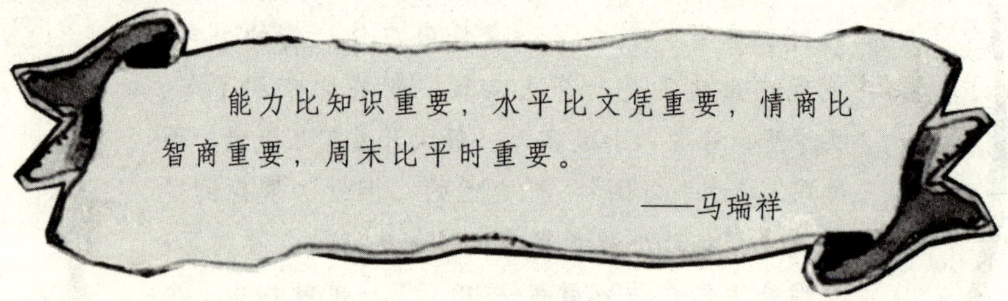
能力比知识重要，水平比文凭重要，情商比智商重要，周末比平时重要。

——马瑞祥

“知识就是力量！”培根的这句老话将比以往任何时代都更直接地体现了我们每个人的生存质量。这是一种全方位的巨变！人类发展所依赖的资源由农业经济时代的土地资源、工业经济时代的地下资源转化为知识经济时代的脑力资源，推动人类前进的力量由人力→兽力→机械力→电力→转化为脑力，即想像力、创造力、发明力等。决定人们出路的核心要素由“农业经济靠体力，工业经济靠财力”转化为“知识经济靠智力”。

由此，带来人们出路的结构性大洗牌——

农业经济时代80%以上的人口在农业领域找出路；进入工业社会时，又是80%以上的人口转向城镇进入工业领域，每个人的出路别有洞天。那么进入知识经济时代，同样又是一次人类最伟大的出路大转移，又是80%的人口将告别传统农业、工业领域，新的信息革命——数字化、网络化、信息化，将会使每个人的出路进入一个前所未有的新天地。如美国建国初期，95%以上的人口在农业领域找出路，而如今农业人口不到2%了。这些人到哪里去了，显然，都靠脑力找到新的出路了！

毋庸置疑，“知识为本”已成为全社会的一种信念、一个原则、一种制度安排的基础，同时它将成为一种神奇的力量，重新配置每个人的社会位置。“知本家”群体迅速崛起，“大学生老板”不断涌现，就是这个时代的新景观。

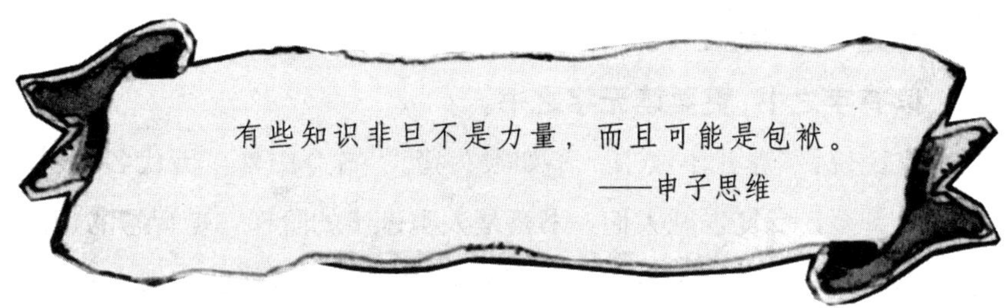

进入以智力资源匹配出路的时代。我们必须武装好自己的“三个大脑”，即爹妈给的一个、读书组装的一个、实践悟出的一个。

人类不是被问题本身所困扰，而是被他们对问题的看法所困扰。

——伊壁鸠鲁

这是个智力资源主导人生与社会的时代，大脑决定一切。个人的先天性资源、有形资源的重要性越来越弱化，相反，个人的智力资源的重要性越来越凸显出来，以智力资源分配财富、分配社会地位、决定社会流动取向已成为一种不可抗拒的潮流。一句话，我们已进入以智力资源匹配出路的时代。

置身于这个时代，我们立身的核心资源是什么？无疑，是智力资源，找出路靠的是一个优秀的大脑！

有位未来学家说：当前社会不是一场技术革命，也不是软件、速度革命，而是一场大脑革命。

古人说的“三头六臂”，我们从来也没有像今天这样对“三头”有如此深刻的体验，我们必须武装好自己的“三个大脑”，即爹妈给的一个、读书组装的一个、实践悟出的一个。

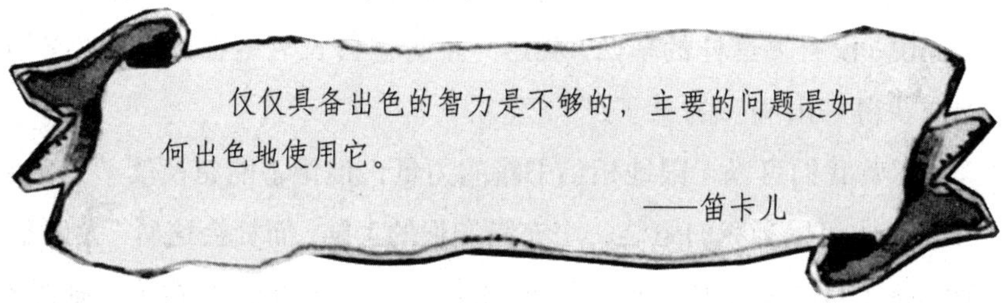

为此，我们建议：

读有字之书，更要读无字之书。

农民说：“养儿不读书，不如喂头猪。”古今中外，历代名人对读书推崇备至，反复告诫人们：书籍是人类进步的阶梯，是智慧的钥匙，是冷静可靠的朋友，是伟大心灵的富贵血脉，是万能的钥匙，什么幸福之门用它都可以打开。古人还说：“书犹药也，善读之可以医愚。”因此，书籍对于我们生活的意义，就像莎士比亚所说，“生活里没有书籍，就好像大地没有阳光；智慧里没有书籍，就好像鸟儿没有翅膀”。

无疑，组装出一个优秀的大脑必须读书，英国哲学家培根指出：“读书能令人快乐、优雅，并从而培养自己的能力——当我们独处或隐居时，我们最能体会到读书的乐趣；当我们与人交谈时，读书会让我们气质高贵、谈吐优雅；而当我们在进行判断及处理事情的时候，我们就可以发挥自己从书上习得的智慧。”进而指出，读史可以明智，诗歌使人灵秀，数学使人周密，科学使人深刻，伦理使人庄严，修辞使人善辩，逻辑使人严谨。凡有所学，皆成性格。

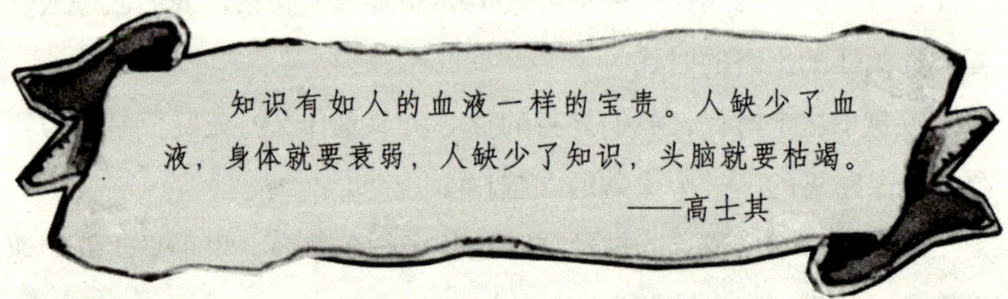
知识有如人的血液一样的宝贵。人缺少了血液，身体就要衰弱，人缺少了知识，头脑就要枯竭。

——高士其

读书改变人生，贫者因书而富，富者因书而贵。当代作家陆天明说：“书总是能让我在人生发生巨大转折和变移的关键时刻，更好地认识人生和把握人生，更清晰地认识社会和把握好处在社会之中的自己。我说不清是哪本书或哪几本书帮助我度过了许多人生的关口。我只能说，没有书这样的东西，我这一生肯定会长久地在黑暗中摸索而无法获得‘出头’的日子。”

尽管我们可以无限地相信书籍的力量，但绝不能忽视读“无字之书”。书本可以为我们组装一个充满知识的大脑，而社会这所“大课堂”则能使我们“悟”出一个充满智慧的大脑。伟人毛泽东在第一师范学习时认为“闭门求学，其学无用，欲从天下万事万物而学之”，主张与好友“游学”、用调查研究的方式来读天下“无字之书”。周恩来同样劝告青年“于无句读处读书”。他们不仅重视书本知识的学习，更重视向社会实践学习，将读有字之书与无字之书结合起来，才历练出了超人的智慧、非凡的胆识和坚忍不拔的意志。

世事洞明皆学问，人情练达即文章。大多成功者都重视读“无字之书”，向企业学、向市场学、向实践学，在实战中动态地学习，把握鲜活的、内在的、关键的真知。真正有用的大脑，都是从广阔的社会天地这一“大课堂”中培养出来的。

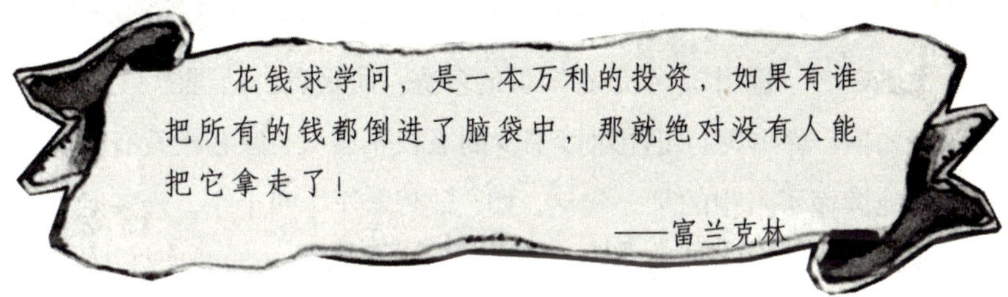

学贵在“精”，“背书”不如“悟书”。

早几年中国评出的十大亿万富豪，只有一人有专科学历，其他的都没有进过大学的校门。于是有些人就想不通：他们没有读多少书，凭什么能够成功？

这其实是一种较为普遍的现象，从读书的量上说，一般当老板的并非博览群书之辈，而学富五车的人大多只能成为合格的打工者。为什么会这样？秘密有二：其一，学贵在“精”，在于“管用”；其二，读书不如“悟书”。

尽管我们主张多读书，但到底要读多少书？这个问题难以回答。但有一点是肯定的，有些书读了终生受益，有些书读到死也用不上。

学贵在“精”。大脑不是一个简单的知识仓库，不是一个堆积书本的图书馆，也不是一个储存知识的电脑，如果将用不上的书生吞活剥地堆积在大脑里，势必占大脑内存，妨碍我们的想像力和创造力生长，有些还会成为终生的精神包袱。因而，人的智力资源是不能用知识的量来衡量。知识无涯，浩如烟海，个人只需取其精华而融会贯通，知识不在于多，而在于“管用”。美国人接受教育后，人文方面的知识只掌握八个字，即“民主、自由、博爱、法制”，然后凭这八个字立身于社会，终身受用。我们中国孩子读了几十年书，大大小小的考试参加几百场，看的书、背的书要用车子拉，那么进入社会后，到底立身的知识是什么？凭什么做人？还是一头雾水。这样，知识多又有何用？

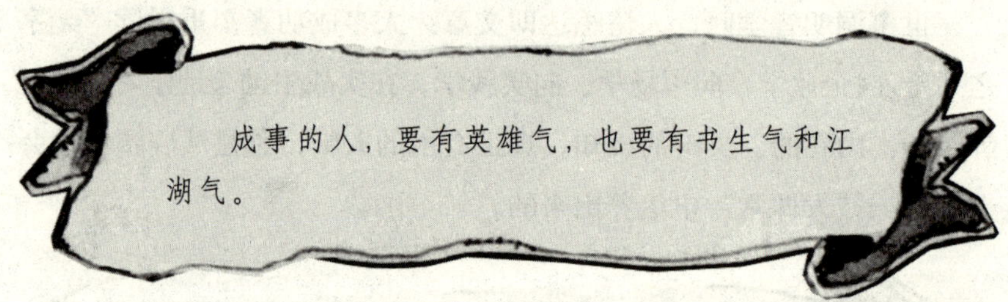

大脑是否“管用”，不是看知识的多寡，而是看生活理念、看见识、看胆识如何。譬如我们可能对读书少的老板不服气，但老板就有可能真真切切地读懂了书中的某一句话，如“敢想敢干”四个字，许多老板就把它吃透了，内化为自己的理念和人生的重要内容，非此便枉为人生，有这么四个字也许就能指引他走向成功。同样，一些博览群书的人，也许对古今中外的“敢想敢干”都了如指掌，对“敢想敢干”应具备的素质、条件、风险、机制都作了充分研究，若是写篇论文，洋洋洒洒写几万字不在话下，但要自己真干起来，便会缩手缩脚。如是，还是没有把“敢想敢干”内化为自己的东西，这么渊博的学识又有何用？这就很明白了，一个真的敢想敢干，一个缩手缩脚，从而形成了老板与打工者的差别。那么，谁的智商高，谁更具有智力资源的优势？也就一目了然了。

学贵在“精”，贵在“管用”。巍巍中华古代文明，也不外乎是用“半部论语治天下，两册史书安民生”。作为人生，实在是有几句话就够用了。对此，北宋文豪苏东坡说得很到位：“书富如海，百货皆有。人之精力，不能兼收尽取，但得其所欲求者尔。故愿学者每次作一刻求之。”

这样，就要善于“悟书”。读书要如老牛吃草，白天吞咽下去后，到了深夜十一二点，还要把吞下去的东西再次“反刍”，嚼烂嚼细。真正把知识内化为自己的东西，就得反复“反刍”，这便是“悟书”，悟出味道、悟出“真经”，悟出一个智慧的大脑来。正如著名作家巴金所说："仅在字母、文字和页码中浏览一番——这不是读书。阅览和死记——也不是读书。读书要有感受，要有审美感，对他人的金玉良言，要能融会贯通，并使之付诸实践。"

思考大于阅读。"悟书"，应重点把握好三个结合：一是读与思的结合。读书惟有经过思考，才能"读到糊涂是明白"。二是读与问的结合。提问是解决问题的一半。学问学问，边学边问。三是读与做的结合。读而不做，就会有点呆头呆脑，自己看别人不明白，别人看你也有点奇怪。所以，既要读万卷书，又要行万里路。如此这般，才能学海无涯，书山有路，将古往今来的优秀书籍化为人生丰富的营养，使大脑变得高明起来。

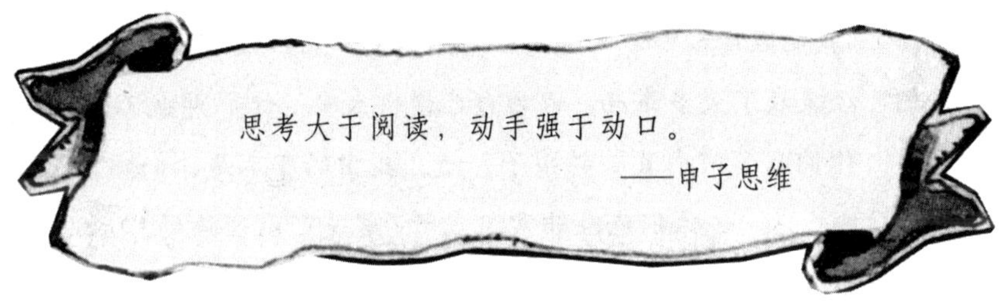

文凭不在高，而在能力强。

在2000年耶鲁大学的毕业典礼上，校方请来了与比尔·盖茨齐名的世界顶级富豪拉里·埃里森前来"助威"，以给广大学子鼓劲。令校方遗憾的是，埃里森充满激情地发表了一通令人沮丧万分的演讲：

> 耶鲁的毕业生们，我很抱歉——如果你们不喜欢这样的开场。我想请你们为我做一件事。请你——好好看一看周围，看一看站在你左边的同学，看一看站在你右边的同学。
>
> 请你设想这样的情况：从现在起5年之后，10年之后，或30年之后，今天站在你左边的这个人会是一个失败者；右边的这个人，同样，也是个失败者。而你，站在中间的家伙，你以为会怎样？一样是失败者。失败的经历。失败的优等生。
>
> 说实话，今天我站在这里，并没有看到一千个毕业生的灿烂未来。我没有看到一千个行业的一千名卓越领导者，我只看到了

一千个失败者。你们感到沮丧，这是可以理解的。为什么，我，埃里森，一个退学生，竟然在美国最具声望的学府里这样厚颜地散布异端，我来告诉你原因。因为，我，埃里森，这个行星上第二富有的人，是个退学生，而你不是。因为比尔·盖茨，这个行星上最富有的人——就目前而言——是个退学生，而你不是。因为艾伦，这个行星上第三富有的人，也退了学，而你没有。再来一点证据吧，因为戴尔，这个行星上第九富有的人——他的排位还在不断上升，也是个退学生。而你，不是。

……你们非常沮丧，这是可以理解的。

现在，我猜想你们中间很多人，也许是绝大多数人，正在琢磨，“我能做什么？我究竟有没有前途？”当然没有。太晚了，你们已经吸收了太多东西，以为自己懂得太多。你们再也不是19岁了。你们有了“内置”的帽子，哦，我指的可不是你们脑袋上的学位帽。嗯……你们已经非常沮丧啦。这是可以理解的。所以，现在可能是讨论实质的时候啦——

绝不是为了你们，2000年毕业生。你们已经被报销，不予考虑了。我想，你们就偷偷摸摸去干那年薪20万的可怜工作吧，在那里，工资单是由你两年前辍学的同班同学签字开出来的。事实上，我是寄希望于眼下还没有毕业的同学。我要对他们说，离开这里。收拾好你的东西，带着你的点子，别再回来。退学吧，开始行动。

我要告诉你，一顶帽子一套学位服必然要让你沦落……就像这些保安马上要把我从这个讲台上撵走一样必然……

最后，尽管埃里森被香蕉皮、可乐瓶和吆喝声轰下了讲坛，但他的演讲至今还是那么令人振聋发聩。

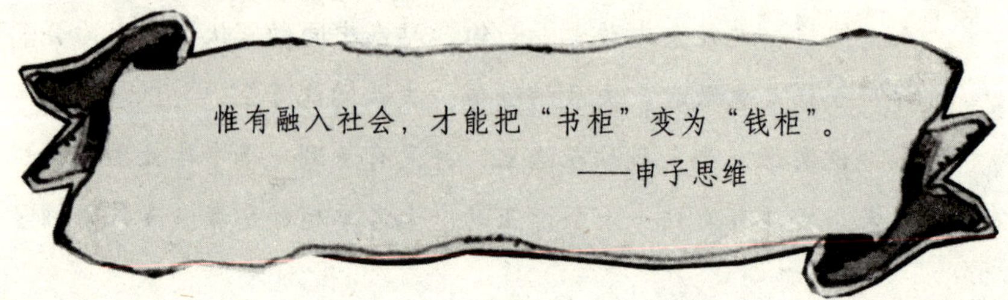

无独有偶，日本索尼公司创始人盛田昭夫，写过一本名为《让学历见鬼去吧》的畅销书。在书中，他痛斥以文凭选人的方法。为了使自己的员工发挥聪明才智，不受学历限制，彻底纠正学历歧视，他毅然烧掉了公司所有员工的档案，并宣称：从今以后，员工的使用和晋级不看学历看能力，不看文凭看贡献。在公司17000名员工当中，科技人员有3500多人，其中很多人并不是科班出身。这一做法震惊日本，也使索尼公司变得生气勃勃，除掉了不少暮气，一跃成为世界一流的公司。

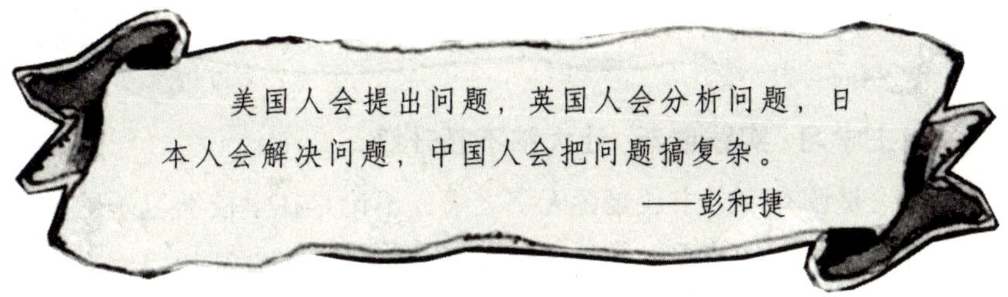

美国人会提出问题，英国人会分析问题，日本人会解决问题，中国人会把问题搞复杂。

——彭和捷

我们不是埃里森，不是盛田昭夫，没有他们那种成功的底气可以任意诋毁文凭的价值，没有他们那种资格可以公然鼓动学子退学，也无意挫伤国人不惜一切为文凭而奋斗的牺牲精神。只是想为那些为文凭而狂热、为文凭而痴迷的人们提个醒：到高等学府深造虽然是人生成长的重要过程，但追求高学历不是人生的目的，通往出路的桥梁不是高学历，而是高能力。因而，追求高文凭不是目的，而是成就高能力的手段，那种为文凭而倾家荡产，为文凭而大喜大悲的人生不仅是荒诞的，而且是可悲的。

文凭不等于智力、不等于能力，文凭至上是一种僵化的观念。事实上，低学历者并不意味着没有发达的大脑，实践长才干，实践出真知。即使拥有高学历，也必须投身于伟大的社会实践，将知识转化为“真本事”，才有价值。同样，没有高学历，如果在社会这个大课堂里培养了自己的能力，一样地能走向成功。

毛泽东，是一位没有上过大学的伟大导师；林肯，是一位没有任何学历的美国伟大的总统；清华国学四大导师之一的陈寅恪只有高中学历，鲁迅是一位没有大学文凭的了不起的大学教授。同样，科学大师法拉第只上过两年小学，文学巨匠格拉斯也只有初中学历。在现实生活中，在社会的各个领域许多有成就的人，并没有高学历，但他们善于学习，培养了一种超强的能力，从而干出了一番了不起的事业。

出路要看真本事，文凭不能代表智力资源，高级的大脑不是高在文凭上，而是高在能力上。

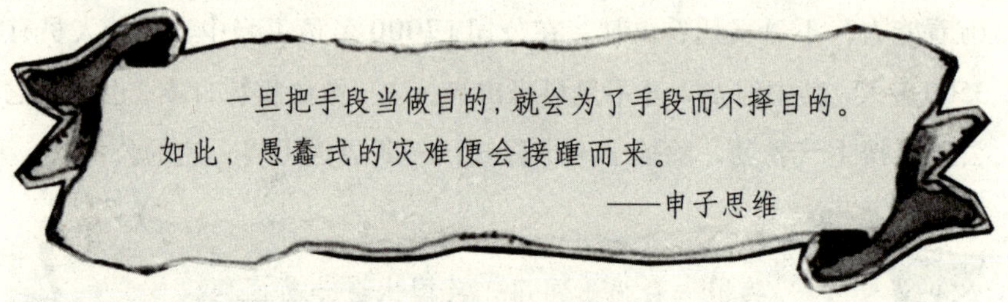

自主学习，实践创新，让大脑不断升级。

不论是读有字之书还是读无字之书，不论是在学校学习还是在社会实践中学习，学习与实践是武装大脑、促进大脑升级的根本途径。

我们生活在知本时代，这个时代的最大特点是知识的更新周期急剧加快，昨日所学的东西，到了今日眨眼便成为“古董”；而今日所学，到了明日也许便成为“垃圾”，要赶上时代而不致落伍，就得天天学习，天天更新自己的知识。因而，身处知本时代，必须牢固树立“终身学习”的观念。既然如此，一旦走出校门，就不要以文凭为自豪，不要以文凭为满足，而应把文凭撕得粉碎，忘记学历，放下架子，扎扎实实地从零开始学习，活到老、学到老，把学习进行到底！

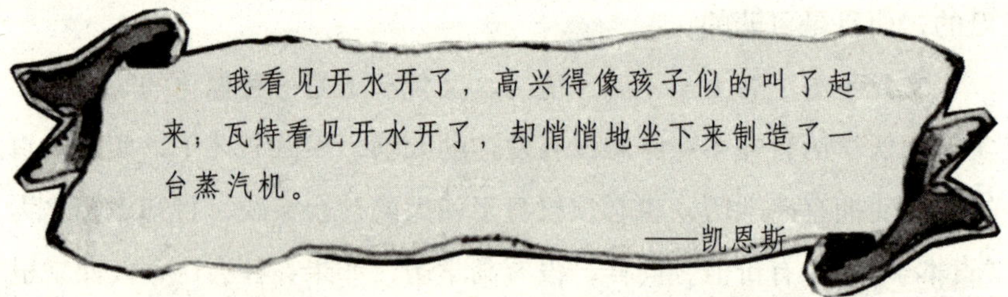

学习是为出路服务的，因而，必须突破学校教育的惯性思维和系统思维，明确奔什么出路就学什么东西。所以，终身学习的第一要务——始终在“为何学”的主导下确立学什么？明确缺什么补什么，需要什么学什么。做学习的主人，不做学习的奴隶；不是死记硬背地复制知识，而是在实践中创造性地开发知识；不为文凭学，不为考试学，不为装点自己的“门面”学，而是真真切切地为自己的大脑升级而学习，为自己的出路而学习。有位到北京挂职的基层干部，为了提高自己，工作之余自主学习，他不声不响地到北大、清华等各高校旁听名家系列讲座，与知识界50多位杰出人物结成朋友，想方设法与他们喝茶、进餐，有计划地补充自己的知识，交流理论问题。挂职期满，他的思想理论水平实现了奇迹般地飞跃，大脑出奇地充满智慧，驾驭工作得心应手，令人刮目相看，随之仕途也飞黄腾达。

大脑是我们最为重要的资产。事实上，当我们还是一个穷人或事业上微不足道时，我们所拥有的真正的资产就是自己的大脑，这是我们所控制的最强有力的工具。要使自己的大脑这一资源不断增值，防止沦为一个“死脑壳”而被贬值，就得不断升级，不断学习，用新思想、新知识充实自己，还得用心去感悟这个世界的最新变化，把自己的所学、所见、所闻、所感化为智慧的源泉，让大脑与时俱进，从而赢得出路的未来！

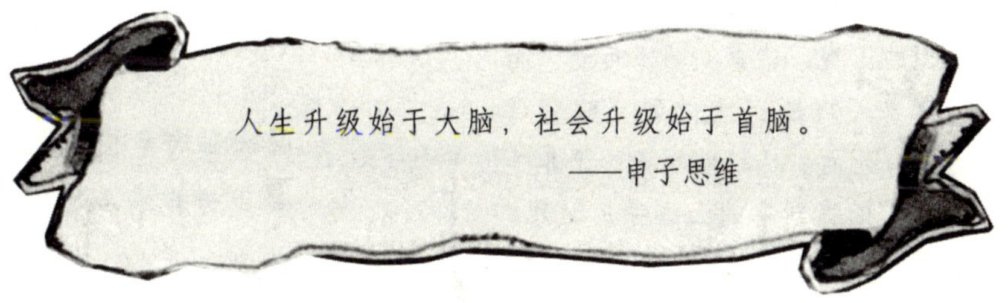

●人脉引出路。20岁靠体力拼出路，30岁靠脑力找出路，40岁以后则靠人脉引出路。转动关系，就能转动出路。掌握打理人脉的“大气法则”，走遍天下都不怕。

转动关系，就能转动出路。关系就是生产力！

——申子题记

在东方哲学里，关系就是生产力。在西方，关系是最稀缺的财富资源。一个篱笆三个桩，一个好汉三个帮。卫星升空，要靠火箭助推。个人依托关系，犹如借梯登高。良好的关系能为我们的成功插上翅膀，如果你的关系上有达官贵人，下有平民百姓，而且有人在你春

情景 关系支撑霸业

三国时期的刘备原是一个卖草鞋的没落皇家后裔，但后来却成为了三国鼎立的一方霸主。他的成功靠什么？靠个人关系资源。其一是利用宗族关系。当时刘备自称是汉皇后裔，因此，世人比较认同他，其中荆州避难就充分说明了这一点。其二是利用结盟关系。关羽、张飞为刘备赢得一方天下立了汗马功劳，他俩之所以能这么卖命，是因为有“桃园三结义”的义气。其三是人情关系。三国局面的出现，诸葛亮功不可没，而诸葛亮之所以能做到“鞠躬尽瘁，死而后已”助刘备，无非是为了报答刘备的三顾茅庐之恩。因此，尽管刘备论文不及孔明，论武不如关羽、张飞，但由于刘备能充分利用各种关系，才使其建功立业。

风得意时为你鼓掌喝彩，在你有事需要帮忙时为你两肋插刀。这时候，你就会深刻体会到“关系的力量”！

★ 关系就是财富

一个沉浮商海的美国富翁，临终前，向他的10个儿子公布了遗产分配方案。他说：“我一生的财产有1000万美元，你们每人可分100万美元，但其中有一个人必须独自拿出10万美元为我举办丧礼，还要拿出40万美元捐给福利院。作为补偿，我可以介绍10个朋友给他。”富翁最小的儿子选择了独自为他办丧礼的方案。富翁死后，儿子们拿着各自分得的财产独立生活。但没过几年，父亲留给他们的那些钱，就所剩无几了。最小的儿子在自己账户上只剩下最后1000美元时，想起了父亲介绍给他的10个朋友，于是他决定一一登门拜访。这些朋友很感动，说：“在你们兄弟当中，你是惟一还记得我们的。为感谢你的深厚情谊，我们帮你一把吧！”于是，他们每人给了他一头怀有牛犊的母牛和1000美元，还在生意上给了他很多指点。

得益于这些朋友的资助，富翁的小儿子开始步入商界。许多年后，他成了一个比他父亲还富有的大富豪，并且一直与他父亲介绍的这10个朋友保持着密切的联系。他就是美国巨商费兰克·梅维尔。成功后的梅维尔说：“父亲告诉过我，朋友比世界上所有的金钱都珍贵，朋友比世界上任何财富都恒久。这话一点也不错。”

“一个朋友一条路，朋友多了路好走。”就个人的社会性资源而言，人际关系是最为重要的资源。要想有什么出路，就得看你有什么样的朋友、有什么样的人脉关系。

克林顿在17岁时遇到肯尼迪总统，在肯尼迪的影响下，他决定从政，在此以前，他是吹萨克斯管的，如果当初他遇到的是另外一个人，克林顿也许永远也当不了总统。历史上，中国官场、商场、学场里的师生关系、上下级关系、裙带关系等，其作用非同寻常，往往成为一些人飞黄腾达的桥梁与纽带，对人一生的出路起着重要的决定性作用。

古代社会是“朝中有人好当官”、“大树底下好乘凉”。那么到了现代社会，看看成功人士，有些固然是天赋非凡、可恃才傲物之辈，但更多的还是朋友遍天下、左右逢源、处处借力之人。社会关系，是一种极为重要的个人社会资源。人总是生活在各种社会圈子里，如血缘圈、亲缘圈、姻缘圈、宗缘圈、地缘圈、族缘圈、义缘圈、语缘圈、单位业缘圈、教缘圈等等。这些社会圈子，就是一座座人生“金矿”，影响和制约着个人的行为选择和出路取向。只要善于把握、打理、培植你的人脉，就能聚拢无穷人气、成就非凡人望，有了这样的助推力，找出路的资金、技术、渠道还不是唾手可得，何愁大事不成？

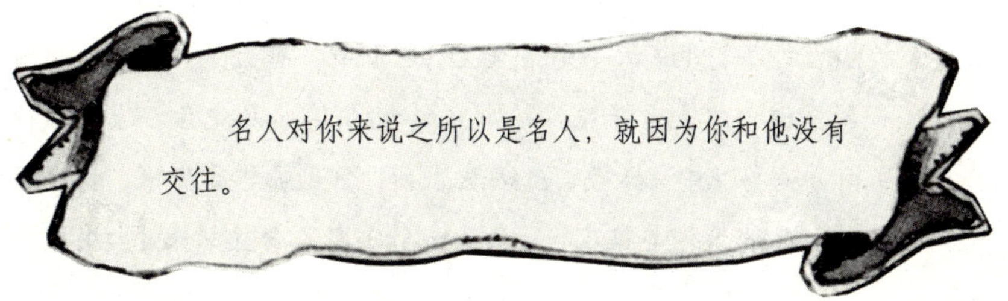

著名的成功学大师卡耐基在总结无数人的成功经验后得出一个这样的规律：一个人的成功15%取决于他的专业知识，85%取决于他的人际关系。为此，深谙此道的人们还流行这样一句名言：20岁靠体力拼出路，30岁靠脑力找出路，40岁以后则靠人脉引出路。

★小女子靠人脉关系玩转“天下财富”

南方女孩陈小红大学毕业后，怀着梦想孤身闯入北京，面对茫茫人海，时刻不忘父母的叮咛——“在家靠父母，出门靠朋友”，无论是独处还是置身热闹的交往场所，她都会习惯性地从内心念叨这句老话。

她选择在京城的大媒体单位历练，做些大牌记者的辅助性工作，从这家媒体到那家媒体，她总是放低自己、倾注热情，极大限度地拓展人际关系。她自己直言有“2000多个朋友”，保持较密切联系的有600多人。她是一棵小草，是一个微不足道的“外来妹”，但一次她因感冒住院，竟有上百人前来探望，生日party有几百名朋友来参加。尤其是在媒体圈和企业家的圈子里，她所结识的朋友关系令人惊叹不已。在媒体圈，她的朋友遍及100多家网络、1000多家平面媒体和10多家电视台；在企业界，常保持联系的大大小小的老板有好几百人，这些朋友为她日后在北京的发展提供了非同寻常的机会。

职场拼搏五余载，除了结识了无数的朋友，但并没有成就自己的事业，经济上仍是个“穷光蛋”，人生的出路在哪里？当自己一次又一次追问这一事关个人命运的问题时，终于发现，出路就在自己积累的人脉关系里。

她走出庄严的国家级报刊大楼，凭着自己多年积累的人脉关系，自己创办了北京天下财富文化传播机构，整合各种资源，演出了一幕幕精彩的人生好戏。譬如为Intel、SONY、金龙鱼、吉利、物美、南方高科、中兴天创、A.O.史密斯、首创、华旗资讯、登康等企业进行品牌策划与推广，一个又一个知名品牌立起来了；组织或承办“第四、第五届全国工笔画比赛”和“青春歌手大赛”等活动，一个又一个全国性文化活动唱响了；操办第十五届世界信息技术大会，组织“中国企业精英走上哈佛讲台”，她带着一批又一批知名企业家越洋过海，在国际舞台上尽显英姿，令人刮目相看。

依托人脉关系，小女子陈小红完成了从“外来妹”向老板的角色转换，而且，当事业、人脉关系与“天下财富”一旦完美地结合，便会像滚雪球一样，越滚越大，朋友越来越多，路子越走越宽，财富越积越多。面对这一切，小红很自豪地说：“现在是人脉关系推着我去书写新的人生”。

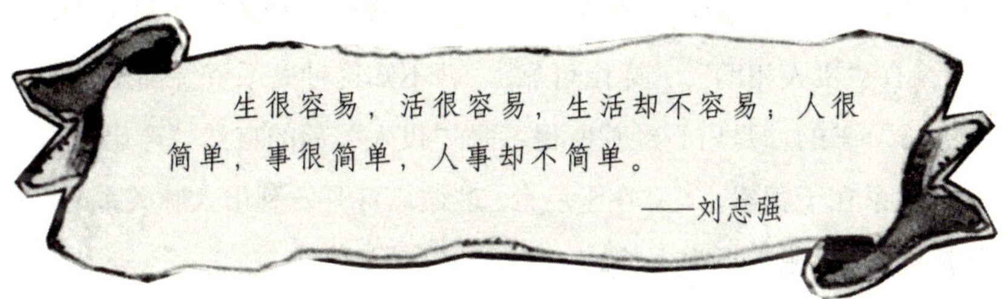

人和万事兴，人总是在一定的圈子里，即在特定的“人场”里活动，总要受各种关系的制约或影响。人和，则事事顺畅，大家补台，好戏连台，反之，则事事不顺，处处受阻，自然就没有出路。道理并不深奥，无论是从政、从艺或经商做买卖，都离不开人脉的支持。决定成功与否的庞大的资源往往就在身边，那就是无数的“人”，关键看你能不能集聚人气，并将这种“伟大的资源”转化为“为我所用”的力量。

那么到底应如何经营好人脉关系这一个人社会资源呢？

我们主张，无论是建立人脉关系还是开发利用人脉关系，要有一种“大气”情怀。培育人脉关系当做“养气”一样去“修炼”，真正用心去培育。结识一种关系，就像撒下一粒种子，要让这粒种子发芽、长成大树并开花结果，是一个需要精心呵护的漫长过程。用心“修炼”，就要投入许多时间精力、投入许多关爱与关心、投入许多同情与理解、引发许多共鸣与认同，才能真正把这种关系“修炼”成自己拥有的资源。因此，开发关系绝不能急功近利，甚至不要想着回报，不能像“拉关系”、请客送礼那样粗俗简单。

无论对待何种人脉关系，都要遵循“大气法则”。先天性的社会关系，是上帝赐予你的财富。即便如此，也要“大气”以待，否则，同样会化为乌有、灰飞烟灭。譬如，康熙皇帝的长子允礽，本来具有继承皇位的先天性关系资源优势，但他缺乏一种“大气”，不用心“修炼”这一关系，而是鼠目寸光，滥用这种关系，害得康熙大帝几次对他“立”了又“废”，“废”了又“立”，废了舍不得，立了又不放心。而四子胤禛本来没有继承皇位的关系优势，但他努力经营这种关系，最终取得父皇的完全信任，使康熙下决心废长立幼，传位于他。

先天性的关系如此，那么，后天性的关系就更不用说了，关系资源的“功效”完全取决于个人的“经营”。我们常常羡慕一些人“运气好”、有“贵人相助”、“靠山可靠”，孰不知这种关系资源都是个人用心“修”来的，是用心经营所得，是“投入”后的自然“产出”。

关系在于积累，人脉在于培育。遵循培育开发利用人脉关系的“大气法则”，走遍天下都不怕。

大气法则一：“跑量”扩容，广泛“埋线”，放低姿态吸纳人。

人生的局面做得有多大，取决于从内心里认同与接受你的人际圈子有多大。

——申子题记

初涉社会，两眼一摸黑，办事门路窄，工作打不开局面。那么，这时，应想尽办法，集中精力对自己的社会关系进行“扩容”，首先应该“跑量”，为了寻找人脉要主动出击，找到想认识的人就想尽办法去结识，结识后当自己的好朋友慷慨对待。

扩充各种社会关系，自己就不能高高在上，而应放低姿态，做人

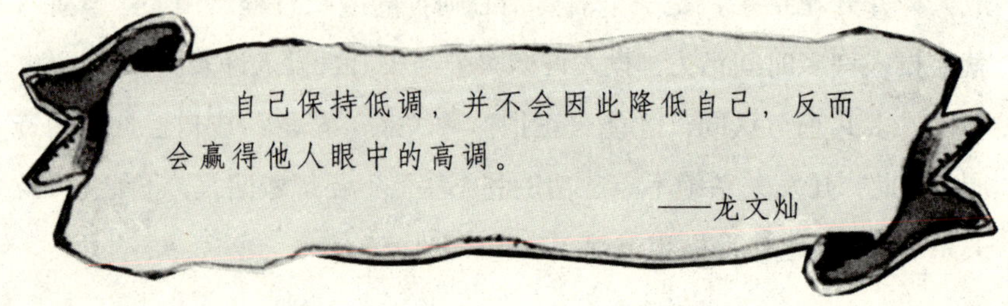

要像水，水往低处流，把自己放在低处，五湖四海的水就能流进来，如大海一样，海纳百川。如果高高在上，则会把许多关系拒之门外。当然，我们不是提倡言不由衷乱敷衍朋友，而是要学会“放低姿态放软身段”，学会仔细倾听别人的话，更学习“忖度他人之心”，多方位理解朋友，尽量体谅他们，这样既能学习他们的优点，也能让朋友感到自己被尊重和理解。

为什么要放低姿态？因为每个人都渴望被人尊重、欣赏和肯定，任何人也离不开这些似乎很虚幻的东西。放低自己，使他人得到尊重，反过来，又会更加认同你，以尊重回报予你。建立人际关系有三条基本原理：一是要赢得别人对你的好感与认同，应该从欣赏和肯定别人的长处和优点开始；二是交往双方的行为表现是对应的，一方的行为表现是以另一方的行为表现为依据的；三是实现沟通，要从了解和同情别人的愿望开始。这三条原理都要求我们在与人打交道时放低姿态。事实证明，只有这样，才能建立广泛的人脉基础。

完整的人际关系包含三阶段，即发掘人脉、经营交情、出现贵人。第一步是“跑量”扩容，广泛“埋线”，然后再精心培育，从“跑量”中挑选重点对象，深化交往关系；最后能不能出现“贵人”先不要考虑，那要看你“修”得如何，当你所拥有社会关系的量与质达到一定程度后，“贵人”自然会出现。

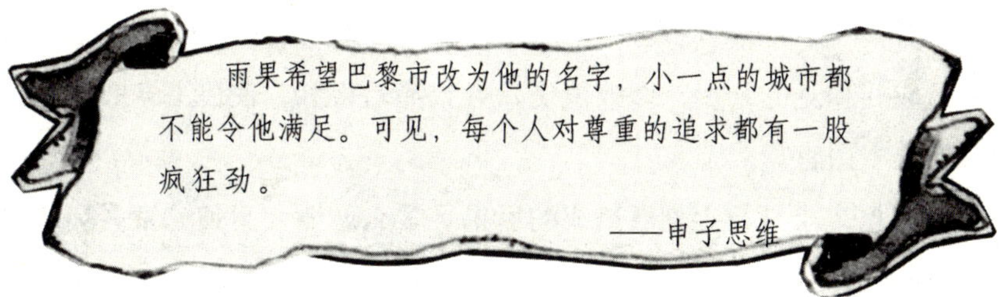

大气法则二：大气不小气，深刻不尖刻，以宽厚之心吸引人。

做人眼皮子不能太浅，嘴皮子不要太尖。

——申子题记

大气是一个人阅尽人间沧桑后的一种大度从容。它不媚俗，不盲从，对挫折处之泰然，对恭维、掌声、鲜花给人以淡淡的微笑，对利益得失不计较，对是非曲直不争辩。大气的人，在家里是宽容慈祥的长辈；在朋友那里是手足般的兄长；在工作单位是中流砥柱。这种人能从容地处理好人际关系，能够很好地适应环境，并处处受到人们的尊重与爱戴。

大气对人慷慨大度，包容万物，宽以待人，深刻不尖刻，是人脉关系中非常难得的黏合剂。历史上春秋战国时期，鲍叔牙和管仲的交往关系，便体现了这种大度：他们俩年轻时一起做生意，赚了钱，管仲多取了一点，鲍叔牙的从人心中不服，鲍叔牙却说："管仲不是贪，因为他家贫，我自愿让他多取一点。"后来他俩随军出征，战斗时，管仲退至后面，鲍叔牙率兵出击，到了凯旋时，他却领兵先行，像他打的胜仗一样。这时，鲍叔牙却这样说："管仲不是怕死，因为他有个年老的母亲，要他奉养呢！" 鲍叔牙这样处处想他人之所想，就是一种大度。所以，后来管仲当上宰相后，感慨地说："生我者父母，知我者鲍叔也。"

人际关系中最坏的品质就是"小气"、刻毒、阴险算计，它损害的不仅仅是一己关系，同时，对整个事业都会带来毁灭性的打击。政治上许多"内讧"、内战都是源于这一恶劣品质。

美国有这么一曲闹剧：前罗斯福总统1908年离开白宫时，提名塔夫特当总统。之后，他去了非洲旅游打猎。当他从非洲回来时，对塔夫特看不顺眼，说他思想保守，于是双方互相指责，闹得不可开交，最后造成共和党的分裂，两败俱伤，导致渔翁得利，使民主党威尔逊从容地入主白宫。

可见，小气与尖刻所造成的后果是多么悲惨，真使"亲者痛、仇者快"！

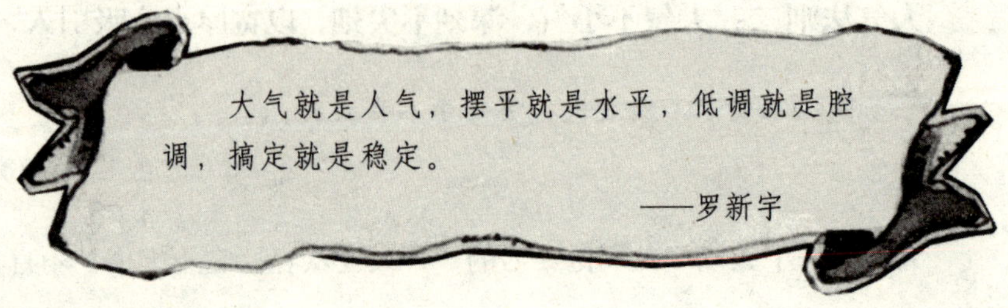

大气就是人气，摆平就是水平，低调就是腔调，搞定就是稳定。

——罗新宇

大气法则三：真诚待人，危难之际关心人，以真心换“铁心”。

一个人如果真诚得像傻瓜，上帝也会把他视为知己。

——申子题记

广增人脉，不仅表现在平时的多联系、多沟通、多问候，更多的是注重将心换心，用“真诚”和别人交往。不要把人际关系当做生意来做，那种粗俗的拉关系或者利益交换，只能是短暂的利益共生，这种关系经不起考验，必然是“大难来临各自飞”。

西方行为学专家认为，人的一生大概可交往200多位朋友，最核心的可以有50位。一般人看似朋友不少，但称得上交情的却乏善可陈；像是在应酬场合活跃的人士，看起来人脉丰沛，但最后愿意为他两肋插刀、雪中送炭的都不是这些看来热络却只是点头之交的人，而是你可能忽略、却真正重视和你交情的朋友。

那怎样才能让朋友能在你危难的时候流泪呢？最简单的办法是在他们不得意的时候多关心理解他们，在他们被人蔑视的时候多鼓励他们，在他们落难困苦的时候热心地帮助他们。这就是危难之处见真情，以真心才能换取朋友的“铁心”。

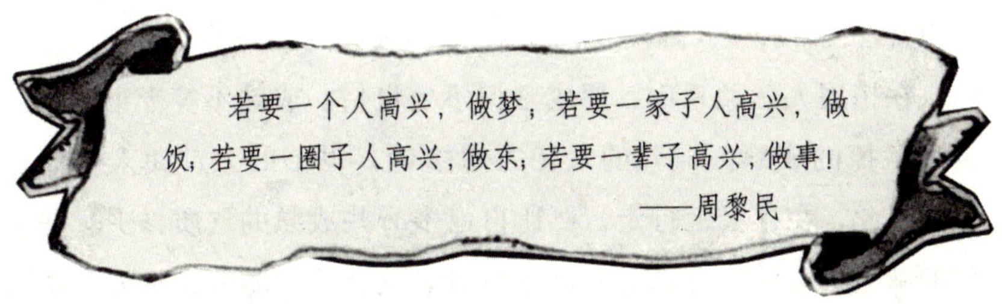

大气法则四：望高不忘低，成熟不世俗，以非凡眼力抓住人。

世俗，是烂掉了的成熟。

——申子题记

在打理人脉关系中，攀龙附凤，眼光朝上，比较注重那些地位较高的人、成功的人，这也是种自然的现象。但是，千万不要忽视那些默默无闻的“小字辈”，说不定今后对你有重要影响的人物就是从今天的“小字辈”中产生的。

人场上有这样一个规律：当一个人发迹以后，围绕他转的人前呼后拥，这时，其人际关系则处于一个排斥状态，原来没有交往基础的是很难进入他的“圈子”的；当一个人尚未发达时，其人际关系处于吸纳状态，比较容易结成朋友关系。所以说，一个人的朋友关系大多是在40岁以前形成的，也就是说，是在未发达状态下形成的。

既然如此，就要有颗平常心，多注重在平凡人中发展人脉关系。红顶商人胡雪岩，其高超的交际手腕和过人之处便是“对事情看得透，眼光够远，从不会轻忽小人物”。我们知道浙江巡抚王有龄对胡雪岩的发迹有着绝对影响，可要知道胡雪岩当初结识王有龄时，王有龄不过是一介穷书生，但胡雪岩就全力支持他读书、奔仕途，后来王有龄果然发迹，反过来用“公款”无限地促成胡雪岩发迹。如果胡雪岩不是提前介入这种关系，而是当王有龄已经成为浙江巡抚后再去交往，胡雪岩能与他成为莫逆之交吗？

因而，千万不要怀着一份过于势利的短浅眼光经营人脉，别人现在富贵，出金入银，就一副小人嘴脸伺候着，别人现在是个潦倒的小人物就忽视、轻视、鄙视之。这种人，势必为人所唾弃。

在拓展人脉关系中，要成熟但不要世俗。成熟不等于世俗，世俗是烂掉的成熟。成熟的人让人想接近，世俗的人却使人敬而远之。因此，在社会上行走，要让自己多一些成熟的气质，少一些世俗的味道，眼睛看到高处别忘了低处，这样，才能从人脉关系里游刃有余。

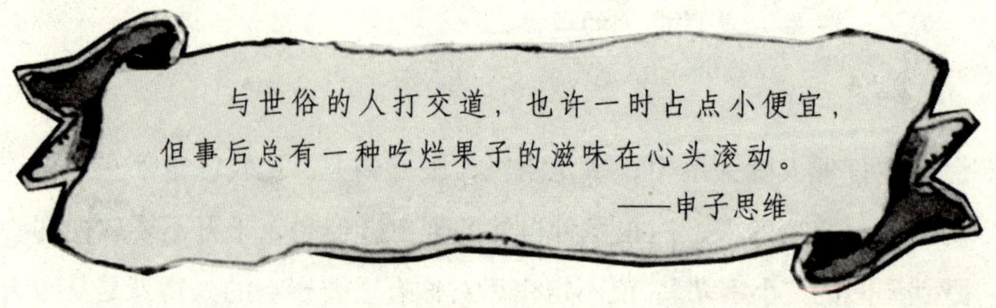

大气法则五：现代手段聚人气，成功在于常联系。

一网打尽乃好汉，一往情深方英雄。

——申子题记

现代交友，应借助现代手段，不能死守老一套。科技的发达，让人际网络的往来，变得多元而复杂。在网络上一天所认识的朋友，可能比过去现实生活中一生所认识的还多。网络交友已经成为时尚和流行，也是不错的“从虚拟变现实朋友”的渠道。从某种程度上来说，如今红火无比的“超级女声”们也是聚集了数以万计的人脉，光是为她们发的短信就超过千万条。另外，电视等大众传播媒介，也是扩大个人影响力、凝聚人脉的好办法。

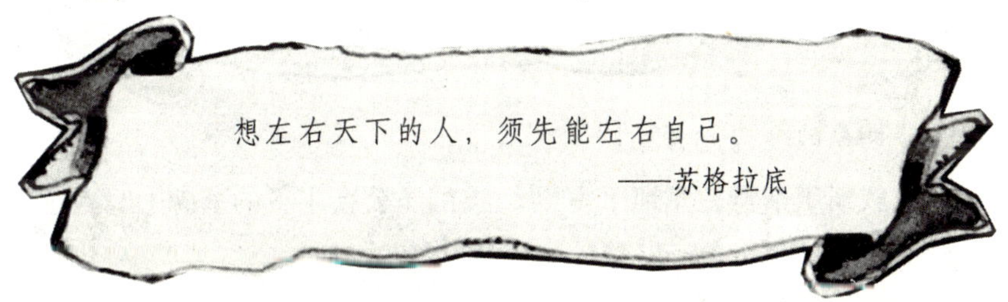

我们结识了无数朋友以后，要珍惜这一资源，真正使这种资源为我所用。人脉需要常互动，成功在于常联系。尽管平时繁忙，但友情不能遗忘。

英国诗人柯立芝说：“友谊是一棵遮阴树。”法国作家罗曼·罗兰也讲：“得一知己，把你整个的生命交托给他，他也把整个的生命交托给你。你们终于都可以休息了：你睡着的时候，他替你守卫；他睡着的时候，你替他守卫。能保护你所疼爱的人，像小孩子一般信赖你的人，这不是很快乐吗！而更快乐的是倾心相许……等你老了、累了，多年的人生重负使你感到厌倦的时候，你能够在朋友身上再生，恢复你的青春与朝气，用他的眼睛去体会万象更新的世界，用他的感官去抓住瞬息即逝的美景，用他的眼睛去领略人生的壮美……即便受苦也是和他一块受苦！只要能生死相共，痛苦也成了快乐！”好好培育人脉关系吧，它会让你尽情享受人生的美妙！

●个人资源的升级战略。21 世纪的特征：快速—多变—分化！ 21 世纪的对策：学习—改变—创业！提升个人“软实力”，让人生出路升级再升级！

不同时代炫耀着不同的资源，主导性资源的更新是时代划分的重要标志，每一种新资源的问世，都意味着财富将重新洗牌。

——申子思维

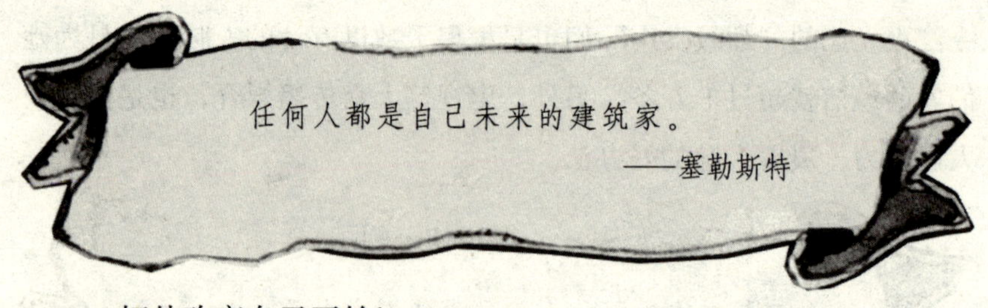

任何人都是自己未来的建筑家。

——塞勒斯特

一切从改变自己开始！

在威斯敏斯特教堂地下室里，英国圣公会主教的墓碑上写着这样一段话：

当我年轻自由的时候，我的想像力没有任何局限，我梦想改变这个世界。

当我渐渐成熟明智的时候，我发现这个世界是不可能改变的，于是我将目光放短浅了些，那就只改变我的国家吧！但是似乎我的国家也是我无法改变的！

当我到了迟暮之年的时候，抱着最后一丝努力的希望，我决定只改变我的家庭，我的亲近的人——但是，哎！他们根本不接受改变。

现在我临终之际，我才突然意识到：

如果起初我只改变我自己，接着我就可以依次改变我的家人。然后，在他们的激发和鼓励下，我也许就能改变我的国家。再接下来，谁又知道呢，也许我连整个世界都可以改变。

弥尔顿在他的《失乐园》里大声呼唤着："须速醒，须速醒，否则沉沦无止境！"面对出路，我们也应该快快速醒！

大气大成出路学的理论基石，是个人资源与出路的动态匹配论，拥有什么个人资源才有什么样的出路。即个人在社会金字塔的位置是根据个人的能力、水平、努力程度、社会关系、个人财富等个人资源动态分布的，因此，个人要改变自己在社会金字塔中所处的位置，改变自己的出路、改变人生处境，先决条件是改变自己的个人资源状况。改变自己，是赢得新出路的前提。

人的生命运动过程，是寻找出路的过程，本质上则是获取、占有、消费和运用个人资源，并用这种资源作用于自然与社会的过程，人的发展在于个人资源的优化组合和高效运用。许多人的成功与得意，靠的是拥有核心资源。同样，许多人的失败与悲剧都源自对个人资源运作的无知，他们积累了许多无用的个人资源，如过时的知识、陈旧的观念和落后的心理，同时又大批量地闲置、荒废与误用个人资源，如有关系但不知如何借用，有项目但不知如何开发，有青春年华但同样无所事事。

不论情形如何，一切成败都源于对个人资源的把握与开发。改造世界先要改造自己，改造自己就要改变个人资源的状况、改变个人资源的运作方法。譬如说文凭升级、知识水平升级、能力提升、关系更多、更管用等，因为自己变了，发展的空间亦将随之打开。一句话，就是要升级个人资源，提升人生"软实力"，促进人生出路的升级。

既然如此，我们要做的第一件事就是应该"盘底"个人资源，每个人要像清理自家的珍宝一样，列出清单，把自己生理、心理、社会、经济等各种资源一项一项地缕，一件一件地理，看看自己到底拥有哪

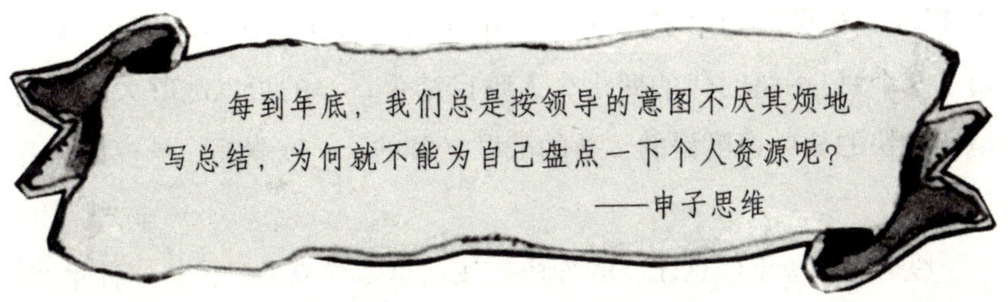

些资源？“软件”资源有哪些？“硬件”资源有哪些？先天性资源有哪些？后致性资源有哪些？优势资源有哪些？弱势资源又有哪些？将这些资源与身边成功人士进行比较，与时代的要求进行比较，与理想的出路对资源的要求进行比较。心中的出路目标是什么？该用什么资源匹配？缺什么？该补充什么？有一本清晰的个人资源谱，为重新组装自己提供科学依据。

其次，我们要做的第二件事就是要弄清我们处于什么样的时代，时代需要我们匹配什么样的资源？已有资源的“有用性”到底如何？如一些人虽然学富五车，但这些知识到底是时代的“资本”还是时代的“文化垃圾”？一些人也许有许多先天的关系，但这些关系到底是前进的动力还是个人发展的“枷锁”？所以，必须研究个人资源对于时代的适应性如何？

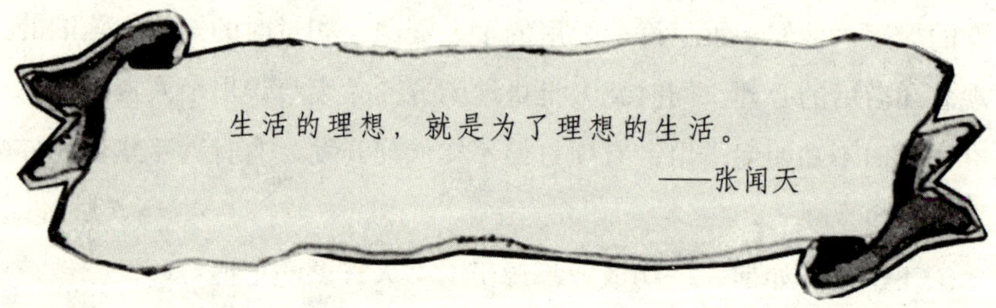

生活的理想，就是为了理想的生活。

——张闻天

放眼21世纪，这是个令人惊心动魄的世纪！21世纪的特征：快速—多变—分化！

速度——21世纪是信息社会、网络时代。信息传递的方式表现着一个时代的特点。如今，速度是光，距离是零，范围是全世界，信息的传播速度是：一秒钟绕地球七圈半。它给社会政治、经济、文化及人们的观念心理所带来的影响极为深刻，难以估计。社会财富同样以惊人的速度积累，如惠普公司从成立到拥有10亿美元的市值，用了47年，微软公司用了15年，Yahoo用了2年，而Net Zero却只用了9个月！网络时代的变化令人瞠目结舌，小的可以战胜大的、转型速度快的战胜速度慢的、新的战胜老牌的，一夜暴富、一夜成名此伏彼起。

变化——源于信息速度的加快，使信息爆炸成为时代的一种常态，于是知识半衰期的缩短、事物发展节拍的加快，导致物质世界的变化令人目不暇接。洞中方一日，世上已千年，谁跟不上这个时代，谁就将被淘汰。变化，太不可思议，如大学毕业生，过去是国家分配，后来是别人挑选，现在是市场是否接受你；做买卖的，过去是沿街叫卖，后来是开商铺、超市，现在是网上交易；又如生活节奏的变化，农业时代是老牛的速度，骑马可以跟上，工业时代是火车的速度，飞机可以跟上，信息时代是光的速度，什么能跟上呢？恐怕只有观念和思维带来新的选择才能跟上。

分化——物竞天择，适者生存。鉴于速度和变化这两大趋势，导致人们的生存将面对全新的环境，对每个人而言，一方面遍地是机会，另一方面处处是危机。风险与机遇并存，人的分化加剧，如大学生就业，一方面进入低薪时代，甚至可怜得比不上民工，另一方面又进入高薪时代，一些人毕业就成为白领，或办个网站就成为老板。过去是“齐步走”，现在是八仙过海，各显神通。所以，总是几家欢乐几家愁。

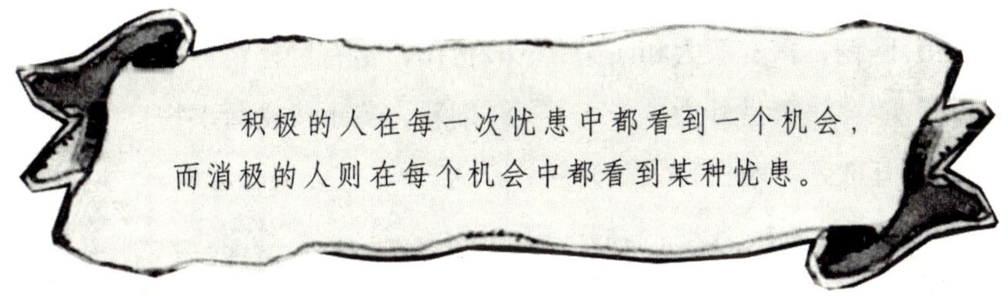

置身于这样一个快速、多变、分化与重组的时代，每个人应具备什么样的个人资源特征呢？什么样的个人资源才能与这样一个时代匹配呢？

一位网友说得好，在这个时代，我们要——

用理想和信念来支撑自己的精神！

用平和和宽容来看待周围的人事！

用知识和技能来改善自己的生活！

用理性和判断来避免人生的危机！

用主动和关怀来赢得别人的友爱！

用激情和毅力来实现自己的梦想！

用严厉和冷酷来改正自己的缺点！

每个时代有每个时代的优势资源特征。社会财富优势资源已经历从农业社会的土地、工业社会的资本到当今网络社会的信息的演变，同样，个人的优势资源也将从先天性资源转变为以后致性资源为主导，从过去的有形资源为王，转变为以无形资源为霸。这就是理想信念、知识理性、合作兼容、激情与创新、自信与毅力、博爱与关怀等心理资源将成为时代的个人核心资源。谁拥有这种优势资源，谁就将在这个时代春风得意，引领时代的发展。

显而易见，要拥有这个时代，仅有先天性的“硬件”资源是远远不够的，核心要配备与时代相适应的“软件”资源，主要是后致性的智力资源和非智力因素的心理资源。据科学研究，21世纪的成功人士应具有以下10个软件资源特征：

1.智商高，富有创意；　2.胆商高，富有冒险精神；
3.乐观，富有生命激情；　4.自信，勇于挑战极限；
5.坚韧，富有毅力和耐力；　6.合作，富有协作精神；
7.兼容，善借外力；　8.创新，善于接受新事物；
9.开放，不断进行大脑升级；10.实干，有务实的态度。

机会往往就在人生的十字路口。不要总是在机会面前看到一个又一个问题，要在问题面前看到一个又一个机会。

——申子思维

先天性资源如个人长相、家庭背景也许不可改变与选择，但后致性资源如智力资源、心理资源、社会关系资源等都是可以改变的，而后者恰恰是具有时代竞争力的个人优势资源，是个人的“软实力”之所在。那么，应如何优化、充实、升级个人优势资源呢？也可以用六个字来概括，这便是“学习—改变—创业”。

学习——提升自己的本事最简便和最有效的方法依然是学习。何况

21世纪是一个学习的世纪，未来的竞争力首先表现在学习力上，谁学得快，学得最有效率，谁就是赢家。

改变——融入新的时代，必须扔掉旧有东西来顺应客观形势的发展。这就必须改变：改变什么？改变观念、改变落后的心理、改变旧的思维方式和行为习惯。不变不行，因为社会将按新的观念、意识和行为，即新的个人资源重新洗牌，包括重新分配财富、分配职位和个人的出路，不变，必然被淘汰出局。

创业——个人资源要在创造中积累和优化，因而，必须跳出传统的框架，走一条同过去不同的路去开创自己的事业，这是新时代给大家提供的机会。新的创业、新的机会，将会打造一个全新的自我，也只有在创业中，才会真正对自己先天性资源或从学校积累的资源进行彻底升级，才会懂得个人资源优化、重组、调整、充实的真正奥秘。

社会的瞬息万变，个人资源的发现—培养—抛弃的循环过程会更快、更强，个人资源的周期大为缩短，在这种变幻莫测的环境中，我们时刻面临着更新、升级个人资源的压力，包括不断更新自己的知识体系、更新观念、更新思维方式和行为方式。

一切都可以改变。昨天没有的并不意味着今天也没有，今天不能实现的并不意味着明天也不能实现。只要我们把握时代脉搏，不断学习、不断改变、不断创新，就能不断改变自己、提升个人“软实力”、拥有时代的优势资源，包括拥有独到的眼光、胆识、魄力和驾驭新机会的能力，在社会变革大潮中脱颖而出，创造新的出路，牵着时代走向未来。

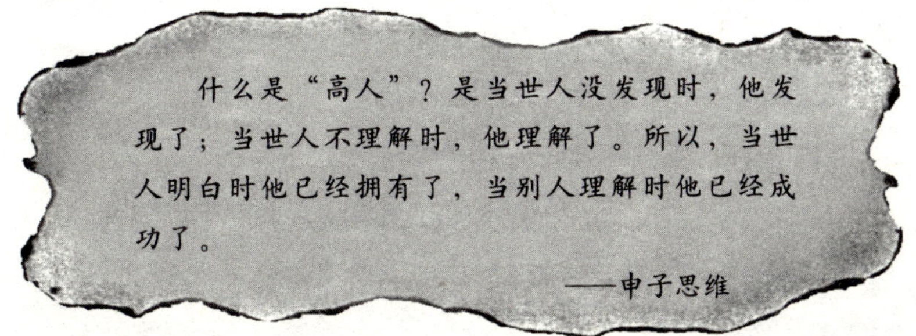

立天下理念，为走遍天下立理念。

天下理念引领天下出路

——五大理念：引领出路的“天神”

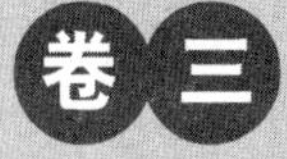

卷三：天下理念引领天下出路

——五大理念：引领出路的“天神”

立天下理念，为走遍天下立理念。

——申子题记

任何出路都蕴含着一种精气神！打开出路的“软实力”全在于拥有什么样的精气神！

——申子思维

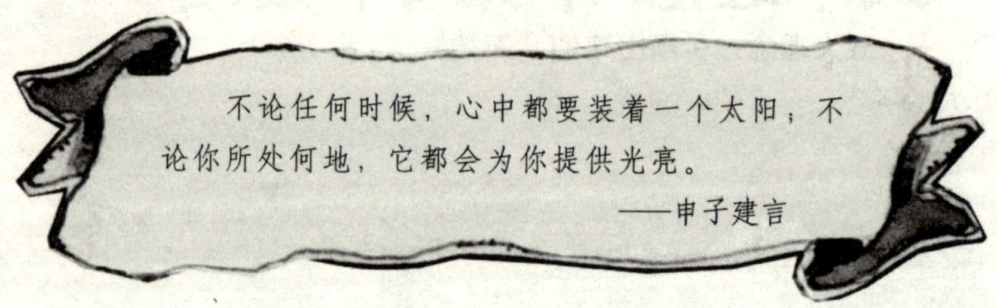

不论任何时候，心中都要装着一个太阳；不论你所处何地，它都会为你提供光亮。

——申子建言

一种文化，由几个基本因子支撑；一个社会，由几项基本原则构建；一个时代，由某种思想大旗定格。一生的出路，同样靠某些理念引领。理念的东西，尽管很虚，看不见摸不着，但它是“种子”，是决定出路的“基因”，任何时候都要坚守。我们每时每刻要忘记一些东西，舍弃一些东西，但同时又要坚守一些东西，珍藏一些东西，就像大户人家珍藏“传世之宝”一样，倍加呵护。对那些基本的科学理念，我们应深深地根植于自己的血液之中，因为，它是引领出路的“神圣使者”。没有它，寻找出路将陷入茫然的境地。

老实说，我们拥有的最有力、最独特的资产就是我们的思想，就是我们的人生理念。它们是“上帝”，部署了我们一生的出路走向；它们是“神灵”，是指引我们前进的核心力量。

●本事成就出路。大气大成的灵魂是修炼“真功夫”。打铁就要本事“硬”，有了一双“铁脚板”，世上还没有走不出的路！有了“真功夫”必有好出路。

成功一定有逻辑。

——申子题记

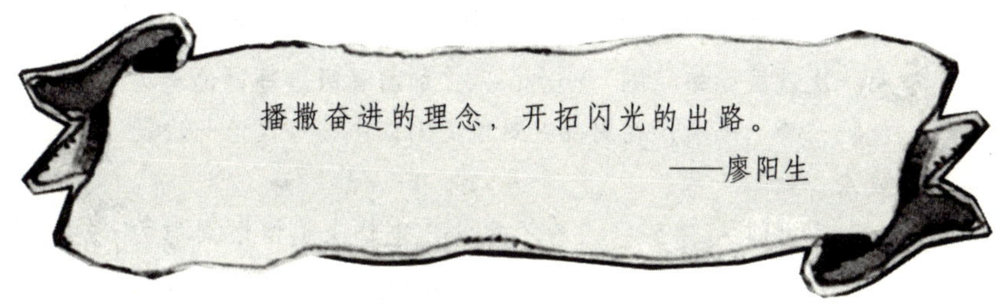

寻找出路，第一个最基本的理念，就是靠本事吃饭。

许多人苦苦探寻“成功秘笈”，妄想一步登天；许多人自以为聪明，凡事一门心思找“窍门”，找捷径；许多人祈求幸运，妄想任何事情都能轻松取胜。结果如何？大多事与愿违。事实上这种思想，只会把我们引入歧途。人生原本就没有这么多的秘笈、没有这么多的窍门、没有这么多的幸运。人生本来很简单，简单得只要扎扎实实地修炼了什么本事，自然就有什么出路。

大气大成的灵魂是修炼“真功夫”，倡导苦练内功，反对投机取巧；倡导走正道、走大道，反对走邪门歪道；倡导“真本事”，反对“假聪明”。因此，成就个人出路最好的办法，也就是人人明白的简单办法，即老老实实地练本事，培育自己的核心竞争力。

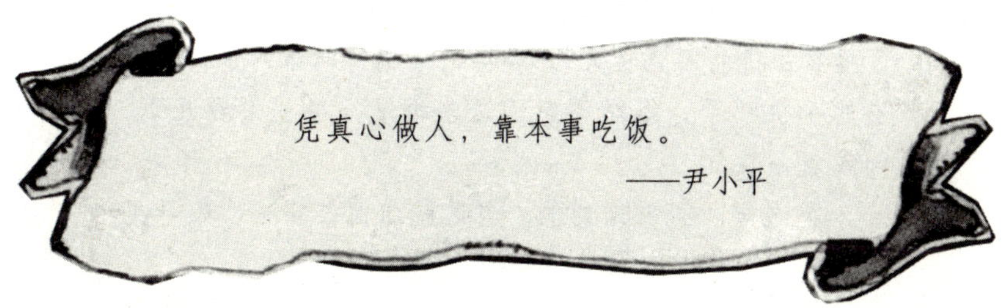

情景　为什么不能"狗眼看人低"？

小王一表人才，心高气傲，自命不凡，但能力平平，大事做不来，小事又不做，更主要的是他不论做什么事都不踏实，最大的特点是"浮"。久而久之，他在同事领导的眼中就成了"马屎皮上光，其实是包糠"。谈恋爱，每谈一次就被姑娘"甩"一次；工作加薪晋级，每讨论一次就被"否"一次；在周围人对他的闲谈中，每议论一次就被人"贬"一次。

他越来越感到别人看不起他，也越来越憎恨周边的人，甚至对家里的亲人也是如此。他见人就从内心里嘀咕"狗眼看人低"，甚至咬牙切齿地、横眉冷对地这么嘀咕。于是，他的人际关系陷入恶性循环之中，别人对他的评价的确也越来越低。

怎样才能从这一恶性对立中摆脱出来？还是他的母亲敢于"碰硬"：

"为什么不能'狗眼看人低'？你有什么东西值得别人高看一眼？"

"世界上那么多的人，为什么别人要对你笑容可掬，你有什么东西值得别人笑容可掬？"

"姑娘为什么不能'甩'你，你有什么东西值得别人留恋？领导为什么不提拔你，你有什么东西值得提拔？"

母亲的一系列"为什么"犹如醍醐灌顶，犹如甘露洒心，使他从内心里猛醒："狗眼看人低"自有其理，要改变这种状况，就要改变自己。

于是，他真正静下心来，踏踏实实做事，业余学会了维修手机的"真功夫"。领导的手机、同事的手机、朋友的手机坏了，络绎不绝地送来维修，经他摆弄几下，问题就解决了。

就这样，同事见到他，老远就向他打招呼；领导见

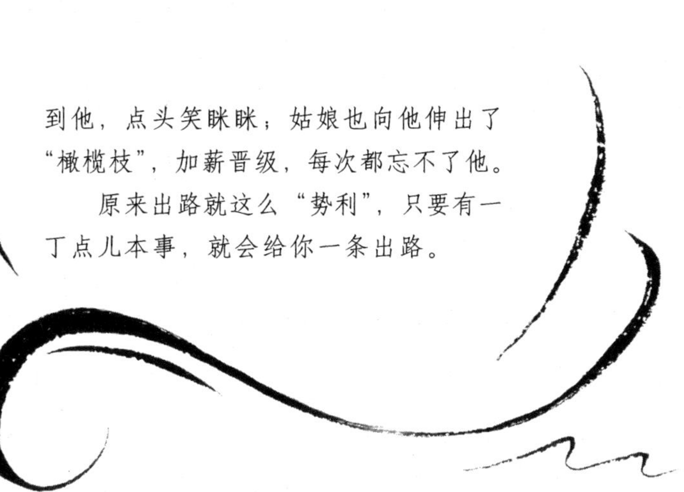

到他，点头笑眯眯；姑娘也向他伸出了“橄榄枝”，加薪晋级，每次都忘不了他。

原来出路就这么“势利”，只要有一丁点儿本事，就会给你一条出路。

孙悟空任何时候都有出路，不论情况如何险恶，都能化险为夷，洪水猛兽难不了他，妖魔鬼怪害不了他，是因为他会七十二变。

许多人所在单位破产倒闭了，自己下岗了，但又能重新就业，甚至比过去更有出路，活得更潇洒，是因为自己有一技之长，有很强的谋生本领。

一些人在职业生涯中一路高歌，走向一个又一个新的台阶，创造了一幕又一幕人生辉煌，没有点过硬本事能行吗？

寻找出路，第一个最基本的理念，就是靠本事吃饭。道理很质朴，内涵却极为重要而深刻。尽管有些人没什么本事，但运气特别好，天上为他掉馅饼；尽管世界上还存在王位世袭制，遗产继承制，一些人的出路上帝早有安排，而且安排得非常不错。但是，应该看到，这种机会越来越少，对绝大多数的人来说，对此不要存任何妄想，因为这是条根本靠不上的绝路。相反，一切靠自己奋斗，一切凭本事吃饭，将成为支配出路的核心杠杆。有多大的本事，拥有多少资源，相应地就有什么出路。这一点，应真真切切地化为人生的核心理念，心悦诚服地让“本事”给自己找出路。

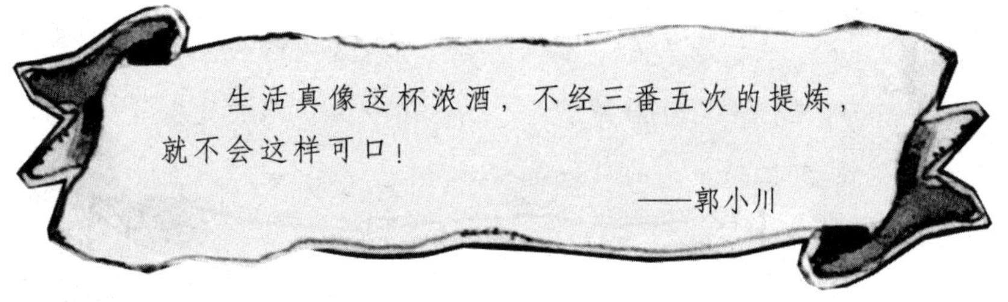

生活真像这杯浓酒，不经三番五次的提炼，就不会这样可口！

——郭小川

社会的支配权、话语权和出路的分配权是“核心竞争力”。拥有它，就拥有了出路的“通行证”，就有了找到出路的“秘密武器”。

众所周知，当今社会是一个机会均等而又竞争激烈的社会，社会的支配权、话语权和出路的分配权是“核心竞争力”。一个民族要想自立于民族之林，必须有自己的核心竞争力；一个国家要想在国际政治舞台上拥有一席之地，必须有自己的核心竞争力；一个企业要在经济大潮中立于不败之地，必须有自己的核心竞争力；同样，一个人要在激烈竞争的社会上立足，也必须有个人的核心竞争力。

什么是核心竞争力？先讲一个故事：中国神话故事里的吕洞宾看见一个乞丐可怜，就在路边捡了一块石头，用手指一点，那块石头就变成了金砖。他将金砖递给乞丐，乞丐不接。吕洞宾好奇地问：“你为什么不要金砖？”乞丐回答说：“我想要你那点石成金的手指。”

这点石成金的手指，大概就是核心竞争力，乞丐所要的是核心竞争力。 何谓“核心竞争力”？《哈佛商业评论》说，“核心竞争力是在某一组织内部经过整合了的知识和技能，是企业在经营过程中形成的不易被对手效仿的、能带来超额利润的、独特的能力”。

个人的核心竞争力，就是要有“绝招”、有“一技之长”。即个人独特的竞争优势，个人在未来社会竞争中，能够取得主动权的核心能力。拥有它，就拥有了竞争资本，就有了找到出路的秘密武器。

姚明的一技之长是什么？——打篮球。

宋祖英的一技之长是什么？——唱歌。

聂卫平的一技之长是什么？——下棋。

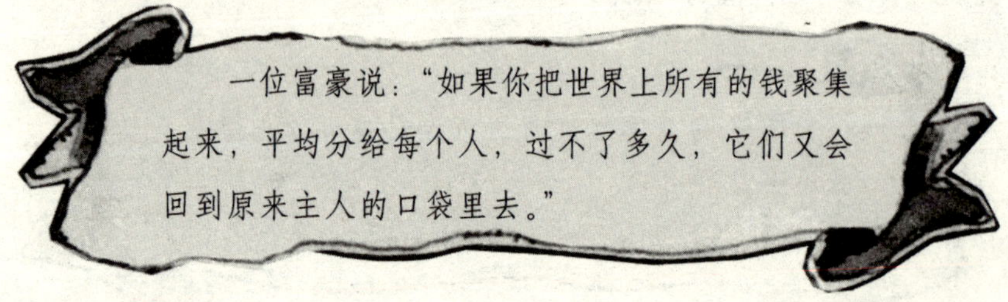

赵本山的一技之长是什么？——油嘴。

……

中国有句古话："纵有良田万顷，不如一技在身。"这种"绝招"、"一技之长"就是生存的资本，是出路的"通行证"。每一道出路的大门都有卫兵把守，无数的人都想通过，谁能够掏出"通行证"来，谁就能通过。对同一道出路之门，过去是凭文凭通过，谁能掏出"大本毕业证"，谁就能大摇大摆走过去，现在有这种本子的人太多了，所以就有了新的限制，还必须有类似"特长"之类的"通行证"，才能打开出路之门，才能在社会上取得一席之地。

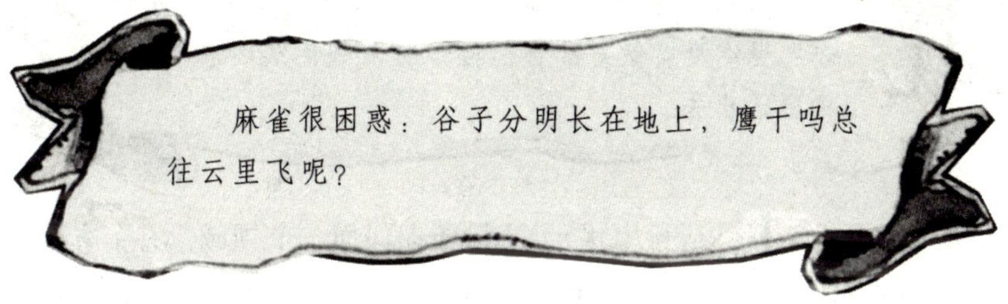

◎张果喜是中国大陆第一个亿万富翁，也是迄今为止中国惟一把自己的姓名写到行星上的企业家。他的本事是会雕刻樟木箱，就凭这手艺，从雕刻樟木箱起步，一步一步成长为大老板的。

◎李小金是一位从湘西变卖家当，横下一条心到长沙发展的"打工嫂"。初到省城，口袋里只有400元钱，讲话别人也听不懂，只有靠当家政清洁工谋生。又遇上家人生了重病，生存异常艰难，后悔不该到城里来做发财梦。幸亏一些好朋友慷慨解囊，勉强闯过了难关。为了感激帮助过他的朋友，她拿出了她的特长——制作咸菜，并用瓶装好送给朋友。谁知，她的咸菜大受欢迎。在朋友的建议下，开始了经营咸菜的业务。果然，一炮打响，她的咸菜风靡全城。"咸菜老板"的商业王国逐步向全国扩张，近八年时间，她就拥有了500多万元的资产。一技之长引导她走上了发达之路。

◎吴桂花是辽宁省锦州市一位农村小姑娘，也许是由于天生脑子笨，上学时，语、数两科从未及格过，初中未毕业就退学了。

她家里有个苹果园，没事就在果园里玩，地上苹果多，就用刀子削着玩，渐渐地就开始雕刻苹果。15岁那年，到城区舅舅开的饭店打工，她用苹果刻成龙凤鲜花，摆上席面，玲珑剔透，令人赞叹不已。17岁那年，她参加了在美国举行的世界宴会雕花大奖赛，一举夺魁。当记者问道："你的天才是怎样发展起来的？"时，她回答说："我是一个笨女孩。老天只给了我苹果，我只会玩苹果，别的什么都没有了。"

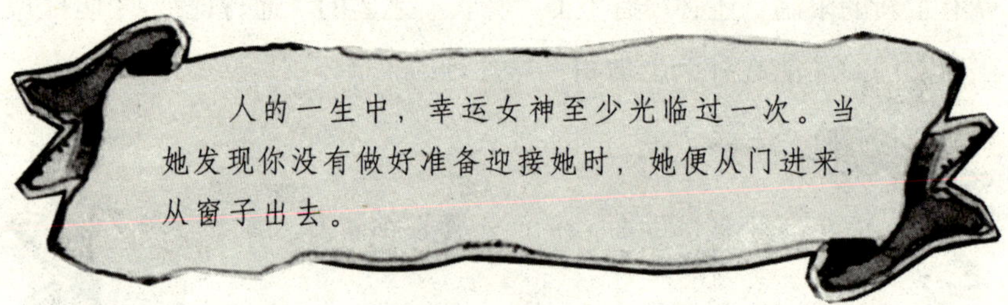

"三百六十行，行行出状元。"只要在任何一个领域，有了一技之长，就会拥有"了不起"的出路。如果你武功独步天下，你就会被推为武林盟主；如果跑步跑得最快，就会成为"世界飞人"；如果写得一手好字，就会被捧为书法大师；如果歌唱得出了名，那么一张口就是一个"百万富翁"……

有一技之长的人永远有出路，而且有"大出路"。社会是丰富多彩的，只要我们潜心于某一事业，都可以成为某一领域的行家里手，都可以有大作为。如：

比尔·盖茨潜心研究计算机软件，结果成为世界首富；

萧玉斌专门研究整条鱼脱骨法，结果成为著名厨师；

张新业专门研究开锁，被长沙市民誉为"开锁大王"；

……

这样的人和事不胜枚举，那么，从中我们应受到什么启示呢？

第一，寻找出路，就必须打造自己的核心竞争力。核心竞争力，就是一种"过硬本领"。

第二，拼命读书是干什么？是为了找出路，是为了通过打造核心竞争力以找出路。那么，通过社会实践，从小培养一技之长，也能打造好自己的核心竞争力。

第三，放大闪光点，把优点发挥得淋漓尽致。这是因为我们每个人都有数不尽的缺点和无能，样样都行也不现实。但每个人的才干、能力或优点都有闪光之处。我们的努力，就是要将其发挥到极至。否则，就会成为平庸之辈，就不会形成核心竞争力，也就不会有好的出路。如果不能在一个领域或一个方面领先，就可以考虑调整自己，或改变发展方向，另辟蹊径。

第四，专注、坚持，一生做好一件事。通过“细分市场”和“差异化”，于细微处打造自己的核心竞争力。能在某一细微处“冒尖”，使他人望尘莫及。拥有第一，便拥有一切。在某一小点上打造核心竞争力，便是人生的成功。一个人要出人头地，要有好的出路，就必须走个性化、差异化发展之路。

第五，时刻都应反省自己有什么本事？本事差在哪里？需要练就什么本事？怎样练就本事？

第六，核心竞争力的培育也是个渐进的过程，经久历练，乃成大器。核心竞争力的培育不能一蹴而就，冰冻三尺非一日之寒，需要长年累月地积累，必须有沉浸其中十年、二十年以上的决心，甚至毕生都要为之努力。

因此，我们不要寄希望于找窍门、找捷径，不要做靠“小聪明”取胜的“聪明人”，更不要做专事投机取巧的小人，要有大智慧，做依靠真本事吃饭的“老实人”。**请牢牢记住打造出路的“大气法则”，这便是学习、学习、再学习，修炼、修炼、再修炼。**

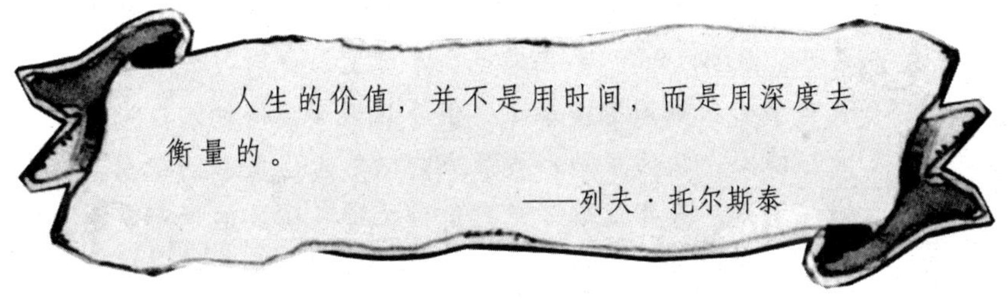

●沿着先进方向找出路。大气大成的命脉是要把准大方向！处于什么位置并不重要，关键要看向什么方向移动！哪怕是喝粥，都要考虑嘴唇嚅动的方向。

处于什么方向并不关键，关键的是我们正向什么方向移动。

——哥伦布

人生的起点无所谓高与低，重要的是瞄准的方向对不对。

——段大长

情景　　**李嘉诚的成功秘诀：方向就是财神**

前不久，美国《财富》对李嘉诚这位香港最成功的财富精英进行了专访。在专访中，李嘉诚吐露了他的成功之道：肯用心思思考未来，方向就是财神，把握发展方向，便成大赢家。

企业家能否引领企业胜利远航，关键在于能否把握市场发展趋势，看清前进方向，从而趋利避害，抢抓商机，掌握竞争的主动权。而要做到这一点，企业家就要经常思考未来，练就战略眼光，善于高瞻远瞩，审时度势，从而“运筹帷幄之中，决胜市场之上”。李嘉诚正是由于“经常思考未来”，才在经营中如有神助，屡创奇迹。比如1967年香港社会不稳定，此时投资者普遍失去信心。香港房价暴跌，但李嘉诚却凭借过人眼光和开拓魄力，认为房地产发展方向必然走出低谷，前景美好。于是，人弃我取，趁机低价大肆收购其他地产商刚开始打桩而又放弃的地盘。这样，在70年代香港楼宇需求大大增加时，他“赚到很多钱”。在李嘉诚几十年的经营生涯中，这样的事例很多。他的经验证明：把握方向，就把握了成功的命运。多多“思考未来”，才能着眼长远，赢得未来。如果目光短浅，急功近利，那么，“捞一把，是一把”，就不可能获得长远发展。因此，一个人不论做什么事，都要用时代的眼光、全球的眼光和战略家的眼光来分析和思考问题，把握时机，“该出手时就出手”。惟有如此，才能把准前进的大方向，成为市场竞争的大赢家。

方向决定命运。人生最重要的事情是瞄准方向，往哪里走？向哪儿去？方向错了，无论如何努力，都是白费劲。中国古代“南辕北辙”的寓言故事，说的就是这个道理。所以，五千年的中华文明虽然有数以万计的发明创造，但偏偏把小小的指南针列入四大发明之中，就是因为它是管方向的。大气大成的命脉是要把准大方向！处于什么位置并不重要，关键要看向什么方向移动！哪怕是喝粥，都要考虑嘴唇嚅动的方向。

沿着先进方向找出路，这好像是“政治说教”，是大话空话，至少对正统政治理论有逆反心理的人会这么认为。然而，这又是句极其质朴的话，是一个可以反复验证的、可以帮助我们找到出路的真理。

当我们在一望无际的沙漠里跋涉或在茫茫的大海上航行，最要紧的是要把握向什么方向移动。在此行程中，最大的喜悦，是感到“曙光在前”；最大的恐惧，是弄不清方向。迷失方向，便丧失了全部行动的意义，甚至意味着死亡。

当我们身处在一些类似森林火灾的危险现场，第一位要判定的是救生的方向。

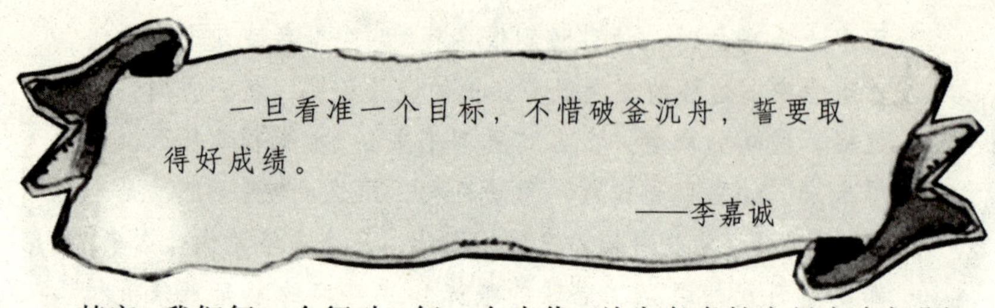

其实，我们每一个行动，每一个步伐，首先考虑的应是方向问题！

人生与社会方面，摆脱困境首先要找到摆脱困境的方向，改革要找到改革的方向，发展要找到发展的方向。方向错了，全盘皆输。

寻找出路的前提——认准先进方向。

伟人的伟大之处，在于一锤子就敲定了先进方向。

——申子思维

找出路，首先要判断出路在什么方位，这自然要到先进方向里去找。如何认准先进方向，这一是取决于眼光，凭经验和积累一眼就能认定什么是先进的，什么是落后的。二是要把握事物发展的趋势，知道事物会向什么方向发展。

事物的发展都有方向性的。先进方向指向事物发展的趋势，是不以人的意志为转移，是最有前途、象征着光明的方向。

社会发展的方向——从原始社会、奴隶社会、封建社会、资本主义社会到今天的社会主义社会；从封闭的一域一地到今天的全球化；从古老的文明到21世纪的现代文明。不论你个人的情绪如何？感觉如何？社会总是豪迈地向未来挺进！正如孙中山先生所说的“世界潮流，浩浩荡荡，顺之者昌，逆之者亡”。

经济财富发展的方向——如300年前，土地就是财富，所以那时拥有土地的人就拥有财富。然后是工业时代，这时企业家成为了真正拥有财富的人。今天，信息就是财富，谁拥有最及时的信息，谁就拥有财富。信息以极快的速度在全球传播，因此新的财富不再像土地和工厂那样可以被固定在一定的地域范围里。经济财富变化的速度将越来越快，新的千万富翁的数量也将急剧增长，当然同时也会有许多人被远远甩在后面。

正像古老的搓衣板被洗衣机、古老的牛车、马车被汽车、火车、飞机所取代一样，世界上的万事万物都有其进化的方向。现代的必然取代原始的，先进的必然取代落后的。

寻找出路的过程，是人生的升华过程，它往往是以新的出路去取代旧的出路。在哪里寻找新的出路，首要的前提是认准先进方向！

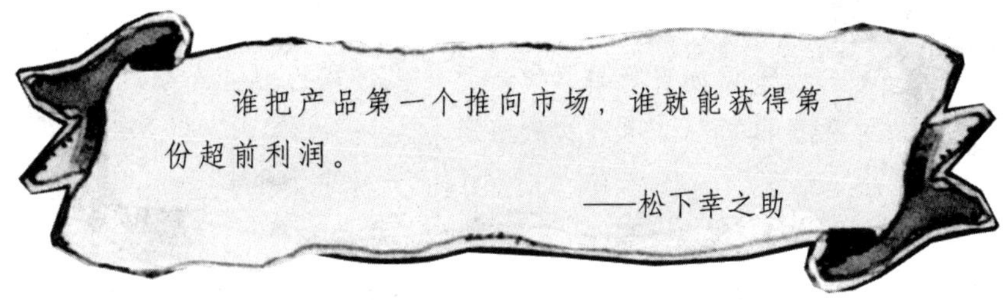

在认定先进方向问题上，有四类人——四类人生表现，四类人生结局：

第一类人——“智者见于未萌”，能预示并准确把握先进方向，他们走在时代前列，独领风骚。各个时代的伟人及各个领域引领时代发展的顶级人物。他们的成功，委实得益于对先进方向的把握。

◎联想集团的总裁柳传志当初筹集20万元资金，从事IT产业，因为他相信这代表产业发展的新方向，有着无比广阔的空间，果然，他把握了先进方向所蕴含的超级机会、超级出路，成就了他的IT王国的梦想。试想一想，当初能筹集20万资金的人多如牛毛，这些人与柳传志相比，落差为什么那么大？投资方向选择的不同，结局也就完全不一样。

◎大家羡慕的比尔·盖茨，他就是把握了事业发展先进方向的成功典范。他原在哈佛大学法律系学习，有一天，他看到一张朋友的照片，照片上有一款新的电脑，就是个人电脑。盖茨突发奇想：假如个人电脑出现了，便意味着以往只能放在办公室的笨重电脑，可以在每个家庭的书桌上出现。全世界有多少人会用电脑啊，这是一个天大的潜在市场啊！

盖茨准确地判断全球性个人电脑时代就要来临。有电脑，就需要软件，这个需求比天还大啊！他决心把握这种发展方向，利用这一超级机会大干一场。他放弃了法律学习，投身于各种电脑软件的开发之中，没用几年时间，就成功打造了IT界的神话！

比尔·盖茨的的确确是坐在科技浪潮的头班车上成为世界首富的！

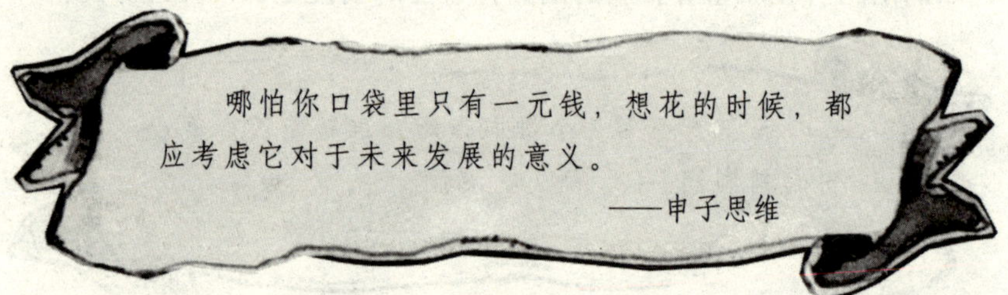

哪怕你口袋里只有一元钱，想花的时候，都应考虑它对于未来发展的意义。

——申子思维

第二类人——跟着感觉走，随大流，或埋头拉车，不抬头看路。属于芸芸众生类，有优秀的“领头羊”引领，他们会沿着先进方向前进。但他们很难独立地认定先进方向，也难以独立地把握先进方向所带来的机会。

第三类人——鼠目寸光，有奶便是娘。心中没有太阳，人生没有方向。历史上的汉奸和那些投机取巧的势利小人，大多属于此类。

第四类人——把落后的视为先进的，或干脆倾向于在落后的地方找出路，方向判断完全错误。这类人常常把错误的、腐朽、没落的当做前进方向，与大势对着干，与时代为敌，把自己引向绝路，还怪命运不济。如近代史上的杨度就是如此，杨度本有“旷世逸才”之称，完全可以在历史上大有作为，但他逆历史潮流而动，认定复辟帝制是中国的前途，于是组织“筹安会”，策划帮助袁世凯复辟帝制，在“绝路”上找出路，结果把自己钉在了历史的耻辱柱上。

找出路，首要的是认准方向。

最典型的我们可以看看企业老板的出路与先进方向的关系：

常常遇到一些企业领导人抱怨行业不景气，感到没出路，但他们又毫无意识按先进方向的要求来检查自己，改进工作。如在经营理念上，市场化代表先进方向，但许多人仍然抱残守缺，不找市场找市长，找“红头文件”，甚至还埋怨时代“怎么会这样不可思议？”如在生产产品上，几十年还是那么个老面孔，一点儿先进性都没有，还沾沾自喜是“老品牌”。如有的文化企业，竟然有30%的成品为“零销售”，难怪说“公费是投资主体，领导是基本观众，评奖是主要目的，仓库是最终归宿”。这与其说是在创造先进文化，还不如说是在生产文化垃圾，早就应被淘汰，居然还在“坚守”，孰不知它离先进文化的前进方向愈来愈远；又如在用人方式、管理方式上，同样缺乏先进性。这些单位怎能不日趋萎缩？要找出路，求发展，就要到先进方向里去找，每一个细节，里里外外，都要按先进方向的要求去做。这样，才有新的出路。

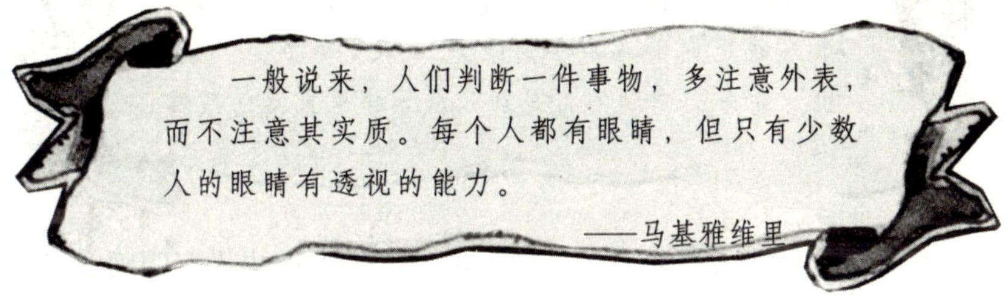

我们每一个人，在生活中的每一天，在每一天所做的每一件事，都应有先进方向的意识，如选择一个职业、投资一个项目、甚至思考一个问题、选择一种主张、交一个朋友，都要考虑是不是具有先进性。出路蕴含在先进方向里，机会在先进方向里等待！

把指南针装在大脑里——时刻警惕方向迷失。

当今之世，人活着，第一要紧的事情就是要在大脑里装上指南针。

——申子思维

相传跟随唐僧去西天取经的白马从前住在长安城的一家磨坊里，它和一头在磨坊推磨的驴子是好朋友。但当这匹白马昂首西去之后，便和驴子的命运从此迥然不同。14年后，这匹白马驮着佛经回到长安，来到磨坊会见它的驴子朋友。当谈起八十一难、惊心动魄的经历和神话般的世界时，令驴子大为惊异，说：“那么遥远的地方，我简直不敢想像！”老马回答说：“其实，哥俩走过的路，距离大体相等。当我西去的时候，你一步也没有停止。不同的是，我跟随唐僧始终如一地向遥远的目标前进，所以我看到了一个广阔的世界。而你被蒙住了眼睛，一生就围着磨盘打转，永远也走不出这个狭隘的空间。”

白马的大脑被唐僧装上了指南针，所以能一日千里，取回真经；长安磨坊的驴子被蒙住了眼睛，一生围着磨盘转。同样是走路，走同样漫长的路，为何有如此截然不同的结局？取决于行走的方向。

我们每一个人要当千里马，不做磨坊的驴子，就要在大脑里装上指南针，时刻沿着先进方向前进。

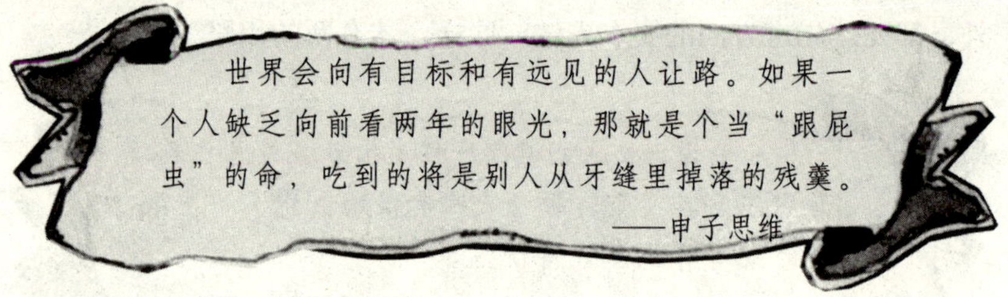

然而，寻找出路的过程是很复杂的，先进方向也没有明确的“指示牌”，我们主观上也许都在努力向先进方向迈进，但客观上又往往不经意地迷失了方向，当发现的时候，追悔莫及。因此，我们反复强调要把指示先进方向的指南针装在大脑里，而不能放在口袋或书包里，因为，我们必须时刻警惕方向迷失。

有这么几种情况容易使人迷失方向：

第一种情况——温馨之处容易使人迷失方向。

生活中可以做这样一个实验：让一只青蛙跳进热水盆里，它会感到面临巨大危险，也许可以马上反跳出去，捡回一条命。但如果将青蛙放在冷水盆里，然后从盆底下慢慢加温，青蛙会觉察不出危险，在温馨中逐渐丧失反抗能力，直至死去。人性有一个弱点，向往安逸舒适，但置身于优越的环境之中，也的确使人迷失奋斗的方向。

人类历史为何盛世之后必然衰落，一个家族为何富不过三代？如果一个人长期处在享受不尽的荣华富贵中，自然不会担心出路问题，各方面的能力将随之退化，逐渐也会放弃对先进方向的追求。许多单位的盛衰过程亦如此，在创业之初，人才辈出，个个都明白前进的方向。但进入鼎盛时期后，单位繁荣得不得了，年底领奖金数得手抽筋。这时候，没有人会考虑今后会怎样？逐渐迷失前进的方向，这个时期培养出的人，大多是乌龟王八蛋，没几个中用的人才。面临危险，谁也不知该怎么办？所以，在温柔之乡，特别要警惕先进方向的迷失！

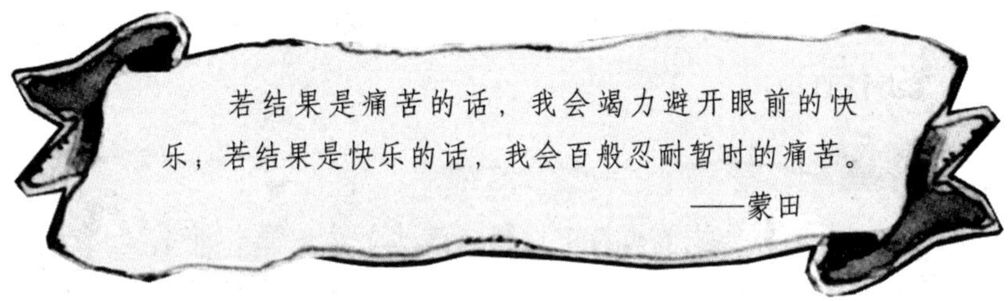

若结果是痛苦的话，我会竭力避开眼前的快乐；若结果是快乐的话，我会百般忍耐暂时的痛苦。

——蒙田

第二种情况——挫折之时容易使人迷失方向。

遇到挫折，一些人就会怀疑自己，怀疑自己的选择、怀疑自己的信念、怀疑自己所坚持方向的正确性。这种怀疑对调整自己的行为，调整行动方向是有益的，但往往也使人容易迷失方向。现实生活中，一些人一遇挫折，就改变初衷，甚至一朝被蛇咬，十年怕井绳。创业者一次创业失败，第二次畏缩不前，怀疑自己不是创业的“料”？一位博士进入仕途，本来前途无量，但仕途不是那么一帆风顺，一遇挫折，就悲观失望，从此一蹶不振，浑浑噩噩地过日子，进而迷失方向，结果自毁前程。

第三种情况——利诱面前容易使人迷失方向。

“美人计”为什么有效？糖衣炮弹为什么有效？那么多的贪官为什么前“腐”后继？因为金钱美女、高官利禄太诱惑人了，陷阱太多了，利令智昏，只见金只见银，哪里还看得清前进方向？

历史上有“乐不思蜀”的故事：说的是蜀国的君主阿斗到了魏国，魏国就用美女、美食、歌舞给他灌“迷魂汤”，日子过得比神仙还快乐，比起在家处理烦人的政务“有意思”多了，于是根本不想回国，醉生梦死，国家也不要了。先进方向迷失了，他便成为亡国之君。

现代许多落马官员如成克杰、李真、毕玉玺等也是像阿斗一样迷失方向的。有位落入法网的开发区主任，在位时每天必做的“功课”，就是请5个美女同时为自己按摩，腐化至极，醉生梦死。这类人还有一个特点，明明是自己迷失方向，偏偏把罪责推给他人，最后还要大骂“红颜祸水”。

迷失先进方向，当然没有好的出路。所以一定要把管方向的指南针装在大脑里，在利诱面前、在挫折面前、在富贵之处，时刻都要看清先进方向。对选定的先进方向，要有咬定青山不动摇的韧劲，坚持信念，勇往直前！

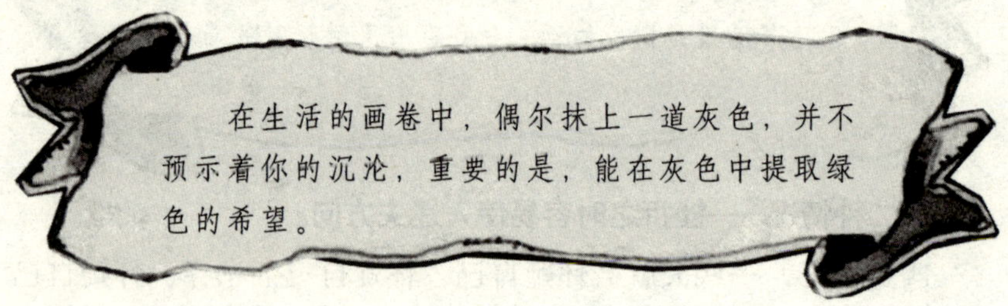

向前！向前！向前！向着先进方向一往无前！

在我们向真理进军的道路上，
如果一千条旧有的信仰都破灭了，
我们仍然必须前进。

——斯多普福特·布鲁克

哲学家苏格拉底50岁，头顶已变成不毛之地，额头上沟沟壑壑布满了皱纹。然而，一个18岁的小姑娘却疯狂地爱上了他，并最终成了他的妻子。一个老气横秋，一个鲜嫩欲滴；一个像霜打过的衰草，一个如含苞欲放的鲜花。终于，有人大惑不解地问：“先生，您用什么方法把小姑娘追到手？”苏格拉底抬头望望天空说：“你看看天上的月亮吧，只要你一心一意地赶自己的路，她就会紧紧地跟着你。”

苏格拉底阐述了一个深刻的道理：只要向着认定的先进方向前进，好运便会接踵而来。

一个人，一生要有个好出路，基本的一点，就是一旦认定自己的发展方向，就要大胆地往前走，撞了南墙也不回头。要牢记“三招”：

第一招——心“净”。看准了方向，就埋头拉车。

外面的世界很精彩，但内心世界要单纯。认定了的先进方向，就要铁心守住，“六根”清净，不为外界诱惑所动。成功者一条铁的规律：即把全部心思用在某一件事情上。如果不这样，他就不可能有什么大的成就。一个人不能骑两匹马，骑上这匹，就要丢掉那匹。许多有成就的人物都是“聚焦”成功的。就拿昆虫学家法布尔来说，他为了观察昆虫的习性，常达到废寝忘食的地步。有一天，他大清早就伏在一块石头旁，几个村妇早晨去摘葡萄时看见法布尔，到黄昏收工时，仍然看到他伏在那儿，她们实在不明白：“他花一天工夫，怎么就只看着一块石头，简直中了邪！”其实，为了观察昆虫的习性，法布尔经常如此痴迷。所谓“圣人”，是心中神圣，除了所追求的东西，心中别无杂念。

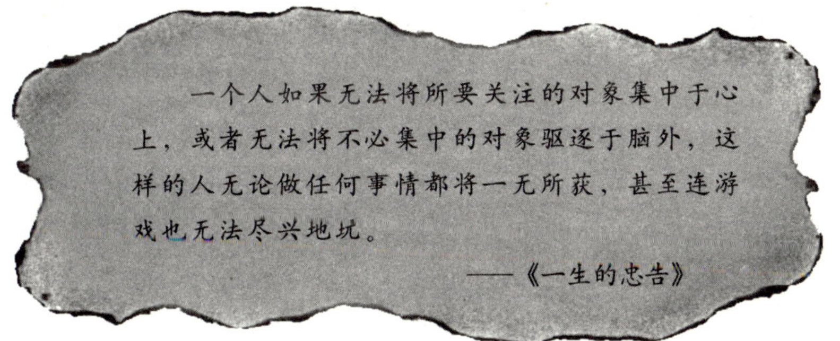

心“净”是什么？是“只管耕耘，不问收获”。一心往先进方向上奔，但又不要问结果如何？倾心往理想的出路上行进，但又不要担心未来的出路到底会怎样？甚至要把“出路”二字忘掉。这需要一种超然的境界，需要一种有“大气”的修养。说具体一点是：

读书的，只要想着如何掌握先进知识，不要想着考多少分？在班上排多少名？

当父母的，只要想着如何引导孩子往先进方向上发展？不要想着孩子今后有无出息？能否当大科学家、当大官或发大财？

当官的，只要想着把自己责任履行好，想着如何为老百姓办点实事，不要去想今天如何被提拔，明天又如何晋升？

写书出书的，只要想着如何真正对读者提供些先进文化，不要想着写本书能赚多少钱，或能否成名成家？

世界上许多事情是不能“霸蛮”，是不能强求的。努力在过程，结果是水到渠成的事情。所以，人生的意义也是在于过程，而不在于结果。

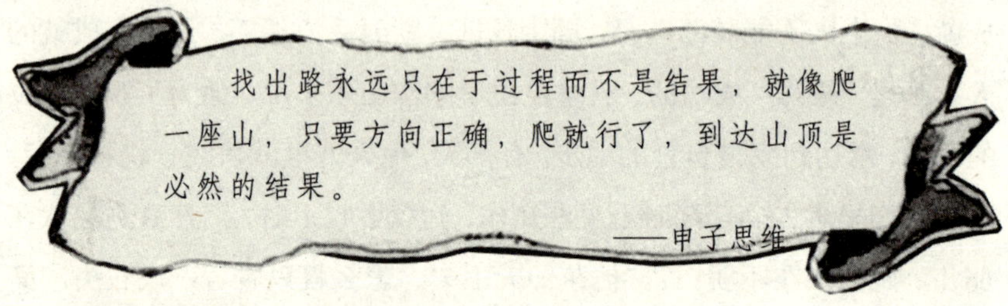

找出路永远只在于过程而不是结果，就像爬一座山，只要方向正确，爬就行了，到达山顶是必然的结果。

——申子思维

曾国藩很聪明，能成大气，正是具有这种修养。他心中只想着皇上，只想着如何匡扶清室？扎扎实实做自己能做之事，恪守“只管耕耘，不问收获”之道，结果倒干了一番大事。

湖南岳麓书院的墙上书有这样的三句话：“是非省之于已，毁誉听之于人，成败安之于数。”意思是说人生的主意自己拿，方向的对与错自己把握；说长道短是别人的自由，不必在意，由他人去说吧；至于事业的成与败也不必计较，努力就有回报，相信上帝是公正的。

墙上的语录，往往是最具经典的。

看准了路，就埋头拉车吧！

第二招——舍得。往先进方向奔，千万别“掉进米桶里”。

俗话说，输赢输赢，有输才有赢；舍得舍得，有舍才有得。往先进方向奔，千万别迷恋路边的野花，该舍弃的就要义无反顾地舍弃。

有这样一则民间寓言：

一只在奔前途的老鼠，遇到一只米桶，跳了进去，看到的全是白花花的大米，高兴得不得了。经过一番观察，发现这里既无“老猫”的打搅，又无人投毒陷害，于是便安顿下来，不再奔波。每天吃了睡，睡了吃，无忧无虑，日子过得无比美好。米吃了一大半，当空的米桶沿达到一定高度后，老鼠便跳不出米桶了，这时，每多吃一粒米，就离死亡接近一步。然而，老鼠全然不知，仍然每天高兴地吃，安逸地睡。当米吃完了，老鼠进入桶底时，它才发现需要离开这里。但此时，不论小老鼠如何上蹿下跳，再也跳不出来了。

故事发人深省，但我们现代人并没有觉醒，遇到这种“好事”比老鼠的智商高不了多少。

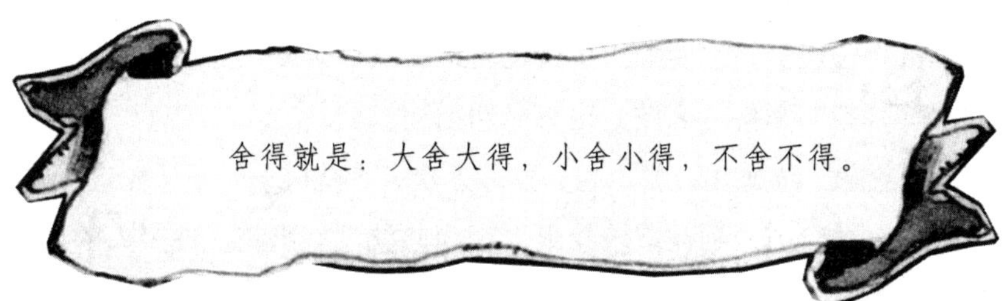

我们许多人把找出路当成是找“米桶”，找到“米桶”便不再找出路。

无数的“公家人”呆在公家这只“米桶”里不思进取，像小老鼠一样吃了睡，睡了吃，一生一世没干一件像样的事，还时常端起碗吃肉，放下筷子就骂娘。

无数的父母历尽艰辛也要为儿女找只“米桶”，千方百计把子女往“米桶”里送，如找个“每天睡到自然醒，奖金数得手抽筋”的无忧无虑的单位，便认为修成了正果。这又怎么不是在为儿女选择一种小老鼠掉进米桶里的生活方式呢？

古人说：温柔乡英雄茔。专注于眼前利益的享受，的确容易断送前程。这样的人和事，生活中实在很多；这样的教训，极为深刻啊！

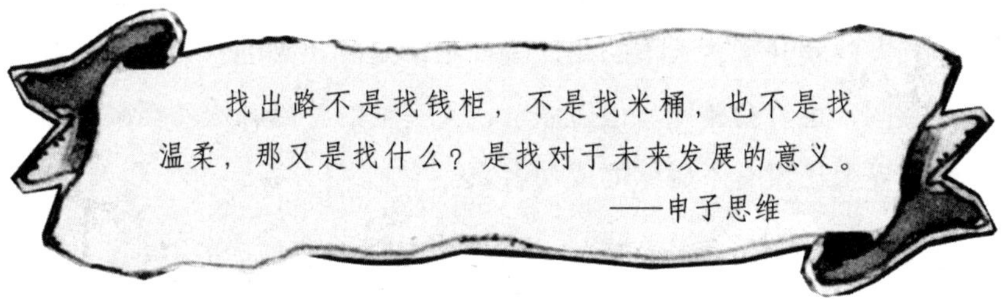

认定了先进方向，向先进方向前行，就要敢于丢掉眼前利益，敢于抛弃那种“米桶里的生活方式”。这不是说大话，只要认真观察一下，就会惊讶地发现：生活在米桶里的人，几个有作为？

道理就这么简单，我们应该这么选择：

一个人如果认为自己的出路和发展的先进方向是在搞科学研究上，那么，即使有人请你当官也不要去，请你发财也不要去，请你喝酒、打牌之类的事情，就更不要去了。但人性有弱点，要做到这一点，是非常难的事情，正因为这样，所以世界上才会有那么多人没有出路！

一个企业，如果认定自己的出路是在产品的升级换代上，那么就要不惜一切代价，即使砸锅卖铁也要把新项目搞好，为此，大家都应“勒紧裤带”。坚持这么做，定有光明前途。

要突破，要杰出，要卓越，要高于众人，就得一切服从先进方向，千万不要被眼前的利益蒙蔽双眼。否则，就没有出路。许多人的出路就是被既得利益所害，在享受既得利益时中断了向先进方向前进的步伐，结果，贻误终生。

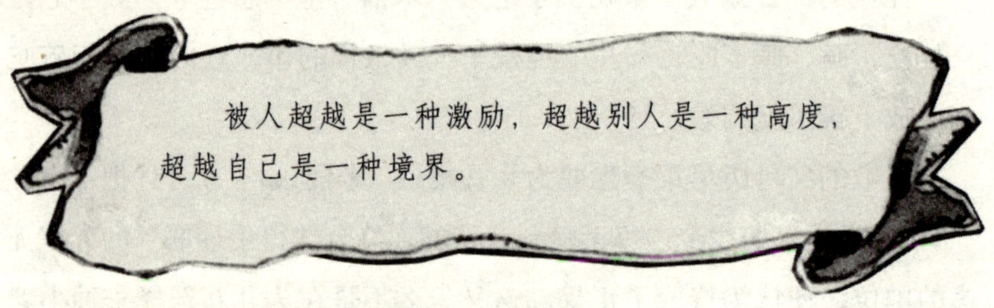

第三招——“闯”。往前冲，不回头！

方向准了，胆子可以大一点，敢想敢干，敢踏雷区，敢冒风险。向着先进方向走的路往往是新路，坎坷多、是非多、盲点多，需要敢闯敢冒、敢打敢冲的人。先进方向里，机会多，成功的概率大，闯一闯，成功的大门就开了。天下的路，哪一条不是闯出来的？

敢闯，也许会碰壁。但碰点壁，又有何妨？翻开成功档案，就会发现世界上还没有不碰壁的成功者。

日本本田汽车的创始人本田宗一郎，认定自己发展的先进方向是搞汽车，于是，便咬住这一方向不放，不顾一切往前闯。他还是一个学生时，就变卖家当研究汽车，结婚后又变卖妻子的首饰，用于改进汽车的活塞环。二战期间，他要建工厂，但政府禁止卖水泥给他，他就和同伴自己研制出新水泥；工厂建好后，两次被美国空军炸毁，两次重建，他甚至还把美国人丢下的炸弹壳当做天上掉下的“馅饼”，捡起来用于制作汽车配件；第二次世界大战后，日本严重缺油，他就不用汽油，把马达装在脚踏车上，生产脚踏汽车。不论外部环境如何恶劣，不论如何不具备条件，他依然搞自己的汽车。他就像一条红了眼的公牛，对着自己认同的先进方向，不顾一切地往前冲，终于闯出了一个纵横全球的本田汽车公司。

敢闯，还要会闯，并不是说这是一条直线走到底，有时要迂回，有时还要退一步才能前进。但心中的志向应该是永远向前的。

当需要退步才能前进时，不妨读读古人写的一首《插田》诗：

手把青苗插满田，低头便见水中天。
六根清净方为道，退步原来是向前。

●在社会需要中谋出路。大气大成的基石是满足社会的大需求。战争需要战士，战士需要战争，就像嘴馋需要可口可乐，可口可乐需要嘴馋一样，在这种满足需要中迎来出路亮丽的风景线。

到底是战争需要战士还是战士需要战争呢？

——申子题记

欲望是自身的需求，是寻找出路的动力；满足他人或社会的需求，是出路的市场，是找到出路的地方。因而，索取，永远应立足于贡献。

——申子思维

要赚钱吗？只要你干的事真的满足了广泛的社会需要，钱就会像拧开的自来水龙头一样，哗啦啦地流来，多得不得了！

想出名吗？只要你的表现让社会大众过足“心瘾”，你的名气就会像原子弹爆炸一样，剧烈地膨胀起来，比天还大！

一本书、一首歌、一部电影、一部电视片，如果能成为社会民众的精神大餐，能满足社会贪婪的精神需求，就会以火箭般的速度迅速流传开来，就像歌曲《老鼠爱大米》、《两只蝴蝶》一个月内仅收到的网上下载费就达400多万元，何愁没有好的出路？

人的出路在哪里？在满足社会需求里。大气大成的基石是满足社会的大需求。满足需求面越广，出路越大，满足需求面越窄，出路越小，不能满足需求，死路一条！

每台电脑都需要软件，比尔·盖茨满足了这种需求，所以成为世界首富；

忙碌的城里人都需要快餐食品，克洛克适应了这一需求，所以麦当劳迅速席卷全球；

我们每个人的出路实在是在为满足社会需要做工。譬如古代教育不发达，谁来教孩子读书？私塾先生就很有出路，现代教育发达了，不需要私塾教育，私塾先生就没出路了，甚至消亡。

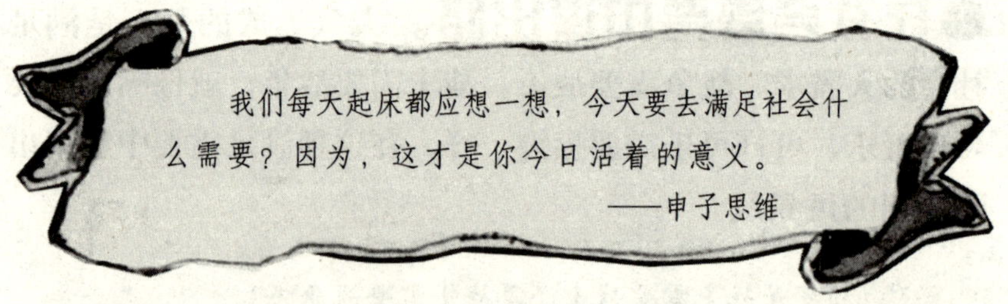

出路的本质在于满足社会需求。

“如果你下定决心要在异地发财，最好的办法就是先在当地的盖洛普民意测验机构中找份工作。在那儿，你会知道那个地方的人有什么样的生活目标，他们对当时最重要的话题持有什么看法，还有他们的生活习惯如何。”

情景　好莱坞电影“火爆”起来的“拐点”是什么？

过去好莱坞电影并不像当今这样叫好，发展很盲目，生产出的影片就像我们今天许多出版社出的图书一样，堆在仓库里供自己欣赏，观众并不感冒。投资电影的老板叫苦连天，许多老板因此倾家荡产，血本无归，不知出路在哪里。

对此，大卫·奥威格认为根本原因是没有围绕观众需求拍电影，影片不符合大众的胃口。改变这一格局的惟一办法，就是从大众口味中找出路。为此，大卫·奥威格在投资拍电影前为老板们提供以下四项服务：

1．从票房号召力的角度衡量电影明星受欢迎的程度。称之为“票房价值稽核”；

2．预测观众对根据百老汇戏剧、小说和电影旧作改编的不同电影的接受程度；

3．调查不同片名对票房的影响；

4．调查电影观众中有多少人在一部电影发行前就听说过它。他称之为调查“公众浸透指数”。

这种需求调查，令那些投资电影的老板、导演目瞪口呆，原来电影业的出路在百姓的需求里！很快，推倒了以往好莱坞电影业的理念，矫正了老板的投资行为，扭转了好莱坞电影发展的方向，好莱坞电影业的发展竟奇迹般地“火爆”起来。这一经历，也为大卫·奥威格一生的发展奠定了一个理念——任何事物的出路在于适应社会需求！正因为如此，日后他成了全球第一大“广告业之王”。

这是世界广告霸主大卫·奥威格最深刻的体会。他以6000美元起家，现在全球100多个国家拥有359个分公司，营业额达8亿美元，成为世界广告界的顶级人物，被誉为“广告之王”。

大卫·奥威格的成功之道，就是深刻地了解社会需求！

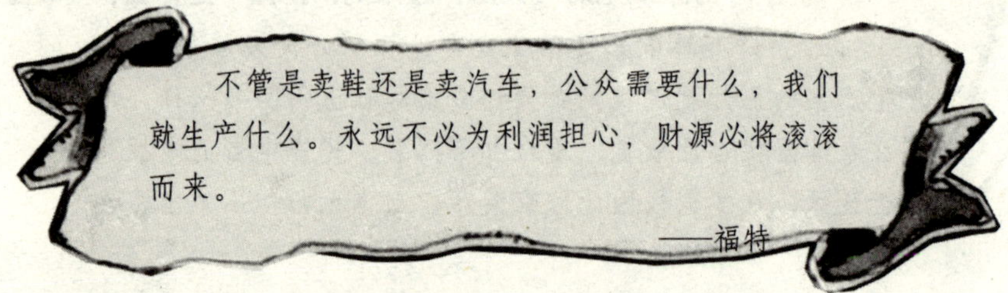

出路的本质在于满足社会需要，这是条铁的定律。

放眼世界，我们清晰地看到：任何商品，满足社会需求就大有市场；任何企业满足社会需求就蒸蒸日上；同样，我们每一个人，你满足了社会什么需求，你就有什么出路。满足大众听歌的需要，就能成为歌唱家；满足社会民众读小说的需要，就可以成为文学家；满足社会科学进步的需要，就可以成为科学家；满足孩子学习的需要，就可以成为一个老师；满足居民小区治安的需要，就可以成为一个保安。任何个人，只要满足社会一丁点儿需求，就有自己的一条出路！

但是，我们是这么科学地生存吗？我们每天到底在忙什么？找什么出路，是在满足社会需要吗？反观我们的周身，有太多的人，做太多的事根本不考虑社会需求，看看那些出书的、办报的，看看那些在办公室里拼命写材料的，看看那些皓首穷经还在搞理论研究的，还有官办企业的，他们又有多少人了解社会的需求？他们是在为满足社会需求做工吗？他们为什么越来越不受欢迎？为什么越来越萎缩？为什么非常努力还会走向死亡？根本的因素就是不能适应社会需求。不能

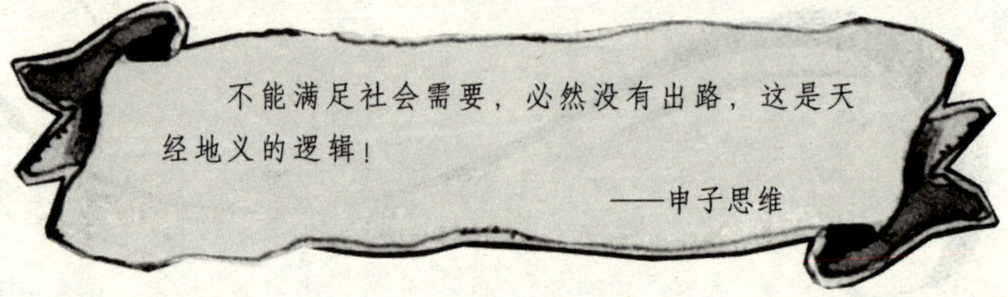

满足社会需要，必然没有出路，这是天经地义的逻辑！

处处有需要，处处有出路。满足大的需要就有大出路，满足小的需要就有小出路，没有满足社会需要就没有出路。

你若喜爱自己的价值，你就得给世界创造价值。

——歌德

找出路的前提是了解社会需求，有什么需求就有什么出路。满足了需求，便是找到了出路。

有战争，就有战士的出路；有嘴馋的需求，就有可口可乐的出路。反之亦然。

人的一生，为满足社会需要而存在，为满足社会需要而发展。出路与需要，就犹如硬币的两面，出路围绕需要转，满足需要即出路。

这是一个极为普通而又深奥的道理，是找出路的最重要、最基本的理念。所以，作为最为重要的人生第一课，家中的孩子自读小学始，我便开始给他讲需要理论。

★餐桌旁的需求理论课讲出了天底下最大的道理

儿子问：为什么要当儿子，当儿子的出路是什么？

老子答：因为家庭需要儿子、父母需要儿子。所以，儿子的出路在于满足老子的需要，目前满足家庭的快乐，今后满足老子的养老送终。因而，要为老子好好活着。如果不能满足这些需要，家庭就可以不要儿子，也就没有儿子在家庭中的出路。

儿子问：当小公民的出路是什么？

老子答：正常的人都要当公民。当公民是为了满足国家的需要，满足保卫国家的需要、建设国家的需要。所以，当公民的出路在于满足国家的需要。满足不同的需要，便形成不同的出路，扮演不同的角色，如医生、老师、军人、科学家等，如不能满足任何需要，就不要活在这个国家里。

儿子问：当官的出路是什么？

老子答：当官是为了满足老百姓的需要。老百姓需要人组织、需要人为他们办好事、需要人造福。当官的出路在于满足老百姓的需要。因而，满足一村人的需要，可以当村长；满足全县人需要，可以当县长；满足全省人的需要，可以当省长；满足全国人的需要，可以当总统。不能满足需要，就要从官位上滚下来。

儿子问：怎样才能有钱，才能发财？

老子答：钱是满足社会需要的回报，满足多少需要，就能得多少钱。比尔·盖茨满足大家使用电脑的需要，全世界若有10亿人使用他的软件，每人给他回报1元钱，他就能得到10亿元，回报10元，就能得到100亿元。发财就是大大地满足他人的需要。大大地满足需要就大大地发财，小小地满足需要就小小地发财。所以，赚钱与发财不是满足自己的需要，而是要满足他人的需要。不能满足他人的需要，就得不到钱，就是穷光蛋一个。所以，人的价值在于奉献，索取是自然的回报。不能奉献，自然就没有索取。

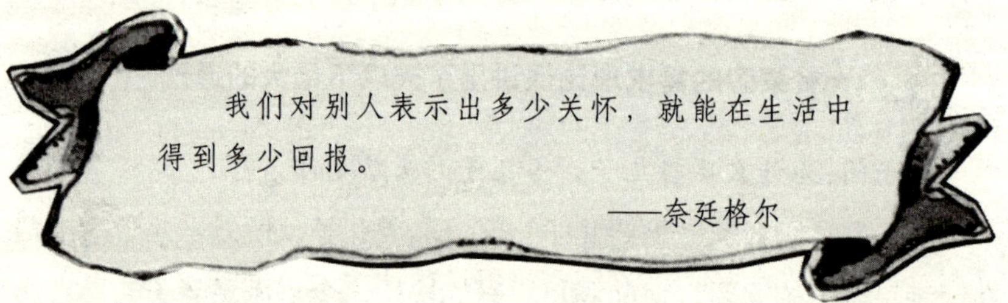

处处有需求，处处有出路。社会需要五花八门，出路也就绚丽多姿；社会需要无穷无尽，所以，寻找出路便永无止境。满足社会小的需要，就有小出路，满足大的需求，就有大出路。

★“麦当劳帝国”席卷全球的真正原动力是什么？

麦当劳总裁雷·克洛克，适应了全世界各种肤色、各种语言、各种文化的人们的共同需求——“方便、快捷、卫生”的吃饭需求，创造了麦当劳从美国的一个小镇迅速席卷全球每一个角落的神话。

1955年，第一家麦当劳餐厅在美国伊利诺斯普兰开张，尔后，便以惊人的速度发展，到1961年，麦当劳在全美共有323家连锁店，到1964年，上升到657家；1965年，达到710家；1967年，更增至900余家。至今，全世界已拥有2.8万多家麦当劳餐厅。在中国，有500多家，麦当劳的黄金双拱门已经深入人心，成为人们最熟悉的世界品牌之一。全世界每天有近4000万顾客到麦当劳用餐。从1970年到1980年，麦当劳一共卖出300亿个汉堡，即每天卖出820万个汉堡包。

麦当劳为何能跨越地域界线、跨越文化界线，以如此惊人的速度发展？是需求，是全球人共同的快餐文化需求，推动着麦当劳秋风扫落叶似地席卷全球。克洛克满足了这种需求，成就了“麦当劳帝国”。

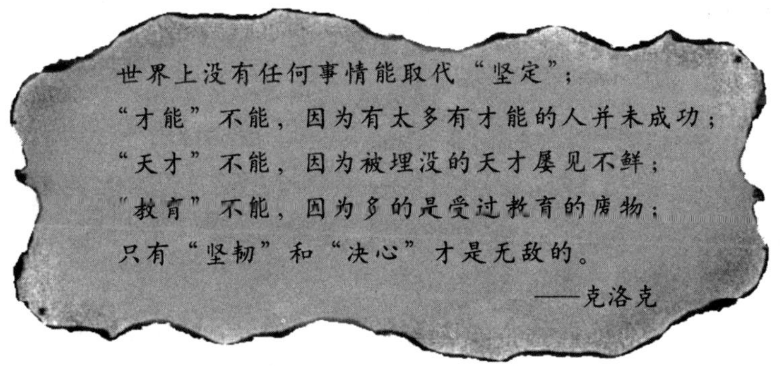

顺着需求找出路，出路围着需求变。

机遇是什么？是恰当的时候和恰当的地点出现的新需求。

——申子思维

传统社会，个人的出路大都由父母安排、组织安排，大学生则由学校分配出路，尽管也许是在适应社会需要，但个人是没有这种体会的。而现在要通过市场配置，要自己找出路。于是乎，许多大学生走向社会后，便不知出路在哪里，甚至认为没有出路。为什么会这样？究其原因，一是不懂得出路是适应社会需要，不从社会需要中找，如机关本来就不需要几个大学生，但大家偏要往机关里钻，出现招一个公务员几万人考的局面；二是缺乏“火眼金睛”，发现不了社会需求，不知社会需求在哪里？所以，捕捉不到机遇。机遇是什么？是恰当的时候和恰当的地点出现的新需求。三是缺乏满足社会需要的态度、心理和技能，即缺乏满足社会需要的本事。如此，当然就找不到出路。

顺着需要找出路，很快就会发现，社会的巨大需要为现代人的出路提供了一个无比宽广的舞台。

★从“吻唇”里找出路

现代青年感情丰富，对“吻”的需求特别大。

据搜狐网报道，浪漫女孩刘颖在家待业，没有出路，在对男友的思念中，用电脑扫描做了个漂亮的“吻”，并写下两行字：“把我的吻给你，把我的心给你。永远爱你！”男朋友特开心，把这吻随身携带，思念的时候拿出来“甜蜜”一下，爱不释手，总觉得这玩意儿很好。一天，突发奇想，动员刘颖开一个个性小店，就叫“浪漫吻唇”。对“吻”进行“产业化”生产。

说干就干，经过一番精心准备，“浪漫吻唇”开张了。很快引起了喜欢稀奇古怪小玩意儿的女孩子们的眼球，她们纷纷要求做个“吻唇”送给男朋友。有的将“吻唇”做成方便携带的小挂件，一面是吻唇，一面是小照片。有的在“吻唇”里加上一朵干花，配上镜框，做成挂在墙上的装饰画；大多把“吻唇”做成小挂件，可以挂在钥匙扣、皮包上；挂在房间和汽车里；甚至可以放在中国结里。

刘颖还将做吻唇的材料不断更新，从普通白纸、布纹纸、玫瑰花边纸、香味纸，到最近的金属片。考虑到“吻唇”不仅能传达爱情，还能记载亲人之间的浓浓情意，刘颖又乘势推出了“亲情吻唇”项目：“结婚周年吻唇纪念”、父母和孩子的“全家之吻”、记载新生儿出生的“天使之吻”……这些项目不仅招来了恋人、夫妻，更有许多人倾家出动。

短短5年，刘颖靠出售别人的“香吻”，一举跨入了百万富翁的行列。

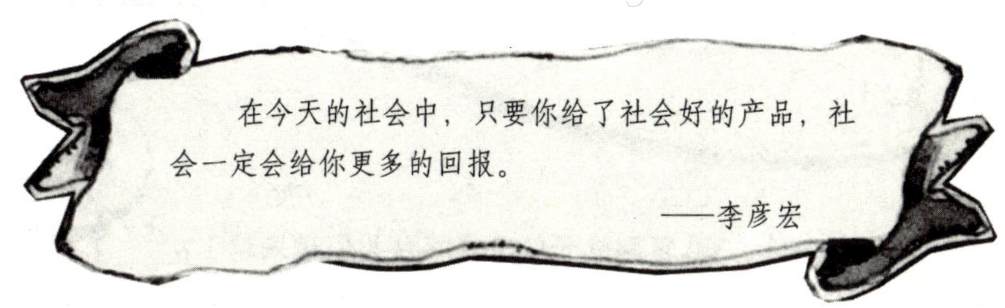

哪里有需要，哪里就有出路。哪里有需要，我们就到哪里去。

在这个世界上，许多人都抱怨没有出路，而实际上，类似从“吻”中找出路的情境很多，并且还常常降临到我们身上。只是因为没有用心去感受，去倾听，去体味，去捕捉，以至于许多时候，出路摆在我们面前，而我们仍浑然不觉。

为此，我们捧着一颗心建议：

1. 遍地有需要，遍地有出路。坚信天无绝人之路啊！

2. 要有一双慧眼，善于发现新需求，它就是新机遇。

3. 打造满足社会需要的本事和能力。出路的大小取决于满足社会需要的广度和深度。要有大出路，就要有满足大的社会需求的本事。

4. 没有出路不要抱怨，相反要问问自己，我满足了社会的什么需要没有？

5. 需求变了出路变，出路围绕需要转。

●从兼容中赢得出路。大气大成的平台是融心融智融天下。大气量、大胸怀必有大作为！比尔·盖茨的出道是兼容IBM和苹果公司两大电脑系统；同样，从东西方文明的优势兼容中走出了中国的改革开放之路。

如果你能把世界上每个人的优点都集合起来，那么，你就是“天下最优”；如果你能把世界上每个人的长处都学到手，那么，你就是“老子天下第一”。

——申子思维

情景　八年副处长的工作平台为何越来越小？

李小聪从一所名牌大学毕业后，当做“苗子”选拔到国家机关工作。他才华横溢，能力很强，是大家公认的“才子”，工作努力，工作不足一年，就升为副处级干部，发展前景十分看好。

也许有才的人个性也强，李小聪就是如此。他有主见但固执己见，人正派但心胸狭窄，常常得理不饶人，久而久之，同事对他逐渐敬而远之。他对领导，同样常怀藐视之心，藐视领导摆架子、藐视领导讲官话、藐视领导没水平。不知不觉中，领导和同事对他的感觉也发生了微妙的变化，慢慢地他在机关的“分量”变得越来越“轻”，他的晋升似乎越来越渺茫了。一年又一年，原来在他手下工作的科长一个一个地升为正处，八年过去了，而他在副处的岗位上仍然一动不动，更令他难以理解的是，他明明是副处长，干的却是副科级干部的活。

李小聪越来越感到没有出路，心灵上的疙瘩怎么也解不开，不知错在何处？不知得罪谁了？后来，他向一位高人请教，这位大师给他赐了个“容”字。李小聪终于大彻大悟，努力调整自己：容同事、容领导，对上以敬，对下以诚，对人以和，对机关里的一切都那么自然。又过了半年，他工作的氛围似乎发生了微妙的变化，眼前的出路又变得亮丽起来了……

毛泽东逝世前9天看的书是《容斋随笔》。书中讲了许多兼容之道，如有时说三个和尚没水喝，有时又说三个臭皮匠胜过诸葛亮；有时说“姜是老的辣”，有时又说后生胜过老将；有时哀叹孤掌难鸣，有时又提倡独立自主；如此等等，矛盾的两个方面同时存在，都很重要，如刚与柔、宽与严、善与恶、快与慢、聪与愚等，对立的双方面无好坏、是非之分，双方可以兼容，也是应该结合的。

兼容，一个富有魅力的字眼。琢磨它，寻找出路的思维空间就会变得无比辽阔，枯竭的心灵也会泛起美妙的涟漪。

比尔·盖茨的出道是将IBM公司和苹果两大电脑系统兼容起来，中国改革开放之路是从中西文明的优势兼容中走出来的。对个人而言，性格兼容、人脉兼容、能力兼容、平台兼容，路子会越走越宽。因此，融心融智融天下，将为大气大成搭建一个天大的平台。

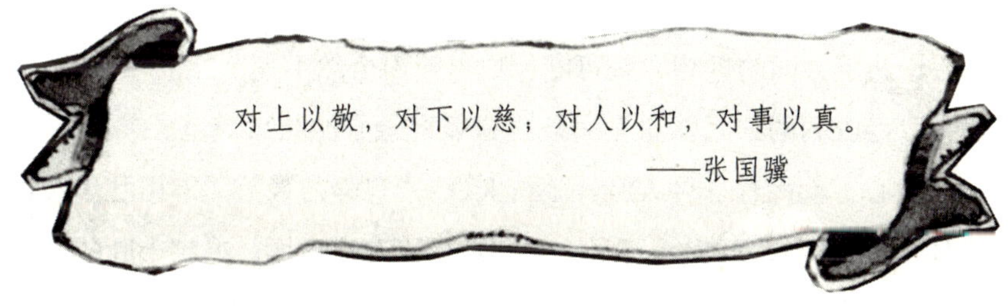

◎曾国藩年轻时心高气傲，锐意进取，锋芒毕露，把腐败无能的清朝地方官员根本不放在眼里，正因为这样，他在组建湘军的初期处处受到官府的掣肘和排挤。但湘军又是靠“吃大户”起家的，清政府没有拨一分钱的军饷，这样，如果得不到地方官员的支持，湘军就根本无法支撑下去。为此，他在丁父忧期间，反复体会“大柔非柔，至刚无刚”的老庄思想，并努力改变自己：变“方正”为“圆通”，变孤傲为宽容。第二次出山时，他以非常谦恭的语气，亲自给军队将领、各地方重要官员一一写信，动之以情，“请求指导”。甚至对湖广总督官文这位几乎一无是处的贪官，他也极尽曲心，极力奉承。到了长沙，亲自登门拜遍大小衙门，连小小的长沙县衙也亲自造访。他对待地方官的态度来了个180度的大转变，锋芒含而不露，大刚若柔，大智若愚，以兼容之术把大官小官、贪官清官全部“团结”起来，从而大大改善了湘军与他自己发展的生态环境，招兵买马、筹饷之事也变得异乎寻常地顺利了。

春风大雅能容物。世人为何对春风有种特别的美感，核心要素是一个“容”字，包容一切，爱洒人间。在春风吹拂下，万物都可以生长，无论是大树还是灌木，不管是鲜花还是野草。

兼容的本质是融心融智融天下，核心是融心。

古语云：得人心者得天下。世界上再也没有比人心更值钱的东西了。争取人心、抓住人心、赢得人心，是一切事业成败的关键。

中国共产党在异常艰苦的战争年代里，没有奖金、没有津贴，凭什么战胜强大的敌人，靠什么创造以少胜多、以弱胜强的奇迹？靠的是精神信仰，靠的是融心。即不论如何艰难险阻，全党全军全民都能上下一条心，为了共同的理想，头可断、血可流而全然不顾。“统一战线”是我党取得胜利的三大法宝之一，也是兼容融心的光辉典范。

融心，就得有一种大胸怀。古人说：“有容乃大”，“宰相肚里能撑船”，就是说办大事、创大业的人，要有博大的胸怀，鸡肠小肚的人是成不了气候的。

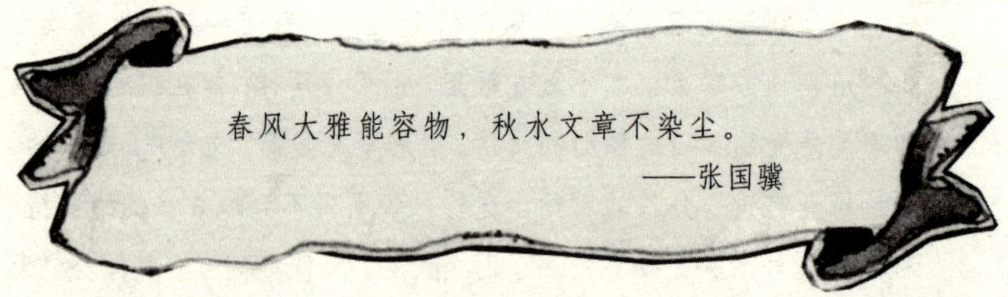

春风大雅能容物，秋水文章不染尘。

——张国骥

小平同志就是这样一位具有博大胸怀的政治家。一切着眼于全球，一切着眼于人类的未来，不管黑猫白猫，在抓老鼠一事上都可以兼容起来。如果把中国社会比作一台电脑，那么，小平同志所设计的改革开放事业，就是对这台电脑进行了一次大“扩容”。原来，这台电脑很封闭，缺乏兼容性，相反对外来优秀文化、市场经济等之类的东西，具有相当强的排斥性，从而使发展走入死胡同。小平同志领导的改革事业，扩大对外开放、发展市场经济，吸收人类一切优秀文化，本质是在“兼容”上为中国社会发展找到了出路。而缺乏“兼容”脑袋的人对此还不能理解，如当时建设深圳特区时，许多人就不能理解，一些到深圳参观的老同志回家后还嚎啕大哭，说“除了深圳市委大门口能看到一面红旗外，其他就看不到社会主义的影子了”。现在看来，都是没有“扩容”的“死脑筋”所闹出来的笑话。

兼容的另一方面，就是融智，嫁接人家好的思想、方法与智慧，为我所用。兼容本身也是一种思想方法，一种路子。

人类的一切活动，无论是科学发明发现，还是具体地解决学习、工作与生活难题，我们的思维方式和工作方法都要从兼容中想“路子”。著名学者许言立和张福奎提出了“12个聪明方法”，同样展示了通过兼容，将大大扩充我们的思维空间：

1．加一加——能在这件东西上添加些什么吗；

2．减一减——可在这件东西上减掉些什么吗；

3．扩一扩——把这件东西扩展会怎样；

4．缩一缩——把这件东西缩小会怎样；

5．变一变——改变一下形状、颜色、秩序、结构会怎样；

6．改一改——对缺点与不足改进一下会怎样；

7．联一联——把此事物与彼事物联系起来能达到什么目的；

8．学一学——模仿其他事物的结构、形状又会出现什么结果；

9．代一代——有什么东西可以代替另一些东西；

10．搬一搬——移动一下又如何；

11．反一反——事物的正反、上下、左右、前后、里外颠倒一下，会有什么结果；

12．定一定——为解决某些问题，需要规定些什么。

爱因斯坦曾说过：组合是创造性思维的本质特征。而组合、重组只是兼容的重要形式之一，可见，兼容也是现代科学发展与创新的重要理念。有人对1990年以来国外的480项重大科技创新成果进行分析，发现组合式成果占65%，突破式成果只占35%。

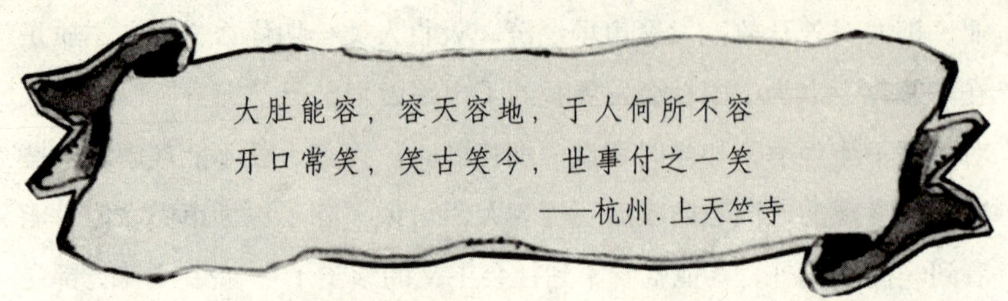

“兼容”二字很美妙，哪里兼容性好，哪里就有出路的无限风光。

口福的出路在于胃口的兼容性好——身体好的人从不挑食，甜酸苦辣，南北风味，中餐西餐，都很中口，兼容性强；

人际关系的出路在于人脉的兼容性好——与人相处，什么男女老少、什么学者文盲，什么三教九流、狐朋狗友，也不管什么稀奇古怪性格的人，都能和谐相处，有容乃大。

修养的出路在于性格的兼容性好——该急性时可以急，该慢性时可以慢；宜刚则刚，宜柔则柔；又如动与静、外向与内向、精明与愚钝等等，如果能和谐统一，有很强的兼容性，便是有修养的“高人”。

强者的出路在于能力的兼容性好——既有宏观思维，又能具体操作；能说会道还会干，琴棋书画样样行；“进得厨房，出得厅堂”。“红道白道”都能摆平，兼容性强的“多面手”即为“复合型人才”。

民族复兴的出路在于文化的兼容性好——交叉学科的发展、综合性学科的发展，都是基于兼容的道理。意识文化的兼容强，便出现意识形态的多元化、东西方文化交融及“学贯东西”等。蔡元培在北大当校长时，采用的就是“兼容术”，以“兼容性”作为治校的宗旨，当时北大的教授中，有留长辫子、主张复古的教授，也有蓄西式平头、倡民主的大师，从而扩大北大的学术容量，迎来了“百家争鸣，百花齐放”的学术繁荣景象。

发展经济的出路，就是对不同所有制形式、不同市场需求、不同的经济发展的途径与方式进行兼容。如当私有制成为万恶之源时，我们会选择公有制，但当纯粹的“一大二公”发展缺乏后劲时，就会选择兼容两种体制优点作为出路，即实行混合经济所有制；商品市场，对高、中、低档产品混合开发，满足不同层次的需求。

兼容，是科学创新的方式，是寻找出路的理念与方法。兼容的光芒照到哪里，哪里就是一片明媚的春光，出路上的困惑也会迎刃而解。经济社会的发展、民族的进步和个人的创业成才，所有的出路都可以在兼容中谋划。

年轻的比尔·盖茨出道计算机行业，同样，得益于兼容之道。那时IBM公司和苹果两大公司早已称雄，霸主地位谁也不能动摇。但两大霸主自成体系，制造各不兼容的计算机，而且买我的主机才能买我的配件，盖茨看出破绽，遂生产通用的计算机软件，以兼容而治之，终于，以兼容走出了计算机领域的新路。

兼容是方法，也是一种人生境界。人生的兼容是把别人好的东西与做法吸收进来，为我所用，极大地丰富自己，完善自己，壮大自己。这就要求我们务必克服狭隘的心理，打开封闭的思维，摒弃固执的己见，用开放的目光去观察、去思考、去想办法，用宽广的胸怀去包容万物，行兼容之道，拓展自己的发展空间，拓宽人生的出路。

●思路决定出路。大气大成的标志是有高明的大思路。人与人的差别，是脖子以上的差别，大思路决定大出路！思维转动人生，思路玩转出路！

人与人之间的区别，主要是脖子以上的区别——大脑决定一切！

——比尔·盖茨

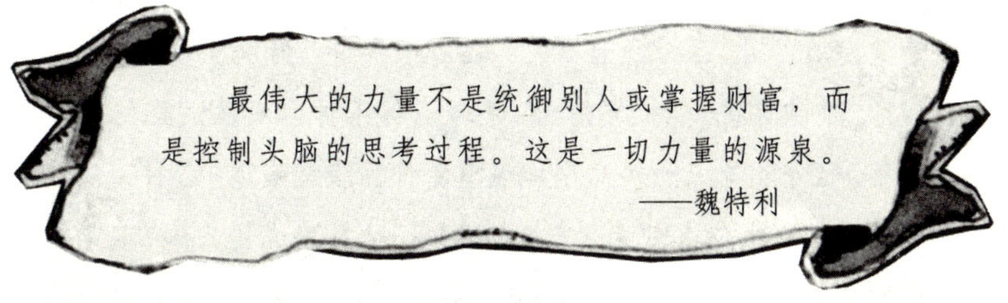

思维转动人生，思路改变出路。

大气大成必有高明的大思路。看看一个个成功人士的人生轨迹，从政治家、军事家到当今的经济巨子，从外国的洛克菲勒、比尔·盖茨、松下幸之助到中国的李嘉诚、霍英东，随时可见他们在关键时刻的神机妙算，无论是高歌猛进之际，还是在受挫临难之时，一种种超凡的思路和一个个绝妙的想法，是他们赢得一个又一个新出路的法宝。

看来，出路最大的秘诀是思路的不同凡响！

看来，人生最大的优势是思路的优势！

看来，没有困惑的出路，只有困惑的思路！

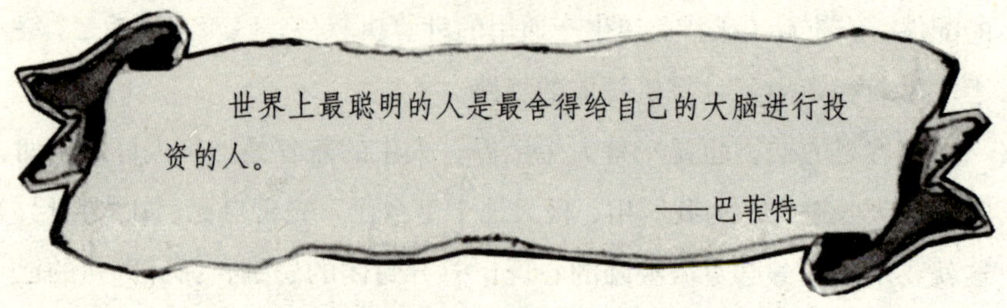

★思路决定财路，思路一改，财路就宽

有位农民兄弟是种南瓜的专业户，原来种出的南瓜几十斤一个，每年要生产好几吨南瓜，收割季节，南瓜堆积如山，蔚为大观。但卖不出好价钱，有时批发只能卖几分钱一斤，一个几十斤的南瓜换不了一盒方便面，拉一车南瓜到县城去，卖的钱还顶不上汽车的油钱。他有种南瓜的好技术、很勤劳，年年生产大丰收，可他仅仅只能维持生活的温饱，觉得没有出路。然而，除了种南瓜，自己又能干什么呢？

后来有一次，他在县城里遇到几位时髦小姐前来买特小的袖珍型南瓜，问“买它干什么？”对方回答说“好玩呗！”就这么一句话，使他灵机一动，思想大“开窍”：何不种南瓜供城里人“玩”？次年，他拿出原来一半的用地规模专种袖珍型南瓜。各种南瓜在七成熟时就在瓜皮上刻上“吉祥如意”、“心想事成”、“喜结良缘”之类的文字，有些画上逗人乐的“漫画”，在大的南瓜上还刻上山水画、人物画。结果，他的南瓜一上市都当做工艺品出售，小的10元钱一个，大的几十元甚至几百元一个，有时一个大南瓜的售价比得上过去一车南瓜的售价。真神奇！他当年就致富了，一年的收入比他过去几十年的收入还多。目前，他的南瓜地还是一道非常美丽的风景，吸引了不少游人前去参观，他又与农家旅游结合，每年收入上百万，成为当地了不起的农民企业家啦！

为何同一个人在同一块地上种南瓜，有两种截然不同的命运呢？原来是那么贫穷，现在又是这么富裕；原来没有出路，现在大有作为？原因在于：思路一改，贱物变黄金啊！

人生总有失意的时候，倒霉的时候。一旦如此，上司用另类的眼光看待你，同事嘲笑你，甚至连至亲的人都会怀疑你，还有别有用心的人恨不能在你的头上踏上一只脚，叫你永世不得翻身。此时，你会觉得天旋地转，好像末日来临，惶惶不可终日。

此时，你也许猛抽烟、猛喝酒，觉得生不如死，就此沉沦下去；

此时，你也许冷静思考，沉着应对，找出摆脱困境的对策；

两种态度、两种思路，形成两种不同的人生结果。

这就像两个人向一个地方前行，中途遇到了一条大河。于是，一个人埋怨自己倒霉，认定走错了路，选择打道回府；一个人却看到了大河对面的美好前景，于是设法渡过大河，去领略河对岸更绚丽的风景。

在一个人的眼里，大河是危机，是出行的不幸；而在另一个人的眼中，危机恰恰是机会。从而，不同的思路导致不同的人生结果。

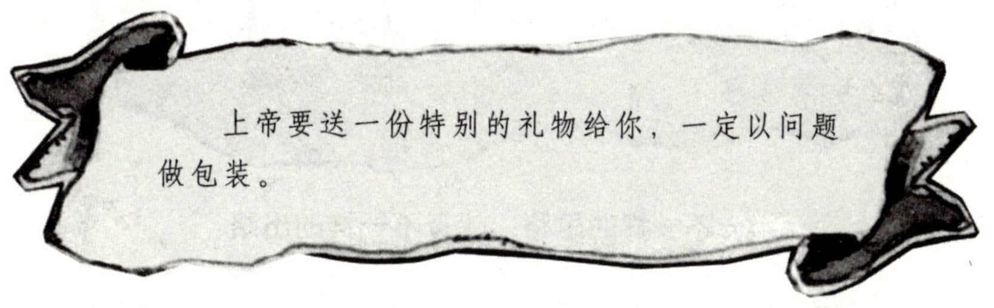

★思路决定人生，有了新思路，危机恰恰是机会

人们熟知的可口可乐的老总就是这样一个善于从危机中找出路的人——

第一次世界大战爆发以后，可口可乐的发展面临严重危机，不仅生产原料供应受到限制，爱喝可乐的年轻人也被送到战场上去了，市场急剧萎缩。眼看遭受灭顶之灾，公司总裁非常着急，这时有人提醒他：为什么总想战争是个灾难呢？怎么不倒过来想想，它也是个机会啊！

是的，我们应该把战争变成我们独特的发展机会！于是他找到军方，说："我们的年轻人已经习惯了可乐的口味，他们冒着生命危险上战场为国家打仗，我们的国家应该满足他们这点小小的习惯，让他们在战场上照样喝可乐！"军方领导一想，觉得这是个鼓舞士气的好办法，于是就向该公司大量购买可口可乐。

这样，美国的军队打到哪里，他们的士兵就把可乐带到哪里。是战争，使可口可乐形成了一个全球性的大市场，战争一结束，全世界都知道了可口可乐。

战争本是人类的灾难，但可口可乐不仅绝处逢生，而且创造了过去不敢想像的市场、不可想像的财富、不可奢望的出路！

"您只需要在军营中听一个士兵说话就明白：他对一位知道怎样动脑筋的人比对一位无比勇敢的将军更为佩服。思维与智慧的力量总是高于单纯的武力。我之所以主宰法国，也正因为如此。"

—— 拿破仑

★不一样的思路，就有不一样的出路

思维的效应是神奇的，思维的力量是巨大的。不同的思路有不同的人生，即使做同一件事，不同的思路就有不同的结果。

有一则"把木梳卖给和尚"的故事，四个业务员因不同的销售思路，形成四个截然不同的结果：

第一个人认为和尚的头上光秃秃，买木梳有何用？干这种事是匪夷所思，岂不是拿人开涮？结果空手而归！

第二个人认为功夫不负有心人。对和尚软磨硬缠，历尽辛苦，结果一个小和尚经不起“磨”，买了一把。

第三个人用科学道理武装和尚，从医学健康的角度向和尚大谈梳头如何活络血脉、益寿延年，和尚都买一把想试一试，结果销了100多把。

第四个人坚信人多的地方就有生意。于是，他来到一个颇具盛名、香火极旺的深山宝刹，说动庙里代销木梳，并请一个德高望重的老和尚，为木梳“开光”，还在上面刻上“积善梳”三个字，凡进香火50元以上的，由和尚回赠一把木梳，以保香客一生吉祥平安。这样，进香的人越来越多，和尚要的梳子也越来越多。一天就销了1000多把。

瞧，思维不同，方法不同，结果就有天壤之别。

思维转动人生，思路决定出路。看看现实世界具体的人，就能更好地验证这一道理。

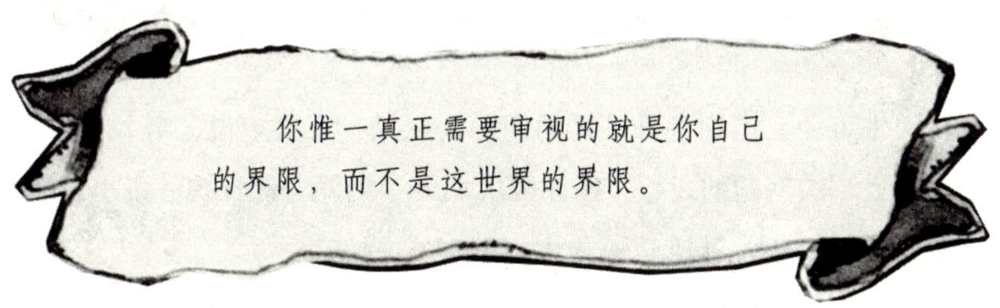

★变换思维换人间，思路打造新出路

沈阳市有一个百万富翁，名叫王洪怀，原来是一个以拾破烂为生的人，感到没有出路。有一天，他悄悄地问自己：收一个易拉罐，才赚几分钱，如果将它熔化，作金属材料卖，是否可以多赚一些钱？于是，他将一个易拉罐熔化成一块指甲大小的银灰色金属，然后花了600元钱在市里的金属研究所做了化验。人家告诉他，这是一种很贵重的铝镁合金。他算了一笔账：当时市场上的铝锭价格，每吨在14000～18000元之间，每个空易拉罐重18.5克，54000个就是一吨。卖材料比卖空易拉罐多赚六七倍的钱，他决定回收易拉罐熔炼。

于是，他立即办了个金属再生加工厂。通过改变经营思路，财富滚滚而来。通过宣传，他每天可以回收好几卡车空易拉罐，足足有几吨重。就这样，他在一年内，用空易拉罐炼出了240多吨铝锭，在三年内，赚了270多万元。从而，他从一个“拾荒者”一跃成为百万富翁。

思维转换，路子变换。弱势转强势，穷人变富人。成功者的敏锐性全在于把握比较优势，及时调整思路，改变旧路，闯出新路。

面对问题理思路，解决问题即出路。

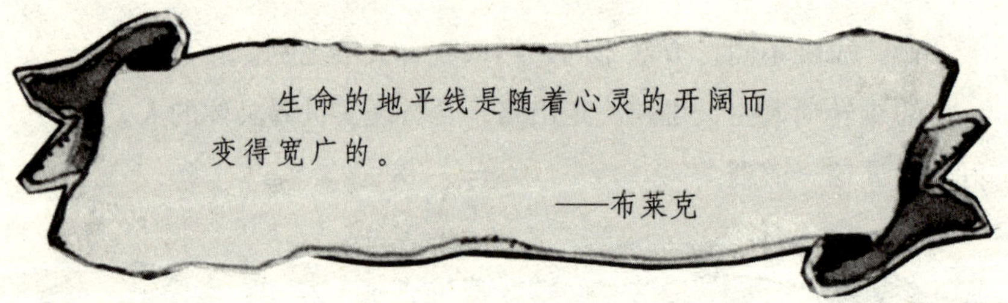

人生难免会遇到各种各样的问题，从某种意义上说，寻找出路的过程就是解决问题的过程。往往解决一个小问题，就收获一条小出路，解决一个大问题，就成就一条大出路。

毛泽东解决中国人如何“站起来”的问题，为中国革命的胜利开辟了一条金光大道；邓小平为解决中国人的温饱问题，成就了中国的改革开放事业。

科学的发明发现都是始于解决问题，科学家之所以成其为科学家，一般至少解决了一个较大的科学难题。如袁隆平就是从种子上解决了水稻产量低的问题，从而成为当今的“杂交水稻之父”。

解决问题即是出路，这就要善于学习，善于观察和思考。如经营企业的，就要从解决产品质量问题、打造品牌问题、开拓市场问题、管理问题中寻找出路；当领导的就要从解决人民群众最关心的问题中建功立业。普通老百姓也同样应在解决自身遇到的问题中找出路，如有些人人际关系很糟糕，那么，调整自己的角色与态度，协调好与领导、同事、朋友的关系，也许就能开拓出辉煌的人生之路；有些人是专业特长无法发挥，感到没有出路，那么，换一个合适的工作岗位，解决特长发挥问题也许就会找到一条新路。

★解决小问题，成就大事业

日本狮王牙刷公司董事长加腾信三就是从解决生活的小问题成就一番伟业的：

一次，加腾信三在洗漱刷牙中，牙龈被刷出血来，他感到浑身不自在，发誓要解决这一问题。他想了许多办法，效果都不理想。后来在对牙刷的研究中，在放大镜下发现牙刷毛的顶端是四方形的，"如果把它改为圆形，也许就成了"！经过试验，效果很好，公司采用了他的牙刷毛制作的改进意见。改进后的牙刷在广告的推动下，销路极好，连续畅销十多年，销售量占全国同类产品的40%。加腾信三也由普通员工晋升为部门经理，十几年后成为公司总裁。

我们常常抱怨人生中的问题太多、难题太多，认为是这些问题和难题阻挡了我们的出路。事实上，世界上不存在没有问题的出路，出路总是在解决难题中开辟的，要是出路上没问题，出路上早就人满为患了！有了问题不要怕，要知道有多少问题，就有多少出路，解决一个问题，就找到了一条出路。

有多少问题，就有多少出路。不要害怕问题，解决一个，就找到了一条出路。解决一个小问题，就收获一条小出路，解决一个大问题，就成就一条大出路。

——申子思维

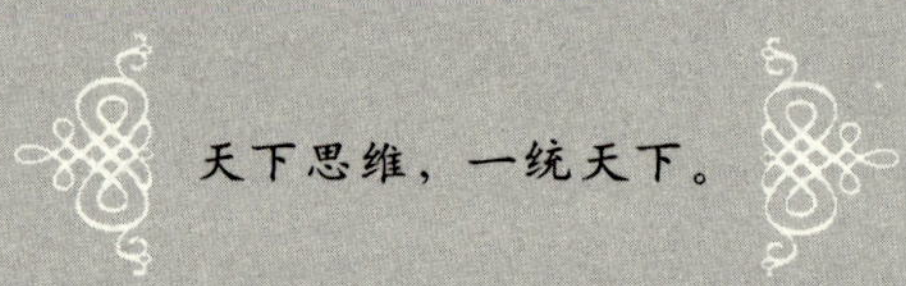
天下思维，一统天下。

天下思维统揽天下出路

——拿起谋划出路的“秘密武器”

卷四：天下思维统揽天下出路

——拿起谋划出路的“秘密武器”

天下思维，一统天下。

——申子题记

社会的复杂性注定我们一生许多时候要在灰色地带摸爬滚打，在非确定性中打造出路，的确需要一点儿“大智慧”。

——申子思维

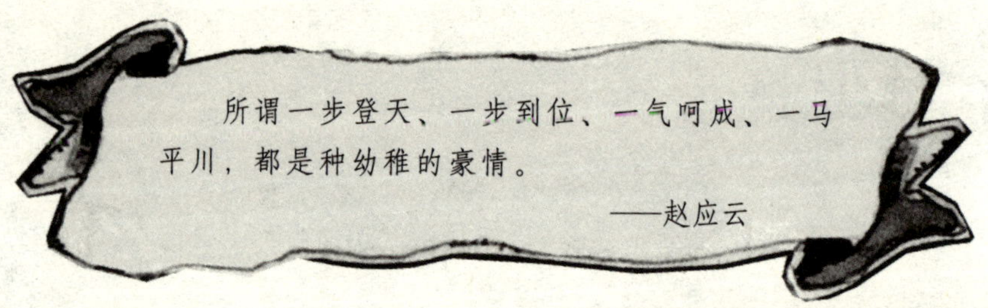

所谓一步登天、一步到位、一气呵成、一马平川，都是种幼稚的豪情。

——赵应云

在这个物竞天择的时代里，鱼奔鱼路，虾奔虾路，各自以不同的思维方式，选择不同的路径，获得不同的资源，实现不同的理想。谁拥有良好的思维方法，谁就能用最少的代价最先达到理想的彼岸；谁能在沉睡中唤醒思维的灵感，谁就能最早脱颖而出！

出路思维说起来很深奥，管用的还是种“狗屎思维”。因为不论是捡狗屎还是找金子，不论是当士兵还是当将军，时刻要用到的思维方法不外乎是定位思维、路径思维、规则思维、网络思维和策划思维。为取个雅名，权且把“狗屎思维”命名为“天下思维”。

● **“狗屎思维”最神奇。魏天明在长期的捡狗屎生涯中，形成了一套特别的思维方法，在书中找“狗屎”，升学考试押题百发百中；在股市中找“狗屎”，买的股票一路狂飙……**

找出路其实就像捡狗屎，但应知道何时何地有狗屎可捡。

——申子思维

出路思维并不是那么高深莫测，也不是要把宏观思维、微观思维、正面思维或反向思维全部弄明白，那是书呆子的思维，是聪明反被聪明误的思维。出路思维其实很简单，就像捡狗屎一样，知道狗在何处拉屎，你在第一时间赶到去拾就行了。

有位叫魏天明的朋友，干什么，成什么。读书时尽管小时候没有受过系统的基础教育，但考大学、考研读博，每次金榜题名；做学问，成果累累，评职称，一路“破格”，三十出头就晋升为教授；业余经商，财源滚滚，尤其是买股票，百发百中；尔后当官，同样是春风得意，一路飚升。

魏天明先天成长的环境极差，没关系可依赖，没后门可走，一口土话，外表似乎也没什么特别之处。但为什么这么走运？是天神光照？祖坟贯气吗？还是靠什么特别的智慧这样东来东顺、西来西就？

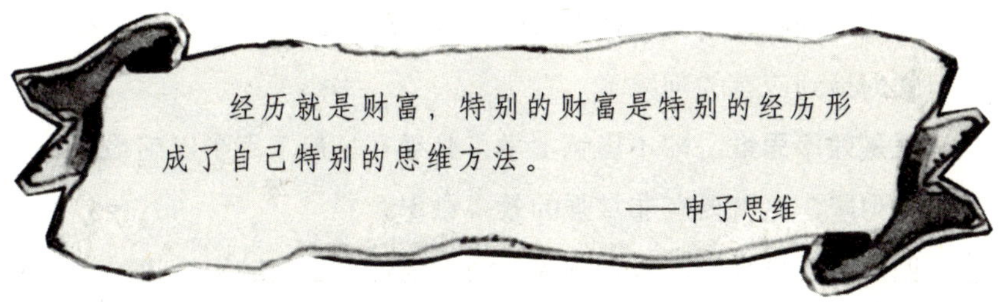

情至深处，魏天明很真诚地说：“我有什么？还不是靠那么点‘狗屎思维’？”

何为“狗屎思维”？他讲了一段小时候鲜为人知的经历：

小时候因为家里特别穷，从8岁开始，为了筹集每学期2元钱的学费，他必须每天捡6斤狗屎卖给生产队做肥料，每斤5厘钱，6斤共

3分钱。为了不影响上学，必须在每天早晨7点半以前完成这一任务。

茫茫山野，袅袅炊烟。到哪里捡狗屎？狗又会在什么时候到什么地方拉屎呢？

小小年纪，时刻琢磨狗屎，夜晚睡觉，满脑子想到的是狗屎，琢磨方圆几里地内有多少条狗，可能会在何时何地拉屎？很自然，他也把捡狗屎的思维用到了课程学习上。在课堂上，把老师讲的知识点视为狗屎，做上记号，读完一本书，便习惯性地罗列出该书是由多少堆狗屎组成的；后来就形成习惯了，不论看什么事，把重要的都视为狗屎，以狗屎作为思维的起点洞察万事万物。

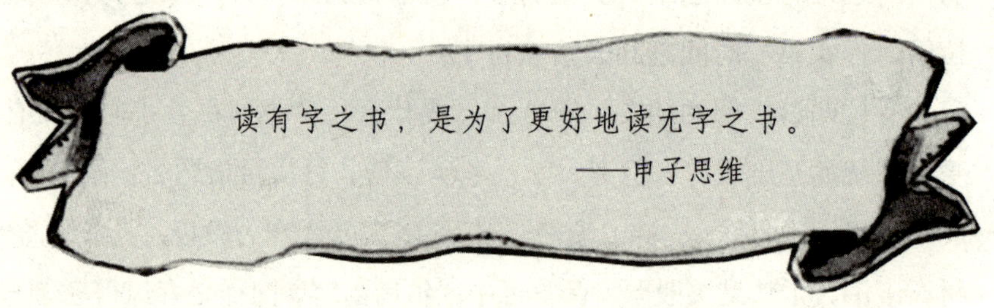

长年累月地先拾狗屎再上学的生活，自然养成了一套习惯性的“思维智慧”：

一是定位思维。即狗在什么地方拉屎？什么时候在什么地方有狗屎可捡？

二是路径思维。即按什么路径去捡狗屎，保证不走弯路，在较短的时间内拾到应有的狗屎。

三是效率思维。即不影响上学，必须在早晨7点半以前捡到6斤左右的狗屎，这就要有非常强的效率意识。

四是联想思维。即看到狗屎就会想到这家主人的生活状况，了解这家人的生活，就知道这家的狗会拉什么屎。

五是网络思维。即在一个局域网中，弄清狗的分布与狗屎的分布。

六是策划思维。尽管是拾狗屎，前天晚上睡在床上必须进行周密的策划，什么时候出发，走什么线路，达到什么目的？同样有一套行动方案。

这就是他的“狗屎思维”！他回忆自己的人生路，真正能帮助自己一辈子的东西是什么？他打心眼里认为是“狗屎思维”。他学富五车，读研究生、读博士，贯通中西文化，还学了好几个不同的专业，一摞又一摞的读书笔记可堆成一座小山，但他认为，这仅仅是对“狗屎思维”的拓展和深化，本质上对“狗屎思维”并没有实质性的突破。

的确，他成功的一生是用狗屎思维指导的，狗屎思维总揽了他一生的出路：

——升学考试，把书中的“狗屎”挑出来，押题百发百中。无论是高考，还是考研考博，都能在较短时间，把学问中的“狗屎”挑出来，考试百发百中。

——他研究军事，发现《孙子兵法》中的智慧与狗屎思维有异曲同工之妙；用狗屎思维能够准确地判断拿破仑军事的得与失；敌人在什么时候、什么地点出没？狗屎思维判断的准确率极高；他研究地方经济发展，认为什么地方有狗屎可捡，应组织什么力量以什么方式去捡“狗屎”，写出的地方经济发展研究报告引起极大的反响。搞科研，按狗屎思维选择课题，每搞一个课题，都能取得不同凡响的成果，且频频得奖。

——他业余炒股，同样按狗屎思维操作，从几千支股票里挑出几支最能涨的“狗屎”来，在行情低迷时买下捂住，没有不翻几番的股。他只有2000元钱入市，几年下来，居然赚了几十万。如张裕A、五粮液、茅台酒、深中集等股票，一上市就认定这是要买的“狗屎”，亲朋都买，个个发财。在图书市场低迷的情况下，他指导书商做书，把找选题当做找“狗屎”，又按找“狗屎”的经验去找市场，出版商因此赚得盆满钵盈。

哇噻！原来这种狗屎思维，居然是他立身于社会、并处处卓尔不群的“秘密武器”。

狗屎思维引导魏博士走向成功，也为我们每个人寻找出路提供了一套有效的思维方法。

人的一切活动都是由特定的思维支配的，拾狗屎是一个完整的行动链，狗屎思维涵括了人类行动思维甚至一切高级思维的基本元素，如目标定位、路径选择、局域网的分布、策划行动方案等，所以，狗屎思维就是一种神奇的出路思维。

这并不是说每个人找出路必须先要去拾狗屎，但必须要通过一段人生经历培养出自己认同的思维方式，使自己因此而受益终生。或刻骨铭心地经历一件事，从中“悟”出道理来，“悟”出成功的方法来。有了这种思维，便拥有了驾驭人生出路的“核武器”。

●定位思维。心中要有太阳，用目标总揽出路。定位、定好位，知道自己的出路在哪里？坚守、再坚守，一生成就一件事。像犀牛一样总是朝着定位目标义无反顾地向前冲。

定位不当势必牛头马面，选择失误肯定南辕北辙。

——申子题记

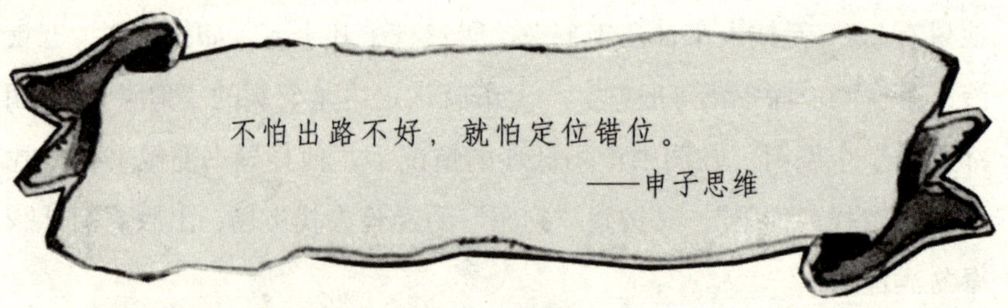
不怕出路不好，就怕定位错位。

——申子思维

天下的事情，其实都像拾狗屎一样，离不开定位思维。

现代人的聪明之处，在于不论干何种事，首先要对这一事物进行定位。如做企业，则要进行企业形象定位、产品定位、市场定位、消费群体定位等。

那么，经营人生，寻找出路呢？无疑，第一要务就是为人生目标定位，为出路定位。定位思维，它将告诉我们出路在哪里，往什么地方努力可以找到出路。有了定位，人的一生就有了根“定海神针”。

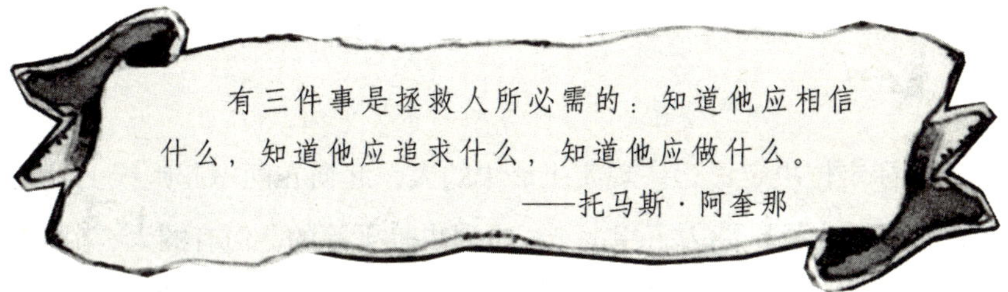

目标定位，是出路的航标。有了人生目标定位，才有希望，才有梦想，才能激发潜能，才具有鼓舞人心的创造力量。唐僧如果没有明确目标，就不可能到西天把佛经取回长安；哥伦布如果没有明确的目标定位，就不可能发现美洲新大陆。看看历史上那些披荆斩棘、所向披靡的英雄豪杰，看看现实中那些事业卓越、人生辉煌的成功人士，哪个不是有着明确的目标定位，并为实现目标有着坚定的信心和勇敢的行动呢？

不是没有出路，而是没有目标定位，目标定位是出路的导盲犬。

许多人埋怨没有出路，为什么不拷问自己：你有没有目标？给自己有没有明确的定位？

——申子思维

法国著名自然科学家费伯勒用一种被称作宗教游行毛虫的小动物做了一次不同寻常的实验：

这些毛虫喜欢盲目地追随前面的毛虫前行。将它们在一个花盆外的框架上排成一圈，这样，领头的毛虫实际上就碰到了最后一条毛虫，完全形成了一个圆圈。在花盆的中间，放上毛虫爱吃的食物。这些毛虫开始围着花盆转圈。它们转了一圈又一圈，一天又一天，一晚又一晚，围绕着花盆转了整整七天七夜。最后，它们全都因饥饿劳累而死。而一大堆美味就在离它们不到6英寸远的地方，它们却一条条地饿死了。它们不是不勤劳，也不是没有食物，但为什么都饿死了？原因在于它们不知道食物目标在哪里，它们直至累死也不会发现目标，因为它们是在按习惯的方式盲目地行动。

目标定位决定命运。现实生活中的人，起初在同一起跑线上，大家智力不相上下，能力不相上下，机遇也是平等的。但有的人有目标，有的人无目标，在走过漫长的人生后，有的人生辉煌，有的暗淡无光，有的功盖天下，有的却碌碌无为，是什么原因造成这么大的差别呢？答案同样是目标。

在美国有项调查，调查的目的是找出百万富翁和亿万富翁之间的差别。调查表明：

百万富翁每天将他的目标诵读一遍，而亿万富翁则将他们的目标每天诵读两遍。差别就这么简单！

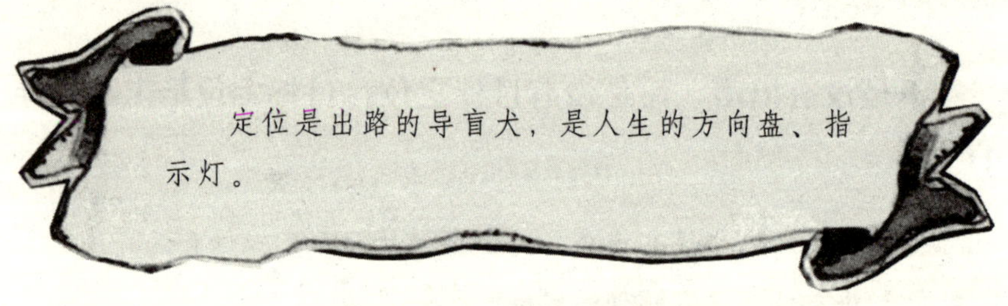

有目标定位与没有目标定位者的出路比较。

哈佛大学曾做过一个非常著名的关于目标定位对人生所产生影响的跟踪调查，调查对象是一群智力、学历、环境等条件都相当的年轻人，结果发现：27%的人没有目标定位；60%的人，目标定位模糊；10%的人，有清晰短期的目标；3%的人，有清晰且长期的人生定位。

25年的跟踪调查发现，他们的生活状况与定位有极大的关系，定位决定了他们日后的发展，目标定位对人的出路有巨大的导向作用。

那些占3%的人，25年来都朝着同一方向不懈努力，坚守目标。25年后，他们几乎都成了社会各界的顶尖成功人士，许多成为行业领袖和社会精英。

那些占10%的有清晰短期目标者，大都生活在社会的中上层。他们的短期目标不断实现，生活状态稳步上升，成为各行各业出类拔萃的人物，如工程师、企业家、大学教授等。

那些占60%的目标模糊者，几乎都生活在社会的中下层，安于现状，属于社会的蓝领阶层，都没什么特别的作为。

其余占27%的无定位者，都生活在社会的最底层，常感到没有出路，靠社会的救济金过日子，常常失业，抱怨社会、抱怨他人、抱怨人生。不知道自己到底要干什么，更不知道如何努力，因为压根儿他们不知道路在何方？

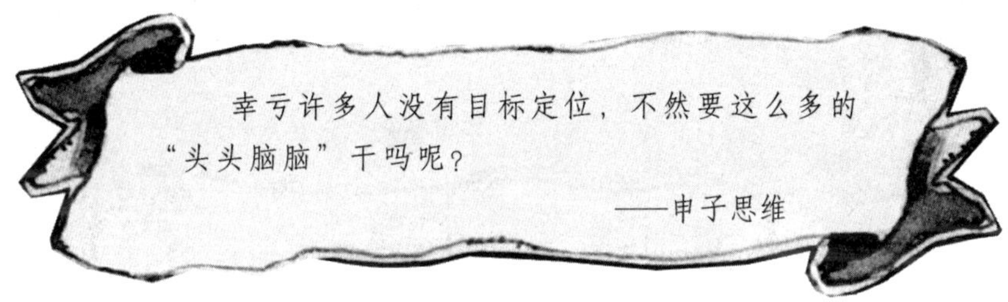

为何如此多的人没有明确的人生定位？

在美国，只有3%的人能把他们的定位特意写在纸上，那么在中国，真正能把自己的定位，尤其是每个阶段的人生定位、工作定位很明确地写在本子上的不足1%。

为什么会这样呢？

第一，习惯的思维禁锢着他们。大多数人的生活还是盲目的，甚至从来都没有考虑过人生定位问题。“大家都这么过”，“跟着感觉走”，“事情一直就是这样做的”，习惯于过没有目标的日子。尽管未知的出路也许就在眼前，巨大的机会就在眼前，但发现不了，因为他们盲目地、毫无疑义地跟随圆圈里的人群无目的地走着、瞧着。

第二，不知道如何定位。我们虽然从小不乏理想教育，但一进入社会后，对如何操作这一目标不知所措，一遇到困惑，就发出了“人生的路啊，为什么越走越窄？”的哀叹。

第三，不懂得“根据资源匹配定位人生”的原理。不知道用目标整合相关资源，用资源调整人生目标；尤其对人自身所拥有的资源缺乏了解，对自我缺乏信心。许多人甚至很自卑，认为不配得到上帝的馈赠，也就不必劳神去写下那些自己“不配”得到的东西，这也就意味着他们不可能有人生目标。

第四，害怕自己因实现不了目标定位而失面子。认为万一定位不能实现，被人笑话是一件非常没“面子”的事情，是一件非常有失身份的事情，是一件无地自容的事情。为了所谓的“自尊”，也就白白放弃了对人生的目标定位。

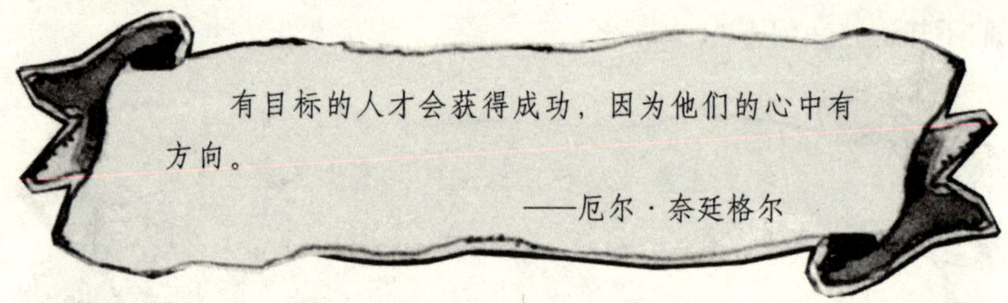

有目标的人才会获得成功，因为他们的心中有方向。

——厄尔·奈廷格尔

生活中许多人埋怨没有出路，其实是因为人生没有目标。没有目标定位，就像蒙上眼睛的驴子，只会围着磨盘在原地打转，永远平庸，永远走不出周身那狭小的天地，当然没有出路。有无出路的本质差别，不在于天赋、不在于机遇，而在于是否建立了人生的目标定位。

定位、定好位，知道自己的出路在哪里？

如果没有定位，我们每天清晨起来，将茫然四顾；如果没有目标，我们终日忙碌将毫无意义。

——申子题记

一个人未来的一切都取决于他的人生定位。人生定位可以重塑一个人的性格，改变一个人的生活，影响他的动机和行为方式，决定其未来的人生走向。

人的一生到底要做些什么定位？

第一，定位一生的总目标。弄清自己一生到底要干什么？

自己一生到底要干什么？又能干什么？这是找出路的首要问题，

情景　守住人生定位的商人——谢里曼

德国商人亨利·谢里曼，幼年时深深迷恋《荷马史诗》，并给自己定位，这一生要去搞考古，发誓要找到《伊利亚特》和《奥德赛》史诗中所描述的城市和古战场。但他家境贫寒，进行考古发掘和研究是需要很多钱的。于是，他从12岁起，就自己挣钱谋生，先后做过学徒、售货员、见习水手、银行信差，后来经商。但他从未忘记过自己少年时的心愿，为此，利用业余时间，自修了古代希腊语和多门欧洲语言，在穿梭于各国之间的商务活动中，日思夜想的还是考古。

多年以后，谢里曼终于积攒了一大笔钱，于是，他便全身心地投入到追求年少时树立的理想上。他坚信，一定能实现自己的目标。1870年，他开始在特洛伊进行考古挖掘。没几年，就发掘了九座城市，并最终挖到了两座爱琴海古城：迈锡尼和梯林斯。这样，谢里曼就成了发现爱琴文明的第一人，为研究世界文明史做出了杰出贡献。年少时的人生定位，左右着他一生的发展，成就了他一生的事业。

这个问题必须弄清楚。为此，要好好掂量自己，对自己要有一个科学的评估，同时，要弄清楚实现人生目标需要什么条件，选择什么路径。通过科学设计，对自己一生的总目标进行定位。

自己一生要坚守的目标，一旦确立，你的体内就会产生一种动力，不断地促使你前进，并随之为你的成功带来一种内在的兴奋感，当成功一个又一个接踵而来时，你会感到无比兴奋、无比激动，使你越干越来劲，直至达到人生的顶峰。当你遇到困难和挫折时，它又会使你像公牛般地充满勇气，愈挫愈坚，毫不示弱，勇往直前。像唐僧师徒到西天取经一样，不管风吹浪打，不怕妖魔鬼怪，踏平坎坷成大道，历尽磨难写春秋。

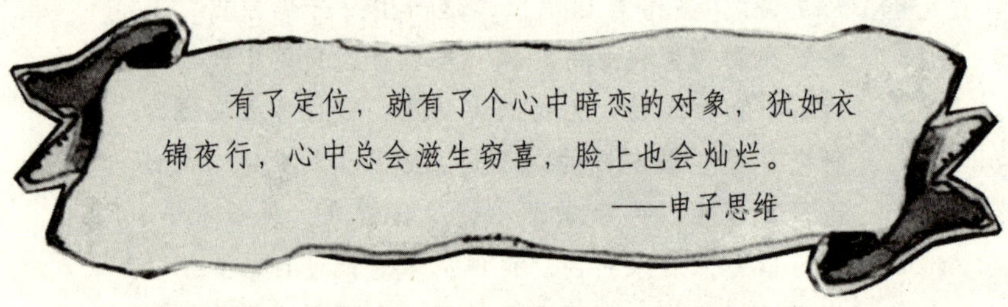

第二，定位阶段性的目标。弄清当前应该干什么？

一生的目标，是以无数个小目标所构成，漫长的人生，总是由不同阶段所组成。因而，对每一阶段干什么？要有具体的目标。包括每周、每月、每季度或一年或几年的奋斗目标。如果你能够按照正确的步骤有规律有计划地去努力，才能够真正操作自己一生的目标。一生的目标很远大，一蹴而就是不可能实现的。阶段性目标就像楼梯的每一级台阶一样，一级一级非常地清楚，天天有进步，天天往上爬，就像登泰山一样，最后必将达到胜利的顶峰。

阶段性目标要具体，具有可操作性。如奥运金牌得主，每天都有训练计划，每天、每月都有要达到的训练指标，一天比一天提高，一月比一月进步，实现好每一个阶段性目标，才能成就终极目标。

同时，还要对具体类型的目标进行定位。这就是从目标包含的内容来说，有工作目标、职业目标、学习目标、财富目标、交友目标，还有家庭方面的、身体方面的、个人修养方面的目标等等，都应有详细的指标，科学设计，分步实施。

第三，根据资源匹配状况进行角色定位。弄清自己到底能干什么？

任何一个定位，都要有相应的资源与之匹配，资源是目标实现的条件与保证。同样，目标实现的过程也是个资源充实与再匹配的过程，当所有的资源条件都具备了，目标也就随之实现。如成为一个小老板，需相应匹配的资源有：资金资源——巧妇难为无米之炊，要有启动资金；技术资源——生产的产品要有技术含量，才有市场竞争力。人力资源——能否使用适当的人把设计的事运转起来；市场资源——能否适应市场、驾驭市场、赢得市场；管理能力资源——能否将各种要素资源整合起来。各种要素资源都能得到有效配置与整合，小老板的目标也就实现了。

我们要定位自己的一生到底会怎样？不仅要有目标定位，还要了解与目标相匹配的自己所拥有的资源，再定位目标实现的路径。在此基础上，对自己一生到底扮演什么社会角色进行定位，是当政府官员、教师、律师、科学家、企业家还是工人、农民，在社会的金字塔里将处于什么位置？权力如何？财富如何？影响力如何？事业上的成就有多大？如此，对自己的一生就能整体把握了。这样，不论面对如何复杂的人生局面，对自己都有一个清晰的心理图像，就能把握好自己，永远立于不败之地。

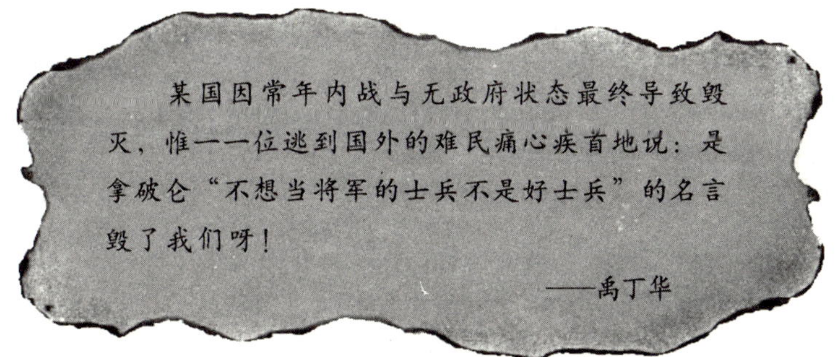

目标定位要准、要科学，定位不当，必败无疑。在经济领域，经营成败的先决因素在于定位，如“卖空气”的北京亚都科技公司，在经营除烟器时，起初将消费群体定位为吸烟者，后来才发现，吸烟者并不愿意买除烟器，而不吸烟者才需要这玩艺儿。这次市场定位错误使之一下子就亏损了4000万元，后来调整定位，才扭亏为盈。

人生定位比商品定位复杂多了，怎样才能科学地、具体地、有效地进行人生目标定位呢？为此，要把握好以下四条：

第一条，人生目标定位要量体裁衣。

选择的目标要自己去实现，先要把自己了解清楚，了解自己的潜质、兴趣爱好和才能，了解自己的实力和拥有的资源，科学确立自己的目标。人生定位要高于现实，挑战现实，但一定要从实际出发，不能好高骛远。一句话，有多大的能耐，就定多大的目标。

第二条，根据匹配的资源明确定位。

科学选择定位，必须清楚与目标定位相匹配的资源条件，了解实现这一定位需要什么条件，以及如何创造这些条件？弄清这些因素后，再搞定定位。当然，人生目标的定位，不能等所有资源条件都具备了才定位，它应该是“跳起来摘桃子”，有些资源条件即使目前不具备，也可以今后去创造。当定位明确之后，还可以按定位去匹配资源，缺什么，补什么，一步一个脚印地接近目标定位。

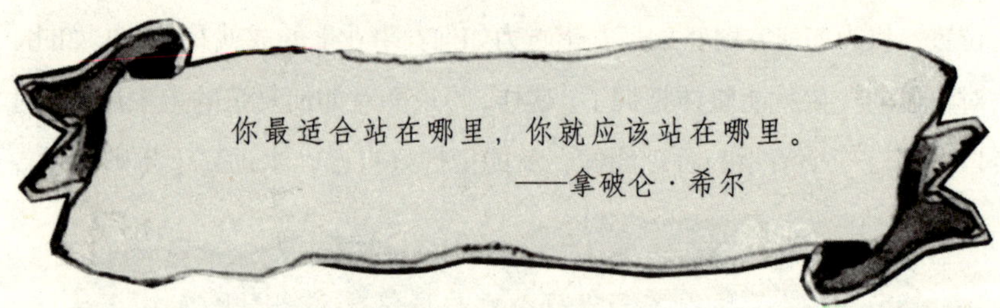

有些伟大的想法，也许现在不具备任何条件，目前也许没有任何资源能支撑这一想法，谁也不知道，今天的这个伟大想法或主意能走多远。这也没关系，先将它埋在心底，在岁月的沧桑中，静静地倾听，默默地准备着，也许哪一天能创造条件实现这些想法。但无论如何，我们都应该清楚地明白，定位是需要资源匹配的。

第三条，大小目标定位配套，步步推进。

天下大事，必做于细，天下难事，必做于易。万丈高楼平地起，只有实现一个个小小的目标才能一步步走向成功。在实现大目标的过程中，确立每一个小目标是极为重要的。当你实现第一个小目标之后，再全力以赴奔向第二个小目标，依次类推，才能一步步达到成功的巅峰。

干任何事都得一步一个脚印。目标定位的选择与实现，是一个循序渐进的过程，是大小目标交替推进的过程。比尔·盖茨天生并没有设定要成为世界首富的人生定位，只不过对电脑很有兴趣罢了，从有兴趣到最终的成功，这其中都是从许多小目标过渡到大目标的。目标定位越细化、越具体、越明确，便越有效。

第四条，在清理“绊脚石”中不断修正目标定位。

在选定与实施目标时，还应该将自己和目标之间可能存在的障碍罗列出来，制定一个克服这些障碍的计划和时间表，列出跨越这些障碍的具体办法。有些障碍难以跨越，或者说要付出巨大的代价，得不偿失，那么，就要对目标进行调整、修正，使其日趋完善。

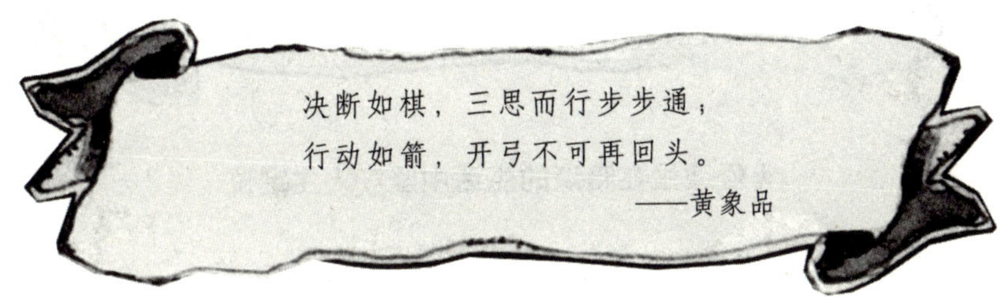

咬住定位，像犀牛一样总是朝着一个目标义无反顾地向前冲！

一生只做一件事，一件事成就一生。

如果把自己定位为作家，就应该拼命去搞创作；

如果把自己定位为商人，就应该努力去做买卖；

如果把自己定位为画家，那就天天去作画吧！

人的成功，就像一个初学骑自行车的孩子，必须朝着一个方向——一个目标不停地向前运动，它才不会摇摇晃晃，才不会摔倒。人生最难的事恐怕就是主宰自己。只有明确定位的人，才能真正主宰自己。

有了定位，就要坚守。所谓坚守，就是咬定青山不放松，就是几十年风雨如一日，就是将“革命”进行到底！

成功者对待目标，就像顽固的猎犬，一旦把什么东西紧紧地咬在嘴里，任何办法也休想使它松口。

世界上有梦想的人太多太多，每天生活在不同梦想之中的人也太多太多，惟独坚守一个梦想的人却凤毛麟角，少之又少。不能坚守目标定位的人，像“小猫钓鱼”那样，一生都在游离不定中摇摆，在举棋不定中反复，在浮光掠影中闪失。不能坚守目标，就没有坚定的心理、意志和情感，没有恒心、没有毅力，只有一颗空泛的心，到头来必然一事无成。只有那些坚守目标定位的人，才会像犀牛一样总是朝着一个目标义无反顾地向前冲，这样的人，迟早总会成功。

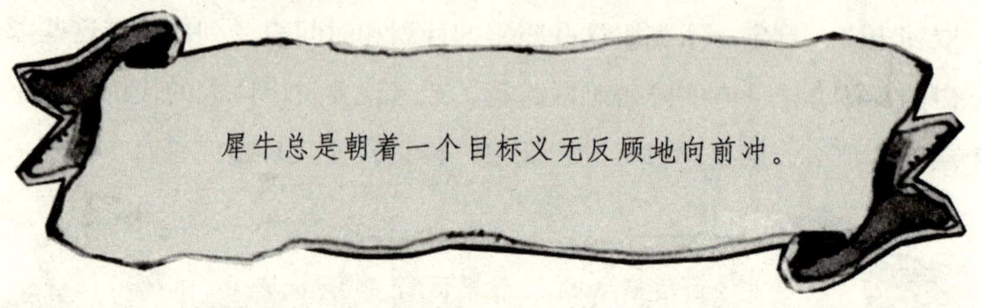

★爱迪生在暗淡的生活中坚守人生定位

爱迪生还是在孩童时就迷上了做各种试验，将自己的人生定位于搞发明创造。由于家境贫困，他12岁时，就开始在火车上卖报纸、水果，生活暗淡。尽管如此，他并没有忘记搞科学实验。他用卖报纸水果挣的钱买化学试剂和实验用品，晚上回家，就一头扎进地窖里做实验。

在极端困难的日子里，爱迪生坚守自己的人生定位，他的理想没有在谋生的日子里泯灭。为了在火车上做小买卖不影响自己搞实验，他不顾他人的惊讶和讥笑，把实验器材搬到了火车上，还说服列车长借用了车上的休息室。为解决实验和小买卖不能同时做的问题，他找了一些喜欢免费旅行、又想挣点零花钱的小孩子帮他卖东西。就这样，在火车上建实验室这个匪夷所思的想法，被这个执著的家伙一步一步地实现了。

爱迪生做了4年报务员，在繁杂的事务性工作中，没有放弃自己的理想。他换了10个工作地点，5次被解聘、4次主动辞职，因为他太迷恋实验和发明了。在当报务员时，公司规定值夜班必须每小时发一次信号证明自己没有睡觉，爱迪生为了保证自己集中精力做实验，就把闹钟和电报机连在一起，让电报机每隔一小时，自动发信号。公司的人一度被这个报务员的敬业精神所折服，因为他发出的信号，竟然一秒不差。但当他们发现真相后，就轰走了他。

直到20多岁，他还是个报务员，成为伟大发明家的理想不仅没有泯灭，反而与日俱增，不断的失败使他产生了强烈的危机感。他疯狂投入“二重发报机”的实验，上司认为他痴心妄想，存心捣蛋，说“连傻瓜也知道一个人不可能同时发两份电报”，他坚信这种东西不仅能造福人类，也能为自己的前途找到出路。他为了搞发明，辞掉了工作，债台高筑，饱尝焦虑和挫折，以喝白开水、啃硬面包过日子，在困境中挣扎，在不得志的郁闷中继续摸索。

功夫不负有心人，二重发报机的发明令人刮目相看。“普利印刷机”的发明则奇迹般地改变了他的命运，他把这一发明卖出了一个令他狂喜的价格，他用这笔钱开设了工厂，走上了更伟大的发明创造之路。

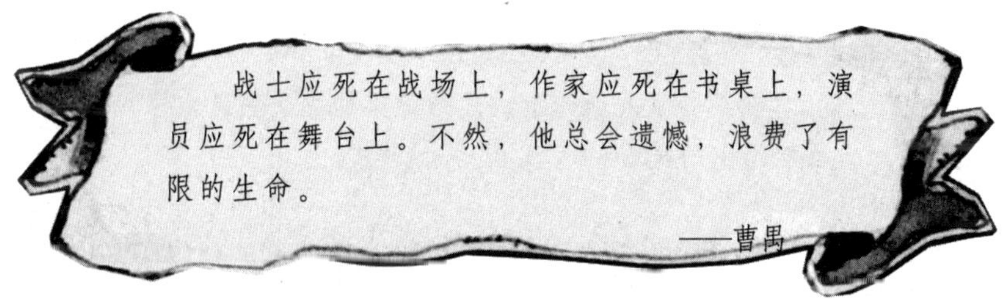

富可敌国、光芒四射的比尔·盖茨，也是一个一生坚守目标的人，正因为这样，使他的软件事业经过他的精心打拼之后，成为了这一领域的“庞大帝国”，而他本人则成为世界第一首富。每当他在谈及其成功经验时，他总是说：其实，我不比别人聪明多少，我之所以走到了其他人的前面，不过是我认准了一生只做一件事，并且把这件事做得更完美而已。

爱迪生如是，比尔·盖茨如是，所有找到出路的人莫不如是。

爱默生说：那些伟大人物身上最明显的标识，就是他们有坚定的意志。不管外部环境如何变化，他们都能一如既往地坚持自己的初衷，并最终克服种种障碍，达到他们心中设定的目标。

没有凿不出的窟窿，没有流不出的水；没有翻不过的山，没有蹚不过的河。

科学定位人生，一生选准一件事。咬住目标不松劲，就会有一种神秘的力量驱动我们前进，就会使我们雄心勃勃，排除万难，坚定地走向成功。尽管远方的路笼罩在暮霭之中，但永不熄灭的火炬会让我们看清脚下的路。

●路径思维。鱼路与虾路，各显神通。美国的老百姓说，总统级的出路是“斗出来的”，州长级的是“跟出来的”，其他人有带出来的、跑出来的、干出来的，林林总总，关键要吃透“路径四要素”。

走天下路，走天下最适合自己走的那一条路。

——申子题记

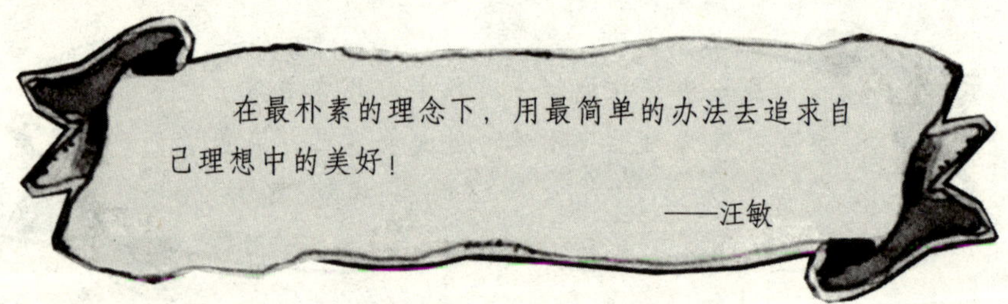

不论干什么事，定下了目标，便要选择路径。是走阳光大道，还是走羊肠小道？是单刀直入，还是迂回前进？是从天上飞，还是从地上行？须要有科学的路径思维。

鱼路与虾路各显神通。

俗话说“鱼有鱼路，虾有虾路”。不论“鱼路”与“虾路”，都有其内在的运行轨道，都有其不同的运行路径和策略。

以不同人的政治地位为例，对不同人的路是如何走出来的，美国的老百姓调侃说：“总统级人物是斗出来的，州长级人物是跟出来的，市长级人物是带出来的……”

总统级的人物是“斗出来的”，各国的大选，都得经历一场殊死的搏斗，尤其在那些不发达的“以枪杆子专政”的国家里，“军事政变”往往血流成河，总统级人物是用白骨垒起来的。

州长级人物是“跟出来的”，是跟里根走还是跟布什走，是民主党还是共和党，不同的人执政，是要大换班的，从而也决定不同的人的政治出路。跟准什么人极为重要，封建社会，往往是一荣俱荣，一损俱损，一朝天子一朝臣。

市长级人物是“带出来的”，就像师傅带徒弟一样，要有好老师、好师傅进行“传帮带”。

还有“吹出来的”、“跑出来的”和“干出来的”路径等等。

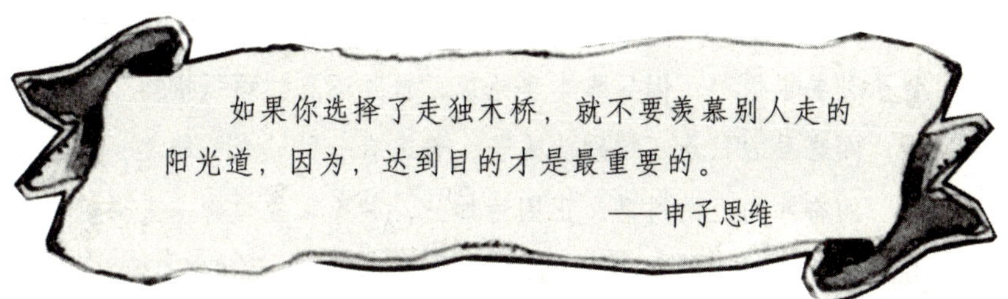

如果你选择了走独木桥，就不要羡慕别人走的阳光道，因为，达到目的才是最重要的。

——申子思维

这种调侃虽然偏颇，但对理解出路是如何走出来的发人深省，尤其对理解区域性的人才群是如何崛起的，对理解人的出路的差异性、地域性、时代性、家族性特征，还是有助于开阔我们的思路。如历史上为什么出现蔚为壮观、雄霸市场的晋商和徽商现象？为什么现代成群成群的温州人驰骋世界呢？如果没有“跟、带、学、跑”能有这种现象吗？

★出了59位宰相的裴氏家族的当官路径

山西省闻喜县是中国历史上出宰相最多的地方。唐朝与魏征齐名、世所传颂、名垂青史的一代贤相裴度，便是闻喜县人。裴氏家族千年显荣，竟一共出了59位宰相、59位大将军，14位中书侍郎，11位常侍，10位御史，25位节度使、观察使，77位太守，21位驸马，68位进士（其中状元及第5人），真是人才辈出，实为中国历史上独一无二的奇观！

对一个家族来说，出一个宰相，便是了不起的事情，而裴氏家族为什么能出这么多的宰相与大官呢？对此，人们纷纷追溯裴氏家族的兴隆与辉煌的原因，明末清初大思想家顾炎武曾总结了三条：一是联姻；二是世袭；三是自强。这三条，无疑指出了三条路径：

联姻——打通裙带关系的路径。裴氏家族通过联姻与皇帝搭上姻亲关系的就达95人，上自皇后、王妃，下至太子妃、驸马，都结成牢固的亲戚关系，无疑极大地促进了裴氏家族大批成员荣登公侯将相之显位。

世袭——走“自然接班”的路径。即“龙生龙，凤生凤”，封建社会往往“一人得势，鸡犬升天”，许多职位是通过接班传承的。

自强——走靠自己打拼的路径。裴氏家族虽然长期位居显赫，但对子孙要求极严，倡导靠本事吃饭，自强不息、顽强拼搏。直到今天，闻喜县的孩子还特别能吃苦，普遍有一种“人一能之，吾十能之”的奋斗向上的拼劲。正因为如此，裴氏家族口碑一直很好，仅在唐朝就出过17位宰相，普遍认为裴氏家族的人是诚实可靠的君子。

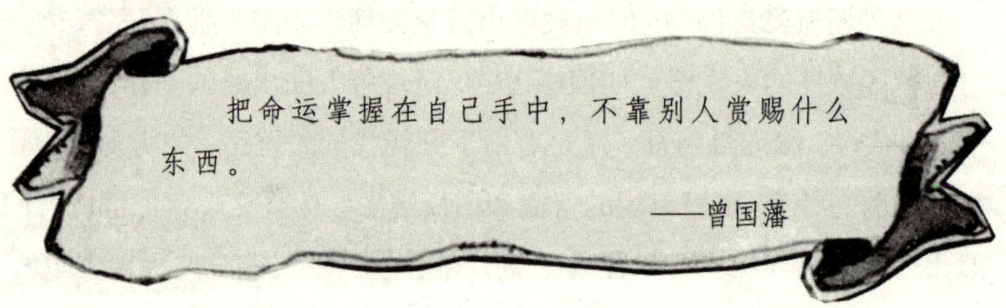
把命运掌握在自己手中，不靠别人赏赐什么东西。

——曾国藩

条条道路通罗马，出路的路径千千万。关键要吃透“路径四要素”，走最适合自己的那条路。

路径思维操作的核心要素，是以最少的付出又能最便捷地达到目的。为此，重点应把握四大要素：

第一，出路的路径很多，但只有一条属于自己的。

先要弄清到底有多少条路可走，每条路的路况如何？具体如何选择，还要弄清自己是个什么“货色”？能干什么？到哪儿去？即自己所拥有的条件，包括不可选择的先天条件、家庭背景，还有后天的社会关系，自己所扮演的社会角色。通俗地说，好比你自己是一辆什么样的车，是奔驰、宝马？还是大东风或拖拉机？把自己认识清楚了，然后就好选择是走高速公路还是走柏油马路或乡村土路，真正属于自己走的只有一条。个人的发展可以做学问、经商、从政、从艺等，真正自己能干的只有一行。有人说从政是“红道”、经商是“黄道”，但如果你不是干这种事的“料子”，即便迈进“红道”或“黄道”，同样是误入歧途。所以，要从自己的实际出发，选择一条属于自己的路，并坚守它。

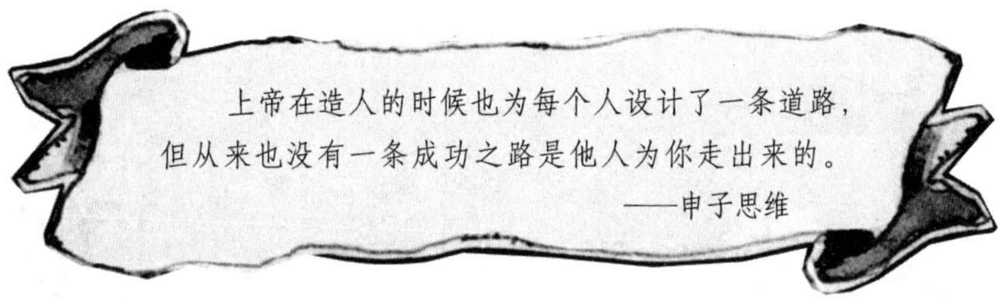

第二，永远不要选择最理想的路径，而应选择最现实的路径。

冯师傅的路径思维告诉我们，直线不一定是最理想的线路，最理想的线路是最先能到达目的地的线路，不管这条路如何曲折、如何七弯八拐，准时到达目的地是最重要的。

***情景*　冯师傅的路径智慧**

北京堵车，世界有名。北京有名的司机冯德龙，对各大街小巷烂熟于心。在城里开车一般不走直线，总是七弯八拐，有时把人都搞晕了。问他为何要走这么多的曲线？他说：“走直线简单，新手、外地人及不懂线路的人都会走直线，故直线上车满为患，谁也走不动，要想早点儿到达目的地，有时还必须走曲线。办任何事都如此，该‘直’的时候就‘直’，该‘曲’的时候还得‘曲’。”

人生之路亦如此，想着一步登天的人，往往是什么也不懂的“冒失鬼”。许多事情，只有通过反复周旋，要走许多弯路，才能达到目的。

理想的路径在理论上是存在的，但永远不要选择，往往是理想的路恰恰难以走通。路径思维不是要求选择最理想的路径、最现代的路径，而是要选择最现实的路，选择最能到达目的地的路。

同时，每个人的发展方向不一样，起点与具备的条件不一样，走的路径当然也不同，这就是说要选择适合自己走的路。最适合自己的路径，就是最好的路径。如果你是在水里游的鱼，你的路径在水里，就不要羡慕在陆地上跑的马；如果你是拖拉机，最适合你行走的便是马路，而不是高速公路，更不能像飞机一样在天空飞翔。

走天下之路，就应走天下最适合自己走的路。

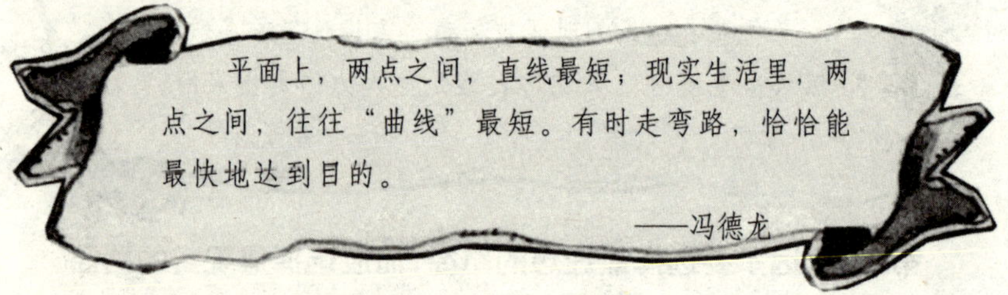

平面上，两点之间，直线最短；现实生活里，两点之间，往往“曲线”最短。有时走弯路，恰恰能最快地达到目的。

——冯德龙

第三，条条路上有障碍，但要努力跨越。

人生漫长，没有障碍的路几乎是不存在的。人生也没有捷径可走，现实社会是复杂的。两点之间最短的距离不一定是直线，如同滑雪，直着冲下山坡，会越滑越快，收不住，不是撞到人就是撞到树，受伤的往往是自己，所以必须滑成S形，才能控制好整个运行系统。这么说，选择弯弯曲曲的路径往往成为一种必然。为什么会这样，因为路上有障碍、有风险。因此，必须了解行走路上的障碍物，弄清人生的风险情况。

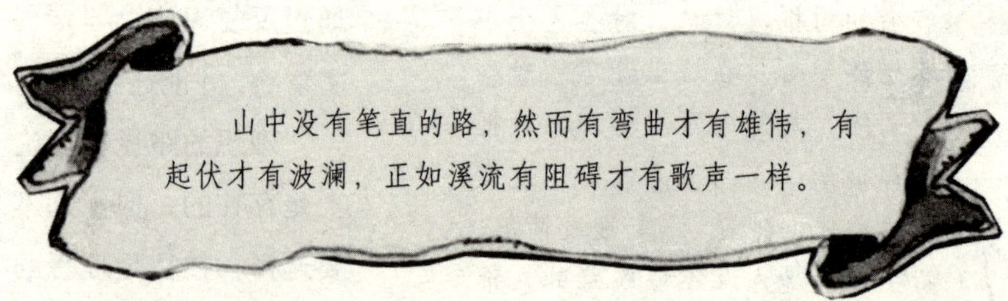

山中没有笔直的路，然而有弯曲才有雄伟，有起伏才有波澜，正如溪流有阻碍才有歌声一样。

人生道路上的障碍也没什么可怕，总是有办法跨越的。因而，遇到障碍，不要抱怨，不要回头，更不要躺倒不干，而要制定策略择道绕行，或努力跨越障碍，越过去了就有光明前程。人在障碍面前应该有种“水”的精神，像“水”一样，从不为障碍忧心，从来都是一往无前，如果遇到一座山，就绕过去；遇到坎坷，就漫过去；遇到沙石，就渗过去；遇到堤坝，等水满了后再溢过去；遇到顽石，就浪漫地冲撞一下，不但能过去，还能激起美丽的浪花。如此，任何障碍也都不在话下了。

第四，走自己的路，走创新之路。

“走自己的路，让人家去说吧！”这句名言世人认同。但何为“自己的路”呢？起码应体现个性，要有新意，总不该是走前人的老路吧。如当官的，应有自己个性化的执政风格；做学问的，应有自己的独到见解；做生意的，应该独辟蹊径；哪怕是讲个笑话，谈个恋爱，都要独出心裁。所以，走自己的路，就应该走创新之路。而且只有这样，才有光明前途。

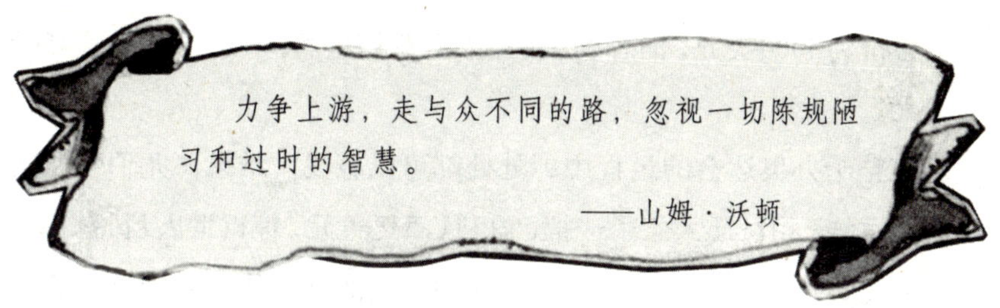

创新之路，是与时俱进的路，的确，它蕴含着巨大的机会，往往能给人带来意外的惊喜！

大家知道，2008年北京将举办奥运会，举国欢腾。可是有谁知道，二十多年前，很多国家害怕举办奥运会。为什么？因为要赔钱，前苏联举办过一次，一下子就赔了10亿美元。但是，1984年，美国洛杉矶奥运会则彻底改变了这一局面，不仅没有赔钱，还创造了赚大钱的奇迹。为什么会这样呢？因为改变了举办奥运会的运行路径，创造了一条新路，把赔钱的路变成了一条赚钱的路。

此次奥运会由美国商人尤伯罗斯运作，他只用2万美元开了个户头，拉几个人就像玩游戏一样地开展工作了。但他颠覆性地改变了过去各国办奥运会的路径，创造了一条新路径：

——拍卖转播权。过去办奥运会就得花钱请新闻媒体支持，现在他拍卖奥运转播权，一下子就拍卖了2.8亿美元。

——采取“饥饿法”征集广告赞助商。规定每个行业只选一家成为正式赞助单位，以竞价决定，结果只接受了30家赞助商，便集资3.85亿美元。

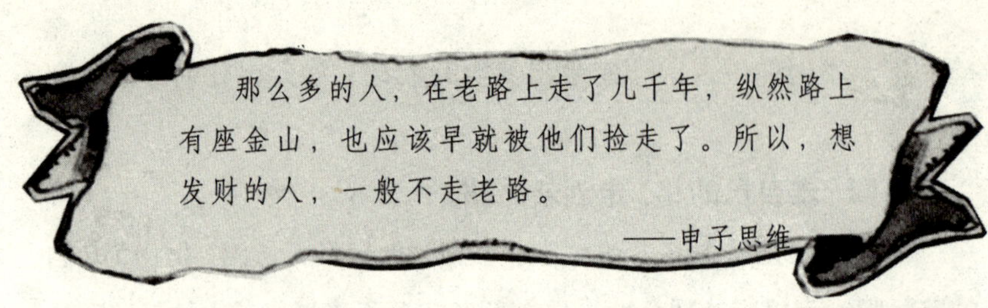

——奥运圣火的商业化传递。过去是花钱请名人或运动员来做传递者，由主办者掏钱；现在改为由那些想出名的人或痴迷奥运的有钱人，自己掏腰包来买传递圣火的“跑步权”。他将1.5万公里的传递圣火长跑，分成1.5万份，即每1公里为一段卖给参加跑步的人，每一公里的售价为3000美元。消息发布后，人们竞相抢购，一下子又赚了4500万美元。

在整个办奥运会的过程中，处处都可以赚钱，结果，尤伯罗斯当然不会亏钱，相反还大赚了一把，盈利1.5亿美元，惊得世人目瞪口呆。

可见，不同的路径，结局迥然不同。新的路径往往蕴含着新的机会，走新路吧，那才有出路！

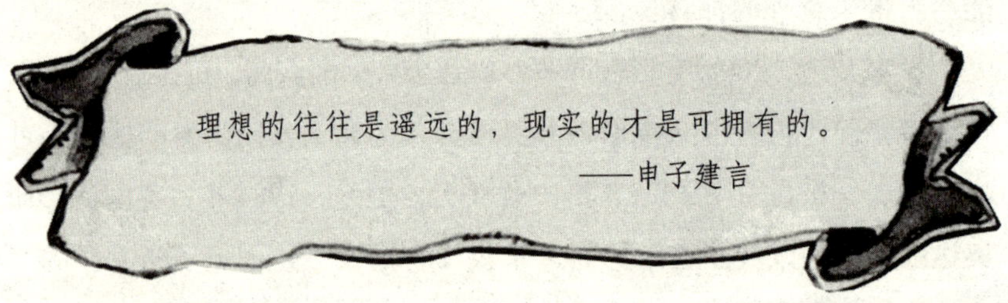

不论怎么着，我们都必须快点上路，并且要不停地奔跑，拼命地奔跑。因为：

每天早晨，非洲羚羊醒来，
它就知道必须比狮子跑得快，
否则它就会被狮子吃掉；
每天早晨，非洲狮子醒来，
它就知道必须比羚羊跑得快，
否则它就会饿死。
不管你是狮子还是羚羊，太阳升起的时候就得拼命跑。

●规则思维。孙悟空的出路永远在“如来佛的手掌”里。社会有张无形的网，“显规则”不能碰，“潜规则”要自通，用如来佛的智慧理清人生出路的大格局。

不要跟“上帝”作对，那是任何人都难以对付的。

——申子题记

中国人十分钦佩孙悟空的本事，他有七十二变，一个筋斗云，可行十万八千里，大闹天宫，弄得地动山摇；大闹龙宫，搅得翻江倒海；刀砍不死，火烧不死，还可以砸开地狱之门，在阎王的生死簿上抹掉自己的名字。本领了不得，似乎可以为所欲为。但是，不论他有多“牛”，还是跳不出如来佛的手掌。

《西游记》中有一段写孙悟空与如来佛“较劲”的故事。佛祖问：“你有何本事？要夺玉皇大帝这宝座？”悟空说：“凭我的本事，如何坐不得天位？”佛祖笑道：“我与你打个赌，你若一个筋斗跳出我的手掌，我就请玉帝到西方居住，把天宫送与你；若是跳不出去，你回花果山做你的猴王。”悟空暗笑道：“这如来真是个呆了。我老孙一筋斗十万八千里。他那手掌，方圆不足一尺，如何跳不出去？”悟空马上收起金箍棒，抖擞神威，纵身一跃，说了一声“我去也！”便一路云光，到了天边。这时，悟空看见有五根肉红柱子，以为到了天尽头，便拔下一根毫毛，在中间的那根柱子上写道：“齐天大圣到此一游。”洋洋得意，还撒了一泡尿做上记号。然后又一个筋斗云回到如来佛的掌心，叫道：“如来，你叫玉帝把天宫让给我吧！”如来骂道：“你这臊猴子！你什么时候离开过我的手掌哩！你低头看看！”悟空睁圆火眼金睛，低头看时，原来佛祖的中指上写着：“齐天大圣到此一游。”嗅一嗅，果真还有猴尿臊气。

孙悟空为什么跳不出如来佛的手掌？为什么孙悟空的出路永远在如来佛的手掌里。这是悟空无法理解的事情。

作为尘世中的人，同样也跳不出社会这个如来佛的手掌，这个手掌就是社会的规则。

无规无矩，不成方圆。社会之所以为社会，几十亿人之所以能共处于社会，就是因为大家认同了一套游戏规则，并共同遵守这套规则，否则，不堪设想。

出路有出路的游戏规则。任何出路，都是在遵循一定游戏规则的前提下打造的出路。因此，无论何时何地，都要用规则思维来谋划出路。

规则思维，任何人在谋划出路时，不能没有规则意识，更不能把谋划出路变成专攻“邪门歪道”。

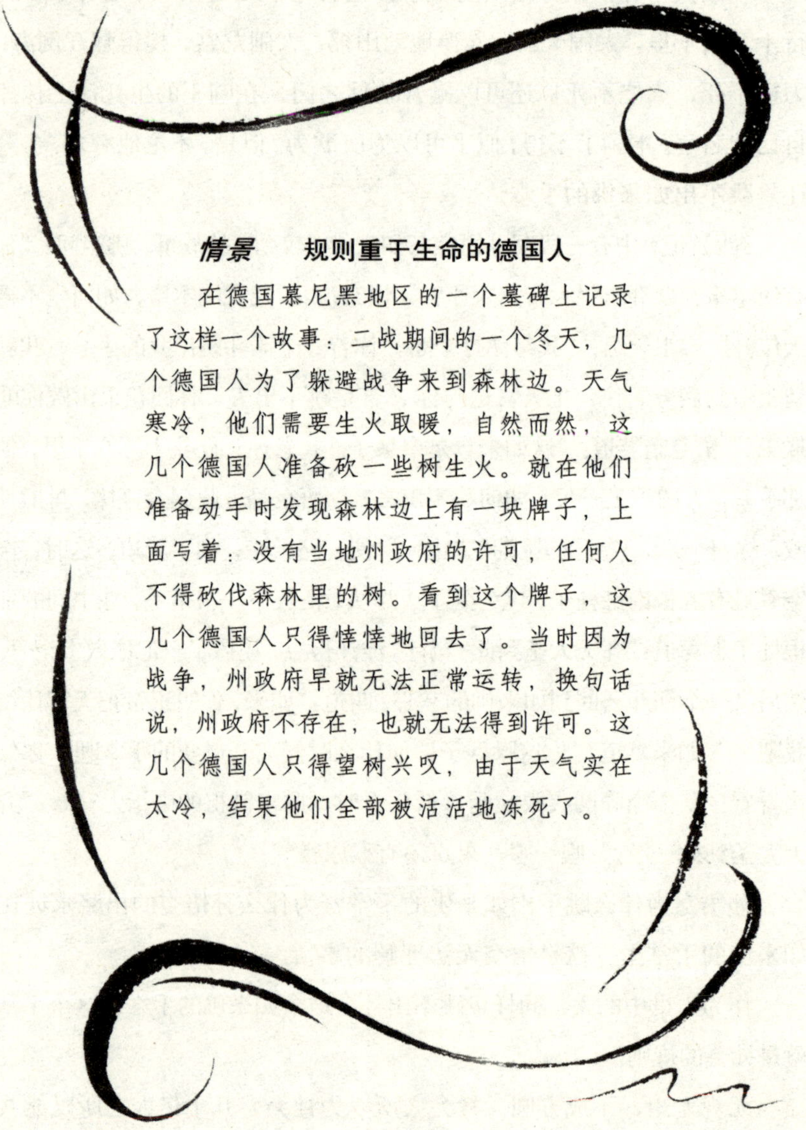

***情景*　规则重于生命的德国人**

在德国慕尼黑地区的一个墓碑上记录了这样一个故事：二战期间的一个冬天，几个德国人为了躲避战争来到森林边。天气寒冷，他们需要生火取暖，自然而然，这几个德国人准备砍一些树生火。就在他们准备动手时发现森林边上有一块牌子，上面写着：没有当地州政府的许可，任何人不得砍伐森林里的树。看到这个牌子，这几个德国人只得悻悻地回去了。当时因为战争，州政府早就无法正常运转，换句话说，州政府不存在，也就无法得到许可。这几个德国人只得望树兴叹，由于天气实在太冷，结果他们全部被活活地冻死了。

社会用规则编织了一张无形的网，我们每个人都只能在“网”的中央活动。规则是出路的“路轨”，出路在规则的呵护下延伸。所以，我们必须按规则做人，按规则做事，按规则意识谋划出路。

我们接受教育，不论是家庭教育、学校教育还是社会教育，重要的方面是规则教育。小时候在家里“犯了事”，实质上就是违背了某一规则，父母打你一个耳光，本质上就是把一个规则打入你的脑海。在社会上，违背规则就会受到来自各个方面的压力或处罚，即使是孙悟空这种“天马行空”的人，师傅也会在其头上安个“紧箍咒”，一旦违规，就念咒语，令其痛不欲生。在这种严格的规则制约下，保证大家“不逾矩”。正是这种训练，据说就连德国的狗都能自觉遵守红绿灯的交通规则。正因为大家守规则，社会才会秩序井然，天下才会太平。不然，大家乱作一团，非旦找不到出路，甚至无法生存。

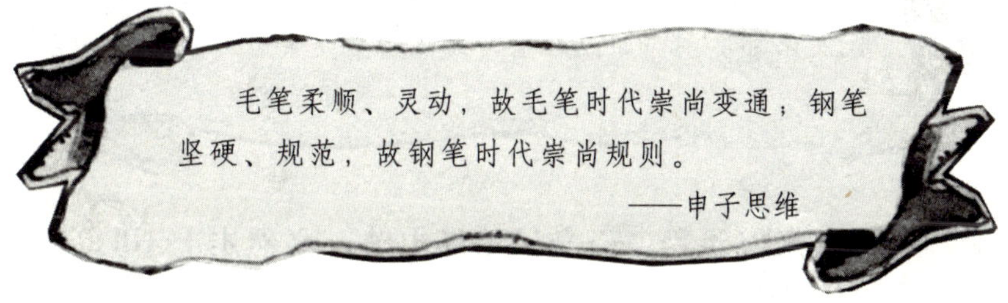

毛笔柔顺、灵动，故毛笔时代崇尚变通；钢笔坚硬、规范，故钢笔时代崇尚规则。

——申子思维

规则是硬邦邦的，找出路必须遵循规则。然而，这种看来铁板钉钉的道理，在时下一些人的意识中却不以为然。他们崇尚找出路是“钻空子”、“找门子”，甚至蔑视规则，认为规则是死的，人是活的，活人哪能被规则害死？他们判定这个世界上根本就不存在完美的规则，任何法规你只要想钻它的空子，就一定可以找到空子可钻。所谓规则，是用来管“老实人”的，对于“聪明的人”来说，必定是“上有政策，下有对策”，“规则算老几？”他们认同一种扭曲了的价值观，即认为有能力的人，就是有路子的人，有路子的人就是能办好明明办不了的事、或办通明明禁止办的事。公然与规则对抗，推崇不受规则限制的所谓“门路”，崇拜办事不受规则限制的所谓“能人”。

所以，对于处在转型时期的中国社会来说，虽然社会法律、法规、条例、规章、制度多如牛毛，但真正老老实实执行的少，于是就出现了许多人在“规则的空子里”找出路的怪现象，谋划出路也就变成了搞邪门歪道。其结果，大家“削尖脑壳”找出路，找得非常辛苦，即使找到出路了也会感到忐忑不安，更可怕的是，这种做法一旦风靡开来，势必造成谁也不知出路在哪里？最终，聪明反被聪明误，必然把人生误入歧途，把社会误入歧途。

堂而皇之的出路，就得遵循堂堂正正的规则。人生要大气，要经得起考验，就必须把每一步“走稳”，走得让人无可挑剔。这就不能搞“小聪明”，不能贪一时的便宜和成功，相反要有“大聪明”，这就是老老实实做人，扎扎实实做事。因而，一开始谋划出路，就得有牢牢的规则意识，认认真真遵守社会规范。这样的人生，才会稳如泰山。

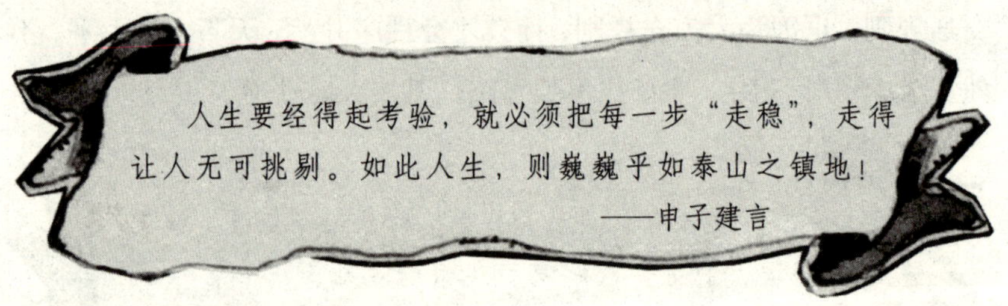

规则本来就残酷，以身试法谋出路，必然走上不归路。

许多人在设计个人出路的时候，有的胆大包天，敢闯“红灯”，无视规则的存在；有的则抱侥幸心理，知道许多规则谁也不能碰，碰了就会受到严厉惩罚，但偏偏要去碰。结果，许多人碰得头破血流，许多人因此不但没有找到出路，相反走上了绝路。有这样一组数字：

根据权威部门统计，1997年10月至2002年9月，全国纪检监察机关共立案861917件，给予党纪政纪处分846150人，其中开除党籍137711人。受到刑事追究的37790人。其中，县（处）级干部28996人，厅（局）级干部2422人，省（部）级干部98人。

这就是说，这5年在腐败中倒下的人数已经超过解放战争时期三大战役伤亡人数的总和： 在三大战役中，我军阵亡46993人，这5年在腐败中倒下的人数(开除党籍)137711人，是三大战役的近三倍；三大战役中，我军受伤人数为183624人，而在5年中因腐败受伤(纪律处分)的人为 708439 人,是三大战役的近四倍。

血淋淋的事实告诉我们，规则不能违，只能在遵守规则的前提下，设计人生的出路，否则，必然走上不归路。

影响出路的规则不仅有白纸黑字的“显规则”，还有高深莫测的“潜规则”。“显规则”容易把握，非礼勿动，非礼勿行，自觉遵循便行。而“潜规则”无边无际，博大精深，无师可传，无书可对，靠积累社会经验把它“悟”通。否则，个人在奔出路时，随时都可能翻船，而自己还可能蒙在鼓里，不知错在何处?

用如来佛的大智慧，科学谋划人生出路的大格局。

出路的规则思维不仅要求我们强化规则意识，遵守规则；更主要地是要求我们善于利用规则，顺应社会的规则要求，科学谋划人生出路的大格局。具体说：

一是顺应人类社会进步与发展的规则，定位人生出路的大方向。即“世界潮流，浩浩荡荡，顺之者昌，逆之者亡”。

二是顺应一定时期社会经济发展的规则，规定人生出路的具体内容和路径。如计划经济时代，对私营经济露头就打，当做资本主义尾巴割，个人办公司、当老板的出路就被封杀了。改革开放后，民营经济的蓬勃兴起，人们“下海”的浪潮一浪高过一浪，就连一些市长、厅局长也纷纷辞职，投身商海，一批又一批暴发户不断涌现，一批又一批老板茁壮成长。改革开放的政策、规则变了，为人们寻找新的出路打开了新的空间。新的规则赋予了人们新的出路。

三是按照党纪国法和政策法规的内容，确定人生出路的行为准则。每个时代都有一些“天条”，它规定了我们每个人应该做什么，不应该

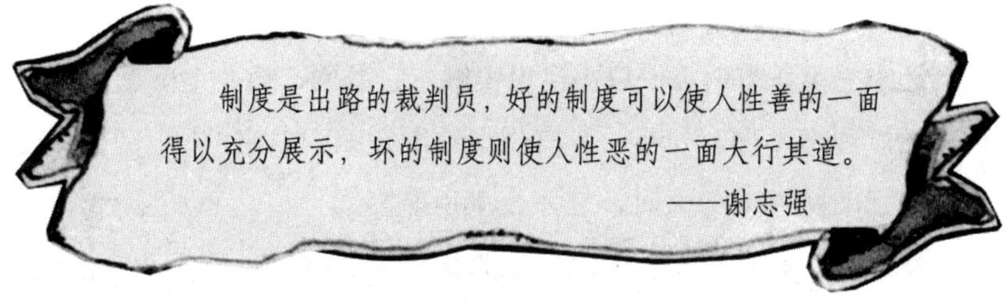

做什么，行动的底线是应该坚守的，这些“天条”不能碰，碰就没有出路。

规则为我用，出路更畅通。把规则当做出路的轨道，天地将任我遨游。因此，谁掌握了规则系统，谁就掌握了出路的自由。

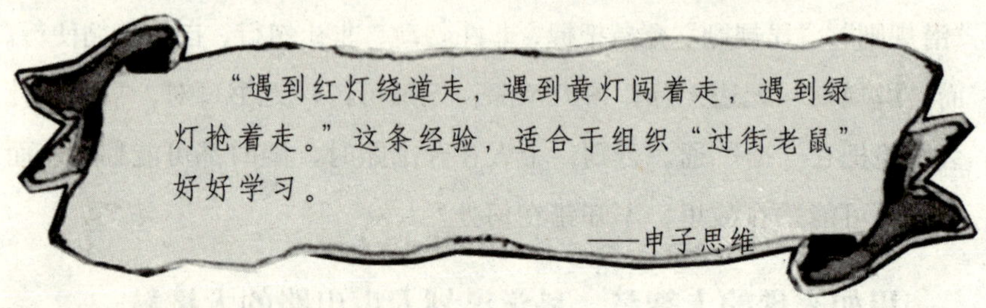

“遇到红灯绕道走，遇到黄灯闯着走，遇到绿灯抢着走。”这条经验，适合于组织“过街老鼠”好好学习。

——申子思维

●网络思维。蜘蛛织网又一次唤起了拿破仑的雄心。从古人的织网捕鸟到现代大学生网上经营“破烂”，网上出路，机会何其多！经营天下，原来如此简单！

现代人的才能，是向世界延伸的才能。这就是秀才不出门，经营天下事。

——申子题记

蜘蛛织网启发了久困英雄，又一次唤起了拿破仑的雄心。

拿破仑被第六次反法同盟击败后，囚禁在地中海厄尔巴岛的死牢里。他像死猪一样地躺着，看不到任何有生命的东西，对未来彻底失望。他不经意地瞄向墙角，发现一只蜘蛛慢慢地、不停地编织着网，不停地织呀织，拿破仑的眼睛跟随着蜘蛛的网不停地转呀转。他发现蜘蛛是多么了不起，蜘蛛的谋略和耐心简直是举世无双：网破了，要及时补上；被风吹毁，就马上另结一张新网，从没有丝毫的犹豫。在它的网还未完全织好时，一只小昆虫误触了它的网，粘在上面无法挣脱，蜘蛛竟然理都不理，一步一步有规划地继续编织着它的网。只有当它确定自己的网万无一失时，它才会享用盛宴。

就这样，在死牢里，拿破仑望着蜘蛛浮想联翩，夜不能寐，按照蜘蛛织网的思维，把自己从离开故乡科西迦以后，在政治军事斗争中的各种成败得失，梳理了一遍又一遍；虽然自己在军事和权力斗争中过了把瘾，但在许多方面比这位蜘蛛朋友差远了；该拉拢的没有好好拉拢，该扶持的没有扶持，该用的人没有放到应有的岗位上去，该防范的没有足够的警惕。在军事部署上也有许多漏洞，军事组织上也没有蜘蛛织网这么慎密。尤其是没有蜘蛛这种工作作风和忘我的敬业精神，自己每次在打仗之前还要悄悄地去和情人约会，好像不约会自己的那支炮兵部队就没有战斗力一样，这岂不是把自己的前途当做儿戏？基本的网都没有织好，怎么能追求个人享受呢？糊涂呀糊涂，怎么犯了这么多的糊涂呢？

不过还好，虽然自己被关进死牢里了，但原来织的网还没有完全破，还有无数的兄弟在外面等待，还有无数的力量可以争取，只要想办法出去，重新织网，吸取教训，还可以卷土重来。

就这样，蜘蛛朋友给了这位困厄英雄许多启迪，他从中似乎悟出了许多道理，使他重新点燃希望之火，潜回法国，网罗力量，又一次爬上了权力的巅峰……

人类的智慧自古以来就重视“网”的力量。网络时代的到来，又颠覆性地改变了社会经济发展的格局，网络思维越来越成为寻找出路的主导思维。

也许是蜘蛛很早就给人以启示，人类的智慧自古以来就重视“网”的力量：远古的人早就学会了织网捕鱼、织网捕鸟；在社会活动里则挖空心思编织人际网、家族网、老乡网，尔后又有“朋党”网、政党网等。还有各种政权组织、经济组织、军事组织等，什么是组织？组织就是为了某一目的而结成的一种网络形式。

网络是资源的链接，网络主导出路。找出路就得进入一定的“网”上，谁编织的网大，谁可利用的资源便多，谁的出路也就大，反之亦然。如同麦当劳、肯德基通过建立庞大的全球性连锁店网络而成为“快餐大王”，市场经济运作的经验，反复证明了“渠道为王”、“网络为王”的道理。

找出路，离不开网络，而且，只有网络，才能成就人的出路。

21世纪，人类已经进入网络时代。

最早促成网络飞跃性发展的是雅虎的创办人杨致远。他原是美国一所大学里的学生，偶尔编制了一个程序，以帮助他和其他计算机用户进行交流。有一天，他突然觉得这个简单的程序孕育着一种前所未有的力量。他设想，如果有一天全世界的人都可以在他创造的这个东西上交流，无疑是一种划时代的变革。他把发明的这个东西称为“网”。

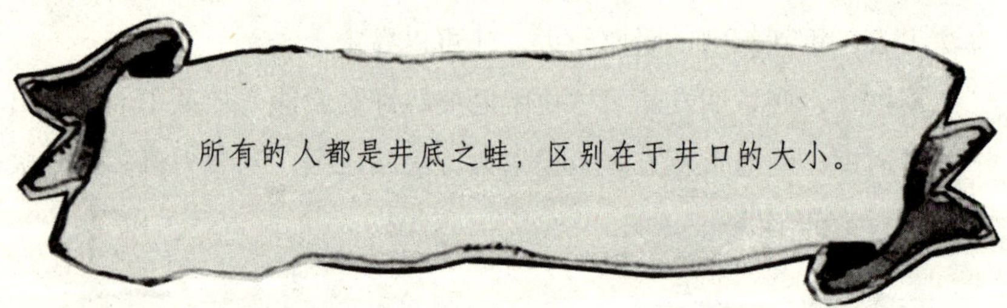

1995年，全世界只有1400万人上网，1996年达到4000万人，1997年达到8000万人，1998年又翻了一番，接着每年以几何级数递增。比尔·盖茨在《未来时速》这部书里预测，公元2010年时上网人口会达到15亿。

网络的发展极大地改变了发展的格局，把个人与世界紧密地联系起来，为人的发展打开了一个无限宽广的空间。

曾经，有一个叫希尔斯的公司花了100年的时间成为全世界最大的百货公司。但在1980年才成立的沃尔玛在20年之内就超过了希尔斯成为世界上最大的百货公司。可是，网络的发展使1995年才成立的网络书店亚马逊仅花4年工夫，市场价值就超过了沃尔玛。

网络完全改变了我们的生存状态和发展状态，改变人流、物流、信息流的各种方式。以商业零售为例，中国目前最大的书店西单图书大厦充其量也只能摆放17万本图书，但网络书店亚马逊则可以摆上几百万种，甚至上千万种图书，这些书你可以呆在家里或办公桌上随时浏览、选择，不受任何时空限制。像王府井百货大楼，充其量也只能摆上数万种商品，可电子商务的网站则可以摆几千万种商品，而且全天候服务。

网络文明迫切呼唤我们更新观念和心理，确立网络思维、网络心理，并用网络思维创造新的生财体系、发展体系和成功体系。谁能掌握新的生财体系，谁就能掌握下一个文明，就像早期掌握工业时代生财体系的人，就可以掌握这个世界的财富一样。

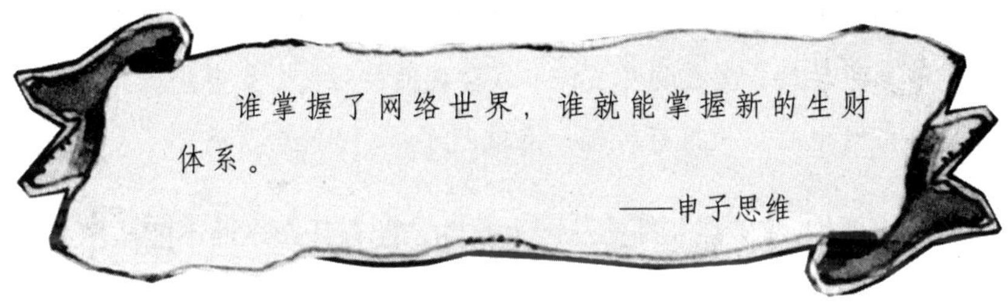

网上出路何其多，大学生成为网上“破烂王”的启示：经营天下，原来并不复杂！

★真棒！大学生成为网上“破烂王”

2003年，23岁的李小华从江苏省淮阴工学院现代文秘专业毕业。毕业那天，便成了他失业的开始。他来到南京，在这里，仍然没有找到工作，肚子也填不饱。在绝望中想到了收破烂，于是他用自己身上仅有的一点儿钱买了一杆秤和一辆破旧的自行车，走街串巷收起破烂来了。可是，当他深入社区收破烂时，发现自己有一个致命的缺点：根本不会吆喝！他壮着胆子喊，“收破烂了……”可这声音怎么跟蚊子哼的差不多！他觉得自己实在是太无能了，连收废品都收不过别人……

但李小华是个不甘心认输的人，他坚信依靠自己的知识与才华，一定能干好收破烂这门美差，也一定能收出自己的特色来！为此，他想到了互联网。说干就干，李小华给网站起了一个非常响亮的名字——南京在线收废品网。通过广告宣传，没多久，李小华的业务就开展起来了。才几天工夫，他在网上就接到了近百笔业务。李小华通过网络收废品的消息被南京电视台的记者知道了，中央电视台国际频道的记者也知道了，各大媒体纷纷报道，没想到，李小华一下子就成了南京城里的名人，南京在线收废品网的业务因此火爆起来了。

要收的破烂太多了，自己忙不过来，于是，他又采用麦当劳模式招了15位加盟员进来，由李小华提供信息，他们上门收购，然后利润分成。就这样，几乎一夜之间，李小华完成了从收购员到老板的角色转换，而且改变了许多人卖废品的习惯，如今想卖废品，只要打开电脑，把鼠标轻轻一点就行了！

可想而知，“破烂”都能从网上收购，还有什么东西不能从网上收购呢？既然什么东西都可以从网上买，也必然可以从网上卖。有一个真实的故事：一个北京近郊在自家田里种大蒜的老农，把上好的大蒜挑到城里去卖，因城里人习惯于到超市买包装好的蒜头，农民的生意自然糟糕。这时又下起了大雨，他就到一个“网吧”门口躲雨，并与经营网吧的年轻人聊天，当年轻人得知老农种的蒜没有使用化肥，积压在家卖不出去的情况后，不经意将“有机蒜头”几个字输入网络，一下子就找到了买主——德国一家经营绿色农产品的公司一直在找这样的蒜头，双方立马成交，尔后，老农的大蒜全部出口德国。网络，使老农也可以做国际贸易了。

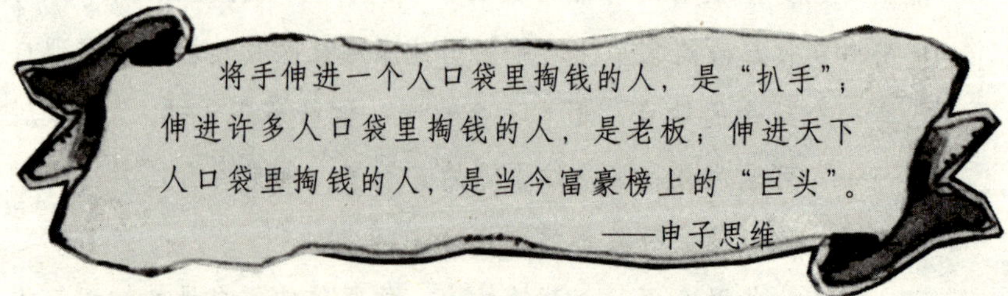

的确，网络世界为个人发展与成才创造了无限多的机会，人们在

网上驰骋，开创了一条条新的人生之路！

更为主要的是培育了人们的一种网络思维，即真正面向全球整合资源，面向全球找出路的思维，也就是经营天下的思维。

未来的世界是网络的日不落帝国。那时，时空屏障消失，距离与时间不再，无障碍交流、零阻力经济将在全球范围内畅行。

未来世界不再是财富集中或人力集中的世界，个人不必到世界各地去设据点，而能做到一人公司的全球活动。一人公司，全球合作，不是遥不可及的梦想，而是伸手可及的机运。

个人与世界紧密相连，天下信息，想看就看；天下资源，想用就用；天下市场，想占就占。每一个人很轻松地就能深入到全球每一个家庭、每一个社区、每一个角落，驰骋天下，经营天下，成为现代人寻找出路的题中应有之义。

网络思维真切地告诉我们：出路啊出路，天下何处不是路！

●策划思维。没有策划的出路是蠢猪的出路。把自己当做品牌进行策划与运作吧！科学设计出路，策划产生奇迹！

> 当我们在办身份证的时候，如果能意识到这是在对一个品牌进行注册登记，那么，出路也近在眼前了。然而有这种想法的人少得可怜，所以，出路总是那么茫然！
>
> ——申子思维

思路决定出路，策划改变人生与世界。

拿破仑说：“我习惯于在三四个月前考虑我应该做的事情，并且估计到最坏的情况。”凡事预则立，不预则废。拿破仑之所以能从一个默默无闻的炮兵少尉成为法兰西第一帝国的缔造者，首先应归功于伟大的策划！

“要把一切事情做成功，你首先对这件事情要有一副清晰正确的心理图像。”世界著名的高尔夫教练莫里森如是说。他认为，只要坐在安乐椅上，在心理上琢磨练习，就能达到较好的效果。在高尔夫比赛中，心理和策划因素占90%，身体因素占8%，技巧因素占2%。

狮子在捕捉羚羊前先要隐藏自己，悄悄地蹲在草丛里，两眼紧紧地盯住羚羊，大脑急剧地运转起来：具体的猎物是哪一只？是老弱的、落了单的或是离自己距离最近的？目标一定要选准。如何以最快的速度、以最短的路线捕获猎物？从什么方位出击羚羊最关键的部位？这一思维过程，就是策划。

有思维，就有策划。思维的功能在于策划，思维的成就在于策划。

思路决定出路，策划改变人生与世界。世界上的一切现象，人类的一切活动，都离不开策划。大的方面诸如战争、和平、合作，城市规划、交通网络建设，小的方面诸如竞争、企业运作、品牌推广等，哪一项也离不开策划。

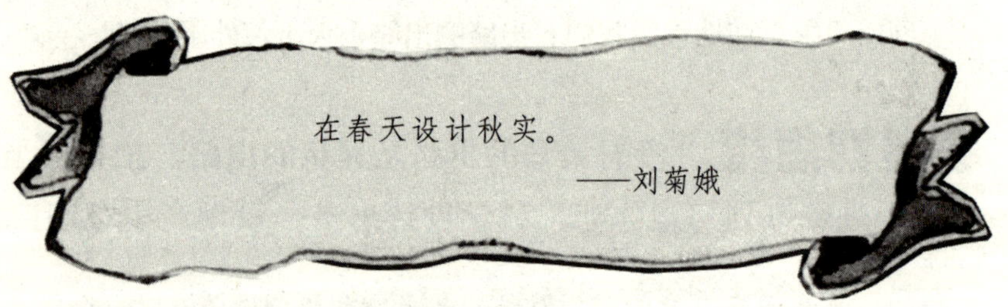

思想支配人类，策划创造奇迹。古人田忌赛马的故事，就是因策划而改变了赛事的局面。故事中说，齐王与大臣田忌赛马，由于齐王的马好，每次田忌都输。怎么能赢呢？田忌的好友孙膑给他策划："让你的三等马伪装成一等马去跟齐王的一等马赛，再让你的一等马对齐王的二等马，以二等马对齐王的三等马。这样，你只输头一场，后两场都能赢。"田忌照办，果然反败为胜。

人类进化到21世纪，田忌赛马式的策划早已成为"小儿科"了。尤其进入市场化社会，各种各样的策划活动如火如荼地展开，市场战、企业战、价格战、品牌战，无不精彩纷呈，熠熠生辉。

但有一种策划，一直还在沉睡。这就是对人自身的策划！我们每个人大多希望有所作为、出人头地，能有个好的前程、好的出路，但真正对此进行认真研究、策划、运作的却很少，面对出路问题，茫然无奈。因此，我们不得不大声疾呼——应该把自己当做品牌经营运作！

人是人，也是“物”，应该把自己当做品牌来经营运作。

人，总喜欢把自己当成人，不愿意当成物，更不愿把自己当成商品。其实这是一个极大的误区，禁锢了我们几千年。我们在“人”的自命不凡中保持清高，却在不知不觉中放弃了发展的机会。只有极少数成功人士——人类的先知先觉者醒悟了，他们在年轻时早就抛弃了这些陈旧观念，他们努力把自己当做一个美好的“物”进行设计，想尽一切办法包装自己、推销自己、传播自己，把自己变成品牌，变成太阳，或者变成明星、大腕、大师，或者变成富翁或救世主之类的“物”，吸引人类的眼球、吸引出路的眼球！

生活中许多人常说“人比人，气死人”。这一点儿不假，许多事情的确使人欲哭无泪。比如两个各方面条件不相上下的人，但个人的出路却有天壤之别。如有些大师级画家，绘画水平也不过如此，一不小心抖出的几滴墨水也许就值一栋楼。而另一些画匠穷其一生作画，技艺也高超，但一辈子也只能沦落街头作画，难为生计。即使和名家画得一模一样，也会被人斥之为“赝品”而一文不值。同样是唱歌的，歌唱家上台，只要一张嘴，哪怕是“假唱”，出场费就是几十万。而另一些人，不论如何唱得惊天地、泣鬼神，充其量也只是个“卖唱的”，能有口饭吃就不错了。同样是著作家，有些人书写得既无思想，又无文采，但可以洛阳纸贵，有的人写出博大精深的著作，也许只能束之高阁。

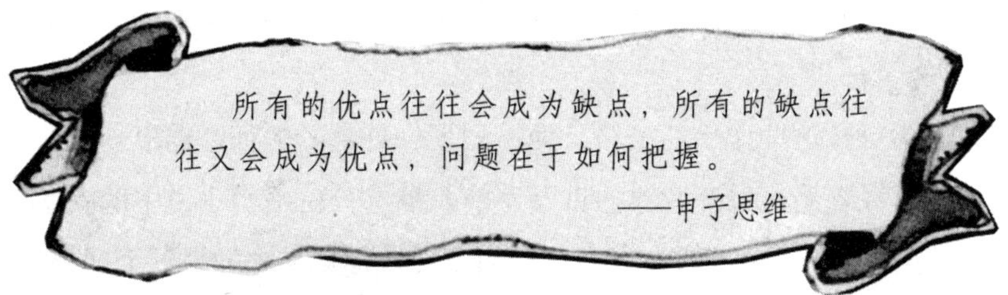

为何有这种巨大的出路差异呢？重要的一点，是策划与经营人生的差异。我接触无数的成功人士，无论是老板、理论家、画家、歌唱家，他们都有着强烈的“自我经营”意识，不论是叫张三的还是李四的，都把自己当做品牌强力促销，借助各种媒体和手段，宣传自己的影响力，打造属于自己的市场，求得社会认同。我还接触过这样一位大学老师，他研究中小企业的发展，写了一两篇中小企业改制方面的文章，通过运作得了奖，再通过报纸、电视媒体炒作，他就成了有名的经济学家，没过几年，他又成为一省之长了。令无数书呆子目瞪口呆！这样的案例不胜枚举。

社会本是个大超市，每个人要在这个超市里占有一席之地，就要把自己当做品牌来经营。要牢固树立自我设计意识、自我经营意识和策划意识，要打造自己的“卖点”，形成自己的出路市场。

好出路必有其好策划，策划是种“软实力”，策划产生奇迹！

策划是种软实力。成功的项目、成功的品牌、成功的活动，必有其成功的策划。如名扬四海的“超级女声”活动，为《湖南卫视》带来近三个亿的经济效益，其巨大的成功首先源于策划上的高超，是借助现代媒体而形成的一种高智慧的“策划经济”现象。

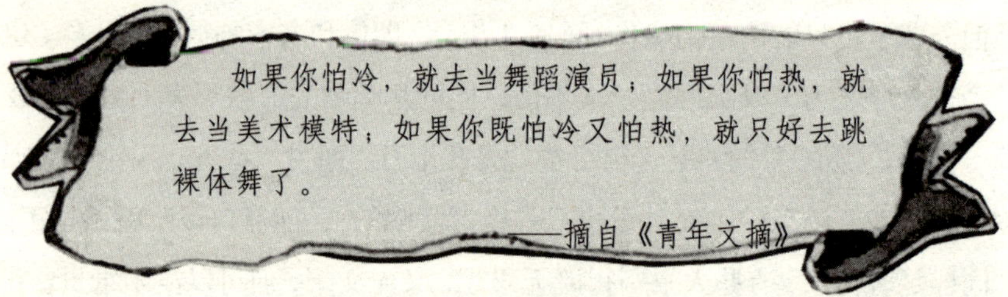

如果你怕冷，就去当舞蹈演员；如果你怕热，就去当美术模特；如果你既怕冷又怕热，就只好去跳裸体舞了。

——摘自《青年文摘》

毛姆是英国著名的作家，在出名前，他写了许多好作品，但销路不畅，为此十分苦恼，感到没有出路。怎么办？他开动脑筋从策划上想办法。

为打开这些作品的销路，他策划了一桩奇妙的征婚启事：本人是一位年轻貌美、很有教养的百万富翁，欲寻一位毛姆小说中的女主人公式的女孩，为终身伴侣。当这一启事在发行量最大的报纸上刊登后，如水击石，打动了无数女孩的芳心。可是大家都不知道毛姆小说女主人公是什么样子，于是乎，都纷纷去买毛姆的小说。一时间，毛姆的小说被抢购一空，一版再版，毛姆名声大振，家喻户晓，很快就奠定了文学大师的基础。

策划就是能创造奇迹。通过策划，放大“显优势”，挖掘“潜优势”，达到出奇制胜的效果。经济发展的奇迹、社会发展的奇迹，从个人的成功，到一个企业、一个区域的崛起，都能看到策划的威力。

这里举一个最贫穷的地方，如何通过策划贫穷，出售贫穷，从而达到致富的例子。

★绝妙策划，贫穷村庄出奇迹

在日本的兵库县，有一个叫丹波的村子。当整个日本都普遍富裕起来的时候，这里依然贫穷——土地贫瘠、物产贫乏，交通落后，信息闭塞。如何致富？于是，向全社会征集良方。大多数人的意见是：出售物产和资源换回生活所需。可是，这个村子除了贫穷和落后，除了阳光与空气，没东西可卖。

最后，一位策划大师就从贫穷与落后上做文章：既然只剩下贫穷落后，何不出售贫穷？如何出售贫穷？他向村民建议：今后村民们不要住在现在的房子里，要住到树上去；不要再穿布做的衣服，穿树皮、兽皮，像几千年前尚处于蒙昧时代的老祖宗那样生活，形成现代贫穷的风景线。这样，城里人会来观光、旅游，从而会给村民带来丰厚的旅游收入。村民们听从了专家的建议，果然，他们的“另类生活”引起了城里人的极大好奇。一时，游人如织，不到一年时间，丹波村的村民们都富裕起来了。

这就是策划为一个贫穷村庄所带来的出路奇迹！

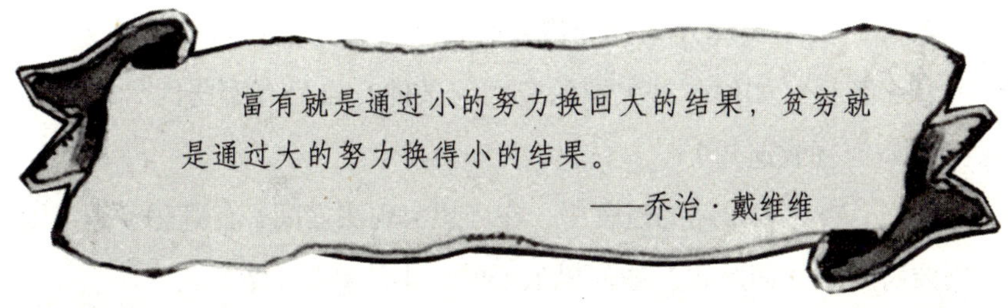

到底策划什么？寻找出路，先要形成科学的心理图像。

策划改变人生，亦如所有伟大的发明，都来自头脑中最美妙的想法！所谓策划人生，就是将最美妙的想法，将涉及人生出路的每一个元素最优地整合起来，形成寻找或调整人生出路的科学心理图像和行动方案。

人生到底要策划什么？

第一，要策划个人的出路到底在哪里？即出路的定位，自己的一生到底要干什么？

也许人生最大的难题，就是“知道你自己”。各种“算命”法（手相、面相、属相、星相、测字、易经、生辰八字、求签、血型、星座、解梦、咖啡杯等等）的流行，说明人们迫切地想认识自己，又很难认识自己。

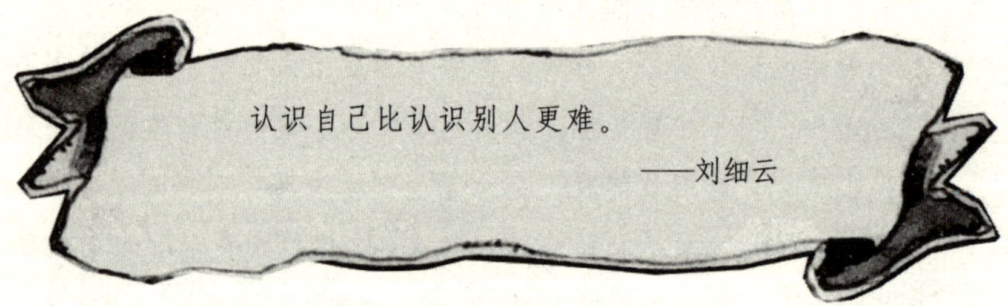

据说，在希腊帕尔纳索斯山南坡上的神殿门上面，写着这样一句话：“认识你自己。”古希腊哲学家苏格拉底最爱引用这句格言教育别人，因此后世人们往往错误地认为这是他讲的话。但在当时，人们则认为这句格言就是阿波罗神的神谕。有意思的是：两三千年前这句格言直到今天还有现实意义，策划是为出路定格，是为自己制订适宜的目标，因而就必须正确地认识自己。

第二，策划实现人生目的需要整合哪些资源？已具备什么条件，还差什么条件？如何弥补欠缺的资源与条件？自己有哪些优势，哪些劣势？如何扬长避短？

第三，在寻求出路的过程中，在理想与现实之间，有哪些障碍与困难需要跨越，如何跨越？如何以最小的成本达到目的？

第四，形成具体的行动方案，并坚定地付诸实施。

人生的策划毕竟不同于城市建设，策划要追求理想，但又不能理想化。立足于现实，但又要高于现实；力求尽善尽美，但又应该留有回旋的余地，以便在行动中完善。同时，“人算”不如“天算”，要重视事物发展中的“变数”，坚持在行动中因变、创变取胜。

丘吉尔是世界著名的领袖，他的策划思维值得我们借鉴。

丘吉尔认为，在策划中要牢牢把握三个最值得重视的积极因素：

第一，要牢记当前的核心问题或问题的最主要方面；

第二，知道如何权衡事物正反两方面的可能性及如何处理这些因素；

第三，反应灵活，及时调整方案。

与此同时，他认为最应该避免的三个策划误区是：

第一，试图预见很远的未来；

第二，试图力求完美；

第三，为策划而策划，而不是事情本身需要作策划。

他还以生动的语调阐述道：“在命运的链条上，一次只能把握一个环节。”“只需要在一定的限度内，花费一些力气来为未来作筹划。”

如此，策划才能与实际相符，才能真正把策划这一思维力量变为行动的力量，把理想中的出路变为现实的出路。

以天下之道，驰骋天下之路。

天下规律转动天下出路

——出路规律：铺设路轨的“金刚”

卷五：天下规律转动天下出路

——出路规律：铺设路轨的“金刚”

以天下之道，驰骋天下之路。

——申子题记

道路道路，有“道”才有路，有路必有“道”。道道，玩转人生！

——申子思维

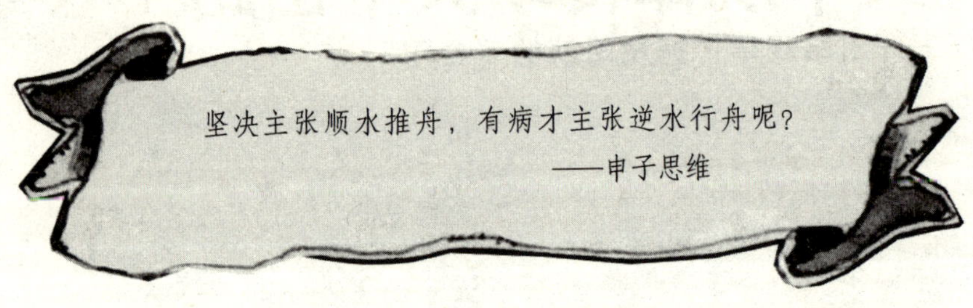

坚决主张顺水推舟，有病才主张逆水行舟呢？

——申子思维

《庄子》里有一个描写大盗跖的故事，有一次，他手下的人问他：“盗亦有道乎？”跖告诉手下，不管做什么都有道，做大盗也有道，而且有五道：一是“圣”，要比偷鸡摸狗者圣明；二是“勇”，下手时一马当先；三是“义”，做完案后主动“断后”；四是“知”，懂得可为与不可为；五是“仁”，即分赃合理。“五者不备而能成大盗者，天下未之有也。”

人生的出路到底是如何走出来的？这个问题看起来复杂，实则有道。它犹如一盘令人玩味的棋，奥妙无穷。但不管这盘棋如何微妙、如何复杂、如何多变，都有其内在的棋路、内在的棋道。

天下出路，都有规律，掌握规律，玩转出路。

● “雄心”引导律。欲望这一“魔鬼”会给人装上一颗“雄心”，给人装上一部永不停歇的发动机，使人像狮子一样勇猛，像狐狸一样富有智慧。

找出路，先要给自己装上一颗奔腾的心！

——申子思维

统治世界的不是意志，而是欲望。

——米尔斯

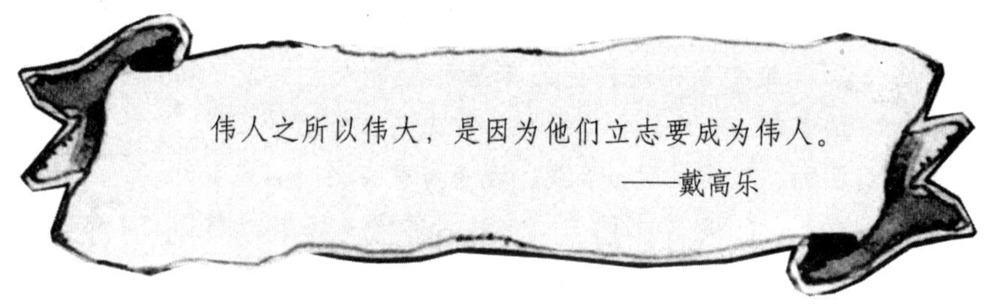

伟人之所以伟大，是因为他们立志要成为伟人。

——戴高乐

没有“雄心”，哪有出路？

“雄心”这东西，基本元素来自于人的欲望。在文艺复兴以前，世界上的大多数人把欲望视为“魔鬼”，可是现代，如果把某些欲望掺入一些文化因子，取个好名字便说成是“雄心”。所以，直到如今，还是有许多人弄不清这一“魔鬼”或“雄心”的狰狞。于是，这里便有三问：

一问：人心中装的“雄心”有多大？

古人说：人有七情六欲。美国心理学家马斯洛根据人的不同需要，由低到高依次划分为五个层次：即生理的需要、安全的需要、社交的需要、尊重的需要和自我实现的需要。五个层次这么清晰，似乎有点无稽之谈。但人的欲望的确是像大海一样，永远得不到满足，永远是贪婪的。世界上已有的东西，看得见、摸得着，甚至只要能想像的东西，都想得到，都想拥有。即使是世界上还没有的东西，人们也会产生很多妄想，希望总有一天能够拥抱在自己怀里。人到底有多少欲望，永远无法统计。

鸟儿在空中飞翔时，翅膀每分钟拍几次？鱼儿在水中游动时，尾巴每分钟摆几次？科学测验，这些自由自在的飞行动物和游水动物，它们的运动恰恰遵循严格的规律。

情景　雄心——人生最伟大的奠基石

雄心是一块伟大的奠基石，是人生成就一切的基础。一个人能怎么样，首先必须是想怎么样？因而，它是主观与客观、理想与现实之间，或者说是灵魂与肉体之间的一个巨大的联系环节。韩国总统金泳三的成功似乎更能说明雄心对其成为领袖的重要作用。

金泳三于1927年出生在靠近釜山市的巨济岛一个渔民家庭，父亲以打鱼卖鱼为生，这样的生存背景与当总统之间似乎相距十万八千里。可是，金泳三从小“做梦都想当总统”，上中学时，他还在自己宿舍墙上手书“未来的总统金泳三”的字幅，没头没脑地经常一个人预演如何当总统。按当总统的要求学习、思考，按当总统的要求生活，像总统一样地走路，像总统一样地讲话。为此，他倾注了毕生的精力，很早就全身心地投身于政治，27岁就当上了国会议员。尔后，干脆把自己当做“政治动物”拼命往上爬，皇天不负有心人，终于在1993年2月25日正式入主青瓦台，就任韩国总统。回忆自己的奋斗历程，他自信地说：“搞政治的人如果没有当总统的野心，那就是平庸之辈。”

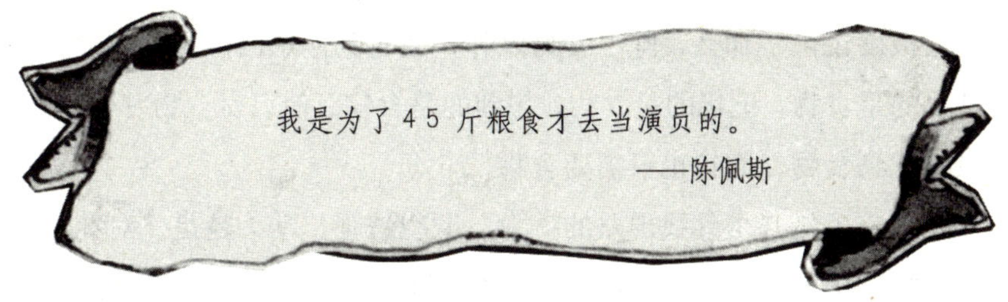

二问："雄心"是干什么的？

美国学者房龙在谈到拿破仑时说："野心是相伴他一生的终极动力。他要使'拿破仑'成为世上仅次于上帝的最重要的名字的绝对意义，所有这一切欲望，将拿破仑推到了前无古人的荣誉巅峰。"

欲望是行为的原动力，在人的整个生命历程中起最大作用的莫过于欲望这一"雄心"。人的一举一动，起因于欲望；人的喜怒哀乐，起因于欲望的满足或受阻。欲望在个体行为中所起的作用有：

1.欲望是引发个人行为的直接原因；

2.欲望为个体行为提供力量以达到其体内平衡；

3.欲望为个体行为提出目标和理想；

4.欲望使个人明确其行为的意义。

爱默生曾这么说："没有欲望，成不了任何大事。"有欲望，才有梦想、渴望、追求；有欲望，才有兴趣和激情，才有创造和成功的动力，才有钢铁般的毅力和坚强的行动，才能找到理想的出路。

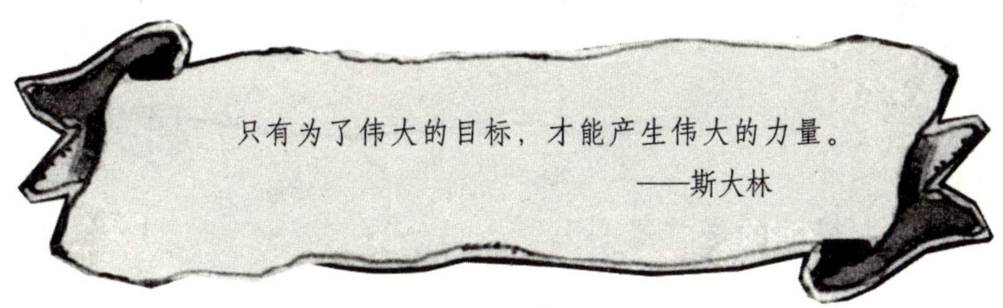

三问："雄心"与出路是什么关系？

第一，雄心是寻找出路的原因。如果没有欲望，人就不会有想法，更不会想办法，自然不会付诸行动；反之，如果对某种事物有着强烈的欲望，便会紧张起来，并积极地行动起来。如马斯洛所说的："如果一个人极度饥饿，那么，除了食物以外，他对其他东西会毫无兴趣。他梦见的是食物，记忆的是食物，想到的是食物。他只对食物发生感情，只感觉到食物，而且也只需要食物。”

第二，雄心是寻找出路的动力，欲望越强，动力越足。对此，伟大导师恩格斯的论述最为精辟，他明确指出：“卑劣的贪欲是文明时代从它存在的第一日起直到今日的动力。”

第三，雄心为出路进行目标定位，为寻找出路提供内在的意义和理由。许多人的所作所为，其他人看来不可理喻，甚至认为有“怪僻”或神经有问题，其实，就是有一种特别的欲望在支配他，如一些痴迷发明创造的人，便是如此。

第四，一定的出路就是一定的欲望得以实现。如一些大学生想进机关当公务员，实现了这一欲望，即在一定时期内找到了一条出路。新的欲望产生，又要寻找新的出路。欲望无止境，寻找出路也无止境。

美国《财富》杂志每年要列出全球最富的100人，有人研究，发现这些富人95%以上的从小就有发财的欲望，57%的全球巨富在16岁之前就梦想要办自己的公司。可见，要发财，从小就须有发财的雄心。

所以，有出路必有“雄心”，没有“雄心”，肯定没有出路。

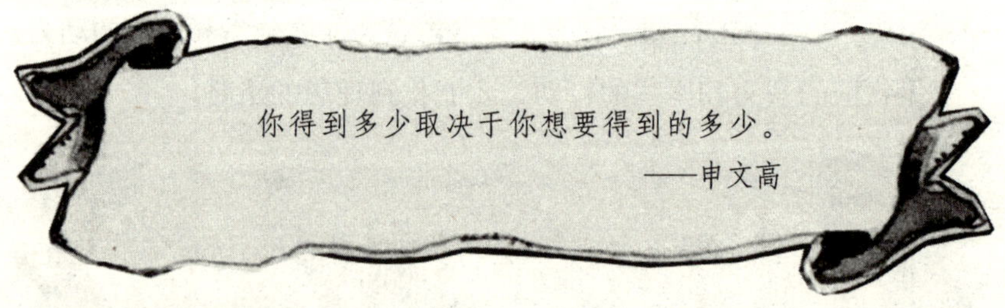

穷人最缺的是“雄心”。

法国有一位早年贫穷的富翁临别人世时，立下遗嘱悬赏100万法郎，以“穷人最缺的是什么？”为题，征集他自己致富的秘密。遗嘱公布后，有48561人寄来了自己的答案。答案五花八门，说穷人最缺的是金钱、是机会、是技能、是勤奋、是权力、是方法，应有尽有。在这位富翁逝世一周年的纪念日，公证部门公布了富翁一生体会出的答案——“穷人最缺少的是成为富人的野心。”

在所有的答案中，只有一位年仅 9 岁的小女孩猜对了。为什么她会找出如此绝妙的答案？她在接受100万法郎的奖励时说：“每次，我姐姐把她 11 岁的男朋友带回家，总是警告我说不要有野心！不要有野心！于是我想，也许野心可以让人得到自己想得到的东西。”

这一谜底震动欧美，许多富翁毫不掩饰坦言：野心是“治穷”的特效药，是所有奇迹的萌发点。

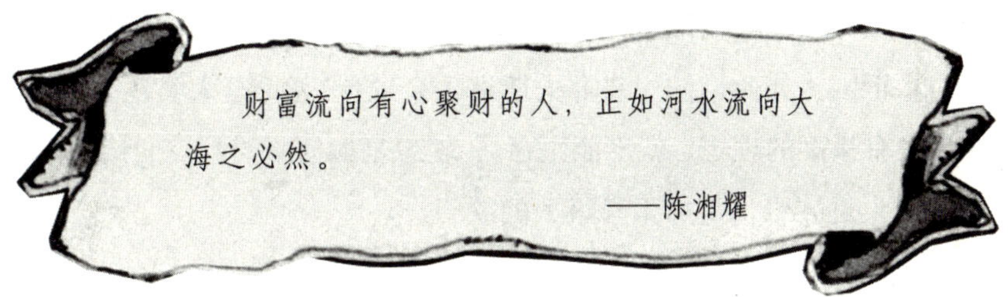

财富流向有心聚财的人，正如河水流向大海之必然。

——陈湘耀

弗洛伊德提出了著名的“力比多”动力说，认为人类的一切行为都是受“力比多”即性欲的支配，甚至偏执地认为希特勒发动战争、莎士比亚写出文学巨著，也是“力比多”冲动所然。我们虽然不会苟同这一理论，但是也能清楚地看到，没有欲望，是万万不能成事的。

欲望，正是欲望使得人的行为积极起来。充满欲望是找到出路的第一原动力。

从政的斗志昂扬，一定有很强的“公仆欲”；发财的忘我工作，一定有很强的“致富欲”；想出名的自然有强烈的“表现欲”。没有欲望，就没有激情，就没有目标，就没有奋斗，终其一生，“死狗”一条。所以古人云：“哀莫大于心死。”拿破仑说：“不想当元帅的士兵，决不是好士兵。”在企业里，积极努力的员工，一定是有强烈成就欲的员工。

欲望是一种“雄心”。欲望组成“心理王国”，给人装上一颗“雄心”，使人像狮子一样勇猛，像狐狸一样富有智慧。这颗“雄心”是属于个人的那部分“宇宙力量”，只要让它热切地工作起来，就有力量使人去左右环境，找到出路。所以，有人深有体会地说：“幸运儿便是一生都受雄心这个精灵驱使的人。”

雄心是一种“壮志”，一种追求，一种“冲劲”。人的欲望有多强烈，就能迸发出多大的力量。当我们有足够强烈的雄心去寻找出路的时候，体内蕴藏的所有潜能都会充分涌动起来，即使不能让天上的神低头，也要使地下的魔鬼让路！

“雄心”引导出路，“心力”有“三招”。

一招：把“魔鬼”加工成理想，让“雄心”引导出路。

霍桑说：“理想是世界的主宰。”伟人邓小平认为，“四有”新人，第一是“有理想”。因为理想是管人生方向的，是人生出路的灵魂和原动力。正因为如此，陀思妥耶夫斯基才会说：“无论是人类还是民族，如果没有崇高的理想，就不能生存。”理想是如何来的？我们认为，理想的源头是欲望，是加工升级了的欲望。

如果绝对地张扬原欲，鼓吹欲望决定出路，显然是错误的。湖南株洲有一位中学语文老师，在课堂上宣扬读书是为了“赚大钱，娶美女”，引起轩然大波，结果被开除教籍，永不录用。这位老师错在何处？错在宣扬“原欲”，而没有把欲望加工成“理想”。因为，人欲横流，欲火中烧，为所欲为是任何社会都难以容忍的。因此，文明的功能就是将欲望隐藏起来，对“原欲”进行加工、升华，将它变为理想、志趣、追求之类的高雅的东西。

弗洛伊德说，人类的文明是将“原欲”埋藏在海底的冰山里，露出在海面上的冰山之尖，就是人类所认同的关于“梦想”、“追求”和“理想”之类的东西。所以，要善于遵循文明“游戏规则”，把个人的欲望与社会进步和发展结合起来，从而确立人生的理想。要对欲望进行科学引导，让“魔鬼”变为神圣而美好的东西，由它施展“魔法”和“魔力”，引导我们找出路。

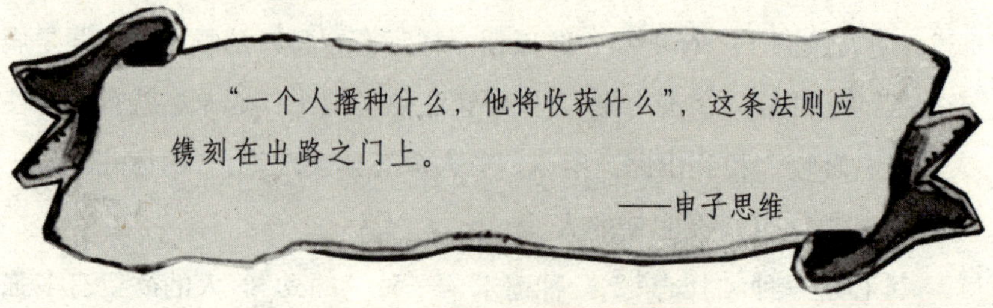

出路源于想法，理想为出路定格。

正如约翰·奥克斯纳姆所说：

> 每个人的面前，
> 都摆着条条道路。
> 高贵的灵魂在高处行走，
> 低贱的灵魂在低处摸索；
> 中间那雾蒙蒙的平地，
> 余者四处漂泊。
> 但是每个人的面前，
> 都摆着条条道路，
> 每个人决定自己的灵魂走的路。

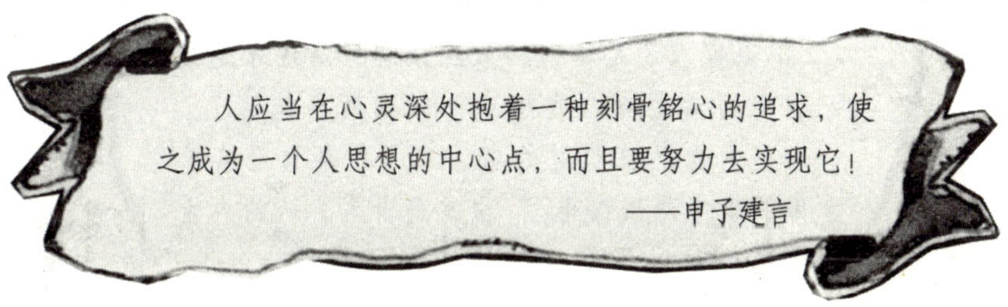

二招：把“雄心”着上“魔力”，以兴趣撞开出路大门。

许多人很迷惘，不知道自己的出路在哪里。其实，要弄清自己的出路在哪里，必须弄清楚“我到底喜欢什么？”“我的兴趣在哪里？”

兴趣是什么？兴趣是指人们渴望参与某项活动，并且有积极情绪色彩的心理倾向。孩童的兴趣也许基于好奇，但真正较成熟、稳定而理智的兴趣，是在人的欲望基础上逐渐产生和发展的。如有求知的欲望才有学习的兴趣，有赚钱的欲望才有做生意的兴趣。欲望是兴趣的源泉，兴趣是欲望的表现形式。

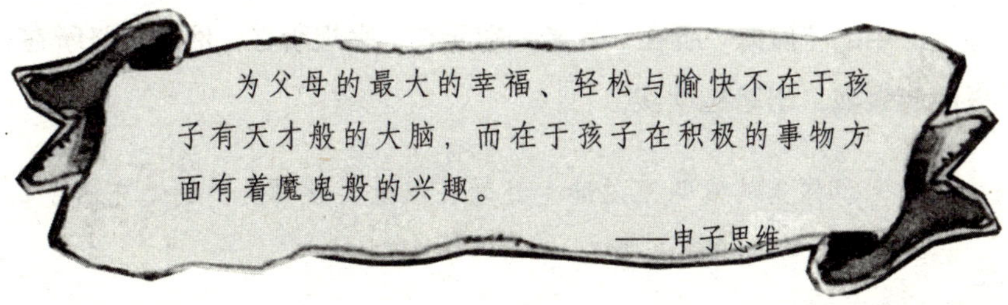

情景　最理想的活法

一位神父在主持一位足球明星的临终忏悔，足球明星临终时说道："仁慈的主啊，我喜欢足球，足球是我的生命，我的愿望是踢遍世界。我实现了这个愿望，而且我还因踢球使自己富有，我有成就、有乐趣，我死而无憾。"

这番话让神父想起他主持的另一次临终忏悔的情境，那次是位富翁，富翁说："我喜欢赛车，从小研究它们，改进它们，经营它们，一辈子没有离开它们，既是兴趣又是工作和生活方式，让我一辈子开心，而且我还从中赚了大钱，现在我没有什么要忏悔的。"

神父结合自己的其他经历写了一篇文章，"不论穷人还是富人，人应该怎样活法才是最理想的活法呢？我想也许做到两条就够了：一是做自己喜欢做的事，二是能从自己喜欢做的事中赚钱谋生。"这就是世人公认的人生准则。

寻找出路，首先要倾听自己内心的声音，了解自己的爱好与追求所在，这是最重要的。爱好是最好的老师，只有爱好才能充分调动生命的激情和创造性，才能引领我们找到出路。人生最大的失败不在于你没有得到自己想得到的，而在于没有去做自己想做的。

心中的"魔鬼"所在，就是兴趣所在，兴趣所在，便是出路所在。兴趣越强烈，出路越现实。

◎伟大的发明家爱迪生还是在孩童时就对发明创造充满了幻

想，迷上了做各种试验，当他想了解火苗到底怎样生长时，父亲的仓库便化为灰烬；当他想了解小鸡是如何孵出来的时，自己就一动不动地趴在鸡窝里，满心想通过体温孵出小鸡。他对五颜六色的试剂和捡来的玻璃瓶情有独钟，一有时间就钻进地窖摆弄这些玩艺儿。还经常把这些破烂带到学校去，尽做些非正常孩子所做的事，老师把他当做妨碍他人的“笨蛋”、“低能儿”，由其母亲领回了家。失学的爱迪生仍然一往情深地做实验，后来果然成为世界上最伟大的发明家。

我们对事物的兴趣可分为四个境界：

第一境界——好奇与爱好。

兴趣不够稳定，如许多人爱好打球、读书、唱歌、下棋等，但并不是每个有爱好的人都从中找到了出路，也有许多人从中误了出路。为什么呢？因为，这时的兴趣具有试探性、猎奇性，遇到困难，许多人就退缩了，放弃了追求，兴趣也就消失了，自然不能修成正果。

第二境界——“上瘾”。

就像抽烟的有烟瘾一样，迷上了某一事物便难以舍弃。爱好下棋的有“棋瘾”，打球的有“球瘾”，当官的有“官瘾”等等，到了这一境界，一般从中能找到出路。如我遇见这样一个朋友，做生意上了“瘾”，白天黑夜，满脑子想的是生意，尽管多次碰壁，有时亏得血本无归，负债累累，但还是要做生意，最终发了财。正如马斯洛所说的：“音乐家必须演奏音乐，画家必须绘画，诗人必须写诗，这样才会使他们感到最大满足。”

第三境界——“痴迷”。

就像爱迪生迷恋发明，陈景润爱上数学，邓亚萍离不开乒乓球一样，不论做什么事情，一旦到了“痴迷”境界，必有出路。有“数学之神”称号的古希腊科学家阿基米德，在工作中忘记了吃饭，甚至忘记了他自己的存在，有时，人们会强制他洗浴或敷油，他都浑然不知，他会在火烧过的灰烬中，甚至在身上涂的油膏中寻找几何图形，完全进入了一种忘我的境界，更确切些说，他已如痴如醉地沉浸在对科学的热爱之中……这种“痴迷”，推动着他走向伟大的成功。

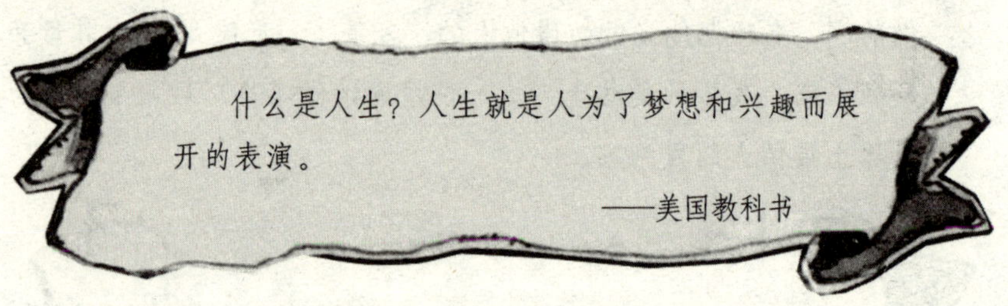

什么是人生？人生就是人为了梦想和兴趣而展开的表演。

——美国教科书

第四境界——“圣”与“王”。

这是兴趣的最高境界，到了这一境界，便成了某一领域的“圣人”或“大王”，必有大出路。但从常人看来，进入这一境界的人就是“呆子”或“傻子”。如围棋大王聂卫平就是“棋圣”，可能所有的神经组织都被“棋化”了，除此之外，心中别无他物。韩国的棋王李长浩更是非同一般，从他人看来，俨然是一尊“石佛”。“呆”到什么程度？“圣”到什么程度，简直到了“水火不进、刀枪不入”的境地。

历史上最杰出的书法家王羲之，被人们称为“书圣”。他练字时，真是到了废寝忘食的地步。到了吃饭时间，书童给他送来他最爱吃的蒜泥和蒸馍，催他吃饭，他连头也不抬一下，仍专心致志练字。夫人来到书房劝他吃饭时，只见他拿着蘸满墨汁的馍往嘴里塞，弄得满嘴乌黑。夫人哈哈大笑，王羲之仍心醉神往地写他的字，也没觉察出把墨汁当成了蒜泥，见夫人到来，还直夸她做的蒜泥特别好吃。可见，“圣人”乃“呆子”也。

兴趣就是“魔力”，是出路的牵引力，它会推动我们沿着一定的方向不知疲倦地前进着、工作着、创造着。可见，找到出路的巨大秘密就在于强烈的兴趣和爱好及由此产生的无限热情，它驱使我们以惊人的毅力和锲而不舍的精神，在某个方面取得辉煌成绩，并最终撞开出路大门。

三招：把“雄心”变为行动，让行动成就出路。

心想能事成吗？那是黄粱美梦，那是美好祝愿，那是一厢情愿。成事没这么简单，所以，心动不如行动。有欲望，有想法，关键要用实际行动去追求。只有不懈地去追，努力地去求，哪怕碰得头破血流，都在所不惜，才有可能梦想成真。

欲望可以变成财富，变成地位，变成出路。那么，该如何变呢？

情景 **“英语神厨”是如何炼成的？**

有“英语神厨”之称的青年张立勇，上大学是他的“梦中情人”，但是现实无情，他高二就辍学了。于是来到清华大学第十五食堂打工，职业是卖馒头。在八年的打工生涯中，为了“梦中情人”，为了实现成才的欲望，他把理想变为追求，变为不懈地行动。他选择了一边工作，一边自学英语。他利用卖馒头、走路、扫地等一切机会，不怕被人嘲笑与误解，用英语和大学生交流。他克服了常人难以想像的困难，承受了常人难以承受的苦难。现在，他的英语口语相当棒，托福考过630分，大学英语六级考试早早过关。下班后还兼职英语家教，在清华餐饮中心英语培训部任主讲老师。还有人专门写了本《英语神厨》的书，介绍他是如何自学英语成就出路的，他的成绩令人瞩目，他的执著与毅力让我们汗颜，他溜溜的英语也令清华大学的学子折服，把他比做是《天龙八部》中那位深藏不露的少林寺“扫地僧”。他的人生出路又迎来了新的曙光。

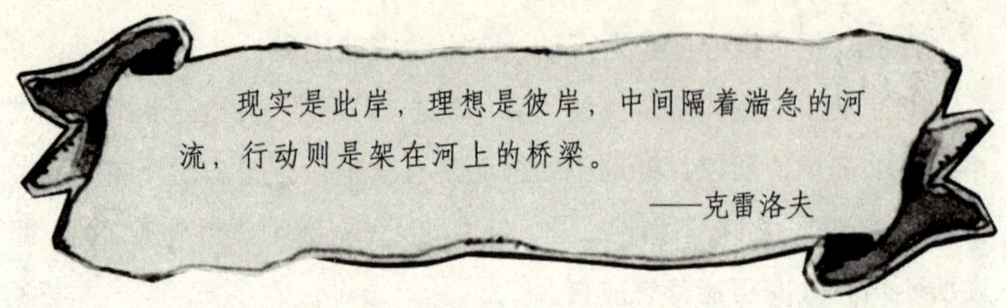

1．把你所渴望的目标，谨记在心。这种目标不能笼统模糊，而要具体，如财富目标，要确定具体数字。

2．明确你准备付出多少代价，准备用什么条件，以实现你心中的追求。

3．在什么时候实现目标，要定下一个具体日期。

4．定出一个明确的行动计划。

5．把上述问题写成一个行动宣言。

6．每天将这项宣言大声朗读两次。然后，要不断地去行动，要不顾一切地去行动！

这六项行动步骤是美国钢铁大王卡耐基的体验成果，当他还是一名钢铁工人时，便设计了这一方法，并使自己获得了巨大成功。发明大王爱迪生也大力推崇这六项行动步骤，认为它不仅能使人积聚财富，更是使人找到任何出路的良方。

●大变大成律。达尔文说："存活下来的物种，并不是最强的和最聪明的，而是最能适应变化的。"变化就是生活，曾国藩一生三变，变化面前"三种人"，大成人生不仅适应变化，而且引领变化，以自身的"大变"走向"大成"！

世界上不变的东西只有一项，这就是"变"。当一场变革到来的时候，你要么领先，要么跟随，要么就被踢出历史舞台。

——申子题记

要进步就要去改变；要追求完美就要不断改变！

——丘吉尔

情景 **世上真有憋死的狗**

有一条沙皮狗要完成一桩使命——经过千里沙漠送一封信到边关。它带着足够的水和粮食上路了，可是一去杳无音信。于是人们又派出5条沙皮狗去寻找，同样是一去不返。后来人们发现这6条沙皮狗全都死在沙漠里，死因非常可笑——被尿憋的。原来沙皮狗撒尿时一定要找一个靠腿的地方，而使另一条腿抬起来才能自如，可茫茫沙漠哪里有树、石头等靠腿的东西呢？

达尔文说："存活下来的物种，并不是最强的和最聪明的，而是最能适应变化的。"出路，永远属于最善于适应变化的物种！

变化就是生活，世界处在变化中，出路变中求。

在变的面前，世界上有三种态度三种人，从而呈现出三种不同的人生轨迹：

第一种人——领"变"俱进。

他们能敏锐地感悟变的潮流与方向，积极地推动变革，引领"变化"，并在变化中提前改变自己的人生轨迹，推动自己迈上新的台阶，使自己从芸芸众生中脱颖而出。他们以自身的变化推动时代的变化，积极地寻找变革之道，他们是时代的"弄潮儿"，他们引领时代的发展。

第二种人——与"变"俱进。

面对日新月异的变化，努力调整自己适应变化，跟着潮流变，你变我也变，他们紧跟时代的发展。

第三种人——拒"变"不进。

他们无法理解变化，无法接受变化，从心底里拒绝变化，埋怨变化，面对变化怨天尤人，极力阻止。这种人属"九斤老太"，他们永不进步，落伍时代。

三种人，三种态度，决定三种不同的出路。第一种人主动开辟天地、创造新出路，以大变促大成，令人刮目相看；第二种人跟着别人的路子走，能够享受变化带来的甘甜；第三种走的是绝路，永远也走不出原有的天地，封死了新出路的大门。

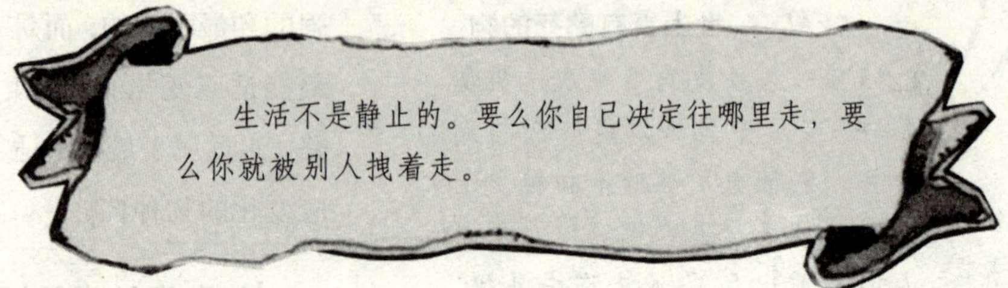

《谁动了我的奶酪？》一书风靡一时，实际上它讲了一个道理：寻找出路应随着奶酪的变化而变化。

故事说迷宫里住着两只小老鼠和两个小矮人，他们在迷宫里历经风雨找到奶酪C站，并在附近安居下来，由于有取之不尽的奶酪供应，他们过着幸福美好的生活。

一天，他们突然发现奶酪不见了，在奶酪C站周围四处寻找，还是没有找到。于是，两个小矮人陷入了迷茫。“是谁动了我的奶酪？”其中一个小矮人说，“我们失去的一定会有人给我们补偿的。”于是他俩等啊等，等待有人送奶酪来。但是，很多天过去了，他们依然一无所获。两只小老鼠可不这样，它们发现奶酪不见了，想也没想穿起跑鞋就往别处找奶酪去了，并找到了一些奶酪。其中一个小矮人从中受到启发，克服思维障碍，不再盲目等待，深入迷宫深处，寻找新的奶酪，最终如愿以偿。由此，悟出一个道理：“人应随着奶酪的变化而变化。”

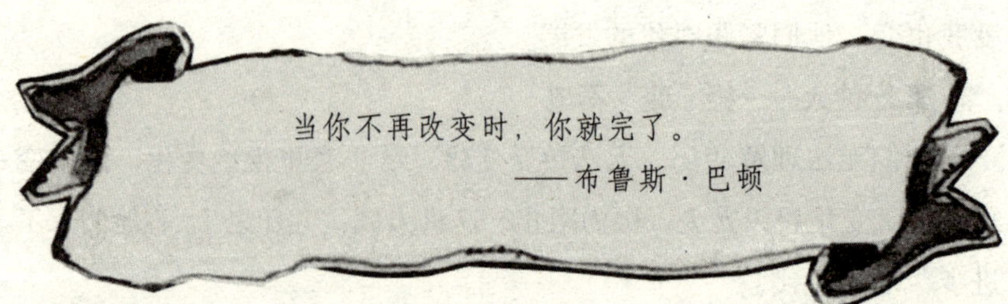

“奶酪”代表着我们生活中所拥有的东西，也代表着人生的出路。但时常发现，这些“奶酪”，经常被莫名其妙地蒸发了？

——原来的大学生一毕业，政府就会安排工作，自己只要拿个介绍信去报到就行了。那么现在，谁给你开介绍信，拿着介绍信又到哪里去报到？

——原来生产的产品，供不应求，大家都“抢购”，市场红火得很，不仅可以卖产品，甚至可以卖生产“指标”；现在是生产同样的产品，在仓库里堆积如山，搭上“奖品”，亦无人问津？

——在原来的单位工作，生老病死，单位“全包”，现在许多单位都处在重新洗牌之中，调整、破产，兼并重组，每天都有无数个企业死亡，也有无数个企业诞生，员工的出路又在哪里？

——美好幸福的事情往往会成为痛苦的源泉，同样，一些苦难的生活会成为你一生的财富。今日的安逸快乐、今日的美好前景，明天又会如何呢？

社会沧海桑田，社会结构大变迁、社会阶层大重组、社会机制大转型，变，变，变，变得令人惊心动魄。

经济发展波澜起伏，市场大调整、产业大升级、企业大洗牌，变，变，变，变得令人眼花缭乱。

人生起起伏伏、沉沉浮浮，“三年河东，四年河西”便是超稳定的了。昨日的“泥腿子”，今日大富翁，昨日的达官贵人，今日落泊街头，已不再是什么“新闻”了。角色的大转换、职位的大沉浮、财富的大流动，变，变，变，变得令人一头雾水。

中国古代是个缺乏变化的社会，即便这样，兵法三十六计充满了“变”的理念和方法，古人的智慧也都充满了变的辩证法。所谓识时务者为俊杰，就是说，顺应时势，及时调整自己的行动方案，才能成功。因此，善于变化，是成就大事的根本方法。

★曾国藩一生三变

清末的曾国藩是一个非常封建、固执的人，即便这样，他也是一个善于变化、在变中求发展的人。他除了恪守封建仁义的本未变以外，在为人处世的“形”上可是一生三变。

曾国藩练字有“三变”：年轻时学柳宗元，中年学黄山谷，晚年学李黄海，并兼收并蓄刘石等人书法的长处，故曾国藩的书法既有挺健之势，又不乏妖饶妩媚。

曾国藩的学问也有“三变”：年轻在家时主攻翰林词赋，学习儒家圣贤语录，为的是在科举中求功名；在北京为官时，主攻朱子理学，兼收六书之学，博览训诂诸书，俨然变成一个文质彬彬的封建“卫道士”；后来为镇压太平天国，操办团练，主持军务，在戎马生涯中，学问上又主攻申不害、韩非的法家学说，摇身一变又成为一个杀人不眨眼的“曾剃头”。

如此，曾国藩的一生又经历了思想上的 “三变”、处事方式及性格上的“三变”。

早年在京城为官时信奉儒家，深得儒家的“内圣外王”之道，尤其是对程朱理学的深入研究，使他有扎实的儒家功底，敲开了做官的大门。

中年在太平天国起义时，他回乡办“团练”，组建了“湘军”。在治理湘军、镇压太平天国时采用法家思想，对法家严刑峻法极力推崇，主张治乱用“重典”，采取“烈火般”的手段，大开杀戒，还规定，不纳粮者，一经抓获，就地正法，残忍之极，故有“曾剃头”之称。他领导的“湘军”镇压了所向披靡的太平军，延缓了清王朝60年历史。作为“中兴大臣”，他的人生亦达到登峰造极的程度。

晚年的曾国藩在功成名就后，思想上则转向了老庄的道家。恪守“清静无为”，遣散湘军，于名利处，存退让之心，保持了晚节，在清王朝内赢得了一世的“英名”。

像曾国藩这样冥顽不化之人，都有一生三变，那么，作为芸芸众生，不可不变。

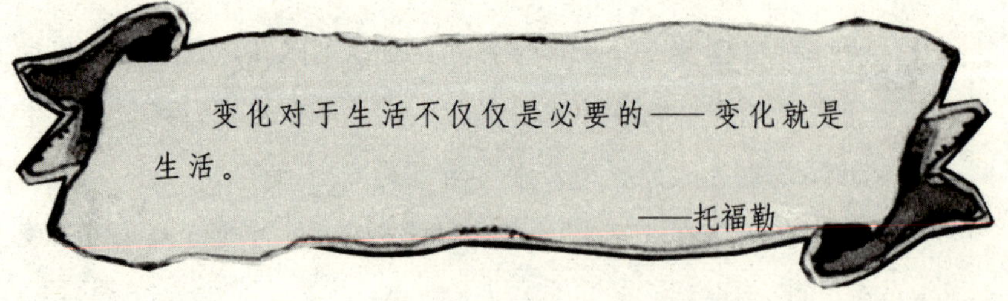

变化对于生活不仅仅是必要的——变化就是生活。

——托福勒

大成人生不仅适应变化，而且引领变化，以自身的大变走向大成。

寻找奶酪式的变化，实质上是一种被动的应变，是逼出来的变化。而大变大成律更倡导一种主动应变，以自己的大变化去改变处境，以自身的大变化去推动出路的大变化。事实上只有自身变了，才能改变我们所拥有的世界。为此：

要常换脑筋，不断地“洗脑”。

有一则故事说：有个猎人，在打猎时爱给自己定下一个坚定的目标。第一天决定一定要打兔子，结果遇上的全是山鸡，猎人空手而归。第二天决定一定要打山鸡，结果遇上的全是野猪，猎人又一次空手而归。第三天决定一定要打野猪，结果遇上的全是野兔，猎人再次空手而归……就这样，猎人在固守的思维中饿死了。

这个故事告诉我们， 在变化的环境面前，如果我们不能改变自己的思维方式，就会像这个猎人一样被饿死，就必然没有出路。

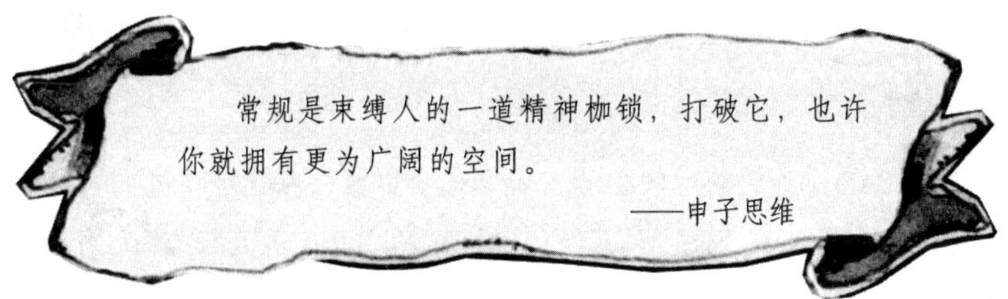

大脑是个总开关，思想是行为的先导。人是观念的囚徒，观念一旦形成，便会顽固地控制着人们的头脑，支配着人们的思维方式、行为方式和价值取向，从而支配一切。人类千奇百怪的痛苦和灾难，都是由腐朽落后的观念造成的。正如亚当斯所说：“消极态度阻碍了人类创造力的发展，使人产生惰性，从而使人脱离现实，生活于真空之中，精神上彻底死亡。”所以，著名社会学家英格尔斯在研究社会现代化时，坚定地认为最根本的是人的现代化，而且只有人的现代化，即人们思想观念的现代化，才有社会经济文化的现代化。我们脑子里积累的东西，有太多的思想垃圾，有太多的观念枷锁，无时无刻不在制约我们前行。因此，要赢得新的出路，就要不断地换脑筋，洗脑子，面对21世纪的全球变化，就需要来一场暴风骤雨式的观念革命。只有新的观念、新的大脑，才能找到无比美好的新出路。

要以敏锐的变的眼光与心态捕捉机遇。

有没有变的眼光，能否戴着望远镜看世界，是能否赢得出路的重要标志。“变的眼光”本质上是一种发展的眼光，是一种与时俱进的眼光。世界无时不变化，今日之出路，有可能就是明日之末路；今日穷途末路，明日柳暗花明。所以，要以变化的眼光，变化的视野来观察人生与社会。当身处黑暗时，要看到光明；当一帆风顺时，要想到艰难险阻。好与坏、穷与富、危与安，一切都是可以转换的。具备了变的眼光，才会知道未来的出路在哪里？

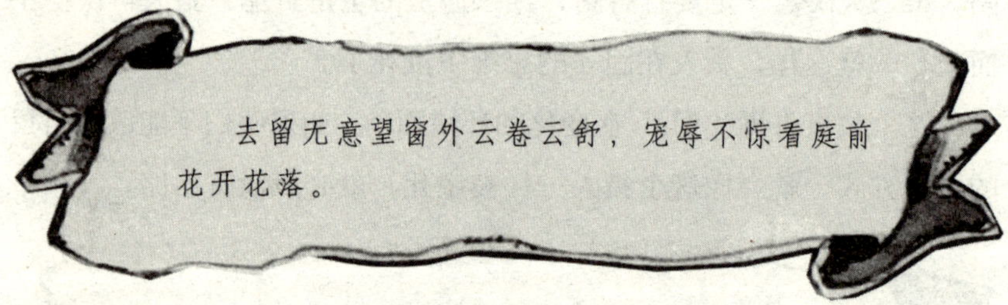

同样，人们的心理应时刻处在应变状态。“变的心理”，本身就是一种年轻的、开放的现代心理。人老一个重要特点就是“过去的事忘不了，眼前的事看不惯”，就像鲁迅笔下的“九斤老太”，总认为人心不古，今不如昔。缺乏积极的应变心理，或总是留恋过去的“奶酪”，必然墨守成规，只会白白流失眼前发展的机会，出路也会失之交臂。

变，是一种机会。在传统社会里，人们“日出而作，日落而归”，“农之子恒为农”，几千年不变，有什么出路？只有变，不管是渐变还是裂变，都会给人的发展带来新的希望。变，不应怕，怕的是不变，有了这种乐观的求变心理，还怕没有出路吗？

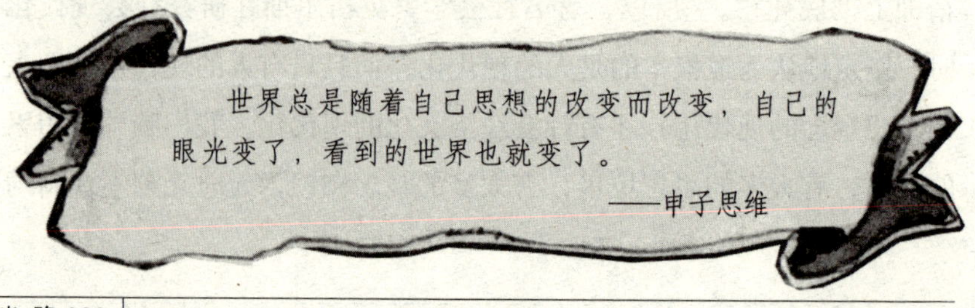

情景 **出路转换只因眼光**

解放前夕，老家有个精明的小地主，已经“嗅”出社会形势将发生巨变，于是将自家的田地非常便宜地大甩卖。一个平时节衣缩食、有点积蓄的中农贪婪地一口买下这些田地。结果，全国解放了，按田地划分阶级成份，原来的小地主变得家无寸土，自然划成了贫农，因有了“红色资本”，后来其儿子还被保送上了大学；那个买田地的中农，却背上了“黑锅”，变成了地主。可想而知，那个革命年代的地主身份，除了挨批挨斗，又有什么出路呢？

要打造不同寻常的应变能力。

找出路比的是能力，尤其在变化中的世界里，个人的能力提升了没有？如果没有，必然被时代所淘汰。尤其是应变能力，它可是变革时代赢得出路的中流砥柱。因此，我们要不断反省自己：我们的思维是不是具有前瞻性、预见性？能否高瞻远瞩地、准确地把握变革的方向？能否及时调整自己的发展目标和战略，主宰自己的出路？能否善于发现、吸纳新生事物，让大脑不断升级？应变与创新是出路的灵魂，变化意味着新生，具有非同寻常的应变能力，敢为人先，才能沐浴新一轮太阳的光辉。

观念、心理、能力的变化属于人生“软件”的变化，大变大成，“软件”变化要先行。但最终要改变自己的出路，还得改变自己的“硬件”，即改变人生有形的“硬实力”，使自己的资源状况得以根本改变。改变人生实力，才能从根本上撬动出路的变化。

> 社会上的事不是只有一条路，只认一个死理。在你到处碰壁的时候，别人早已从另一条岔道上匆匆前行了。
>
> ——《父亲的话》

大气大成之变，不是“变色龙”之变，不是玩两面三刀的“小人之变”。它是与时俱变，是把握时代脉搏之变，是顺应发展大势之变，是创新时代、创新环境之变。因而，这种“变”不是玩“雕虫小技”，不是“耍手段”，而是要真正做时代的主人，做自己命运的主宰者。

大气大成之“变”，不仅仅是被动地适应变化，而是要引领变化，以自身的“大变”走向“大成”。只有自己变了，包括观念变了、能力变了、思路变了、资源变了、行为变了，即只有改变自己，才能改变处境，改变出路，才能翻开人生新的一页。

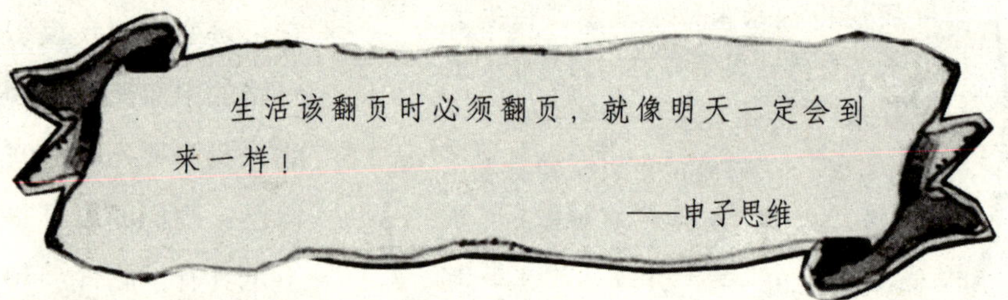

●高压逼进律。大成者总是在“大压”中孕育出来，逼出来的老板、逼出来的伟人，世上的王侯将相，哪个不是被逼出来的？找出路有“精、狠、准”三个字，都是在“高压”的锻压下炼出来的，是压力赋予出路的一种财富。

世界上有几个老板、几个伟人不是被逼出来的呢？

——申子题记

从周而复始的生存斗争中幸存的个体与种族身上，我们看到了一个强有力的和永恒不变的选择方式……从自然战争中，从饥饿与死亡之中，直接产生了我们所能设想的最崇高的目标，即较高级动物的产生。

——达尔文

你要想走在别人的前面，你就必须承受别人所承受不了的压力。

——跳水冠军陈肖霞

情景　意外的压力逼出人生的新突破

◎新东方总裁俞敏洪，原本是北京大学的老师。年轻时缺钱花，就到校外的培训机构打工教托福英语。这跟北大的托福英语班产生了经营矛盾。学校要他回去教课，条件是一晚上20块钱。但由于外面给他每晚80块钱，与学校谈不好价，他仍在外面兼职。这下就把北大给得罪了，给了他行政处分，而且是公开的行政处分。他的头像在北大闭路电视里连续放了15天，弄得北大校内几乎所有的人都认识了他。他在学生中的尊严，他在学生中的形象受到了严重的威胁。什么不守校规、什么一心抓钱，什么脏水都往他头上泼。学生、老师、领导、员工都以怪怪的眼光看待他，他无法在北大混下去了。逼得没办法，选择“下海”一条路，自己办起了托福英语培训班。就这样，他实现了人生的新突破，充分发挥自己的优势与特长，事业得以长足发展。如今，他组建了新东方英语教育集团，年产值达数亿元，奇迹般地成长为中国最大的民办教育集团。

◎加拿大有位长跑运动员，在训练时成绩平平，教练打算放弃他，要他改行，以免浪费时间。突然有一天，他在野外训练，途经一片森林时，遇到一条野狼，饥饿极了的野狼在追他，为了逃命，他拼命地往前跑，直到把野狼远远地抛在后面。

这次训练，他跑得非常快，简直就是在飞，训练的成绩打破了世界纪录。为什么跑得这么快，是野狼，是为了活命，把他长跑的内在潜能最大限度地释放出来。教练从中受到启发，聘来一位驯兽师，带来几匹狼，每次队员训练时，将狼从笼子里放出来，追赶运动员，结果运动员的成绩都有大幅度的提高。通过此法，这位教练培养出许多优秀的长跑冠军。

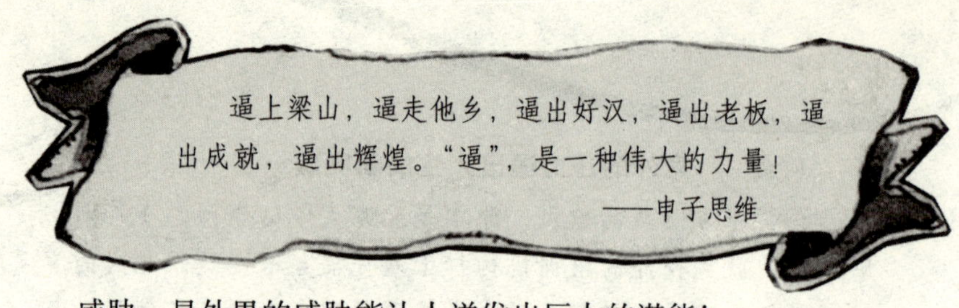

威胁，是外界的威胁能让人迸发出巨大的潜能！

外部的压力，甚至是外部的敌人或竞争者会让我们创造奇迹！

当一些人下了海，当一些人变成了大老板，当一些人做出惊人之举，好奇者在打听“为什么这样？”时，得到的答案往往是“还不是被逼的”。

逼上梁山，逼走他乡，逼出好汉，逼出老板，逼出成就，逼出辉煌。“逼出来的”，这平平淡淡的几个字，不知包含了多少感人的故事和出路的真谛。

爬雪山，过草地，吃树皮，光着脚板行走二万五千里，多么神奇，是逼出来的。在一个贫穷落后的国度里，“两弹一星”同样升空，多么伟大，是逼出来的。中国的改革开放，尤其是早期的农村改革，是被肚子饥饿所逼出来的。

无数赤贫者背井离乡，数年后竟成为大老板，像李嘉诚、霍英东、曾宪梓等，大多是被贫穷逼出来的啊！

相传远古时代，森林里着了大火，被迫跑出来的猴子先变成了人，而生活在没有着火的森林里的猴子，直到现在仍然还是猴子。

这虽然是笑话，但下面列出的事情却是千真万确的：

◎日本游泳比赛的成绩曾处于世界领先地位，训练方法十分奇特。即日本人在游泳馆里养着很多鳄鱼，运动员每次下水训练时，教练都会将几条鳄鱼放入水中。饥饿难忍的鳄鱼一见到活生生的人就拼命追赶，尽管鳄鱼的嘴巴被缠着，但运动员还是本能地害怕鳄鱼，看到鳄鱼的凶相，会产生条件反射，拼命往前游。

◎有这样一个小实验：把一只跳蚤放进玻璃杯，发现跳蚤跳的高度一般可达到它身体的400倍，如果再增加一些高度，跳蚤就跳不出来了。但是当你在杯子底下加温，跳蚤热得受不了的时候，它就会“嘣”的一下跳了出去。

启示之一：压力是出路的福分，是一种造化。

因为有狼的存在，许多动物得以进化，才变得更加优秀。因为有竞争对手的存在，有生存危机感的存在，才有人们发奋图强的斗志，才有人的拼搏精神。

当一个人的出路受到威胁，当一个人的生存受到挑战的时候，往往能激发生命的原始冲动，使人全身心紧张起来，从而，迸发出一种激情、一种力量、一种智慧。

爱默生《论报酬》一文，非常富有哲理：

“我们的力量产生于我们的软弱之处。一直要等到我们受到刺伤、冒犯及责骂之后，具备神秘力量的愤怒才会苏醒过来。伟大者总是愿意自己渺小，当他安坐在有利的垫子上他就会入睡。当他被逼迫、折磨和打败时，他就有了学习的机会；他调动自己的智慧、男子汉气概；他获知了事实真相，弥补了自己的无知，治愈了自己的虚伪和愚蠢，掌握了节制和真正的技巧……”

找出路有三个字，即“精、狠、准”。精，即精明、精干，会想办法；狠，是敢想敢干，重拳出击，出手要“狠”；准，是方法正确。

“精、准、狠”三个字，都是在“高压”的锻压下炼出来的，是压力赋予出路的一种财富，可谓一字千金啊！

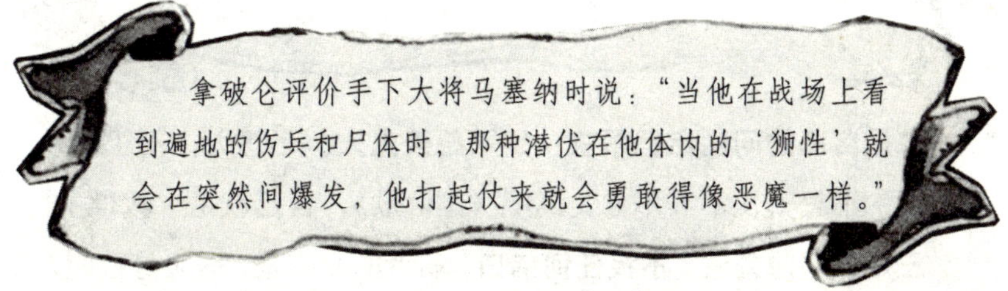

“高压”出英雄。当年亿利集团的总裁王文彪原是内蒙古库布其沙漠里的一个穷教书匠；鄂尔多斯集团的总裁王林祥为了生计，曾和母亲一起到乡村田野拣遗漏的黄豆做豆芽，满街叫卖；大名鼎鼎的中国

万向集团董事局主席鲁冠球20年前是一位打铁匠；中国第一乡镇企业集团——浙江东阳的横店集团当家人徐文荣曾在街头摆裱画摊为生……这些经济领域里的英雄们在生存压力中，培育了他们坚忍的品格，积蓄了一种神奇的力量，一有机会，他们就像翻身大鳄一样，“铆”足劲，往前冲！于是，赢得了出路。

所以，他们大多会有这样的感慨：“那时，我的胸中会涌动着一种莫名其妙的压力，一种仿佛永远也不会枯竭的驱动力也油然而生。”

启示之二：“我也要战斗！”——“高压”自有强者出。

强者是如何炼成的？是在“高压”下压出来的，一切来自内心与外部的压力，使人奋起，使人变得坚强起来。压力，不仅培育人们的“抗压”能力，增强人们应对危机的能力，更主要它会使人产生一种强者心态，即一种面对困难时的坚强，一种临危不惧的心理，一种不找到出路不罢休的坚韧。

在压力中形成的强者有五大特征：

一是坚忍不拔的雄心。吃苦多了不觉苦，困难多了不怕难，失败多了经验多，受人嘲笑多了脸皮也厚了。什么也不怕，一不怕苦，二不怕死。只要有百分之一的希望，就绝不放弃，不达目的死不瞑目。

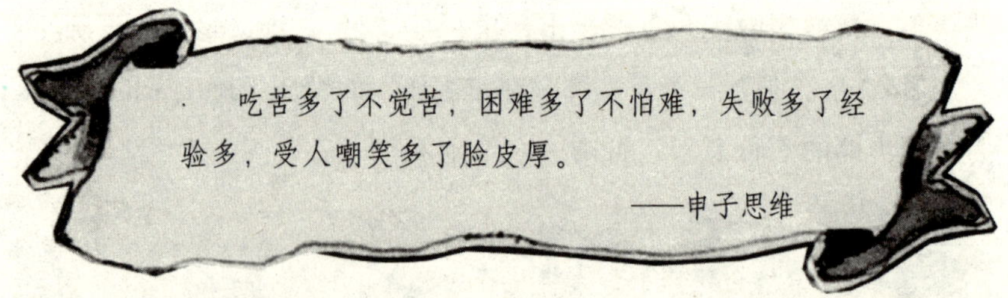

二是自己的问题自己解决，绝不怨天尤人。不怨天，不怨地，不怨命运，不怨人，不等不靠，高唱《国际歌》，自己就是“救世主”。

三是积极想办法，不找任何借口。弱者的心态是，被人打败时，便到处哭喊，到处诉说敌人是如何如何坏，祈求他人帮助解决。强者则不同，积极想办法，积极应对，就像二战中的丘吉尔、戴高乐等伟人一样，在国家面临危亡时，站起来振臂高呼“我们要战斗！”

四是向身边的强者挑战，向未来发展的更高目标努力。社会不会迁就平庸、迁就落后、迁就失败，平庸的人、平庸的事、平庸的文化注定要灭亡。社会的发展与进步终究要为这些“平庸文化”举行葬礼。在压力中，弱者醒悟了，他们不再需要迁就，不再需要怜悯，甚至让“理解”也去见鬼吧！他们需要的是突破，是寻找新的出路，是对胜利的渴望！

五是坚定的行动，抓住一切“救命稻草”去行动。既然没有心理负担，既然没有包袱，那就选择挑战、选择冒险、选择创业！狗急了也跳墙，人急了就豁出去干吧！

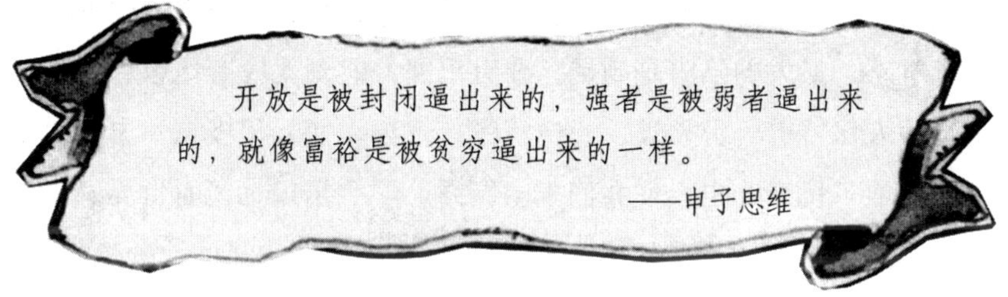

开放是被封闭逼出来的，强者是被弱者逼出来的，就像富裕是被贫穷逼出来的一样。

——申子思维

启示三：生于忧患，死于安乐。

医学上的“安乐死”虽然还在讨论当中，人类生活中的“安乐死”现象却无处不在。类似奥兰芝西岸的羚羊生存方式，无忧无虑，水草鲜美，恰恰是一种安乐死式的生存方式。而这种方式又恰恰是许多人梦寐以求的生存方式，因为，人的本性追求安逸。所以生活中，就有太多的安乐死现象。许多人生活条件实在太优越了，有着花不完的钱，穿不完的衣裳，用不完的物品，饭来张口，衣来伸手。没有危机，甚至不用思考、不用劳动，更不需要做什么“黄粱美梦”。人的心智、功能、各种能力也都在退化，所以，大多“富不过三代”。

同样，在计划经济条件下，一些单位太优越了。员工吃香的、喝辣的，躺在社会主义温暖的怀抱里，不思进取。单位的发展能力、竞争能力都严重退化。尽管表面上红红火火，实际上内在的却潜伏着巨大危机。一旦进入市场经济时代，进入竞争状态，便只能哭天喊地，毫无生存能力。同样，是一种安乐死式的工作与发展状态。

就像康乾盛世一样，非常辉煌，许多方面都是世界第一，这种“第一”导致惟我独尊，高度封闭。殊不知辉煌的顶点，往往是危机的起点。成为“落日的辉煌”，终究被世界所抛弃？

家狗与野狗搏斗，败北的肯定是家狗。为什么呢？研究发现，因为家狗养尊处优，脑容量大大萎缩，而且缺乏“拼死”精神。野狗时刻面临生存危机，大脑被很好地得到开发，有着异乎寻常的生存智能，而且时刻准备着生死搏斗。

事物的法则，永远是用进废退，这是铁的定律。动物界如此，人类社会亦如此。万事万物都有惰性，一旦条件优越，就难免不思进取。味浓处，温柔乡，使人乐不思蜀。所以，现代社会，最大的危机是没有危机感，最大的陷阱是满足。要有出路，时刻就应有忧患意识。忧患，使人保持着一份警惕，一份清醒；忧患，使人积极想办法，积极革新进取；忧患，也会使我们未雨绸缪，学会用望远镜看世界。

当一个人面临巨大压力和责任时，潜伏在生命深处的种种能力，便会得以突然涌现，使人能够以非凡的意志干出平时不敢干的大事。危机和压力，对一些人来说，也许是一种毁灭，但对更多的人来说，它是一种财富，是一种不可多得的发现出路的契机。正是它的出现，我们发现了自己的真正价值所在，内在的潜能也会像火山爆发一样，迸发出一种神奇而巨大的力量，引导我们走向崭新的人生道路。

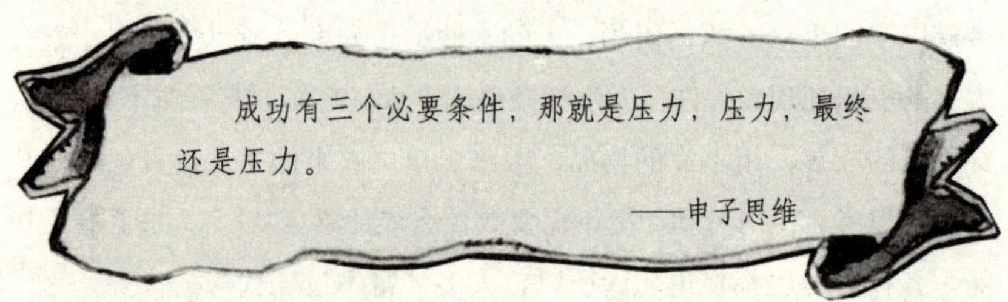

启示之四：出路的动力来自压力。

人如皮球，只要不泄气，打压得越重，反弹得越高。

压迫愈深，反抗愈烈。如同古老的弹弓、弓箭，如同今天的气枪、火箭发射，压力愈大，推动得更高、更远。

情景

二战时期，美国要派100名突击队员深入德国后方，要求这100人都会讲德语。这些人选定，集中训练40天，不论学得如何，都要送到德国去。可想而知，到了德国，如果不会说德语，就得送命。结果，40天后，这100名美国兵都会讲德语，而且讲得很棒。

没有压力，人就会软下去；有了压力，人就会获得一种推动前行的力量。

工作的压力，会使人有更多的锻炼机会。而机会就是能力。

生活的压力，会使人想更多的办法，谋更大的发展。

目标的压力，会使人有更多的追求，追求越多，内动力越足。

有压力，心态就会改变；被逼，就会有明确目标，就会寻求突破，就会马上行动。于是，个人的潜能在“高压”之下因迅速集聚而爆发，如核聚变一样，释放出无限的冲击力、创造力，就可能撞击出一条新的光明大道。

压力分两种，一种是“自我加压”。给自己的发展目标定得更高，自己跟自己过不去，自己“逼”自己，使自己永远处在一个积极进取、创新求变的紧张状态，不断激发自己的潜能，不断提升自己，超越自我。别人不敢想，我敢想；别人不敢做，我敢做；别人做不到，自己一定要做到。从而，不断为自己开拓出新的出路。

另一种是来自“外部压力”。勇于接受挑战，许多时候，恰恰是在走投无路时，才能迎来柳暗花明。要有“置之死地而后生”的决心，破釜沉舟，背水一战，才能迎来光明前途。

当今社会，在出路面前，我们面临的巨大压力，是竞争对手的压力。而对手恰恰就是老师。对手是座山，也是一本书。

在人生道路上，对手是永远存在的，对手是个重要的参照物，对手的存在证明你存在的价值。上帝总是把等量的人放在天平两边，一旦失去对手，天平就会失衡，自身存在的价值就失去了凭据。既然如此，我们就应该张开双臂，去拥抱竞争对手，甚至去拥抱我们的敌人。

因为，是他们，使我们的人生得以超越；是他们，使我们的能力得以增强；是他们，使我们奋斗不止！

回顾人生走过的路，我们会惊奇地发现，真正引领我们找到出路的是压力和压力中的竞争对手，真正激励我们，让我们产生顽强毅力、大无畏的勇气、超人的智慧并让我们坚持到底的力量，不是来源于自己的亲人和朋友，不是来源于优越的生活环境，而是来源于人生的压力和造成压力的对手。

如果不能承受压力带来的痛苦，就享受不到成功的快乐。压力、逆境、激烈竞争，不仅历练人生，也是寻找出路无法回避的过程，永远要记住一位哲人的告诫：

> “如果你陷入艰难的境地，一切都同你作对，你似乎再也撑不住一分钟，千万不要放弃，因为那正是时势扭转的关键时刻与境地。”

● “牵牛鼻子”律。在任何特定的事物中，重要的因子通常只占两成，不重要的则占多数。掌握“重要的少数”，就能掌控全局。所以，要善于抓关键人物、关键事情、关键时刻！

> 社会很热闹，唱戏的又有几人？人生之路很漫长，关键之处又有几步？
>
> ——申子思维

> 在任何特定的事物中，重要的因子通常只占两成，不重要的则占多数。掌握“重要的少数”，就能掌控全局。
>
> ——雅弗利度·帕累托

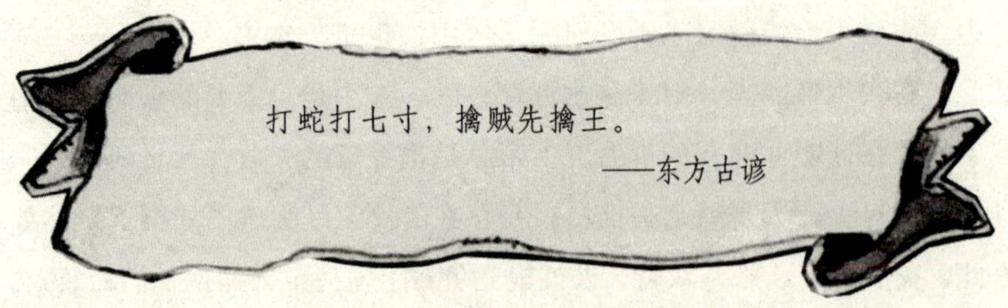

孙悟空最终降伏牛魔王，是把牛魔王的鼻子穿起来。于是，牛魔王乖乖地拿出芭蕉扇，为唐僧到西天取经扫除了火焰山的障碍。

质朴的中国人具有的牵牛鼻子的智慧，到了西方人那里，便把它量化了，并提出了“二八定律”。

意大利经济学家雅弗利度·帕累托在研究各种社会经济现象后，提出了关于“重要的少数和一般的多数的2∶8原理”，即“二八定律”。大意是：在任何特定的事物中，重要的因子只占两成，不重要的占多数。因此，掌握了重要的少数，就能控制全局。

二八定律在社会、经济及生活中无处不在。如世界上20%的富人控制了全球80%的财富，其中最富有的200人，总收入居然占世界人口总收入的41%；一个企业20%的优秀员工创造了企业80%的利润；投放市场的产品，20%的顾客往往占有80%以上的市场份额；图书市场，20%的书占有80%以上的市场份额；一个最成功的作家、歌唱家、书法家或其他什么家，其最成功的作品只占20%；一个人20%的工作往往决定了其一生的成就。看看一本厚书，有用的话就那么几句；一本杂志，中看的文章就那么几页；一本歌碟，好听的歌就那么几首；一辈子所做的事，能够回味的就那么几件；那么多的狐朋狗友，能帮上忙的就那么几个……在任何一个有机系统中，起支配性的重要因子的确不足20%。这20%，就是“牛鼻子”，我们一定要抓住！

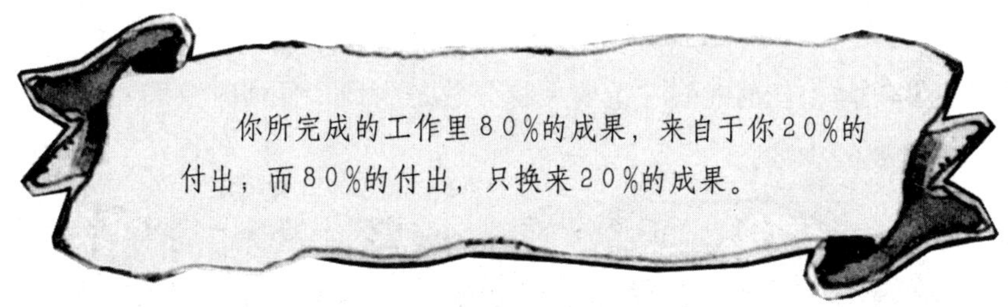

犹太人为什么聪明，为什么把犹太人丢在世界任何一个角落里，他们都能找到出路？关键在于犹太人精于“二八定律”之道。

犹太人把2∶8称为“宇宙大法则”，犹太人经商绝对地坚守“二八定律——80%的利润来自20%的顾客”。他们善于把有限的精力、财力、物力用在最见成效的地方，“好钢用在刀刃上”。所以，犹太人最富有，甚至有人说“美国人的金钱装在犹太人的口袋里”。

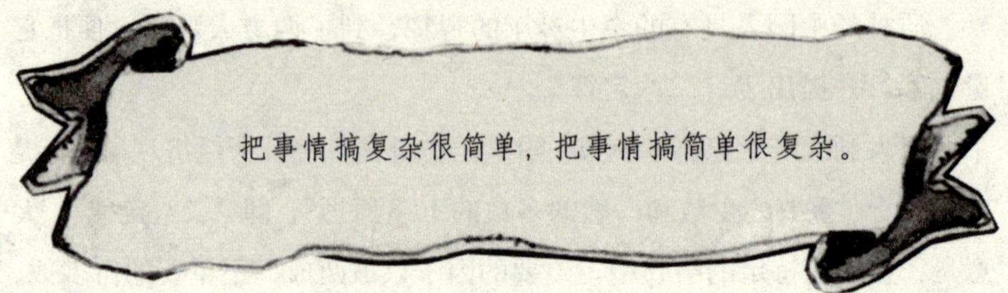

二八定律同样是经营人生的一条重要规律。我们面临的环境错综复杂，影响出路的各种因素纵横交错，那些有形的与无形的、可知的与不可知的因子，都在以各自的方式发生微妙的作用。要有效地把握出路，提高行为效率，就得关注影响出路的 20% 的因子，用 80% 的资源与精力来把控这 20% 的重要因子。这就是要抓牛鼻子，抓关键。

启示一：抓关键人物。

左右世界局面的只有几个国家；左右国家局面的只有几位领袖；左右单位局面的只有几个领导；左右人生局面的只有几个重要人物。

人生在世，基本的活动是要与各式各样的人打交道。人分三六九等，最重要的要抓好“关键人物”。如一部电影、一台戏，主角只有几个；一个证券交易所，炒股票的人黑压压一片，真正的“庄家”屈指可数。就像一大群飞行的大雁只有一只“领头雁”、花果山只有一个“美猴王”一样，任何时候“重要人物”总是少数，任何时候都要注意抓住“重要的少数”。

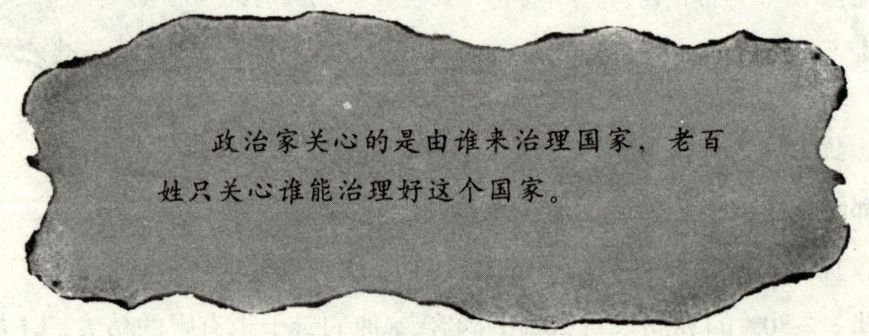

情景　二八定律让“悠讯网”成长起来了

办一个网站，立一生事业。小女子刘艳大学一毕业，便雄心勃勃地来到北京，既不找国有单位，也不进待遇丰厚的外资企业，而是选择自主创业。她张罗几位有着经营网站经验的师哥师姐，白手起家，创办了悠讯搜索引擎网站，定位信息搜索与服务。

悠讯网诞生了，但相当微小，微小得像一只蚂蚁在互联网的王国里爬行，在全球5000多万家网站里又怎样才能露出“尖尖角”呢？尤其是做信息搜索，怎么能与百度、google这些“网络帝国”抗衡呢？她仔细研究犹太人经商的“二八定律”，发现在信息爆炸时代，真正有效的信息只占20%，80%的属于无效信息。如在百度、google网上搜索一条信息，检索返回的结果往往是成千上万条， 即使这样，还不一定能找到自己真正需要的信息，大量的信息属于垃圾信息、过时信息和无效信息。

于是，刘艳施展“四两拨千斤”的神功，专门盯住那20%的有效信息：一是只提供新近发生的有效信息，弥补了通用搜索引擎侧重提供过时信息服务的缺陷；二是只提供房产、汽车、交友、商务等与人们生活息息相关的信息，打开网站就能找到房子、买到车子、交到朋友；三是只向20%的信息优势区域与信息需求的优势群体提供信息，如密切关注为在北京、天津、上海等大城市的购房租房族、购车族、交友族提供最有效的信息。

不久，奇迹出现了，悠讯网的点击率每天以几十万人的速度增长，城里的年轻人解决生活难题似乎也越来越依赖悠讯网，许多老板纷纷提着巨资前来洽谈合作，有些还想动用上千万资金收购悠讯网。

二八定律使这个微弱的悠讯网快速成长起来了，刘艳这群刚毕业的学子迎来了白手创大业的美好前景。

在职场，人们在谈论晋升问题时，强调三个“行”字，即“一是自己要行，二是大家说你行，三是说你行的人要行”，而最关键的是“说你行的人要行”，这第三个说你行的人就是关键人物。

在一个组织里，如一个企业，真正能干事、会干事，能创造80%以上效益的，永远只有20%左右的人。组织内的人按聪明和勤劳的标准，可分为四类：

一类是聪明而勤快的人；

二类是聪明而懒惰的人；

三类是愚蠢而勤劳的人；

四类是愚蠢而懒惰的人。

因此，任何组织最重要的是用好第一类人，他们是完成组织目标重要的关键人物，第二类人次之，但很有潜力可挖。发挥好这两类人的作用，安抚好其他两类人，才能提升组织的战斗力。一些单位把四类人同等相待，平均使用力量，必然效率不高。抓好了关键，才能激活局面。

启示二：抓关键事情。

美国GE公司总裁韦尔奇主张，企业领导干什么？应该“忙碌”一些有意义的工作。这就是挖掘员工中一些“很棒的想法”，然后“完善它们”，并且“以光速将它们扩展到企业的每一个角落”。韦尔奇说自己的工作，就是一手拿水罐，一手拿化肥，让所有的事情都变得枝繁叶茂。

有个企业老总对韦尔奇说，他一周要工作90小时以上，韦尔奇说“你完全错了！请你写下每周让你忙碌90小时的工作，进行仔细审视。

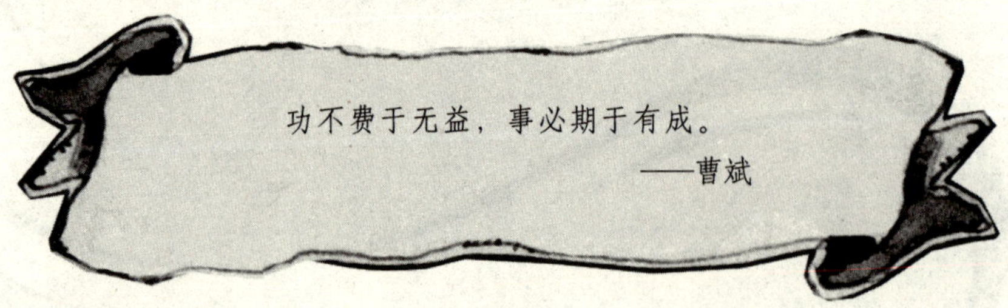

你将会发现，其中至少有80%的工作是没有意义或可以请人代劳的。

一生要做的事太多，重点要做好对出路产生重要影响的那20%的事情，其他80%的工作不必在意。

一些调皮的学生，为什么成绩还不错，因为，他听懂了课堂上的20%；

一些打瞌睡听领导报告的人，回单位传达会议精神为什么还八九不离十，因为，他听懂了报告中的20%；

一些人为什么能博览群书，天文地理、古今中外无所不知，因为他“看书看皮，看报看题”；

一个皇帝要治理一个国家，如果什么事都管，那么即使把自己碾成肉酱也管不过来。所以聪明的康熙皇帝10岁时，就深知“君忙，国无宁日”，所以，他在自己起居室的大梁柱上写上六个大字“台湾、漕运、三藩”，表明一生只做三件事。

我一不做官，二不纳妾，三不打麻将。

——蔡元培

毛泽东同志教导我们，要学会抓主要矛盾。不论什么事物，有许多矛盾存在，其中必有一个主要矛盾，抓住了主要矛盾，其他矛盾将迎刃而解。

抓主要矛盾，也就是要抓事物的关键环节。麦当劳的成功诀窍，就是抓关键，抓系统运行中属于20%的因子。麦当劳三分之二的连锁店，属于特许经营。如果每年开设600家分店，全由麦当劳自己来做，投资需数亿美元，要培训几万员工，建立一个庞大的管理体系。这些工作，全部包揽起来，是很难做好的。麦当劳通过连锁的方式，把关键因子抓好，在全球运营得非常出色。

如此，我们学会抓重要工作，抓重要事物的关键环节，就能从繁杂的事物中摆脱出来，从平庸的生活中摆脱出来。康熙皇帝一生只做三件事，比尔·盖茨一生只做一件事，我们的一生又能做多少事呢？

因此，要找出关键性的事物，然后牢牢地抓紧它、抓好它。只要是属于一生中20%里的事，就要扑上去，一抓到底。勇敢地砍掉那无用的80%，不要手下留情，不要患得患失。切记：劣币驱逐良币，属于那80%的平庸的事，会把20%的大事赶跑。切莫捡了芝麻，丢了西瓜。人的生命有限，工作无限，如果能做几件大事，做几件漂亮的事，做几件真正有利于社会和人民幸福的事，又何愁没出路呢？

启示三：抓关键时刻。

拿破仑非常重视“关键时刻”，他深知每场战役起关键作用的是“关键时刻”，把握住这一时刻意味着战争的胜利，稍有犹豫就会全军覆没。拿破仑说，奥地利军队不懂得这5分钟的价值，所以我就能战胜他！同样，在决定拿破仑命运的滑铁卢战役中，据说也是由于他自己和格鲁希晚了5分钟而导致灾难性的灭亡。就因为关键时刻没有到达目的地，拿破仑失败了，被送到圣赫勒拿岛的死牢中，成千上万人的命运随之发生颠覆性变化。如提前5分钟，历史还将重写。

“关键时刻”适宜于指导各个领域的活动。如农民，我们都认为他们最没有时间观念，但是他们最懂得什么是“关键时刻”，“关键时刻”有什么重要性。如“立秋”这一天，在农民看来就是关键的一天，他们一定要在立秋前插完晚稻苗，否则，每拖延一天，即使付出的劳动与代价完全一样，每亩产量也会相应递减上百斤。所以就有立秋前种的是稻，立秋后种的是草一说。我在农村干活摘黄花时，农民这种“关键时刻”概念是十分强烈的。采摘黄花必须在上午9：00~12：00时之间完成，既不能提前，也不能推迟，无论刮风下雨，还是烈日炎炎，都应雷打不动去采摘。为什么？因为这个时间段产量最高。稍一

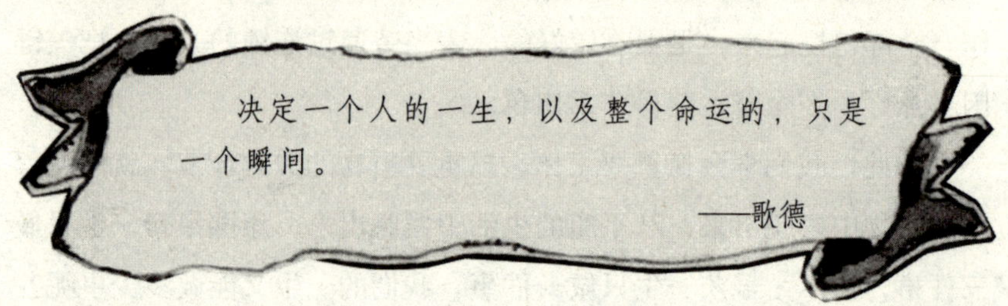

推迟，产量则有天壤之别，所以，要“不误农时”。

人生的道路很漫长，但关键时候只有几步。我们80%以上的时间是没有什么效率，过得也无多大意义。如大多数人花太多的时间与不喜欢的人相处、从事自己并不喜欢的工作、把大量空闲时间花在并不能给自己带来愉悦的活动上，所以，人常常觉得自己“白活了”。但是，反过来说，不这么做，喜欢的人、喜欢的工作、有意义的活动又到哪里找呢？

这世界充满了不可知的变量。人生绝非遵循平衡理论，原因和结果、投入与产出、主观与客观，皆以非线性的方式在运作。人的收获不等于付出，“一分耕耘”，未必就是“一分收获”，也许“一分耕耘”没有收获，也许有“十分收获”；主观愿望不等于客观现实。我们主观上都想把20%的关键时刻把握好，但关键时刻又在哪里？没有人会提醒你，它隐匿在漫长的人生里，只能靠自己去悟，像农民琢磨“农时”一样，把人生的每一个时间段都吃透，深刻理解每一天、每一时的意义，才能真正把握“关键时刻”。

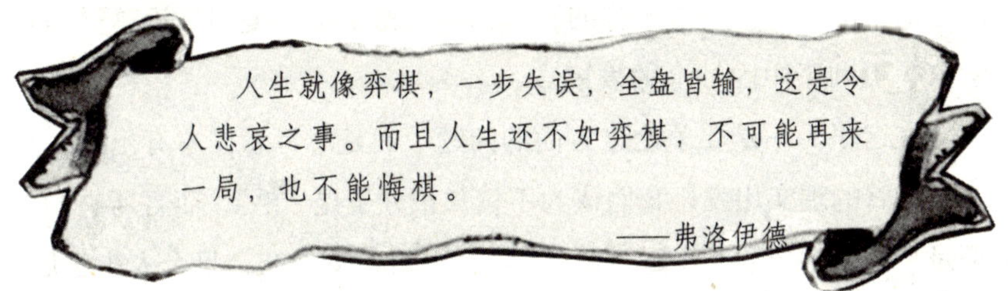

●皮毛结合律。河里的沙石进入传动带，不知不觉地走到了高处。粘在一张有出息的“皮”上，“毫毛”也闪光！用好“三张皮”，与“势”结合，与时俱进；与人民结合，赢得未来！

要成为一根有出息的毛，必须粘在一张有出息的皮上。所以，民族的出路永远大于个人的出路。

——申子题记

“皮之不存，毛将焉附。”这句话，写的是中国知识分子千年之病，千年之痛。

毛泽东同志在《青年运动的方向》一文中再次引用了这句话，并系统地阐述了“皮”与“毛”结合的完整思想。

尔后，思想理论界对此时常出现一些“杂音”。如有人质疑知识分子是不是“毛”的问题，认为“毛”有一股腥膻之味。堂堂乎文人雅士，怎么会是“毛”呢？

同样也有人论证，秦之前，知识分子不是“毛”。他们负笈而行，周游列国，天马行空，十分浪漫。那时候，他们“笈”中装着的那份精彩只属于他们自己，独一无二。诸子百家，三教九流，每一流派都是一股清泉，喷涌而出。但是，自从秦始皇统一中国之后，中国的知识分子就变成了“毛”。因为，秦以后的文人，他们没有了思想，失去了自我，思想的清泉完全干涸了。天马没有了，只剩下一些依附于皮上的随风抖动的“毛”。

还有人担心知识分子都变成了“毛”，依附于“皮”之上，就不会产生像弗洛伊德、卢梭这样的思想家以及像牛顿、爱因斯坦这样的科学家，不利于中国社会的发展。

在这里，不是要争论这方面的问题，而是思考怎样才有出路？从寻找出路的现实出发，我们认为不仅知识分子是“毛”，而且所有的人都是“毛”，必须与“皮”相结合才有出路，皮毛结合是个人求发展、找出路的一条铁的定律。

人总是生活在一定的时代之中，生活在一定的社会里，即使离开地球，也一定生活在宇宙里。人不可能生活在一个真空世界里，人的生存要有依托，人的活动、发展一定要与什么“皮”结合。人具有社会性，即人和人之间结成一定的关系，共同从事生产活动和其他一切社会活动的特性，其具体表现为公共性、相互依存性、协作结合性。即使是生活在孤岛上的鲁滨逊也要与野人“星期五”结合。

人在世上实在渺小，渺小得如尘埃。我们虽然懂得“自我设计”、“自我奋斗”，但真正的“自我”渺小得微乎其微。人必须懂得与外界结合，与社会、与他人结合，只有结合，才确切地知道自己的存在，才明白如何发展、如何自我设计与奋斗。也只有结合，才有那么种力量去找到自己的出路。许多时候，这种结合就像落叶与秋风结合一样，秋风扫落叶，落叶即可迎风起舞。

那么，个人在寻找出路时，到底要与什么“皮”结合呢？我认为，重点要用好“三张皮”。

第一张皮——与“时势”结合。

抓住“势”你就成功了一半。

——申子题记

俗话说“识时务者为俊杰”，谁也斗不过“大势”，只有近似“上帝”的人才能扭转乾坤。这种“大势”，就像股票市场，当“牛市”来临时，闭着眼睛买的股票都可能天天涨。看清大势，走顺风路，好运接二连三，就像农民所说的“运气来了，洪水都挡不住”。认不清大势，就是农民所说的“背时鬼”，必然处处碰壁，倒霉透顶。恢复高考以后，成千上万的大学生走出穷乡僻壤，进入社会高层，作为一个群体现象，委实是“大势”所然，而非“人力”所为。这就像采沙场的沙石与传送带的关系，沙石只要上了传送带，用不着自己走路，自然有一种力量会把它送到目的地去。

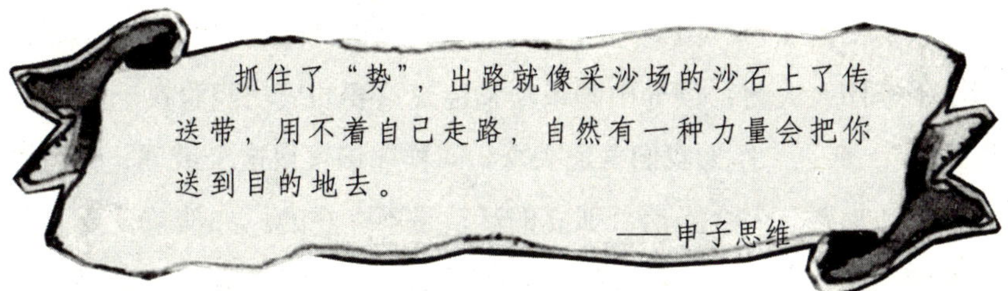

与“时势”结合，绝不能与“颓势”结合，要远离“颓势”。一旦上了“颓势”的链条，不论个人如何优秀、如何富有智慧与才华，都会断送自己的前程。如近代有“旷世奇才”之称的湖南人杨度，与处于“颓势”的封建帝制复辟潮流结合，自然是螳臂挡车，结局可想而知。

第二张皮——与人民大众结合。

拥有百姓就是拥有未来。

——申子题记

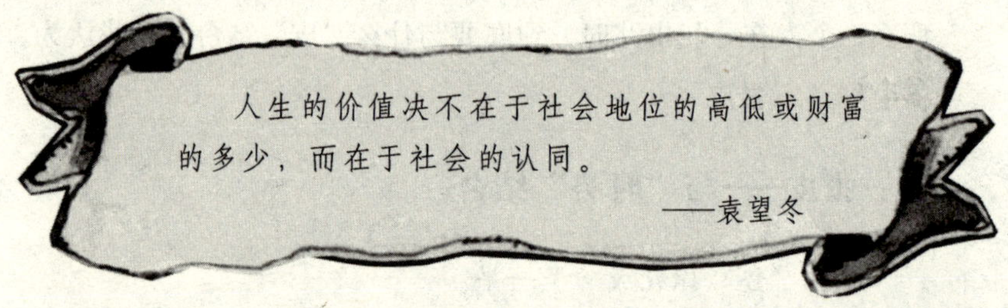

商店酒店，一切大店小店的命运掌握在顾客手里，所以顾客就是上帝。

所有企业的命运与未来，表面看是掌握在管理者手里，说到底是掌握在老百姓的手里。

一切违背老百姓需求与意愿的政治、经济和文化，都将是短命的！

个人的前途与命运，依然是掌握在老百姓手中。不论个人如何优秀，如果没有人拥护，必将一事无成！如果吹响冲锋号之后，回头一看，没有人跟进，那么一个人冲在前面，又能成什么事，又有什么意义呢？

任何时候都应该坚信，民众的力量是伟大的，与广大的民众相比，自己总是渺小的。古代封建帝王把自己比作“舟”，把老百姓比作“水”，舟与水要紧密结合，因为“水可载舟，亦可覆舟”；我党领袖毛泽东、邓小平等伟大人物，领导中国革命和建设重要的成功经验在于走“群众路线”。那么，作为我们普通大众，同样应该懂得这个道理，我们的一切活动都要与大众互动，孤立的活动是不存在的。如从政，要老百姓拥护；做个小买卖，要“和气生财”；办个小企业，要周边老百姓的配合。个人发展的各种资源，大多取之于民。不同人民大众结合，个人的发展寸步难移。

与人民大众结合也许是一个政治概念，一般人很难从这一高度上思考自己的出路问题。即便如此，至少也应考虑如何与自己的一个“圈子”结合的问题，如生活圈、朋友圈、工作圈、事业圈。这就是说，人的生存与发展，或谋求出路，都有一个生态环境问题，就像一棵大树，要与一定的土壤、气候条件结合，才能成长，离开了这些条件就没法活一样。

为加深对这一“抽象说教”的理解，还是举一个动植物界的例子来说明：蓝鲸鱼一生都是健康的，但如果让它脱离群体三个月，便会迅速地患上五种以上的疾病，一年内死亡。金黄花从来不单独生长，一定要彼此长在一起。如果把其中的一株移植到离群体10米以外，尽管是同样的环境，却活不到10天。人们要想移植金黄花，最少要在10株以上一起移植，彼此之间也不能少于一尺的距离，否则一株也活不成。生活中许多人活得潇洒、风光，办事左右逢源，同样是一定的群体培育着他、滋养着他，一旦“落单”，就如“龙搁浅滩”，无所作为。

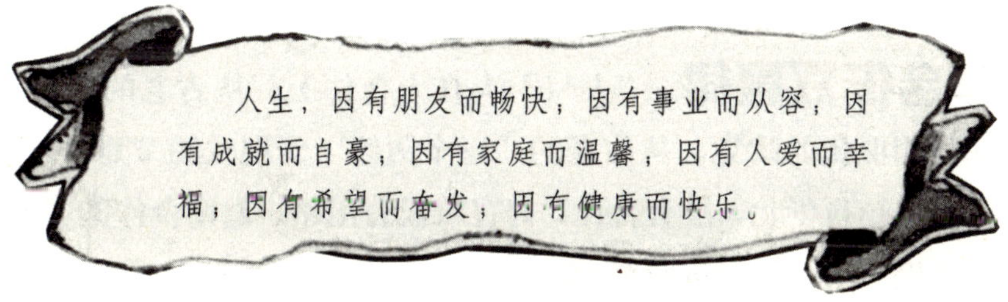

第三张皮——与合适的“团队”发展结合。

当今之世，若找不到一个属于自己的团队，将永远是孤独无助的。

——申子思维

曾国藩在京城做官，光杆司令一个，徒有虚名，充其量只能写写文稿，难有作为。后来回老家“守孝”，拉了些农民办“团练”，真正建立了一个属于自己的“团队”，依靠这个团队，成就了一番了不起的事业。

个人是渺小的，必须与一个合适的团队结合，这就是发展的平台！个人的一切成就都离不开这个平台。

这个团队可以是“单位”，我们大多数人是在一定“单位”里求发展，包括党政机关、企业、事业单位或民营、外资、合资单位，这都是我们发展的依托。许多单位写上这样的标语“今天工作不努力，明天努力找工作”，“厂兴我荣，厂衰我耻”，深刻地昭示个人的发展必须融入“单位”的事业之中。

当然，有本事者可以离开公家“单位”，那就要自己组织一个团队。像刘备拉上张飞、关云长，像唐僧拉上孙悟空、猪八戒、沙和尚，就组成一个“单位”。有了这样一个团队，才能干一番事业，赢得出路。

出路总是存在于一定的“场”中，要在适合自己的“场”里找出路，要与“场”结合，自己永远是“毛”，而“场”是“皮”。

皮毛结合定律，远非这么简单，实质上它包含的内容博大精深。它包括与社会一切有生力量相结合，整合一切社会资源，为我所用，壮大自我。

●合作双赢律。“大气”大在大合作上。从古老的乡党、朋党到现代的政党，从古老的“三个篱笆”到现代的WTO，合作越来越科学化，没有合作，简直就没有出路。遵循合作的“大气策略”，把合作进行到底！

“人”字的结构就是互相支撑，缺乏支撑，很难想像“人”是如何立起来？

——申子题记

我们从屠夫、酿酒家和面包师那里期待晚餐，不是因为他们仁慈，而是他们对自身利益的考虑。

——《国富论》

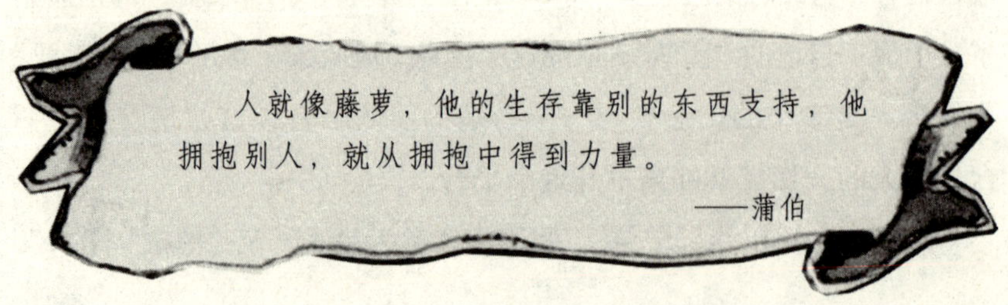

人就像藤萝，他的生存靠别的东西支持，他拥抱别人，就从拥抱中得到力量。

——蒲伯

“人”字的结构就是互相支撑。每一个人的生存都以他人的存在为前提，没有他人的存在，自己就是永远的孤岛。

有一则关于“天堂与地狱”的民间寓言，耐人寻味：

一位教徒问上帝何为地狱？何为天堂？上帝领着教徒参观：他们穿过黑暗的地道，进入一间挤满了人的大房子。屋子中间，熊熊燃烧的火堆上炖着一大锅肉汤，飘散着令人垂涎的香味。汤锅的四周，挤满了绝望而饥饿的人群，每人都拿着长柄汤勺，由于汤勺的柄比手臂长，谁也没法把东西送进自己的嘴里。于是，互相责骂，互不相让，进而大打出手。上帝对教徒说：“这就是地狱！”

然后，他们又进入另一间房子参观：各种东西与前面一样，一堆火、一锅汤、一群人、一样的长柄汤勺。但很有秩序，一些人舀汤，请另一些人喝汤，这些人吃饱了又去舀汤喂其他人，互相为他人服务。每个人都能吃到东西，个个红光满面，生活十分愉快。上帝说：“这就是天堂！”

动物界有一种有趣的现象：大多威猛的动物，单打独斗能力极强的动物，如狮子、老虎等，大多生存状况不好，常常食不饱腹，吃的是腐尸烂肉，甚至成为濒危动物，需要人类保护。相反，那些个体生存能力不是很强的动物，如大雁成群结队地一会儿飞到南方，一会儿飞到北方，总是生活在那些气候温暖如春，空气新鲜，水草肥美的地方，日子过得洋洋得意。

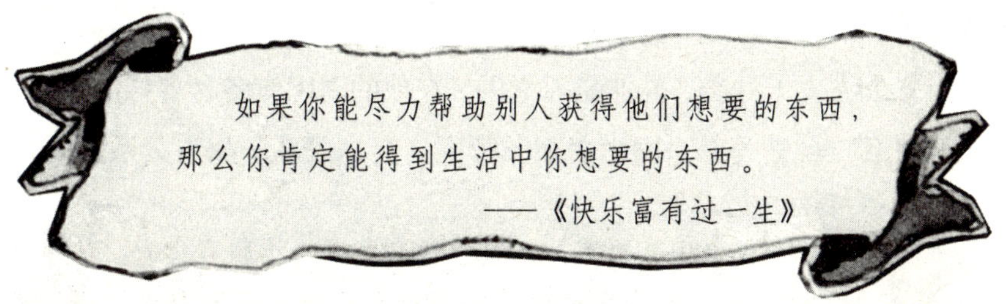

如果你能尽力帮助别人获得他们想要的东西，那么你肯定能得到生活中你想要的东西。

——《快乐富有过一生》

现实世界中也有这么两类人：一种人如狮子、老虎，个体能力极强，吃“独食”，不合群，独往独来，还经常与人争斗，累得气喘吁吁，虽然有“威风”的时候，但结局不容乐观；另一种人像大雁，个体没有很强的本事，但与人和谐相处，忧患与共，日子倒是过得舒心安逸，生命力极为旺盛。二者的生存状态为何有这么大的差异？在于合作也。

合作是人类的生存之根。

人类是具有群居特征的高等动物，人总是在一定的“圈子”里生活着、工作着，离开一定的圈子，人就没法活，或人就不成其为人。

这种“圈子”包括从古老的家庭圈子、家族圈子、乡里圈子、社区圈子，发展到现在就有单位组织圈子、政党圈子，更大的圈子就是国家、民族，联合国组织，WTO 组织，甚至全球变为一个“地球村”，可视为是一个大“圈子”。也许今后，各星球之间互相合作，整个宇宙变为一个类似古老村庄的“大圈子”。我们每个人都是圈子里的人，互相依存，休戚与共。

现代人指责我们的祖宗，“自私”、“不合作”，实际上，不是不合作，而是社会封闭，合作圈较小而已。即便这样，他们也是“物以类聚，人以群分”。中国传统社会的最大特点是，他是一个宗法社会，宗族圈子是极为发达的、极为严密完善的、宗族内也是靠合作维系的。而且宗族圈子盘根错节，渗透于社会各个层面，各个角落。

古人离开家庭，走上社会，大多结帮结派，所以，各朝各代，都有“朋党现象”，西汉有外戚、宦官作祟，东汉有清议党锢，魏晋南北朝有士族门阀，唐有牛李党争，宋有“元祐党人碑”，明有东林党、宣党，清有帝党、后党。到近代社会，才出现政党现象。如国民党内有黄埔系、CC 系、政学系等。

一个人立于社会，并非是孤立的。在他的周围有各种各样的关系，亲戚关系、乡党关系、同学关系、师生（徒）关系、战友关系、同事

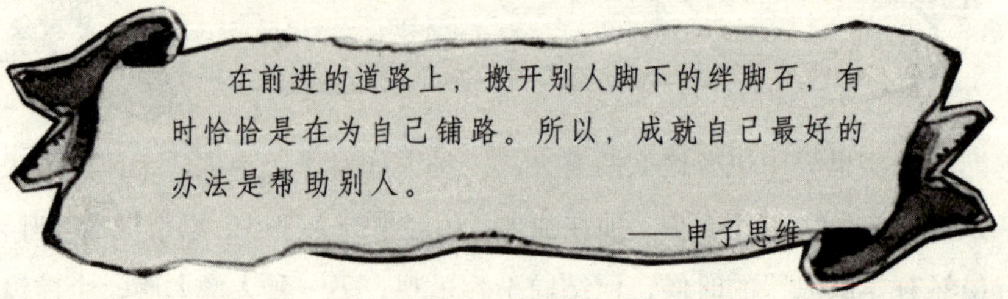

关系、朋友关系、帮会关系、同志（道）关系等等。每个人都怕孤立，都希望生活在“自己人”的圈子之中，都希望“盘活”这些关系资源。

所以，中国人无论居庙堂之高，还是处江湖之远，都能见到他们在忙着拉帮结派。像勤奋的蜘蛛，不停地编织着属于自己的网络。网络越大、越结实，前后左右铁杆关系越硬，捕获就越多，个人的路子也就宽了。

几千年来形成的这一人类“奇观”，也许就是人类生存的根，是古老文明香火不断的“纽带”，是人类文明发展过程中的必然现象。因为个人的力量的确太渺小，个人要在社会中生存、要找出路，就必须找人合作，而社会的组织体系极不发达，除了宗族组织，又没有其他组织。天下是帝王的家，但帝王并不会真正把每一个成员视为帝王“家族圈”的成员，于是，朋党与结派现象自然愈演愈烈。

当然，这种现象对现代文明的发展会产生许多负面影响，所以，必须扼制它、铲除它。但对其本质的功能——合作功能，非但不能扼杀，还应该进一步促进其发展。于是，通过建立新的组织形式，让人类的合作得以充分发挥。这样，到了现代，各种政党组织、经济组织、文化组织，甚至跨区域、跨国界等各种合作组织，如雨后春笋般涌现了。

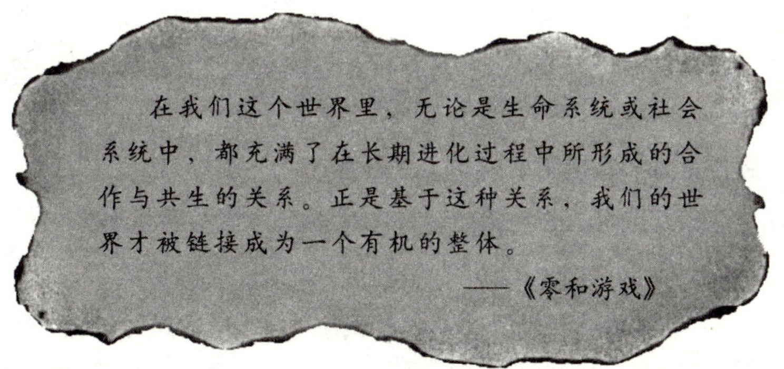

从古代的“一个篱笆三个桩，一个好汉三个帮”到现代的政党组织、行政组织、公司制度，人类合作的智慧与时俱进，以至成立联合国组织，要求全球的人们和平共处，合作发展。

合作，始终是人活得像人的一根主线。

合作才有出路，合作才会双赢。

有一则瘫子与瞎子合作找出路的笑话：

说的是一场灾难来临前夕，村庄里的人都逃走了。只剩下一个瞎子和一个瘫子，瘫子整天躺在床上，动弹不得，十分无助；瞎子看不见路，也十分无奈。但也不能等死？于是，瘫子对瞎子说："我当你的眼睛，你做我的腿。你背着我，我给你指路，咱们就可以逃离这个危险的地方。"瞎子听了，觉得主意不错，背起瘫子就走，在瘫子的指引下，两人果然来到了一个很安全的地方。

两人安顿下来后，瞎子对瘫子说："今天，我救了你一命，应该好好谢我。"瘫子一听，就火了："你这人忘恩负义，是我救了你的命，应该报答我！"两人激烈争吵着，谁也不服谁。最后，村长裁决说："你给了他双腿，他给了你双眼，你们相互救了各自的命，这就是彼此得到的报偿，还有什么可争的呢？"

合作，使他们两人找到了出路。当然，这是合作中极端的例子。

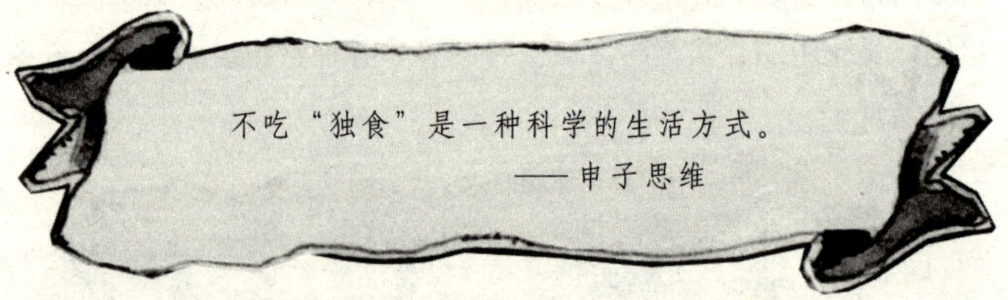

合作是人们找出路的根本之道。但一到现实中，由于人的"自私"本性，许多人主观上总是倾向于"吃独食"，或者对合作缺乏应有的诚意与信任。不合作的思维、"零和游戏"思维还是大行其道：

——"零和游戏"思维：一个苹果两人吃，一人就只能吃半个。社会到处充满竞争，其结果必然是"一赢一输"、"一多一少"、"一强一弱"。

——和尚定律：一个和尚挑水喝，两个和尚抬水喝，三个和尚没水喝。

——邦尼人力定律：一个人一分钟可以挖一个洞，六十个人一秒钟却挖不了一个洞。

——萨特理论：他人即地狱。

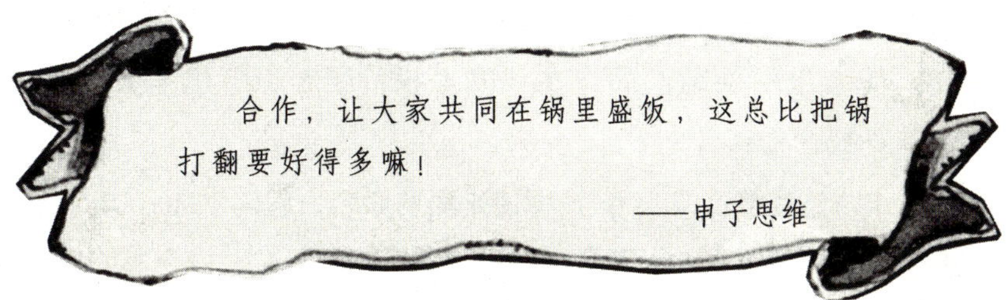

正因为这样，中国人的合作圈子实际上是很狭小的，只有在对方成为“自己人”后，才能出现好的合作局面，对“外人”则总是不放心，所以，的确很难真诚合作。

21 世纪是一个合作的世纪。国际国内的合作、公有与民有之间的合作、个人与组织、地区之间的合作已全面展开，中国社会也是在全面开放与合作中发展起来了，大家尝到了合作的甜头，亦大大拓展了合作的空间。这种局面的确冲击了人们固有的思维观念。

人们正是从无数次成功与失败的行为中，尝试着以新的眼光来看待这个世界，越来越发现，合作比“自私”更有利，遵从某种合作规则要比单干更有前途，更有出息。通过合作，才能更好地找到出路，更好地实现利益的最大化。为什么这么说呢？

——合作是一种力量的整合。

科学家研究，大雁借着“V”字队形，当每一只鸟展翅拍打时，造成其他的鸟立刻跟进，整个鸟群抬升，整个鸟群比每一只鸟单飞时，至少增加了 71% 的飞行能力。当一只大雁脱队时，它立即感到独自飞行时的迟缓与吃力。科学家还在风洞试验中发现，成群的雁以 V 字形飞行，比一只雁单独飞行能多飞 12% 的距离。

一个人的本事再大，也不能完成所有的工作，纵使浑身是铁，又能打几颗铁钉呢？况且，个人的能力、实力、资金、资源都是有限的，面对强大的社会竞争，单打独斗是很难有出路的。如大学生走向社会创业，一般要过“五道坎”，即“资金坎”、“关系坎”、“创新坎”、“心态坎”、“市场坎”，凭个人的知识能力，这些“门坎”是很难逾越的。这就要合作，把自己的优势、力量与他人的优势、力量结合起来，如合伙开店、合伙开发专利、合伙经商、合伙办企业。其实，大学生一走向社会，哪怕是做一件很小的事情，都要考虑与人合作，如向市场推销产品，本钱哪里找？顾客在哪里？方法哪里学？都要找合作伙伴。

合作，一是整合“心力”，即使是弱弱联合，起码也能壮胆，增强心理能量；二是整合脑力，“三个臭皮匠胜过诸葛亮”；三是整合实力，产生“$1+1\geqslant 2$”的化学反应。

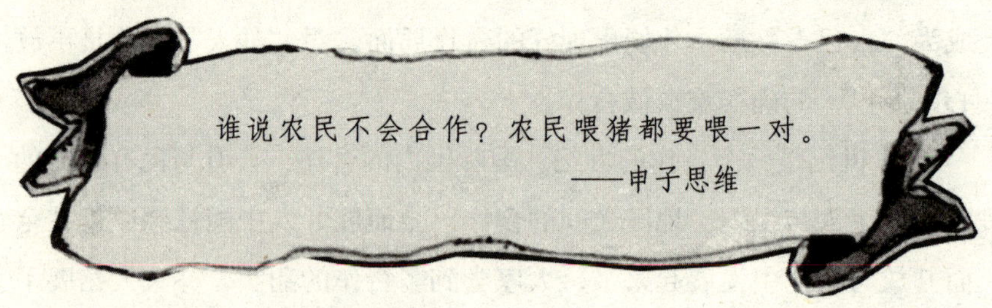

——合作是一种资源的互补。

寻找出路，需要许多资源进行匹配，如经济性资源，有资金、资产、市场等；社会性资源，有关系、权力等；个人资源，有能力、特长、学识等。单个人，不可能具备所有资源，所以，单个的人也不可能找到理想的出路。通过合作，就可以整合个人所缺少的资源，合作的重要条件，就是资源互补，从而找到更好的出路。

如某青年发明了一项专利，如果通过开发专利找出路，首先就要同有资金的人合作，找到了资金，如果自己不会管理，还要找个有管理企业能力的人合作。生产了产品，还要同会开拓市场的人合作。这就是说，拥有专利者，拥有资金者，会管理者，会开拓市场者，都具有单方面的资源，如果不合作，大家都没出路，合作成功了，大家都有出路。

——合作是一种双赢。它能把蛋糕做大，实现各自利益的最大化。

显而易见，瞎子与瘫子的合作、“天堂”故事中所讲的合作，都是一种双赢。这种经验应该向一切领域推广。

目前国有企业普遍开展对外合作，就像是“瘫子”与“疯子”的合作，能较好地实现各自利益的最大化。国企普遍历史悠久，有较好

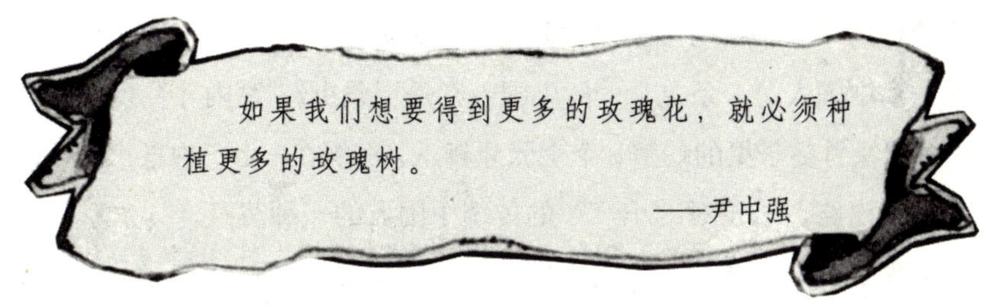

的品牌，有产品生产能力，但大多机制不活，玩不转市场，效益不好，没有出路，像个“瘫子”；而民营的公司，机制灵活，产权明晰，在市场上横冲直撞，恨不得一口就把市场吞下，像个“疯子”。二者结合，一个管生产，一个负责市场经营，立马双赢。

经济领域，合作把蛋糕做大，实现双赢，见效最明显。

传统观念，认为“商场如战场”，互相不合作，两败俱伤者多，如用于出口日本、韩国的一次性“筷子”行业，由于互相压价，结果把这个出口创利行业都做“烂”了，教训极为深刻。

在商业代理制的初始阶段，厂家、供应商、分销商、代理商、用户之间，每个环节都是独立的利益体，大家都在追求利益的最大化，所遵循的是零和游戏规则，即其中一方收益的增加是以另一方收益的减少为代价的。今天大不同，合作的双赢理念，使他们在利益的平衡点上形成利益共同体，即“一损俱损，一荣俱荣”，共同把市场做大，让每一个分得更多的“蛋糕”。

由此想到欧洲，历史上的欧洲，国与国之间的边界，大多是用白骨堆起来的，战争不断，血流成河，边界上的每一寸土地都渗透了血醒味。如今，欧盟形成，国与国的边界畅通无阻，边界不见硝烟，连哨所都没有了，大家相安无事，亲如一国。各国的发展势头都比过去好，合作使各国都赢。

遵循合作的“大气策略”，把合作进行到底！

合作是一个问题，如何合作也是一个问题。

——申子思维

台湾学者柏杨写了本《丑陋的中国人》，指责中国人不善于合作，说一个中国人是一条龙，一群中国人则是一条虫。“窝内斗”现象很严重，就像竹篓子里的螃蟹，个个张牙舞爪，交织在一起，内耗严重，谁也没有出路。这是对“小气”的传统中国人的一种写照。

那么，怎样才能去掉劣根性，去掉“小家子气”，真正合作起来，共谋出路呢？

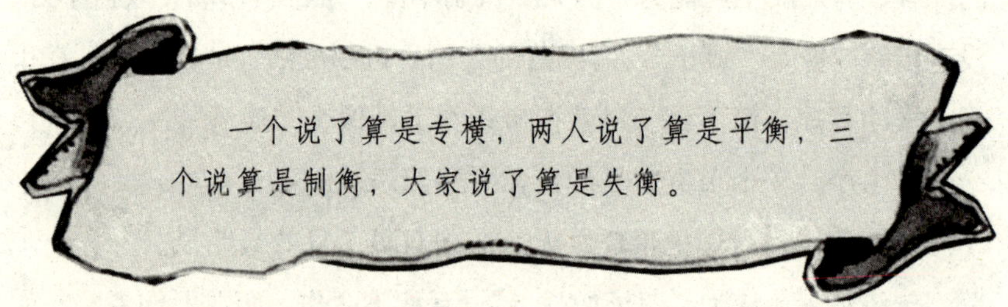

一个说了算是专横，两人说了算是平衡，三个说算是制衡，大家说了算是失衡。

两只困倦的刺猬，受寒冷的袭击想互相取暖。可因为各自身上都长着刺，刺着对方怎么也睡不舒服。于是它们离开了，但又冷得受不了，于是又凑到一起。反复折腾，两只刺猬终于找到一个合适的距离：既能相互获得对方的温暖又不至于被扎。

刺猬在相处的磨合中找到了合作之道，那么作为现代人，就要有大气情怀，才能将合作进行到底！

大气策略之一：慎重选择合作伙伴。

“男怕入错行，女怕嫁错郎”。选择什么对象合作，不能“义气”行事，一定要反复研究比较，理性选择：一看在合作的理念与合作的目标上能否得到统一；二看对方的资质、实力，对实现目标能贡献什么？有什么东西值得合作？能否实现合作的目标？三看对方的品行、诚信如何，以免上当。选择合作伙伴比恋爱选对象更难，不能只凭情绪办事，一见钟情，也不是扶贫帮困的“手拉手”。而是要把事业的局面做大，要为人生开辟新的出路。

大气策略之二：给他人以甜头。

既然合作，就要充分考虑对方的利益，让合作方觉得有甜头，有“奔头”、有“想头”、有前途、有出路。让合作方从内心里觉得你这人“讲义气”、“够哥们儿”，从而，从内心里使之真心与你合作。

李嘉诚在教育其子李泽楷经商时，非常重要的一条，就是要给合作方以“好处”。即“与人合作，假如你拿7分合理，8分也可以，那我们李家拿6分就可以了”。让别人多赚2分，表面上自己吃亏了，但事实上大家都会来找你合作，于是，经商的局面就打开了，各种优秀人才、优质资源、发展机会等，都向你这里聚集，路子越走越宽，蛋糕越做越大。相反，处处“抠门”的人，自以为精明处处算计他人的人，人们就会敬而远之。

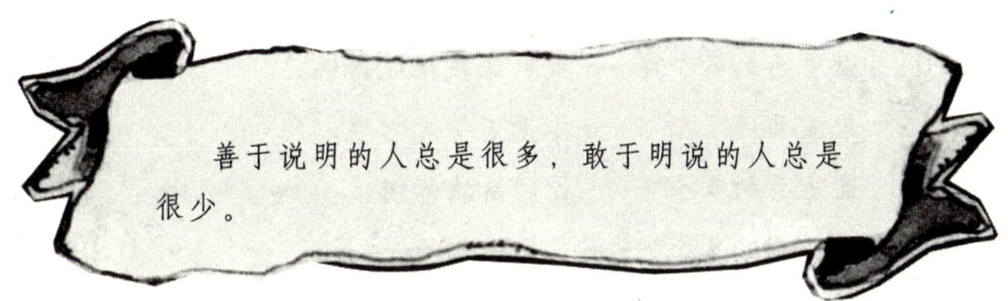

大气策略之三："丑话"说在前。

双方有什么能力、条件，有什么合作的资本尽可能摆出来，合作双方各自应承担什么责任、义务，应承担什么风险和享受的利益尽可能规定清楚，可能出现的问题一定要想得周全，不能碍于情面而使用“模糊智慧”，事前没摆清楚，往往会埋藏“隐患”，给合作带来许多麻烦。

大气策略之四：坚守合作规则。

君子坦荡荡，合作游戏规则一旦定下来，就要严格守约，不论在任何时候、任何利益的诱惑下都始终如一地恪守合作规则，一切按规则办事，透明、公正，不搞小动作，以明晰的个性、简练的作风和坦诚的态度巩固好合作关系。

大气策略之五：诚信为王。

一个国王没有儿子，要从民间选一小孩做王子，办法是给候选人每人一颗牡丹花种，看谁种的花儿最漂亮。到了评比的时候，几乎所有小孩都捧来了鲜艳美丽的牡丹花，只有一个小孩捧着那颗种子伤心落泪，他没有种出花来。但是，恰恰他被选中。因为，所有的花种都事先煮过，是不能长出花的。

诚信，是合作的起码要求。但在诚信普遍存在问题的时候，恰恰就显得特别可贵、特别具有“磁性”。谁诚信，谁就可以鹤立鸡群，谁就“诚信为王”。诚信，会往你的脸上贴金，诚信的好口碑就会在业内、圈内，在朋友中流传开来，赋予了你一种巨大的无形资产。俗话说“金杯银杯，不如有个好口碑；金奖银奖，不如大家的夸奖。”诚信是立身之道、合作之魂，诚信的人，将永远在合作中立于不败之地。

合作也许很简单，美国管理学家雷鲍夫告诉我们：在你着手建立合作和信任时要牢记我们语言中：

最重要的8个字——我承认我犯过错误；

最重要的7个字——你干了件大好事；

最重要的6个字——你的看法如何；

最重要的5个字——咱们一起干；

最重要的3个字——谢谢您；

最重要的2个字——咱们。

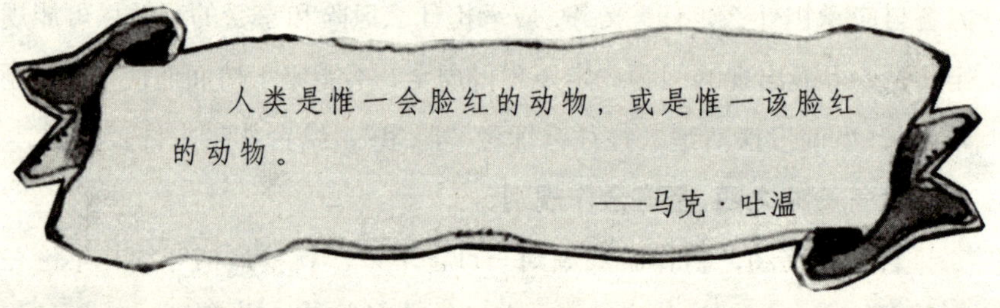

人类是惟一会脸红的动物，或是惟一该脸红的动物。

——马克·吐温

●集中优势律。集中大力是大气大成的“铁律”。打开出路的大门要学毛泽东用兵——“集中大力”！人力、财力、物力、心力，通通调动起来，集中能形成无坚不摧的力量！

应集中绝对优势兵力，即集中六倍、五倍、四倍于敌，至少也是三倍于敌的兵力，并集中全部或大部的炮兵，从敌军诸阵地中，选择较弱的一点（不是两点），猛烈地攻击之，务期必克。

——毛泽东

无论是政治还是经济，无论是打开市场还是打开出路，都要求握紧拳头，集中大力，重拳出击。

重要的不是你的判断是对是错，而是在你判断正确的时候，你是否能最大限度地发挥出自己的力量来。

——索罗斯

武功中的一指禅、二指禅，武术原理是将全身的力量集中到手指上，正因为集中，纤弱的手指可以变成擎天柱！

人的智力、精力、财力都是有限的，找到出路，意味着人生的新突破，要攻克前进路上无数的堡垒，要跨越平时难以想像的障碍，要与无数竞争对手进行顽强的较量。这就要求我们调动一切有生力量，让神经高度紧张起来，让人财物等自己所拥有的或可以借用的一切资源集中起来，就像刘翔在奥运会上参加110米跨栏最后冲刺一样，全身的力量集中得足以使人“飞”起来。如此集中优势力量，哪会撞不开出路的大门呢？

集中优势力量行动，是自然界一切生命体求生存、找出路必须遵循的原则。这一原则在军事上称为“集中兵力”或“集中优势兵力”。马克思说：“战略的奥秘就在于集中兵力。”毛泽东则说：“集中优势兵力，各个歼灭敌人。”《美国百科全书》是这样说的：“战略，从军事意义上说，就是在必要的时间和必要的地点向战区集中优势兵力以创造条件，在战场上彻底消灭敌人的艺术。”

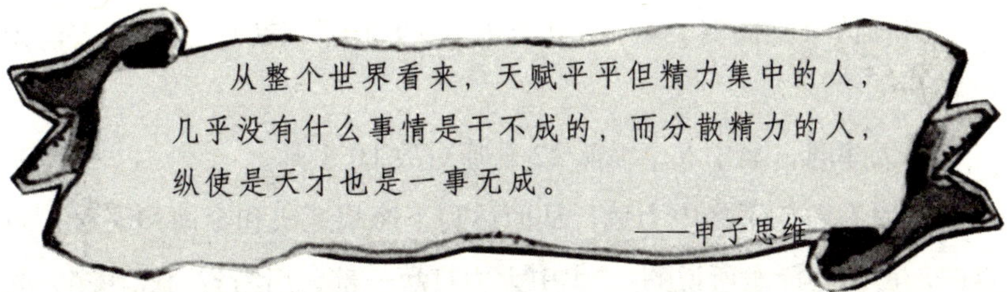

“毛泽东用兵真如神”。神在何处？神在行动起来，势如破竹，横扫千军如卷席；神在集中一切有生力量，全力以赴为目标服务。毛泽东在论及战争时，多次强调：“每战集中绝对优势兵力（两倍、三倍、四倍、有时甚至是五倍或六倍于敌之兵力），四面包围敌人，力求全歼，不使漏网。在特殊情况下，则采用给敌人歼灭性打击的方法，即集中全力击敌正面及其一翼或两翼……力求避免打那种得不偿失的、或得失相当的消耗战。这样，在全体上，我们是劣势（就数量来说），但在每一个局部上，在每一个具体战役上，我们是绝对的优势，这就保证了战役的胜利。”

集中兵力看来容易，实行颇难。人人皆知以多胜少是最好的办法，然而很多人不能做，相反地每每分散兵力，原因就在于指导者缺乏战略头脑，为复杂的环境所迷惑，因而被环境所支配，失掉自主能力，采取了应付主义。

——毛泽东

毛泽东同志驾驭时局的重要法宝之一，就是集中优势抓主要矛盾。这一战略思想在军事上就是集中优势兵力，歼灭敌人有生力量。如解放战争中的辽沈、淮海、平津三大战役，更是运用这一战略思想的典范，从中显示了集中优势兵力这个法宝的巨大威力：

解放军打锦州时，集中16个师对敌7个师；

打廖耀湘兵团时，集中10个纵队29个师对敌12个师；

围歼黄伯韬兵团时，集中6个纵队13个师对敌4个军8个师；

围歼黄维兵团时，集中10个纵队29个师（旅）对敌8个军10个师；

打天津时，集中5个纵队22个师对敌10个师。

正因为解放军集中力量，从而达到了速战速决和全面歼灭敌人的目的。正如毛泽东所说的：“集中大力打敌一部，用力省而成功多，既能全歼，又能速决。”

“集中大力”是毛泽东同志一生的行动法则，如为斗“私字一闪念”，党政军群团、工农兵学商，全体大行动，从80多岁的老太太到牙牙学语的红小兵，全体参与。无论国家机器，还是媒体喉舌、文艺战士，都是“专政工具”。以运动式开展一切政治、经济和文化活动，行动以摧枯拉朽之势，“无往而不胜”。

军事如此，政治如此，个人的一切行动都应运用“集中优势的原则”。个人无论在经济领域、科学实验领域或从事生产活动、思维活动，谋发展，找出路，就应该确立一个最主要的目标，针对这一目标，在一定的时间、一定的地点、一定的范围内，集中自己的优势力量，全力以赴地投入到该项活动。行动像狮子一样的凶猛，像足球比赛场的健将射门时所爆发出的伟力一样，用尽吃奶的力气全身心地火速行动起来，直至目标实现。

集中优势力量行动，这是最经济、最有效、最科学的行动原则。“集中大力”能形成无坚不摧的力量！

一旦下决心做，就不要去考虑得与失的问题，集中力量，一做到底。

——申子思维

个人在为出路而奋斗时，一旦确定行动，就要调动你自己的一切智慧、一切知识、一切关系、一切资金和一切可以借助的力量，“集中大力”克服面临的困难，跨越前进的障碍，规避可能遇到的风险，以最快的速度接近目标。那么如何深刻理解“行动要集中优势力量”呢？

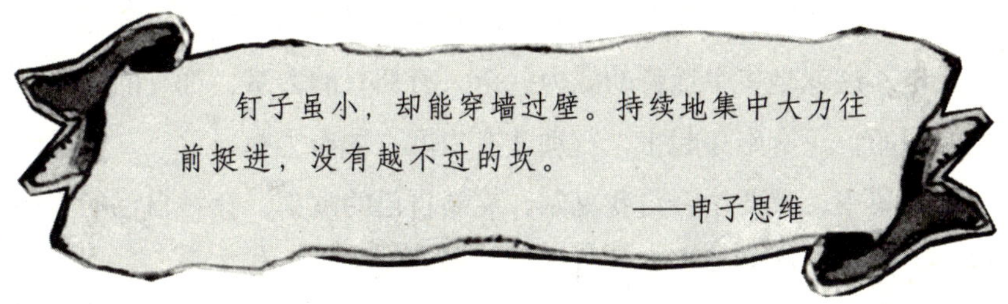

资金的短缺性要求集中优势——

我们要干的事业是无止境的，而我们所拥有的资金投入是有限的。只有将有限的资金集中起来，把钱用在刀刃上，才能发挥作用，实现主要目标。

人的精力的有限性要求集中精力——

古人常感叹“生而有涯”，如果假定人的寿命为80岁的话，那么早期要花25年用于玩耍和学习，后期要花20年用于休闲养老，中间只有35年光阴。这35年中扣除睡觉、休息的时间，实际用于工作的时间不足三分之一，即不足12年。这12年中，又不知有多少日子用于聊天、会友等与工作无关的活动。因此，真正用于成就事业的日子是多么的短暂、多么的稀少！所以，用这12年，成就自己一生的梦想，必须集中精力，干些事情，有益于社会，也为自己找到个好的归宿。

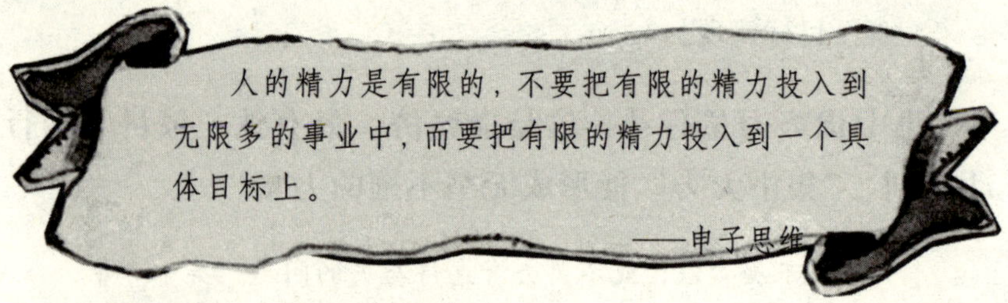

竞争的激烈性要求集中优势——

在每一个出路门口，都会遇到强劲的竞争对手。增强自己的竞争力，必须集中自己的优势力量。

聚焦效应告诉我们：集中就是力量——

集中能形成无坚不摧的力量。“兵散则势弱，聚则势强，兵家之常情也。”物理学上有一种聚焦效应，运用这一原理将散射的太阳光“聚集”起来，就可以产生无限的热量，不仅可以烧水、煮饭，还可以用于发电。这就是集中优势的威力。个人所拥有的力量、拥有的资源总是有限的，只有聚集起来，行动才有力度，才有力量。

要集中，就要学会自我克制，克制自己的欲望、牺牲自己的一些爱好，砍掉一些无关紧要的目标，一切服从中心目标。

古往今来，凡是有成就的人，都有一个特点，即集中力量干自己认定的事情，主攻一个目标，集中突破，这是他们成功的秘诀。

牛顿为什么发现了万有引力定律？他回答说：“我一直在想着这件事。”

刘翔、邓亚萍等奥运健儿为什么能摘世界金牌？他们也会说，我一生都献给了这件事。

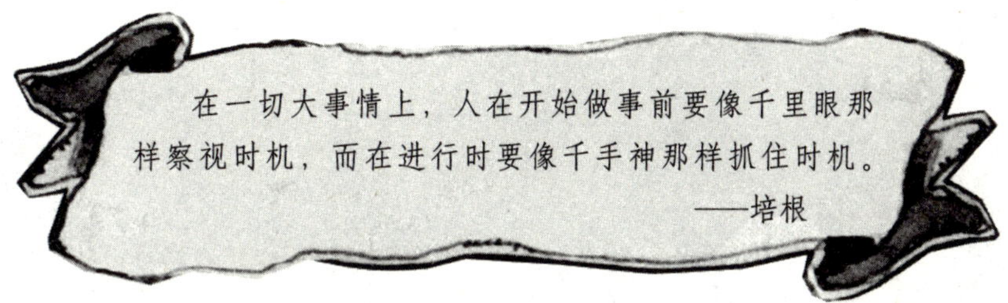

当有人问爱迪生“成功的第一要素是什么？”时，他回答说：“能够将你身体与心智能量锲而不舍地运用在同一个问题上而不会疲倦的能力……你整天在做事，不是吗？每个人都是。假如你早上7点起床，晚上11点睡觉，你做事就做了整整16个小时。对大多数人而言，他们肯定是一直在做一些事情，惟一的问题是，他们做很多很多事，而我只做一件。假如他们将这些时间运用在一个方向、一个目的上，他们就会成功。”

成功者的重要秘诀，就是对自己所选定的目标集中大力，全力以赴。富兰克林说得好：“获得权力的首要条件和最大秘诀是：把精力和资力完全集中于所干的事业上，一旦开始干哪一行，就要决心干出个名堂，要出类拔萃，要点点滴滴地改进，要采用最好的机器，要尽力通晓这一行。”如果分散精力、资力、注意力，“把鸡蛋放在许多篮子里”，必然走向失败。

现实生活中，有些最弱的人，甚至是能力平平、智力平平，平时最不受人注目的人，但由于集中精力做一件事情，长年累月地做，多少年后，也许能取得令人瞩目的成绩。而一些自恃资智很高的人，也确实是能力很强的人，但由于分心于太多的事物，东一榔头，西一棒子，今日点瓜，明日种豆，最终可能一事无成，永远也找不到出路。

大气大成靠的是“大力”，集中优势力量，是赢得出路的极为重要的法宝。

力量，是力量，才是争取胜利的根本大法。

聚天下之力开启天下之门

——我们凭什么敲开出路的大门

卷六：聚天下之力开启天下之门

——我们凭什么敲开出路的大门

只怕自己不发力，不怕上帝不开门。

——申子题记

力量，是力量，才是争取胜利的根本大法。

——申子思维

通向大成不能装出来，而是一种实力与实力的碰撞。

——曾国藩

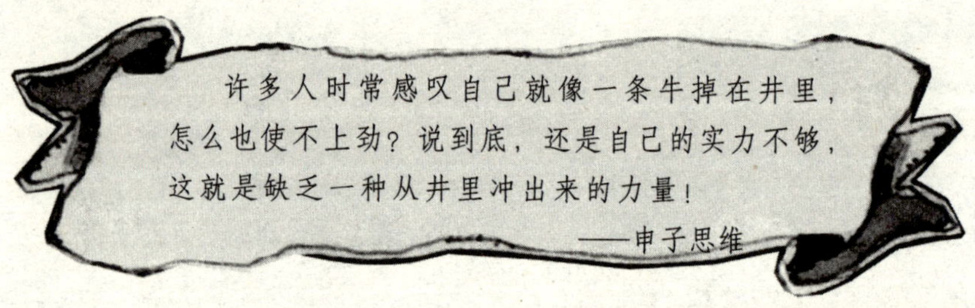

人生有三种力，相应形成三种人生境界。一是“实力人生”，即能力、财力、权力、知识力等如何，决定人生的“分量”；二是“活力人生”，即创新力、策划力、执行力等如何，决定人生的“变量”；三是“魅力人生”，即表现力、吸引力、影响力如何，决定人生的“增量”。三种力交互作用，形成人生的“冲击力”。冲击力的大小，决定着一扇扇出路大门能否撞开。

●出路的第一冲击力："五力"神功。从"猴王争霸"到"总统竞选"，"强者定律"牢不可破！学习力—思维力—表现力—组织力—执行力，招招有力。

出路的大门永远是由强者撞开的，打掉幻想，要把99%的精力放在做强自身素质上，哪怕在某一小点上做强也行。

——申子思维

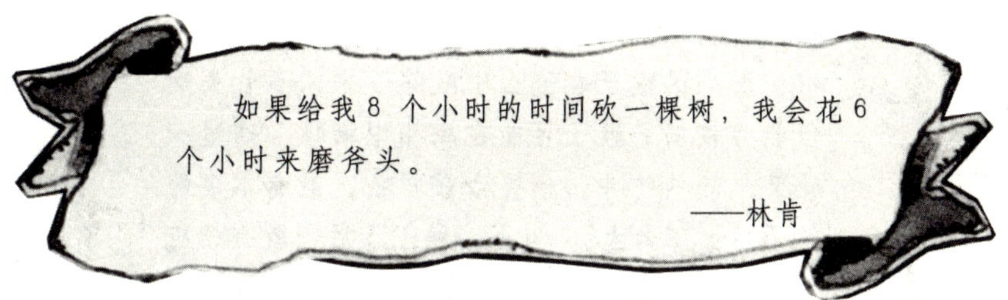

如果给我8个小时的时间砍一棵树，我会花6个小时来磨斧头。

——林肯

歌德在谈到拿破仑的功夫时说了一段很精辟的话："拿破仑摆弄世界，就像洪默尔摆布他的钢琴一样。无论在战役前还是在战役中，也无论是战胜还是战败，他都一样坚定地站着，对于他要做的事既能看得很清楚，又能当机立断。在任何时候他都胸有成竹，应付自如，就像洪默尔那样，无论演奏的是慢板还是快板，是低调还是高调。凡是真正的才能都显出这种灵巧，无论在和平时期的艺术中还是在战争时期的军事上，无论是面对钢琴还是站在大炮后面。"

何谓"神功"？何谓真本事？诸如拿破仑摆弄世界，洪默尔摆布钢琴的功夫，就是一种神功，它是一种强者之功。

牢不可破的"强者定律"。

山高人为峰，射门力为王。

——申子思维

人类社会温文尔雅，从幼儿园开始，每天都进行着"排排座，分果果"的游戏，日复一日地这么重复着，一切那么自然，简单得用不着任何思考。

情景　张家界的猴子是如何夺得王位的？

在猴子世界里，强者为王是天经地义的事情。为此，我专门到张家界武陵园的猴山里观看了猴子争夺王位的“战争”：在一群猴子里，一般要产生一个猴王。谁为王？这是通过“血拼”、通过血淋淋的搏斗决定的，在争王战斗中，弱小的猴子在流血中败阵下来，不甘失败但能力较弱的猴子可能在战斗中牺牲。通过一轮又一轮的打斗，最终由最强壮、最有本事的猴子当上“老大”。当上“猴王”后，就有相应的待遇，如有了食物，先由猴王吃，只有当猴王吃饱喝足了，其他猴子才能吃；猴群里的母猴都是猴王的嫔妃，如果发现“偷情”的“不道德”行为，将受到严厉惩罚；猴王看哪只猴子“不顺眼”，可以随便打骂。当猴王体质衰老时，其“王位”随时可能被其他更强健的猴子取代。就像美国竞选总统一样，一般是四年一届，永远是“强者为王”。

人类的活动并不像幼儿园这么简单。进入社会后，同样是“排排座，分果果”，但到底如何排排座？果果又如何分？却是一个绞尽脑汁、用尽心机，引发社会制度改革，甚至引发战争的重大问题。

现实的社会永远是一个存在差别的社会，不论是“金字塔形”还是“纺锤形”，人分三六九等，社会职位有高低，财富分多寡，即个人的出路是有差别的，这是显而易见的事实。那么，这种差异排序又是如何排出来的？标准又是什么？

我们撇开社会制度和历史文化因素，在一个常态社会里，从个体因素看，“排排座，分果果”的决定因素是个人素质的强弱，每一次排座，每一次分配无不体现“强者定律”。

永远要记住社会的“强者定律”。什么是“强者”？首要的是素质强，能力强，他人不敢想的他能想，他人不敢做的他能做，从能力水平、勇气刚毅、真抓实干等各个方面似乎都高人一筹。综合素质上的强者，社会地位将越来越显赫，拥有的社会资源越来越多，社会资源向其聚集，出路大门也向他敞开。

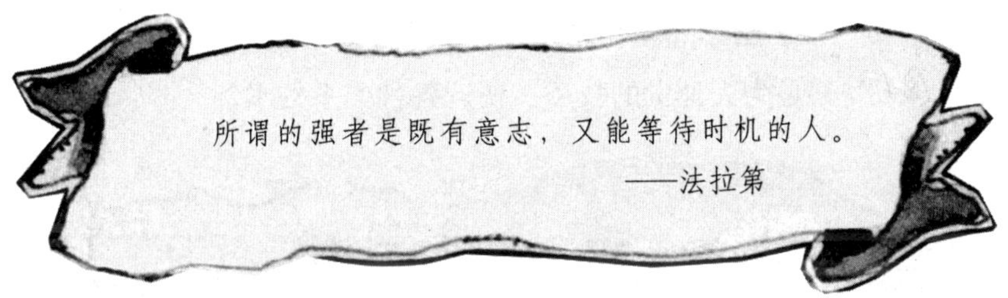

一个国家、一个民族在世界上的排序是由综合国力决定的，对此，伟大领袖毛泽东深有感触地说：“实力政策，实力地位，世界上没有不搞实力的。手中没得一把米，叫鸡都不来。”

同样，一个人在社会上的排序又是由综合素质决定的。这种观念应深深地根植到我们的骨子里。

因为，在每一种社会职位，每一种出路门口，都有一杆无形的“秤”，要称一称每个人的素质有几斤几两，符合标准，重量达标的“强者”，出路的大门就为你打开，否则将被淘汰。

高考：大学的校门按分数开；

职场：是马是骡子拉出来遛遛，看谁跑得快；

市场：优胜劣汰。

对此，我的体会尤为深刻：我曾受老家至亲的友人相托，要我为他的小孩在北京找出路。他认为我在北京关系“一大把”，北京天地大，找份工作应该问题不大。这个孩子初中毕业，能力平平。我抱着试试看的心理，调动一切关系为其找工作，朋友们也很配合，其中一家民办医院的院长把全院所有的职位都拿出来，由她挑选。什么工作适合她干呢？挑来挑去，最后选定在医院的小卖部当售货员。面对这一结局，我不知如何向友人交差，但又有什么办法呢？

出路不是上帝安排的，也不是关系能够摆布的，起决定性因素的是个人，是个人的综合素质。因此，找出路要从练基本功开始，有什么功夫，才有什么出路。

一个成功的人，一定要有一身好本事，要有很强的综合素质，尤其应练好内功、外功和轻功。

内功——是做人做事之根本，是立人立业的本领；

外功——是适应外部环境、迎接各种挑战的本领；

轻功——是为人处世的技巧、协调各种关系的本领。

你行动时，虽然不是国王在行动，但在他们的领域内，要显现出王者风范让自己行为高尚，思想崇高，一切作为显示你可以为王，即使在现实中你并非王者。

——《箴言书》

做强素质，五力齐发。

人的综合素质包含的内容十分广泛，如生理心理素质、思想文化素质、能力水平等各个方面。对撞击出路大门而言，关键要打造好五种力，即学习力、思维力、表现力、组织力和执行力。

◉ 学习力——

世界上优秀的人是善于学习的人，竞争力强的民族是善于学习的民族。学习与模仿是通向卓越的捷径，是打开出路大门的“金钥匙”。学习是提升自我的根本方法。我们常常对孩子说：“如果把别人所有的优点都学到手，把他人的长处都搬到家里来，把他人的优秀品质都根植到自己身上，那么，你就是世界上最优秀的人才，你就是真正的大王。”

情景 1　日本人的出路在于善于学习

日本人曾学习中国的汉魏文化，从而使日本由原始部落过渡到奴隶社会；学习中国的隋唐文化，从而由奴隶社会过渡到封建社会；学习英国、荷兰等国的西方文化，19世纪日本在亚洲率先进入资本主义社会；第二次世界大战后，日本又成功学习美国文化，一跃成为世界“经济巨人”。

每一次，日本人都要学习最先进的文化，然后变为自己的“传统”。下一次，又毫不犹豫地对“传统”进行取舍和改造，然后去接受更新更新的文明。决不抱残守缺，日本文化的胃，消化能力极强，能集世间之所长为己有，岂能不创造“经济奇迹”？

情景 2　爱学习的犹太人

70多年前，有一个基督教徒想在街上雇一辆马车。他环顾四周，发现不远处有一排犹太人的马车。走近一看，马正在吃草，却找不到车夫。问路边的小孩：“车夫哪去了？”小孩告诉他：“在车夫俱乐部。”于是，这个基督教徒来到街道深处的车夫俱乐部，看到在狭窄的屋子里，车夫们都在学习《塔木德经》。虽然是车夫，但一有时间就学习圣书。这就是犹太人的写照。

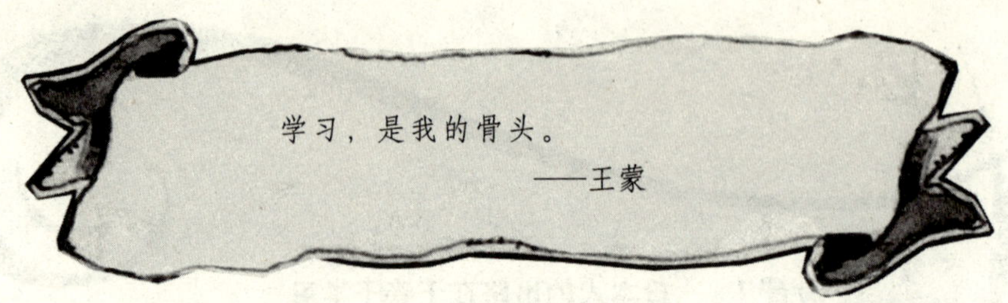

个人的成长过程就是一个学习的过程，年轻时的重要任务就是积蓄知识能量，夯实人生基础。一个人如果不能打好学识基础，那么到了一定年纪后，就会变成一个乏味的没有魅力的、没有出路的人，在知识经济、知识社会时代尤其如此。

所以，《工作DNA》反复告诫刚参加工作的年轻人："30岁之前不要计较的事情：不要计较你的负担与待遇，尽量去接受折磨训练。不要忘记在此之前，我们要学习任何东西，都要支付学费给学校，才可能受教育。而从现在开始，我们受教育的同时，有人在支付我们薪水。所以，不要想太多。要注意的一点，趁我们还可以从这个工作和公司里学到东西的时候，尽量学习。"

学习的过程也是一个寻找出路的过程。李嘉诚举家迁往香港后，其父李云经马上改变对儿子的教育策略，不再以古代圣贤的言行教育儿子，而是要求李嘉诚"学做香港人"，以适应外部环境的变化。为此，李云经要求儿子先学好香港语言。当时，香港的大众语言是广州话，官方语言是英语。对这两门语言的学习，李嘉诚不敢怠慢，拜表妹表弟为师，勤学不辍，几乎到了走火入魔的程度，路上、车上、床上、厕上，抓紧一切时间学习，终于熟练地掌握了广州话和英语，为扎根香港、身登龙门获得第一把"钥匙"。

◉ 思维力——

思维力是智力结构的核心，它通过敏锐的观察能力、认知能力和判断能力，对各种信息和材料进行分析、综合、比较、概括与抽象加工，形成新的认知和指导行动的方案。这就是思维力的作用。

打造思维力，就要培育积极思考的习惯。思考能拯救一个人的命运。外国有句谚语："有一天好好思考，胜过一周的蛮干徒劳。"我们

情景　曾国藩的决策是如何出笼的？

曾国藩有一个习惯：每遇重大事情，他会把门窗关得严严实实，点上一炷香，一个人呆在屋子里，不准任何人打扰，好让自己静静地思考，他会把相关的所有问题都想透，把各种可能性和不可能性都想明，然后清清楚楚地拿出自己的主见来。用一炷香的工夫，让其思维力集中做功，从而形成重大决策。

每个人都要养成积极思考的习惯，因为，只有深思熟虑，才能胸有成竹。思考，它使我们在面临弱势的情形时仍能寻求最好的、最有利的结果；思考，使我们变得聪明起来，它教我们如何调整自己，如何趋利避害，如何发现机遇，找到出路；思考，还会帮助我们科学决策，减少行动的盲目性，使我们具有先见之明。

正如卡耐基所说："凡是人类各界的领袖都做过想像者。不论工业界的巨头，还是商业界的领袖，都是具有伟大的想像、并持以坚定的信心、付出努力奋斗的人。"所以，成大事者应养成的习惯是：宁肯在思考上费尽力气，也不能不加思考地去随意行动。

打造思维力，就要不断改变旧的思维习惯。与时俱进，首先表现为人的思维方式与思维水平的与时俱进，这就要改变因循守旧的思维习惯，树立创新的思维方式，激活自己的大脑，让"金点子"不断在脑中激荡，让思想的烈火在脑中熊熊燃烧起来。

一句真理可抵得上一千句谬论这是铁律，问题是，如果你不能分辨哪是真理哪是谬论，那可能是一千句真理也抵不上一句谬论。

——摘自《青年文摘》

打造思维力，还要不断给大脑升级。社会急剧变化，社会政治、经济、科技文化的发展日新月异，我们能否把握时代脉搏，顺应时代潮流，就必须给大脑不断扩容、升级，否则，就会落伍。所以，经常要反思：我的大脑多久没有升级了？

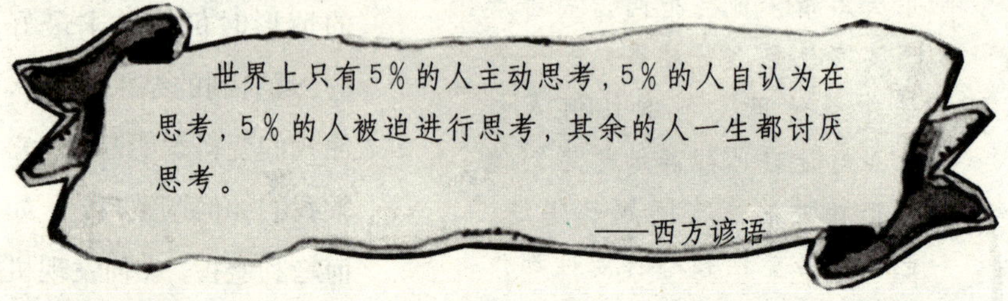

◉ 表现力——

俗话说，“会哭的孩子有奶吃”，“会哭”，就是一种表现力。

大学生找出路、找工作的过程是自我推销的过程；市场营销员推销产品的过程是一个自我推销的过程；一个人要晋升职务、“往上爬”的过程也是一个自我表现的过程；一个人要有所作为、要出人头地，就必须得到他人的认同或赞美，同样要靠自我表现。

每一扇出路大门上都装有“探头”，要看人的“表现”如何，个人言谈举止、素质能力、品行作风、工作业绩都要通过“表现”才能为社会所认识，针对“合意的”，出路的大门就自然打开了，如果“表现”不合意，出路的大门便永远是关闭的。

情 景

鸟妈妈觅食归来，面对鸟巢里饥饿的五个孩子，嘴里衔的这点食物先喂给哪只小鸟呢？这就看谁的嘴张得最大、叫得最凶，即表现力最强，谁就可以最先得到食物。

人生是一个舞台，每个人都是舞台上的演员。许多职业如从政、当公务员、当老板或当教师、公关小姐之类的职业，都要训练如何表情，如何笑，如何走路，甚至如何夹菜敬酒之类的动作，为的是表现出一种光芒来。

表现力是个人的自我展示能力，是关乎个人魅力、形象、影响力的重要因素，直接关系社会、他人对自我的评价。如文字的表达力，“立言”为“经国之大业，不朽之盛事”；口头的表达力，有“一言九鼎”、“一言兴邦”之说；才艺的表达力，有“技压群芳”之誉。人与人之间，彼此真正深入了解的人毕竟是少数，大多是凭印象看人，就像“看书看皮，看报看题”一样。所以，要撞击出路的大门，表现力尤为重要。

◉ **组织力——**

组织力是将周边各种潜在资源或有生力量整合起来，为我所用的能力。这种能力威力无穷，那些白手打天下者，没有资金、没有先天“靠山”、没有特别才能却有好出路的成功人士，大多有较强的组织力。尤其是全球化时代，潜在的各种资源如信息、人才、科技、资金、市场等可以说取之不尽、用之不竭，机会同样多如牛毛，关键看能否将这些资源有效地组织起来。所以，成就一生的事业，组织力能发挥神奇的作用。

情景 **凭什么坐上“第一把交椅”？**

刘邦在许多方面的能力都比不上张良、韩信、萧何，但为什么能当皇帝？刘备论计谋比不上诸葛亮，论勇猛比不上张飞，论军功更比不上关羽，他甚至只会哭，被历史称为“哭星”，但为什么能当上“老大”？梁山108个好汉个个身怀绝技，惟独宋江给人的印象“没什么本事”，但为什么偏偏就是他坐上了梁山“第一把交椅”？这些人，只有一个优点，就是能把人“团”起来，这就是组织力。

◉ **执行力——**

不论一个人的素质有多强、水平有多高、思维多发达，也不管个人所拥有的资源多丰富、方案多美妙，要实现人生目标，找到出路，一切都要落实到行动上，关键要看执行力如何？所谓“秀才造反，十年不成”，“观念已上天，行动难落地”，“高分低能”，说的是执行力不行，最终将一事无成。

“执行”是“硬”功夫，要不得半点“花腔”。所以，行动重于方案，执行重于一切。

微处理器的发明者泰德·霍夫讲过这样一番有意思的话：

“我记忆所及的最有意义的经历之一，是遇到过一些成功的企业家。他们的设想不一定比别人高明，不同之处仅在于他们有一股推动力去追求设想的实现。推动力看来比设想更重要。我想这对于发明来说也是同样的道理。”

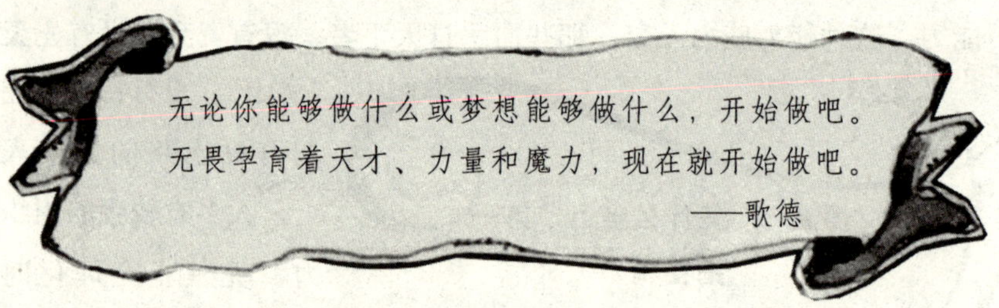

无论你能够做什么或梦想能够做什么，开始做吧。
无畏孕育着天才、力量和魔力，现在就开始做吧。

——歌德

●出路的第二冲击力：“亮点”射门。社会是个大超市，共存于超市中的各式人物也许有共同的缺点、弱点，甚至有共同的恶习，但成功一定有不同的“亮点”和“卖点”。

社会是个大超市，生存于这个超市里的人一定要有引人注目的亮点。所以，人生成功的诀窍在于经营自己的个性长处，使之成为“亮点”，闪闪发光。

——申子思维

大人物与小人物也许有共同的缺点、弱点，甚至有共同的恶习，但一定有不同的“亮点”和“卖点”。就像一本价值连城的书与一本平庸的书进行比较一样，尽管二者有共同的错别字和病句，但二者一定存在天壤之别的“亮点”。

——申子思维

情景　从清洁工到实业家

世界上真有这样的清洁工吗？有！当今香港大名鼎鼎的实业家、慈善家、“立珊救助基金会”的董事长彭立珊（又名余彭年）先生原来就是这样一位清洁工。

彭立珊为湖南涟源人，早年家境贫寒，为了谋生，他用近似“偷渡”的办法，流浪到香港，在一家公司当上了一名清洁工。他非常敬业，没日没夜地干，星期天、节假日从不休息，就像每天给自己洗脸一样，把公司的清洁卫生工作修饰得干干净净。他干得太出色了，引起了全公司员工的注目，“瞧，这儿有一位伟大的清洁工，他的活儿干得真是无与伦比！”公司的董事长也感动了，决定找彭立珊聊聊。这一聊，彭立珊所具有的“敬业、诚实”的“亮点”进一步打动了董事长，于是，他得到了提拔重用，进入董事长的办公室工作，工资翻了好几番。

尔后，彭立珊无论在什么岗位，无论在什么地方干活，都会把“活儿”干得漂漂亮亮，也把自身人格上的“亮点”弄得闪闪发亮，从而得到周围人的赞美，甚至使上帝都感动不已。正因为这样，他越来越有出路，甚至越来越有“大出路”。在公司，他的职位不断得以提升，每一个职位，都成为新出路的起点；单独做生意，“财神”也对他特别关照，越做越大，以至成为大实业家、大慈善家。目前，他仅在湖南的慈善捐助就达 2 亿多元。

山高人为峰，射门力为王。打开出路的大门犹如足球比赛的射门，需要一种神奇的力量。这种力量便是人生的“亮点”，它犹如一束神奇的激光，能穿透任何人生出路上的障碍。

出路的大门不问人的贵贱、不看人的出身如何？也不看人外貌的美丑，但是，它专看人的身上有没有“亮点”。“亮点”，是打开出路大门的“金钥匙”。

因此，不论什么人，要找出路，必须有自己的“亮点”。哪怕是清洁工、拾破烂的，只要有“亮点”，同样能打开出路的大门。

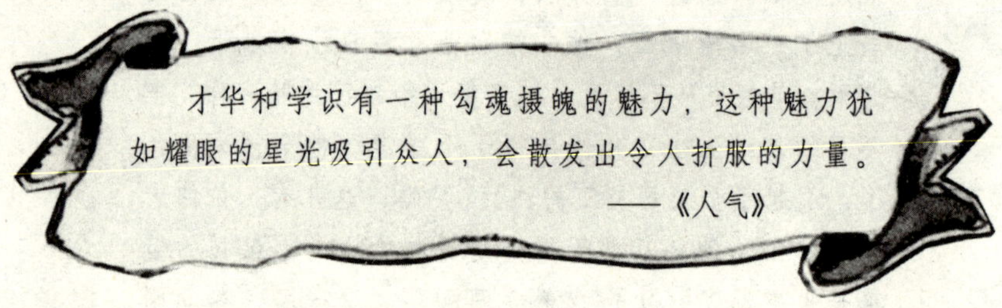

才华和学识有一种勾魂摄魄的魅力，这种魅力犹如耀眼的星光吸引众人，会散发出令人折服的力量。

——《人气》

马丁·路德·金就说过一段这样的话：

> 如果一个人是清洁工，那么他就应该像米开朗基罗绘画、贝多芬谱曲、莎士比亚写诗那样，以同样的心情来清扫街道。他的工作如此出色，以至于天空和大地的居民都会对他注目赞美：瞧，这儿有一位伟大的清洁工，他的活儿干得真是无与伦比！

这种感动上帝的敬业精神，就是清洁工身上的“亮点”。有了这样的“亮点”，新出路的大门就会向他敞开。

找到出路，一定有找到出路的“理由”。这种“理由”，套用市场经济的理论来说，就是“卖点”。任何一种产品，凭什么打开市场？凭“卖点”。“卖点”有多大？市场的占有率就有多高。所以，办报的一定要办出报纸的“卖点”，拍电影的一定要拍出电影的“卖点”。“卖点”，是打开市场大门的先决前提。同样，大学生要找到一个理想的工作岗位，就要推销自己的“卖点”，从文凭、特长、学识能力等各个方面提供足够的“理由”，求得用人单位的认同；一个职员要得到晋升，一定要有晋升的理由，也就是要通过一定的“卖点”去换取更高的职位。

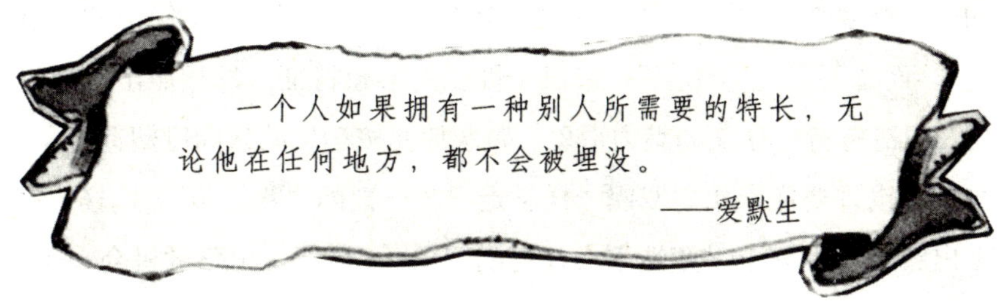

有了“卖点”，就会引起人们的“注意”；有了“注意”，就可能进入一个新的天地。经济学上流行一个时髦的概念，叫“注意力经济”或“眼球经济”。就是说，人类一切经济行为，首先源于人们的“注意”，如广告宣传、形象策划，都是为了唤醒人们的“注意”，所谓市场，便是人们的“注意”所在。电视等媒体的经济奥秘，就是通过“好看好玩”的节目，即“卖点”，去吸引观众的眼球，然后用观众的“眼球”与商家做交易，从而换取巨大的经济利益。对一个人的前途来说，首先必须引起同事的注意、领导的注意、组织的注意，即引起决定前途命运的“社会裁判们”的“注意”。他们在“注意”之中会琢磨、衡量比较你提供的“卖点”的分量，然后决定前途的大门、出路的大门能否为你打开。可见，找出路，源于“做卖点”。有了“卖点”，才能打开市场大门、心愿大门、出路大门。

人生处处有“卖点”，关键是一定要把“卖点”做“亮”，要亮得无与伦比，亮得感动“天神”，这样的“卖点”才有足够的力量撞开出路的大门。有几种常规的“卖点”务必引起我们每一个人的重视：

——做亮自己形象上的“卖点”。

成功者看起来就得像个有出息的人。

——申子思维

推销自己，贯穿于人一生活动的始终。从美国总统的竞选，到当今大学生找工作，哪一件事不是在推销自己。推销自己，在于推销自己的“卖点”，“卖点”始于自己的形象。把自己的形象做得亮亮的，走魅力人生之路，看看当今发达的美容业，不难发现，这一道理尽人皆知。这里要特别提醒的是，做亮形象不能盲目，不是一个简单的“丑美”，而是要做亮“卖点”，形成个性化的形象特征。即按照出路的定位，塑造有特定含义的魅力形象。如老师要按学生的认同度塑造形象，当官的也许要像宰相刘罗锅一样学走一步三摇的“八字步”。这样，根据出路的目标要求，塑造引人注目的形象“卖点”，出路的机会来了，就可能“对号入座”。

打造形象上的“亮点”要注意两点：一是要突出能给人留下深刻记忆的个性，不能邯郸学步；二是给人以好感，看起来就是个人才或有成就的人。最好能像亿万富翁那样迈步，像政治家一样摆手势，像公爵一样地系好领带，像多情的公牛一样总是那么生气勃勃。

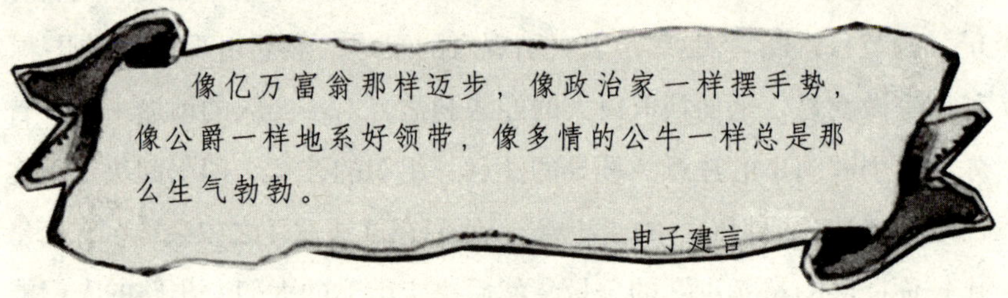

——做亮自己能力上的“卖点”。

当他人提及你的名字，就想到你有什么本事时，出路的大门将悄然为你打开。

——申子思维

人的能力包括许多方面，人不可能是“全才”，不可能在每个方面都很优秀，在许多方面甚至是很平庸的。但每个人完全可以在某一方面或某一点上把自己磨练得很优秀，甚至可以出类拔萃。每个人总能够练出点本事来，人人都可以，也都应该具有自己的“一技之长”。这就要集中精力、全身心地投入打造核心竞争力，在某一点上强于他人，让别人无法取代。

美国管理学家柯林斯在《从优秀到卓越》一书中，讲了一条有趣的原则——“刺猬原则”。为什么看起来很笨的刺猬能够战胜狐狸呢？

因为刺猬单纯、憨厚，专心于一种能力的培养。现实社会中许多看起来平淡的人，为什么有很好的出路，而一些非常聪明的人相反走投无路呢？其实也是这个道理。前者扎扎实实地打造了某种能力，后者是“什么都行，什么也都不行”，能力上缺乏“卖点”、“亮点”，自然就没有出路。

——做亮自己工作上的“卖点”。

人总是从某一点上开始杰出的。

——申子思维

有些人，每天都在忙忙碌碌，一生也不知干了多少事，这些事情都淡忘了，没有留下任何记忆，这样的人，终究归于平庸，也不会有什么出路。要找到出路，其实只要干好一件事，干好一件小事也行。但这件事一定要干得出彩，干得漂亮，干得令自己自豪，令他人刮目相看。任何时候有人提起来，他人都会记得那件事是你干的，都会说你是多么能干！这样，就有了事业上的“卖点”，就有了资本，有了这样的“敲门砖”，出路大门将非开不可。

理性的人也是最感性的，都喜欢“拿事实说话”。只要一件事干得漂亮，这一“亮点”就会照亮人的一生。一有机会他人便会记起：“瞧！那件事他干得多漂亮！”言下之意，今天这件事你也会干得漂亮，昨天漂亮，今天也会漂亮，甚至认为明天还会更漂亮！

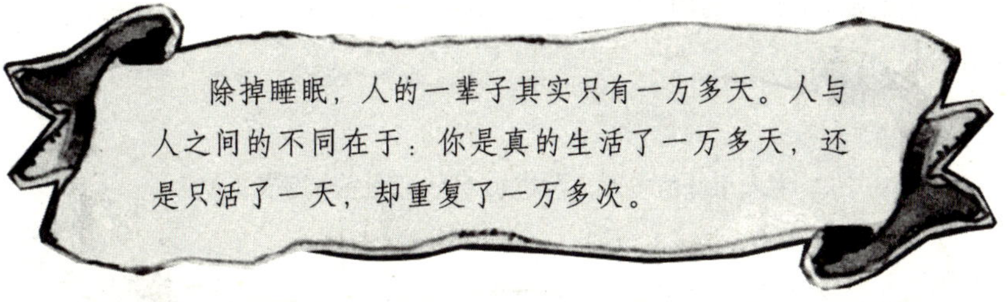

做亮“卖点”牢记三个“要诀”：

一是从某一“点”上做亮。

亮点，就是要“亮”、要闪光，能引起他人的注意，能抓住他人的眼球，并给人留下难忘的记忆。

陈佩斯是将自己的滑稽光头“刮亮”，宋祖英是将《小背篓》“唱亮”，钱钟书是将《围城》“写亮”，就这么一丁点，他们就进入了名人系列。

名人出名都是从某一点上开始的，我们普通人虽然没有成为名人的“野心”，但要找个好出路必须把某“一丁点”做亮，或尽可能亮一点，让别人能记起你，不要忘记你，机会来了能想起你。

亮点亮点，只需要做亮一点，也只能做亮一点。这一点可以是你做的一件事、一个不同寻常的生活片段、也可以是你的某种诱人的个性、特别的能力、或富有魅力的某一方面的品行。亮点不需要求全求大，从某一细微处做亮，同样能达到理想的效果。

有这么一丁点亮点，也许就是你的核心竞争力，就是敲开出路大门的敲门砖。就业，靠这一亮点；职位晋升，靠这一亮点；与人合作，建立新的人脉关系，靠这一亮点；即使今后成名成家，也许还是靠这一亮点。

做亮点一般是从自己得意的事情中做出亮点，但有时也可反其道而行之，把一些倒霉的事做亮，物极必反，也许能因祸得福。如新东方总裁俞敏洪，当年在北大工作时，因在校外兼职教托福英语，被北大公开处分。这本来是桩倒霉的事，但由于把这件事的影响搞得很大，他那“北大托福专家”的名声也日益响亮起来，并因此下海找了条新路，成就了新东方的事业。

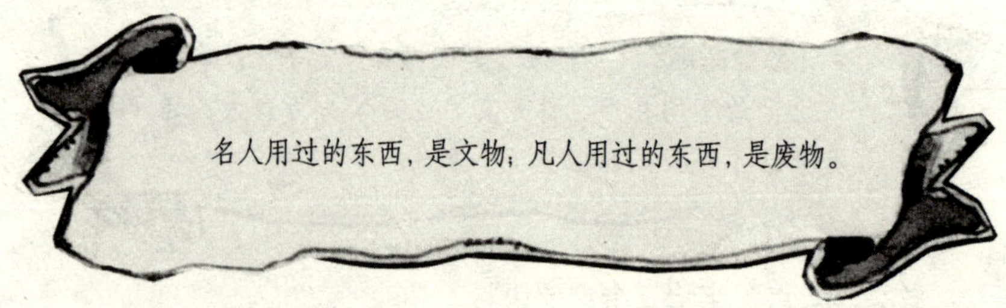

二是从长处上做亮。

亮点，总是与众不同，它的基础是要有点“真本事”，否则，是亮不起来的。这就要到自己的“长处”里去挖掘亮点、打磨亮点、培育亮点。

这个世界上有许多各种各样的“大师”，他们之所以成为“大师”，秘诀在于把自己的某一长处做亮了。

如卓别林的长处是“搞笑”，把“搞笑”做亮了，就成为“幽默大师”；

长沙有个张师傅，他的长处是会开锁，不论什么锁，经他一捣鼓都能打开，把这一点做亮了，就成为“开锁大师”。

又如厨师，其实只要做好一道菜，把这一道菜做亮，做出名气来，就可以成为厨艺大师，甚至可救活一家酒店；教师，也只要把一堂课讲出精彩来，就可以吃一辈子；画师，只要把某一样东西画亮，如画马、画公鸡、或者画小虾米也行，只要画亮了，便能取得了不起的成就，就能成为“大师”，就有了不起的出路。

我们每个人总有一点自己的长处，都可以做亮自己的某一点。当然，不是每个人都有技术上的专长，但还是可以挖掘为人处世、心理、意志等其他方面的长处。如一些人脑子转得快，那就把脑子做亮；有些人很老实，那就把“老实”二字做亮，让天下人都知道你忠诚可靠。

如此，即使成不了“大师”，至少也可以成为个“小师傅”；即使没有大出路，小出路也有一条。

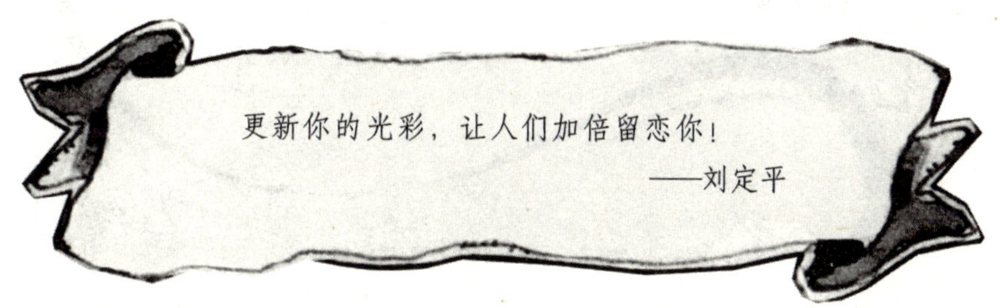

三是要在运作中“放大”亮点。

道理就这么简单。要使自己那“一丁点”的亮光能够金光闪闪，的确需要运作。

人们常说“是金子，总会闪光的”，但是，金子若放在煤炭里，即使闪光，又能照耀几个人？何况，不是每个人都是金子，有些是银子，有些是铜子，甚至还有许多人的潜质，或发光的本事就和黑煤炭差不多。

但是，即使是黑煤炭，如果通过运作，在闪光灯的照耀下，也能发出乌金般的光亮来？谁又能说黑煤炭没有亮点？

情景

A 君写本书内容一般，出版后便堆在仓库里，无人问津。当废品处理，又觉得太可惜。他希望有人读他的书，以求得些许心理慰藉。于是，他把书摆到马路上，免费让人取，摆了几天，居然也没几个人去捡。他垂头丧气，非常伤心。一天，他儿子说，书中有一句话还有点意思。儿子的提示振作起他的精神，近似死亡的大脑又转动起来：人家半部《论语》可以治天下，不就是那么几句话？我一句话又怎么转动不了一本书呢？他决定做好这一句话的文章。于是，围绕这一句话组织媒体炒作，自己赤膊上阵组织报告会推介，还动员相关组织或热心人士摇旗呐喊，把书中的这句话，这一个小小的闪光点不断放大。这本书，就这样“火”起来了。

每个人总有闪光的地方，运作的本质是把“亮点”放大。

有些人的亮点也许很平淡，但如果加以运作，有时也会传得神乎其神。运作要做有心人，人生的运作蕴藏在生活的艺术和人生的智慧里。当然，我们不必刻意炒作自己的亮点。但无论如何，要有运作意识，把自己的亮点当做一种品牌，进行运作，使之更加闪闪发光。社会是个大超市，全球60多亿人口，相当在一个大超市里摆了60多亿种商品，如果没有亮点，如果不把这亮点放大，又怎能抓住人们飘忽的注意力？

看一个国家的国民教育，要看他的公共厕所。

看一个男人的品位，要看他的袜子。

看一个女人是否养尊处优，要看她的手。

看一个人的身价，要看他的对手。

看一个人的底牌，要看他身边的好友。

看一个人的胸襟，要看他如何面对失败及被人出卖。

看两个人的关系，要看发生意外时，另一方的紧张程度。

——网友评如何看透一个人

●出路的第三冲击力：巧借外力。三只蚂蚁过河，架桥的和造船的蚂蚁因洪水而光荣殉职，第三只蚂蚁爬到树上观风向，大风起兮，这只蚂蚁连同树叶飘到了河对岸。“高人”高在“借力”上。

万事不求人，这种清高本质上是一种迂腐，是一种实足的愚蠢！

——申子思维

当一个人认识到借助别人的力量比独自劳作更有效益时，标志着他一次质的飞跃。

——卡耐基

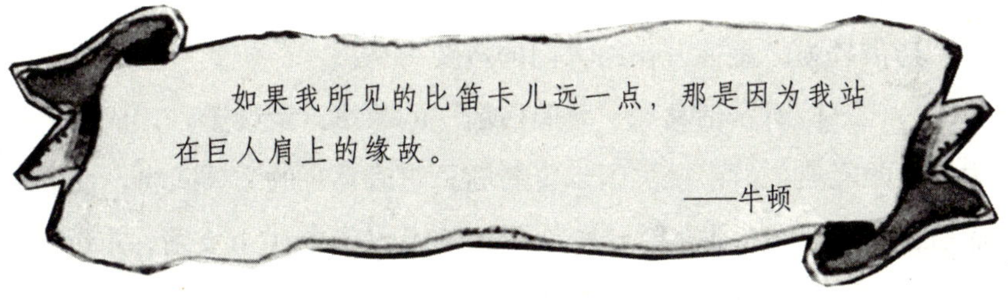

小时候，一位老大爷给我讲过三只蚂蚁过河的故事，至今还在脑海里浮现：

三只蚂蚁负有重要使命，必须过河。面对涛涛江水，蚂蚁不会游泳，如何过河呢？

第一只蚂蚁选择了架桥，它搬来了树枝、杂草，费了九牛二虎之力，结果，桥没架好，自己却被河水冲走了。

第二只蚂蚁选择造船，它同样充满信心，全身心地投入，忙得不亦乐乎。只可惜，洪水来了，船被冲走了，蚂蚁的命也被搭上了。

第三只蚂蚁看到前面两个兄弟，都比自己勤劳、能干，就这么悲壮地牺牲了，当然，就不能走它们的老路。于是，它爬到河边的树上，站在树尖的叶子上，想观察一下形势再说。不料，大风起兮，大风卷走了树叶和蚂蚁，蚂蚁就像坐飞机一样在空中飞扬，然后，徐徐地漂落在河的对岸。这只蚂蚁做梦也没想到，自己竟然如此轻松地实现了理想。

我每当想起这个故事，从内心里都为前两只蚂蚁感到惋惜，也很钦佩它们的壮举。而对第三只蚂蚁，仅仅只觉得它很幸运，似乎不屑一顾。因为，中国的传统文化，历来强调靠自己的本事吃饭，靠勤劳、靠实力、脚踏实地地打拼，反对“投机”，反对“取巧”。

但是，当我们观察社会时，看到林林总总的社会现象，类似第三只蚂蚁的成功者却大有人在，并渗透在政治、经济、文化各个领域，并越来越成为一种普遍的发展模式、成功模式或寻找出路的模式。于是，第三只蚂蚁的行为越来越耐人寻味，甚至变得越来越崇高起来。

当然，蚂蚁是盲目的，而学蚂蚁的人却是理性的。

巧借外力，是撞开出路大门的重要力量。

古代三国时，诸葛亮“草船借箭”的故事，流传千古，成了借外力成功的经典。故事说吴国都督周瑜忌妒诸葛亮的文韬武略，欲除之而后快，便借口大战在际，请诸葛亮10天内监造10万支箭，并当场立

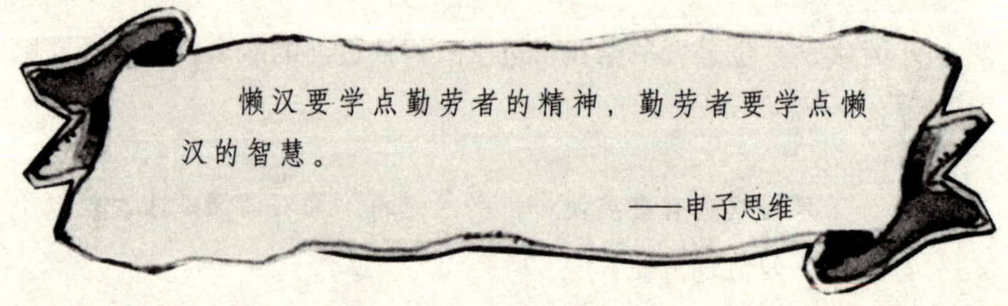

下“军令状”。诸葛亮欣然从命。第三天，诸葛亮趁浓雾锁住大江之际，指挥20艘草船向曹军水寨驶去，到了江心，叫水兵猛烈擂鼓呐喊，虚张声势。曹营惊惶失措，以为吴蜀大军压阵。于是，急令全体箭手向擂鼓呐喊方向放箭，万箭齐发，不一会儿，草船两边都插满了箭，足足有10万多支。诸葛亮不费吹灰之力，大功告成。

伟大人物之所以伟大，之所以能成就一番事业，关键的一点，是善于借力。对此，亭长出身的刘邦当上帝王后，深有感触地自我总结道：“运筹于帷幄之中，决胜于千里之外，我比不上张良；管理国家，安抚老百姓，保证物资供给，我比不上萧何；率百万大军，战必胜，攻必取，我比不上韩信。这三个人，都是人杰。我能用他们，这就是我能够取得天下的原因。而项羽呢？虽有一能人范曾，但也不能好好使用，所以，他失败了，被我所擒。”

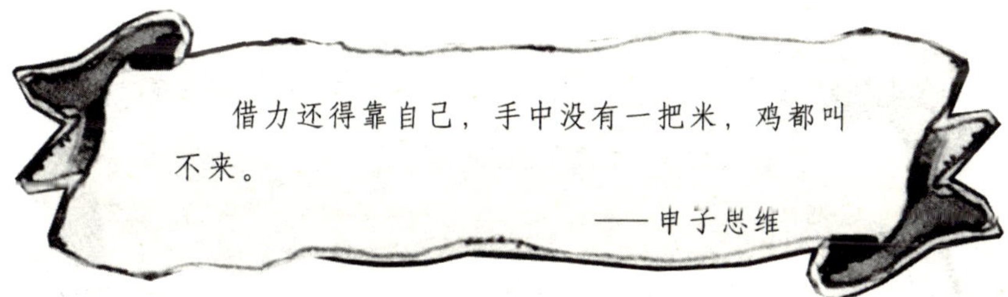

中国革命的胜利，我党总结有三大法宝。其中一大法宝，就是统一战线。说白了，就是群策群力，借全民之力，组织一切有生力量为我所用，从而，夺取中国革命一次又一次的胜利，最终建立了新中国。毛泽东同志真伟大，譬如，一上井冈山，就争取了当时的“山大王”袁文才等势力的支持；抗日战争、解放战争，把全民之力都动员起来了，连老人与儿童都派上用场。仅以淮海战争为例，后方老百姓为保障前线粮食和军用物资的供给，用落后的交通工具，克服重重困难，将300多万吨弹药、5.7亿斤粮食，156万斤油盐，86万斤猪肉等，源源不断地送往前线，满足了战争的需要。对此，陈毅曾形象地说：淮海战争的胜利，是人民群众用小车推出来的。

经济领域的借力现象，同样，已成为现代经济运行的一大法宝。如人人皆知的耐克鞋，耐克公司在美国，是一家没有一个工人、没有厂房的公司，总部也不生产一双鞋。但为何全球到处都是耐克鞋呢？耐克公司靠的是借力，即借鸡生蛋，就地取材。哪里有市场，就在哪里建厂生产，劳动力、原材料都取之于当地。公司高级管理人员奔波于世界各地，忙于签协议、提供技术标准、验收产品质量。这样，就大大降低原材料成本、劳动力成本、运输成本等各项生产、管理、销售成本，而且合法地“逃避”了关税。

比尔·盖茨说：“借风航行，是企业家必不可少的经营之道。”借贷，是每一个创业者起步时不容回避的一种方式。台湾著名实业家王永庆最初是以借父亲200元起家的，另一位实业家周子敬是借了100元与朋友合伙开办饼干作坊发家的。对企业家来说，在创业之初，借钱借物是创建企业之本；在企业发展过程中，借钱借物是壮大企业的重要动力。

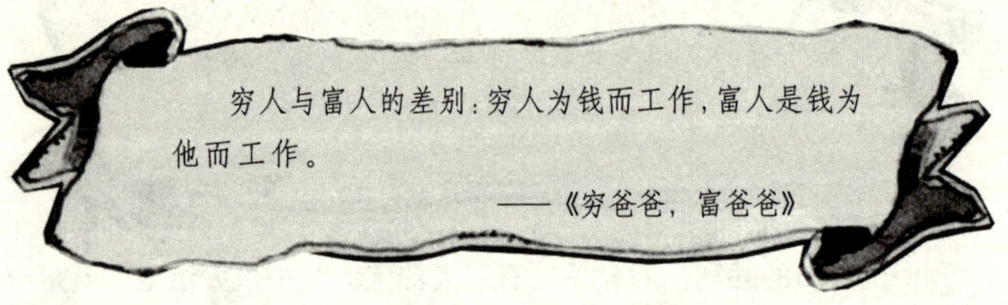

穷人与富人的差别：穷人为钱而工作，富人是钱为他而工作。

——《穷爸爸，富爸爸》

不论做什么事，善借外力，就能成为大赢家。

同样，个人的出路，也应该在借用外力上下功夫。

借力的学问很高深，借力的内容十分广泛，包括借钱、借物、借智慧、借名气、借势搭车等等。

——借人之“脑”。古人说：“下君之策尽己之力，中君之策尽人之力，上君之策尽人之智。”古代的大人物身边大多有“高参”、“幕僚”，现代则有庞大的“智囊团”。高明的人非常重视他人智慧，唐贞观之治繁荣局面的出现，重要的经验是“广开言路”，借他人的大脑为我所用。我们平常说“领导高明”，真正高明之处在于“会听”，多听取他人意见，善于“借脑”。许多智力平平的人为何能当好领导，秘诀在于“借脑”，决策有多科学？报告作得多漂亮？矛盾处理得多利索？都反映出其“借脑”的水平与能力。一些成功人士说得很坦率，“某某的主意使我起死回生”，“某某的脑子真好使，没有他的帮助，我是很难找到出路的”。

——借人之“脸”。生活中总有这样的现象，当一些人的出路遇到障碍，办事不顺利时，会说“看在某某的面子上，就这么办吧。”“某某（指重要人物）也是这个意见，你看着办吧”。更典型的是“拉大旗，做虎皮”，“挟天子以令诸侯”，善于“借人之名”，可以为自己的出路扫除许多障碍。

——借人之“嘴”。许多意愿的表达自己不便说，想办法由他人去说。个人的形象、能力、业绩也希望通过他人之“嘴”去传播，会收到意想不到的效果。许多时候，别人的“嘴”就是比自己的“嘴”有力量、“管用”。如中国人普遍都清楚，历史上的“枕边风”、“耳尖子软”，对一些人的命运会产生何等重要的影响。

——借人之“手”。“君子动口不动手”，因为君子更多的时候，可以“借人之手”。所谓“指手画脚”，就是要别人动手。黑社会组织的“老大”，身边必有“打手”，故能成其“大”。生活中的“代劳”现象比比皆是，如“捎封信”、“带句话”，还有“助手”、“帮手”、“吹鼓手”等等，都是“借人之手”的产物。

此外，重要的借力现象有：“借光”，即可蓬荜生辉；“借势”，即可趁势而上；“借风”，即会见风使舵；“借人之财”，故可白手打天下；近年兴起的有“借鸡下蛋”、“借船出海”、“借壳上市”等等，不一而足。

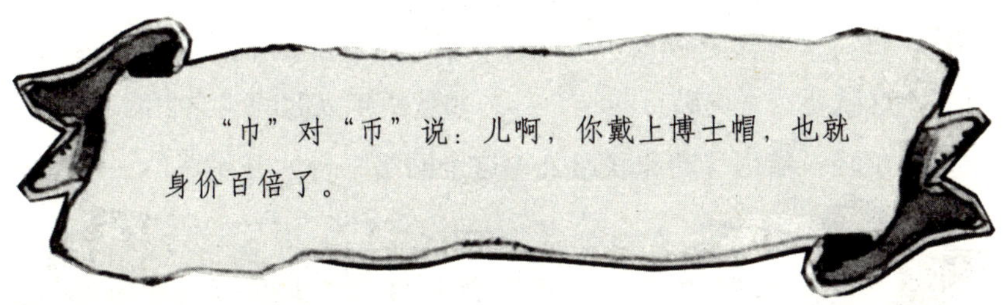

如何借力？提出四个要点：

诀窍之一：学会求人。

个人的力量总是脆弱的，要有所成就，或实现自己的某个心愿，或谋个好职位，任何时候都需要借力。所以，人不能清高，不能总是认为“靠自己的本事吃饭”，万事不求人，这种清高本质上是一种迂腐，是一种愚蠢，是一种与社会对立的表现。现代人应学会求人，求得他人的帮助，善于借用社会的力量，为我所用。甚至，要有更加开放的思维，借用全球的力量来发展自己，为自己找出路。目前，全球无数的资金、技术、人才、信息、机会，也在找出路，时刻都在涌流，数量多得无法统计，谁能用，谁就是人才，谁就是强者，谁就有出路。

诀窍之二：借关键之力。

寻找出路，需要许多力量匹配、支持，如能力、专利、资金、社会关系、经验、重要人物的引荐、群众的支持等各种政治的、经济的、文化的力量等。什么力都想借，也是不可能的。根据“缺什么，补什么；最需要什么力，就借什么力”的原则，借那些最有可能、最能派上用场的关键之力。如刘邦，主要是借张良、萧何、韩信三人之力，当上了皇帝。现代人，需要向社会、向他人“借力”的地方许许多多，但毕竟是向他人“借”东西，总不能今天借这样，明天借那样，别人烦了，你可能什么也借不上，所以，只借对你的出路产生极为重要影响的“关键之力”，“少而精”，“借”起来方便，“用”起来特别有效。如“万事俱备，只欠东风”，此时，就一定要千方百计“借东风”，也恰恰只有此时，他人才会心甘情愿地“借出”“东风”。

诀窍之三：选准借力的突破口和结合点。

借力，毕竟是“借”，不是说想借就能借的。“借”也需要条件的，“借”，也需要讲究策略与方法，要考虑顺水推舟、水到渠成、趁机而“借”。这就要选好突破口与结合部。如近两年兴起的“空中网”，就是由几个年轻人借用移动和联通公司这个网络平台，开展短信、电讯方

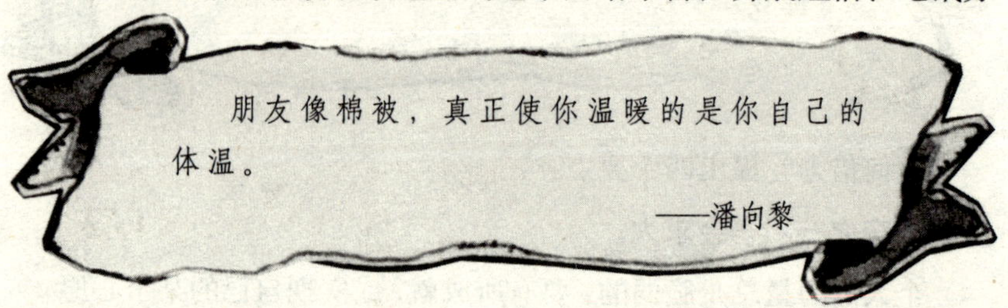

面的增值服务，与移动、联通公司及一些主要的媒体结成战略同盟，膨胀式地发展，还在美国上市，两年积累资产达10多亿元。他们是站在经济巨人的肩膀上成为经济巨子的。

诀窍之四：借“铁杆”之力。

“好朋友是天，好朋友是地，有了好朋友就能顶天立地；好朋友是风，好朋友是雨，有了好朋友就能呼风唤雨”。这一转发率极高的手机短信把朋友的价值说得令人心醉。

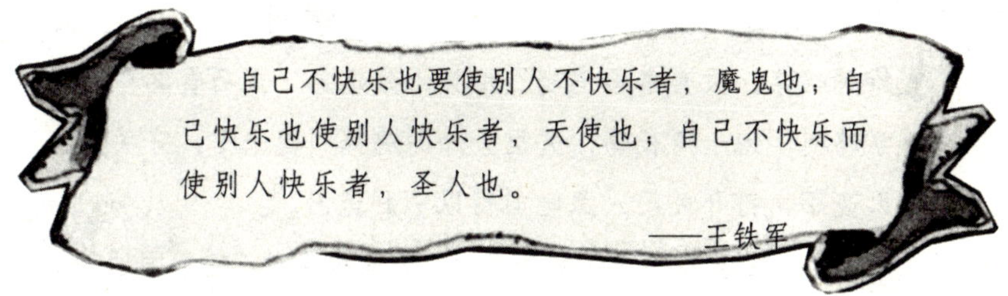

人生得一知己足矣，一定要有“铁杆”朋友。

一位商界精英感慨地说：“我认为我这一生最让我感到踏实的就是我交到了一些真正的朋友，我相信就是明天我的企业什么都没有了，我用三天时间就能东山再起。为什么？因为我那些朋友中至少有相当一部分还会认同我，有了他们，我就能再干起来。”

每个人都应该用心去建设好自己的朋友圈子，这是自己的一笔巨大财富。《纽约时报》记者曾问美国前总统克林顿，他是如何建立自己的朋友圈子的。克林顿回答说：“每天晚上睡觉前，我会在一张卡片上列出我当天联系过的每一个人，注明重要细节、时间、会晤地点和其他一些相关信息，然后添加到秘书为我建立的关系网数据库中。这些年来朋友们帮了我不少。”

多交成功的朋友，经常保持联系。在关键的时候，他们会给你力量和信心。即使交些“鸡鸣狗盗”之徒，在你困难的时候说不定也能借上“大力”。

古代孟尝君借“鸡鸣狗盗”之力的故事，给人以深刻的启示：

孟尝君是战国时期齐国一位有名的公子，乐仁好施，所供养的食客多达数千人。当孟尝君被秦昭王囚禁，秦王准备杀他时，秦昭王的宠姬放出话来：“如果把那件狐白裘送给我，可以帮忙释放。”但孟尝君惟一的一件价值千金的狐白裘，早就献给秦昭王，怎么才能拿出来呢？他的食客中有个人原来是小偷，最善于摹仿狗的动作。当夜，此人便化装成狗，潜入秦宫，偷出了狐白裘。那位宠姬说话算数，帮他求情，孟尝君得以释放。

孟尝君逃出了咸阳，后半夜到了函谷关。不料秦王后悔了，派人来追。这时关门紧闭，因有规定，只有到鸡叫时才开放关门。前有雄关挡路，后有秦军追赶，形势十分危急。正巧食客中有一人善学鸡叫，他一声长鸣，关里关外的鸡都叫起来了，守关人还以为天亮了，打开关门，孟尝君得以顺利逃出。

当初，孟尝君接纳这两个人时，大家都反对，羞于同这种鸡鸣狗盗之徒为伍。而在孟尝君危难时机，恰恰这两人起了关键性作用。

借力真好！人人都希望借力，都希望仁慈的上帝能将自己拉一把。但为什么有些人天天想借力，可上帝根本不予理睬，许多美好的愿望常常是竹篮打水一场空，而另一些人却好运连连，要风得风、要雨得雨，总有外界的力量使劲拉他、帮他、护他？这到底是为什么？

借力从表面上看是靠别人，从根本上说还是靠自己。怎样才能真正把力借到手？经验有：一是既讨人喜欢，又不失自我；二是唱好自己该唱的调，把事情做得漂亮，给人以信任；三是把自己的重要性显现出来，上帝也只救可救之人；四是一定要有回报，总不能白借，就像借钱要付给人利息一样。同时，还要善于变通，造势“嫁接”。如此，天下力量才能为我所用，壮大自己。

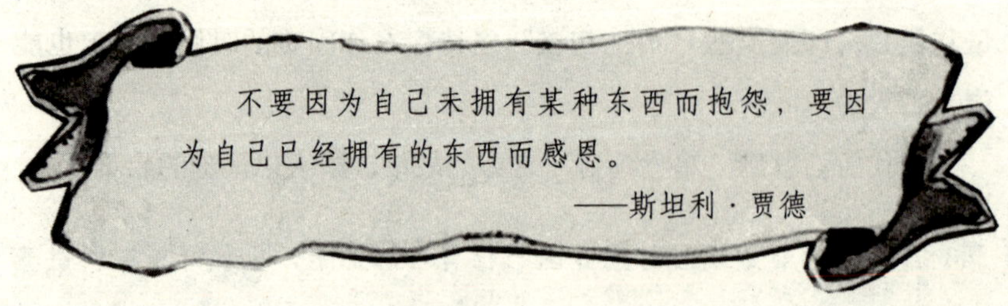

●出路的第四冲击力：滚雪球。滚经验、滚知识、滚关系、滚财富、滚一切可滚的资源。人的一生在滚一个出路的球，球的大小无关紧要，越滚越大才是最重要的！

人的一生在滚一个出路的球，球的大小无关紧要，越滚越大才是最重要的！

——申子思维

有时候通往成功的第一步似乎有12英尺高，难以攀越，但是只要你努力向上跨出这一步，你会发现下一步只剩下8英尺高，这时候你所耗费的时间和精力自然也会减少。第三步时会更容易一些。

——《成功是一种态度》

情景

清晨，推开窗户，就能看到城市街头黑压压的人群。有无数的从农村涌向城市的“打工者”，有无数的从大学校门走出的高材生，也不乏寻找生计的待业青年、下岗职工。也许其中就有你的身影，刚刚走出家门、校门，走向社会，来到一个陌生的城市，举目无亲，无关系可依托，无金钱可支持，无特长可炫耀。作为一个名符其实的“三无人员”如何安身立命？又如何才能找到出路呢？

这样的情景太有代表性了！每天在城市里奔走的大学生就有几百万，从农村涌向城镇的“打工者”数以万计，他们都得靠自己找饭吃，找出路。

如何行动？

第一步——“立住脚”。万丈高楼平地起，先做最简单的事，做自己能做的事，做能养活自己的事；吃最大的苦，忍最大的气，使最大的劲，活下来再说。

第二步——从利用身边

的资源起步。城镇是人流、物流、信息流交汇的地方，资源丰富，看你如何使用？实在发现不了，脚下的垃圾废品也比别处多，同样是可利用的资源。

第三步——抓住机会，善于用已掌握的资源去换取你所缺乏的资源，打开生存与发展的空间，找到更大的出路。

于是，逐步进入滚动发展的良性循环之中。

“三无人员”没关系，一无所有没关系。父母给了你身躯，学校给了你教育，社会给了你生活经验，这些汇成一个“球”，在你走向社会时怀揣着这个“球”，在茫茫的人海里滚呀滚，起初，这个球有多大，无关紧要，重要的是这个球，应该越滚越大。

这就是用滚雪球的原理去冲击出路的大门！

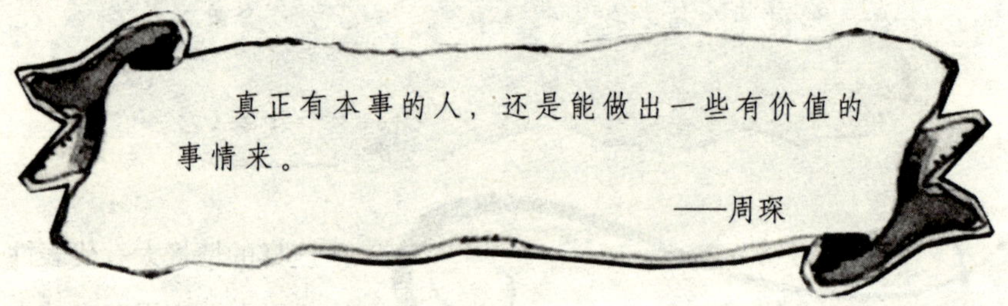

★从土豆里滚出来的亿万富翁

美国JR辛普洛特最初靠养猪为生，二战爆发后，他得知前线作战部队需要大量的脱水蔬菜。于是他贷款买下了当时美国最大的两家蔬菜脱水工厂，专门生产部队用的脱水土豆。

后来，纽约有一位化学师研制出了冻炸土豆条，辛普洛特认定这是一种很有潜力的军需产品，果断地买断了化学师的生产技术，大量生产炸土豆条，产品果然一炮打响。

然而，在炸土豆条中，他发现每个土豆只能利用一半，其他的都被当做废料扔掉了，浪费惊人。于是，他又在剩余的土豆里拌入了谷物用来作牲口的饲料，饲养了前线15万匹军马。与前线军方混熟了，商机越来越多，前线部队有数以百万计的车辆，每天消耗的汽油非常可观，他又抓住这一良机，用土豆来制造以酒精为基础的燃料添加剂，又赚了大把的钱。

与此同时，他还把土豆加工过程中所产生的含糖量丰富的废水灌溉当地的农田，把土豆喂养战马所产生的马粪收集起来，作为沼气发电厂的材料。从做脱水土豆的生意开始，开发了系列产品，二战期间，他的土豆系列产值超过了10亿美元，利润超过6亿美元。他成为举世闻名的“土豆富翁”，是小小的土豆，极大地滚出了辛普洛特的事业。

路子越走越宽，雪球越滚越大。我们每个人都在滚雪球，滚大了的就是成功者，滚破了的就是失败者，还有些是怎么也滚不大的，就成为没有多大出息的芸芸众生。那么人生的雪球到底该如何滚，怎样才能越滚越大？至关重要的经验有四条：

第一，“雪球内核”要坚实可靠。

斗牛犬是一种重40磅左右的小型犬，但它与其它凶猛而高大的犬打斗时，很少会输。因为，它非常顽强，不怕死，失败时只有一种可能，那就是被打斗至死。同时，它会抓住对方致命处紧咬不放，直至打斗结束。为什么会这样？因为它的“内核”是由“不怕死”组成的。

人生的过程比做滚雪球，雪球的内核应该是优质的，要经得起滚，经得起磨，还要具有很强的吸纳能力。如果“雪球内核”不优质，滚几下就散架了，碰一下就成为碎片，无论如何也滚不起来。同时，如果“球心”的吸纳能力不强，怎么滚也滚不大。

什么是“雪球内核”？那就是你必须有一个智慧的大脑、充实的心灵。包括有一颗奔腾的“雄心”、无比的自信、坚强的意志、近似“愚蠢”的诚实、敏锐的思维、非凡的表现力和亲和力。还有你所拥有的关系、金钱、知识或影响力，一起揉搓成一个小雪球，然后就勇敢地去滚吧！

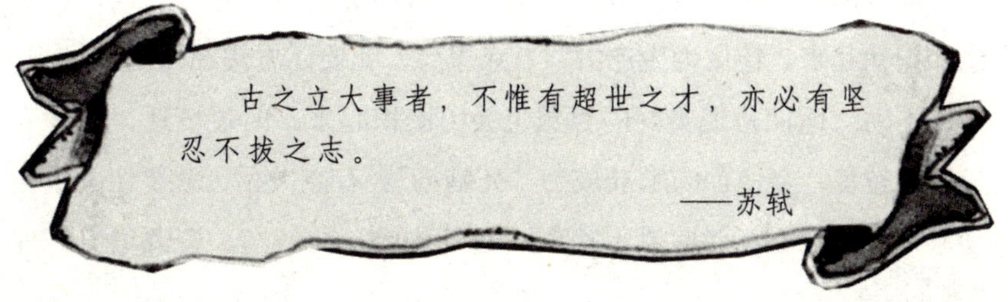

第二，找一个合适的“滚”的起点。

“给我一个支点，我就可以把地球撬起来。”

古希腊的大学者阿基米德有这种期盼。

我们现代人同样都想有这么个把地球撬起来的“支点”，但这个“支点”他人不会给，要自己找。

这个“支点”也许就是人生滚雪球的“起点”，它十分重要。它决定雪球能不能滚起来，决定滚的速度是快还是慢，关系到能否以最小的力气，滚出一个最大的球来。

“起点”的高低并不重要，重要的是“起点”要合适。除非特别幸运的人或有不同寻常的先天背景的人，起点非常高，很快就能滚出一个大球来；也除非是很倒霉的人，一开始就滚进一个深渊里，怎么也滚不出来。作为正常人，都能找到适合自己的起点。

所谓起点合适，就是要与自己的能力、特长、发展的生态环境相适应，打工的起点、公务员的起点、做小生意的起点，都无所谓，能发挥自己的潜能便行。正所谓“山不在高，有仙则名；水不在深，有龙则灵”。许多有成就的人，起点都很低，但都能滚出个名堂来。

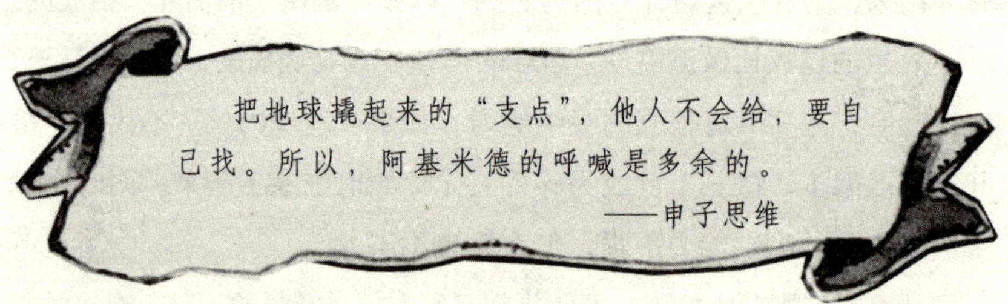

第三，关键要做好“滚”字的文章。

滚雪球的力量全集中在“滚”字上。首先，应该让这只球动起来，不能是一个滚不动、推不动、打不动的“死球”。譬如说，你有点钱，就要让钱流动起来，发挥作用，让钱在流动中生钱；有点知识，就要让知识动起来，转化为生产力；有点思想，就要让思想在行动中闪光，如果不动，即使是最美好的思想也会因淤积起来，时过境迁，发酵变成思想垃圾，会使你的脑筋成为“死脑筋”；有点关系，就要让关系滚动起来，成功在于常联系，否则，过期作废。要知道，资源增值的规律：使用得越多，增值的速度也越快。闲置的资源，贬值也快。

滚，就得讲艺术、讲方向、讲方法。如滚的力度要适中，滚得太猛、太火，别人可能受不了，欲速则不达；滚得太慢，许多资源和机会又可能被他人滚走了。还有滚的路径要科学，有些路上可能没资源，白费劲，甚至赔了夫人又折兵。有些路径上资源极为丰富，横滚直滚，不费吹灰之力也能滚上许多资源。如为什么这么多人都到城里来滚，到发达地区滚，就是这个缘故。面对不同的区域、不同的“路况”，滚的方法也不同，如在好的路段，就要想办法快速滚上更多的资源，在泥泞烂路上，人生挫折时，也许这只球只要平安滚过去，不被淹没就行了，能否滚上资源没关系，留着青山在，不怕没柴烧。还有滚的方向是否正确、滚的方法是否科学，都会影响滚的成果。时刻要注意的最为重要的一点，就是千万不要滚到阴沟里去了！

滚雪球在力的使用上，要善于发挥“飞轮效应”。即为了使静止的飞轮转动起来，一开始你必须使很大的力气，一圈圈反复地推，每转一圈都很费力，但是每一圈的努力都不会白费，飞轮会转动得越来越快。达到某一临界点后，飞轮的重量和冲力会成为推动力的一部分。这时，你无需再费更大的力气，飞轮依旧会快速转动，而且会不停地转动。滚人生的雪球亦如此，开始要集中一切力量，让它转动起来，达到一定程度后，它会越滚越大、越滚越快，而且将越来越省力。

第四，滚动的雪球吸纳什么，要慎重选择。

滚雪球的目的是要把球滚大，把人生的局面做大做强。滚什么？当然是滚资源，资源是什么？可以理解为做某事所必须依靠的条件。它就像我们所拥有的资产，可以用它做事，也可以用它交换其他资源。滚资源包括滚财富、滚名气……社会上有什么，都可能滚上什么。

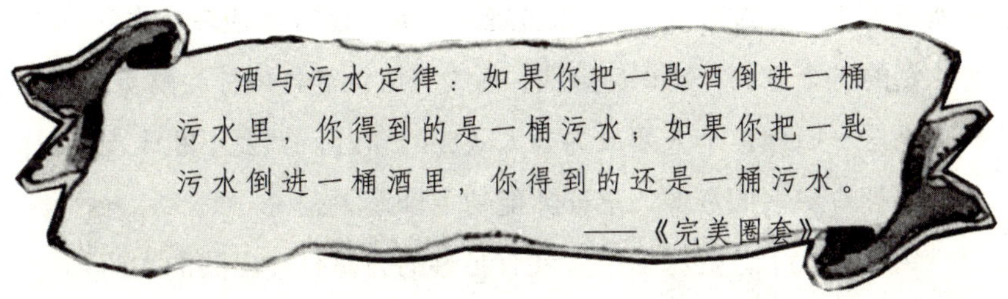

但社会是个大染缸，成分极为复杂。因而，滚上什么东西要慎重选择。譬如，有些人在社会上滚一辈子，真正的朋友没滚上几个，流氓地痞、狐朋狗友倒滚上了一批，有些还滚到黑社会的圈子里去了；有些人财富没有滚上，债务却缠上了一身；有些人健康文化、健康体魄没有滚上，不健康的如艾滋病、黄色文化全滚上了。有的人好的名声没有粘上，臭的名声却越传越大。平时也常常听到许多人自嘲，辛辛苦苦一辈子，“职位不高血压高，业绩不突出腰椎盘突出，大小会上不发言，前列腺发炎”。这雪球还特“怪”，对滚上来的好东西，偏偏附着力差，对不想要的坏东西，吸附力还特强，一旦粘上，真难以滚脱。

剪去旁枝才会硕果累累。人生这只雪球谁都希望越滚越大，但也不能贪大求全，对吸纳的东西一定要慎重选择，滚上的资源要精，要优质。对滚上来的资源一定要清理，有害的要抛弃，有用的要珍惜。每认识一个人、每办一件事、每积累点经验，都应该成为自己一生重要的财富。

马太效应意味着世界变得简单了：你不是个胜利者，就是个失败者。胜利者将享有很多资源，金钱、荣誉以及更多的成功。它还意味着：赢家只能是少数人，在这个时代，做一个随波逐流者已经不再安全了。

——《马太效应》

滚雪球的奥秘在于占有资源的多少。在“赢家通吃”的社会里，马太效应无处不在，它时刻都在左右世界的运转，也在左右你的雪球能否滚大。马太效应是说：**“凡是有的还要再给他，叫他有余，没有的连他所有的也要夺过来。”它让富者越来越富，让贫者越来越贫**。它渗透于生活的各个方面，知识、金钱、权力、地位等各项社会财富的分配，都遵循这一原理。个人要成为马太效应的赢者，就要不断改善自己的状况，拥有更多的资源，这样才能把雪球滚大。

雪球滚大了，资源多了，就有足够的力量打开出路的大门。

●出路的第五冲击力：步步为营。今天比昨天进步一丁点，明天比今天又进步一丁点，一天比一天接近目标。善待出路，就要善待每一天，天天都精彩！

每天进步一丁点，天天令人刮目相看。

——申子题记

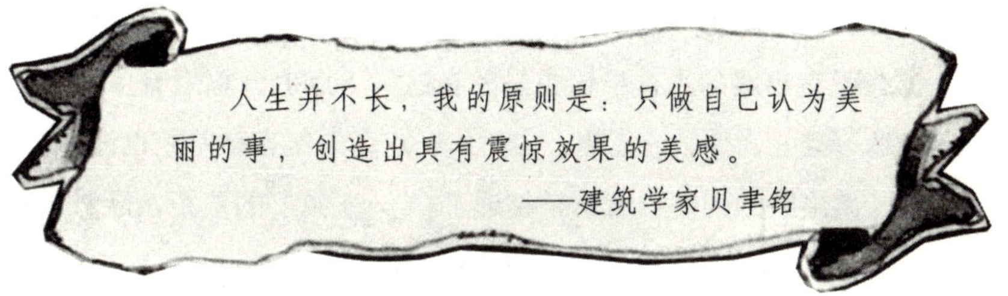

情景　为什么不能再进步一点？

一位将军视察西点军校，问一位帅小伙："你排第几位？"帅小伙站得笔直，颇自豪地答道："报告长官，排15位。"将军一瞪眼，大声质问："你尽了力没有？为什么不能再进步一点？"从此以后，这个帅小伙每次做事都会自问："我做这件事尽了最大努力没有？还能进步一点点吗？"后来，他当上了美国总统，此人就是大名鼎鼎的艾森豪威尔。

每天进步一丁点，难吗？不难。比如每天多花10分钟阅读、多思考一个问题、多一个微笑、多一点努力、多做一件小事，诸如此类，的确不难。

每天进步一丁点，容易吗？不容易。因为在我们周身充满了太多的惰性气体，无限多的人饱食终日、无所用心，无限多的人得过且过，不思进取。无限多的人在要求下一代天天向上的同时，他们自己却停滞不前，意志在一天天削弱，能力在一天天萎缩，与日俱退就绘成了他们的人生轨迹。

成功与不成功、有出路与没出路之间的距离，并不是大多数人想像的那样有一道天然的鸿沟。其实就差那么一丁点，一方每天进步一丁点，一方停滞不前或每天退步一丁点，每天差这么一丁点，长此以往，一年365天，一生下来，双方就有天壤之别了。

在这个世界上，那些有出路的人，甚至创造出奇迹的人，正是那些一丁点、一丁点追求进步的人，一步一步往上爬的人。

那些没有出路的人，恰恰也是差在这一丁点上，总想着多玩一会儿，多睡一会儿，少做一点事，少付出一点，工作有点差距也没关系。慢慢地，离出路的大门也就越来越远了。“一丁点”的差距，是划分成与败、有无出路的分界线，是关键性的差距。

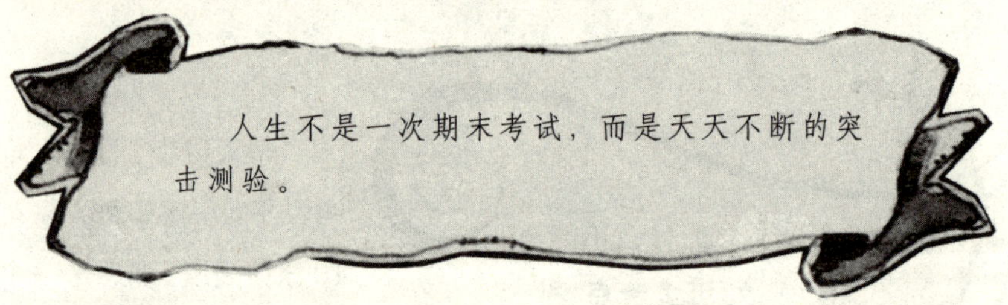

千里之行，始于足下。做任何事，只要你迈出了第一步，然后再一步步地走下去，你就会逐渐靠近你的目的地。如果你知道你的具体的目的地，而且向它迈出了第一步，你便走上了成功之路！

在实践人生理想，寻找人生出路时，你必须与自己做比较，看看今天有没有比昨天更进步——即使只有一点点。

只要再多一点能力；

只要再多敏捷一点；

只要再多准备一点；

只要再多注意一点；

只要再多一点创造力；

……

你就能逐步实现自己心中的理想，不断地向成功迈进！

“每天进步一丁点”，只要保持这种状态，出路的大门将为你敞开！

多加一盎司定律。

出路遥远吗？不遥远，只要坚持每天进步一丁点，就离目标越来越近。

按空间学的观点，每天进步一丁点，就多一丁点发展空间，就多拥有一丁点资源，就多拥有一丁点机会，就比他人领先一丁点。

其实国外人早就认识到了这“一丁点精神”的意义。如美国著名投资专家约翰·坦普尔顿提出了“多加一盎司定律”。这一定律与“一丁点精神”有异曲同工之妙。

盎司是英美制重量单位，一盎司只相当于1/16磅。约翰·坦普尔顿发现虽然只是“多加一盎司”，但其结果，与原先的状态却有天壤之别。正如水温升到99摄氏度，还不是开水，再升高一度就达到了沸点；100米赛跑中，快一秒就可能成为世界第一飞人；就那么一点，就“多加一盎司”，你就将达到一个新的境界，开辟一个新的天地！

在体育界、政界、商界，在所有的领域，那些最知名、最出类拔萃者与他人的区别，就是那么“一丁点”。谁能使自己“多加一盎司”，谁就有好的出路。张三与李四同在一条街上开饮食店，为何张三家门庭若市，生意兴隆，而李四家门庭冷落？无非是张三家服务好一点、卫生干净一点、味道好一点、价格实惠一点，这点点滴滴的差别，最后，导致一家欢乐一家愁。

多加一盎司，其实是一个简单的秘密。我们的人生已付出了99%的努力，百尺竿头，只差一步，再“多加一盎司”，又有什么难呢？只要再努把力，再多付出一点点汗水、多那么一点点责任、一点点决心，再鼓一口气，冲刺一下，也许就把出路的大门冲开了。

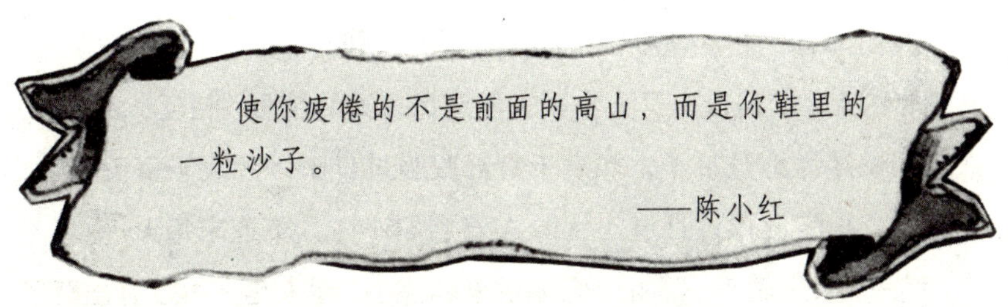

让你的每一天都成为杰作。

人生是本很厚重的书，出路是其最精彩的篇章！

每天进步一丁点，必然是天天精彩，天天都有亮点，天天都有成就。如果每一天都成为人生的杰作，每件事都成为人生的亮点，那么，整个人生将辉煌灿烂。

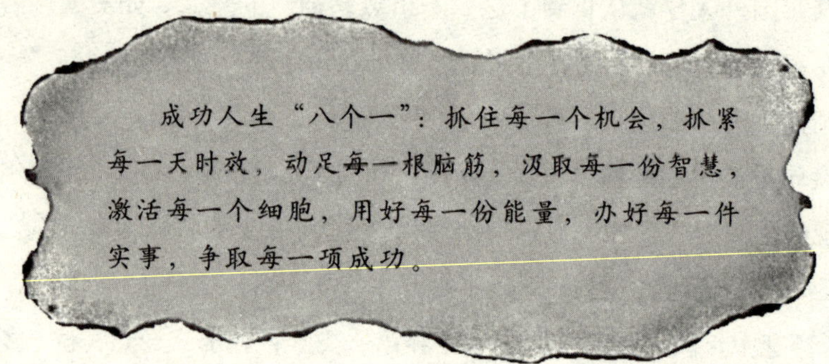

成功人生“八个一”：抓住每一个机会，抓紧每一天时效，动足每一根脑筋，汲取每一份智慧，激活每一个细胞，用好每一份能量，办好每一件实事，争取每一项成功。

我们在观察现实人生时，发现成功的人绝不是偶然的，他们的成功寓于每一天之中，寓于每一件事之中。就像我那孺子，读初三的最后一个学期，为何能从全校的排名第200多名跃进到毕业时的前30多名，因为这段时间，他觉醒了，他发现了每一天都很重要，因为他知道只有排序跃进到全校的前50名，才有可能上重点高中。这样，他必须平均每天在全校同学的排名中往前移动两位，即平均每天要超越同样处在进步中的两位同学。这段时间，强烈地感到他每一天都在进步，每一天的表现都很精彩，甚至每一堂课，每一次作业都要做成“杰作”，哪怕是上下楼梯的步伐都显著地蕴含着“进步”，走路的姿态与缺乏进步的那些岁月亦截然不同。正因为天天都精彩，才有奇迹般地进步！

我们都有“让每一天都成为杰作”的想法吗？没有！虽然谁都渴望有精彩的人生，但没有几人重视去创造每一天的精彩，相反，太多的人热衷于懒洋洋地过日子，热衷于舒舒服服过日子，热衷于每天喝点小酒、打点小牌，得过且过，就像A君后期一样，不追求每天进步一丁点，结果，人生越来越萎缩，天地越来越狭小，越来越变得没有出路了。

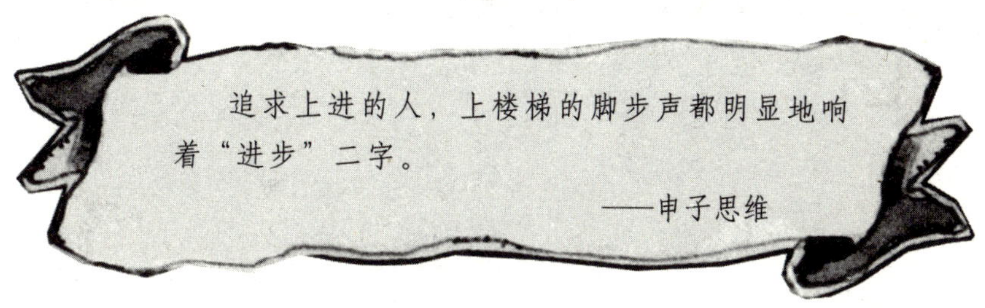

美国加利福尼亚大学洛杉矶分校篮球队主教练约翰·伍顿在篮球领域取得了令世人瞩目的辉煌成就，他把自己及成为全美冠军的球队成功的切身体会写成一本书，书名为《全力以赴》。其中一个十分成功的经验与体会是，每一天都要付出100%的努力，每一次训练都要成为“经典之作”，他说：

“你不能指望今天不尽力，明天再用110%的努力补回来。人的最大努力也只有100%，不可能达到110%。因此，必须每天100%地付出努力，全力以赴投入到工作中去。”

“不要考虑你的伤痛和劳累。如果你累了，就想想竞争对手，他们也许正在‘争分夺秒、全力以赴’地训练呢！只有全力地投入训练、付出最大的努力，才能够提高你的身体素质和运动技能。即使你累了，也要强迫自己战胜疲劳、继续努力！”

善待出路，就要善待自己！

善待自己，就要善待每一天，善待每一时，善待自己所做的每一件事！

找出路就像进行一场100米赛跑，每个选手都面临着100米的距离，因此，每一步都非常重要，哪怕只是一小步的失误，也会对比赛结果造成巨大的影响！因此，谁把每一步都跑得很精妙，每一步都发挥出最佳水平，谁就能取得比赛的最终胜利！

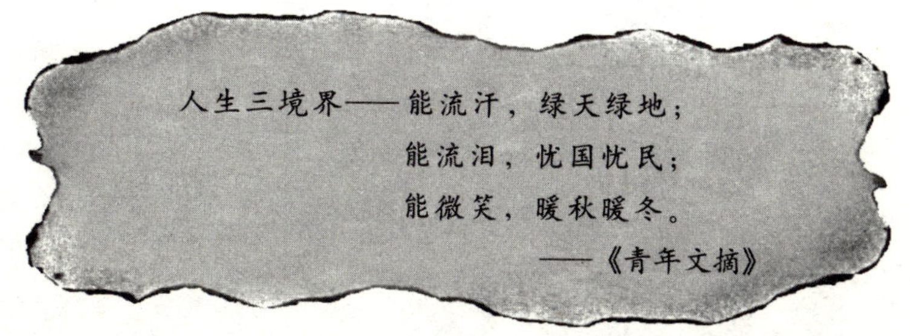

努力大于运气，动手强于动嘴。

天下行动驰骋天下大道

卷七：天下行动驰骋天下大道

努力大于运气，动手强于动嘴。

——申子题记

成功意味着在我们自身的能力范围内做出最大的努力。成功在于行动而不在于获得，在于尝试而不在于取胜。

——韦恩·戴维斯

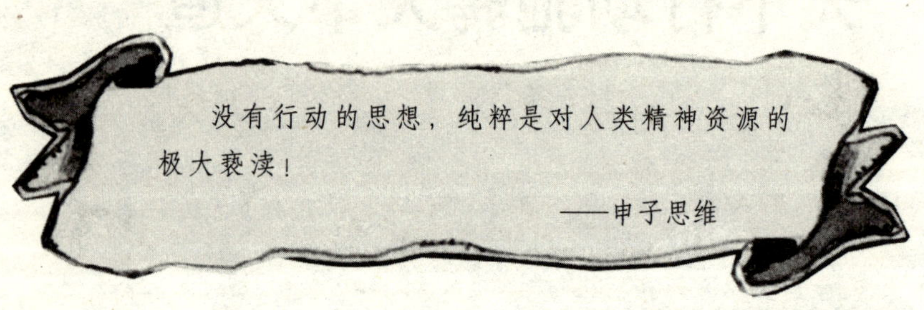

没有行动的思想，纯粹是对人类精神资源的极大亵渎！

——申子思维

生命的意义全在于行动，大气大成在于行动！我们的一切梦想，一切追求，一切美好的理念和策划，最终都要落实在行动上。行动，也只有行动，才是驰骋天下大道、实现大气大成的真正法宝。

●大气大成靠行动。拿破仑打胜仗的秘密，就是比敌人早到 5 分钟。有了 50% 的把握就果断下手，决不拖延！

我从不为行动担心，只担心不行动。

——丘吉尔

出路在脚下，秘诀就是行动，就是“现在就做”。“秀才造反，十年不成”，封杀他们出路的最大敌人，在于他们太善长于坐而论道了。

——申子思维

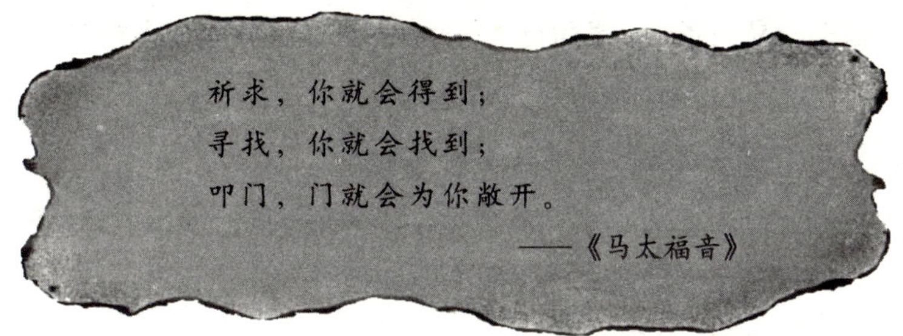

有了伟大的梦想和目标，就应该坚定地付诸行动。不然，不论你的目标如何崇高，不论你的计划如何周密，没有行动，一切都毫无意义。要找到出路必须做三件事：第一，把目标具体化；第二，集中精力，全力以赴；第三，马上行动。

萤火虫只有在振翅的时候，才能发出光芒；猎豹只有爆发出一种非常的力量，以每小时100公里以上的速度奔跑，才能逮住猎物；出路的大门从来都不会自然打开，只有行动起来，用全身心的力量去撞击，才有可能打开。

古希腊伟大的雄辩家狄摩西尼，据说他天生是个结巴，为了练习演说，每天口里含着小石子说话，并故意到海浪喧闹的海滨练习声力，终于治好了口吃，练成一个了不起的演说家。后来有人向他请教：“一个演说家最重要的才能是什么？” 狄摩西尼回答说：“动作。”又问：“其次是什么？”“动作。”“再其次呢？”“还是动作。”

动作，是出路的生命，是出路最宝贵的品质，是出路的第一力量。

如何行动？

法则一：果断下手，兵贵神速。

拿破仑在总结自己的辉煌战绩时说，我们打败敌人的一个重要因素，就是每次比敌人提前了5分钟到达目的地。

“先下手为强”、“捷足先登”，中国古人的大智慧十分推崇果断行动。强弱之间，成败之间，往往都是瞬间的事，看谁先行动。机会也是种稀有资源，来也匆匆，去也匆匆，所以，兵贵神速。

《兵经百篇》中说：“见而不决，人将先发；发而不敏，人将先收；难得者时，易失者机，迅而行之，速哉！”前苏联军事家格鲁季宁说：“迅速而突然地行动，能使敌人陷于瘫痪，使敌人措手不及，张皇失措。所以说，迅速性和突然性能使力量倍增。”

出路往往是在追求一种稀有资源，如获取某一职位，出路的追逐如战场，同样需要的是果断出手，以快取胜，超前行动。

100个计划，100种方案，比不上一个行动。

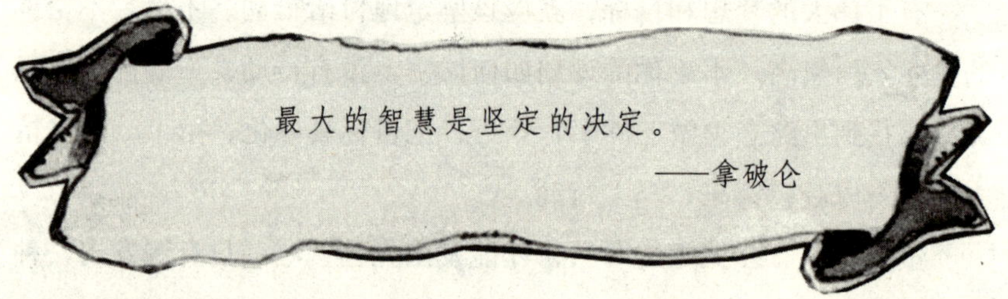

有出路的人有一个共同的特点，即不声不响干大事，说得少，干得多。现实生活中，一些智力平平的人，为什么能从芸芸众生中脱颖而出，重要的一点，他们在勤勤恳恳地干，全神贯注地干。单位领导、公司老板也总是喜欢那些实干的人，而不喜欢那些爱说的人。为什么？因为领导和老板大多是够聪明的了，也能说会道，用不着部下再叽叽喳喳，需要的是实干，需要的是执行，需要的是弥补自己的不足，所以，也往往会重用智力平平的实干者。

生活中许多读书人、许多高学历、高智商者为什么常常感到没出路？因为读书人有一个毛病，他们虽然才高八斗，满腹经纶，主意多、方案多，但行动少。中国人常说："秀才造反，十年不成"，说的也是这个道理——光说不干是成不了事的。古代草莽出身的、文盲出身的人可以当皇帝，秀才出身的充其量也只能当军师。这些都是为什么，根子差在行动上。当今社会上许多老板、企业家，也不是什么科班出身，而手下的打工者却不乏博士、硕士人才，这可是通过市场排出的座次，没什么不公平的。因为老板是在行动中学习、在行动中成就自己的，而这些博士、硕士是在书本中学习、通过书本和考试找到打工出路的。

空谈误国，实干兴邦。历史上空谈误国、空谈误事、空谈误人的悲剧数不胜数。中国人很聪明，每个人都有一部《孙子兵法》，每个家庭都有一部《孙子兵法》，每个单位还有"孙子大法"，搞不完的方案，写不完的材料，作不完的报告，开不完的会议，就是没有时间"行动"。所以，许多事情到头来都成了"说得好、抓得松、落了空"的无言的结局，使个人的出路或单位的出路、地方的出路都停留在"方案和设想"之中。行动，就要力戒空谈，实干为本，牢记"拼命三郎最可钦"。人世间成功的事业，是干出来的，说干就干最为可贵。

法则二：打掉借口，决不拖延。

"没有任何借口"是美国西点军校200年来奉行的最重要的行为准则，是西点军校传授给每一位新生的第一个理念。

找不到出路的人总有许多借口，什么没资金呀，运气不好呀，没人帮助呀，形势不利呀等等；在单位那些干不出名堂的人也总是骂骂咧咧，怪这怪那，没完没了地抱怨；一些孩子学习不好，就怪老师水平低，家庭环境差；某次考试不好甚至还怪自己的"狗鼻子"不争气。孰不知正是这些借口和抱怨禁锢了我们的心智，束缚了手脚。五花八门的借口

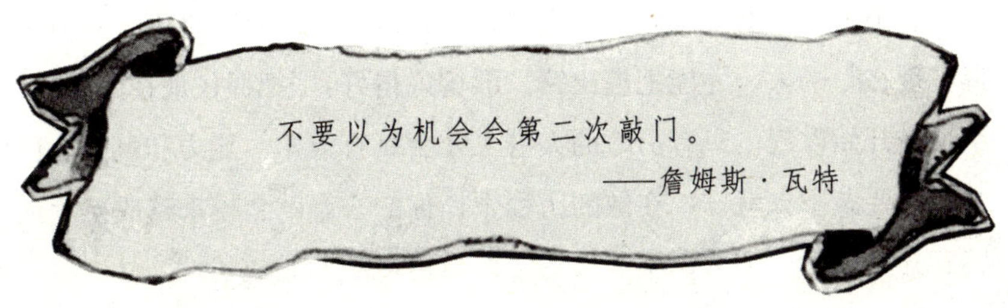

和抱怨声，是我们心田上长出的毒瘤，它无时无刻不在涣散人心，消磨时光，消磨意志，摧毁我们的创造力和生命力！

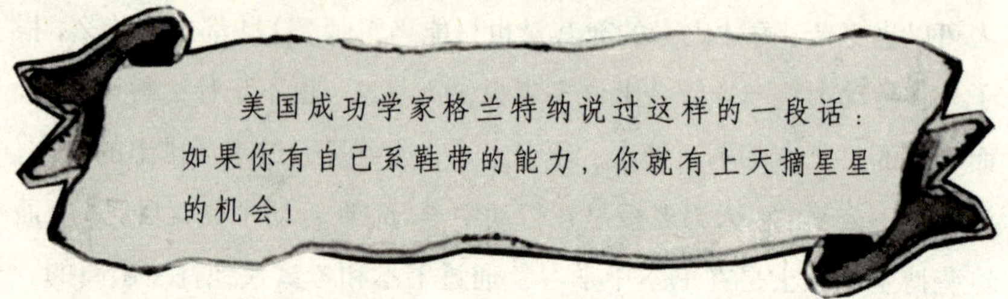

借口和抱怨又最容易养成我们行动滞缓，办事拖拉的作风和等待的心理定势。到底什么时候去实现自己心中的梦想呢？等文件、等经验、等机会、等条件成熟、等救星，就是没有行动，一切美好的愿望、周密的计划，都会在等待中失落。等等再等等，这样一晃就是一生。有出路的人都能深深地理解这样的一句至理名言：

"拖延，无异于死亡。"拖延，白了少年头，空悲切。

趁热才能打铁！

拖延，犹豫不决，是行动的天敌！

无数事实告诉我们：**拖延，会使我们裹足不前；拖延，会使我们坐失良机；拖延，会使我们滋生惰性；拖延，也是一种可怕的精神腐蚀剂，使人甘于平庸，生活消极颓废，整天无精打采，最终导致碌碌无为。美国的政治家、科学家和社会活动家富兰克林曾经说过："懒惰就像生锈一样，比操劳更能消耗我们的身体。"**

打掉借口，力戒拖延，惟一的办法就是行动，只有行动，才不会在等待和徘徊观望中浪费时间；只有行动，才会抛弃抱怨，体验成功。

法则三：从现在做起。

生命是由无数个"现在"组成，出路寓于"现在"之中，只有把握"现在"的人，才能把握出路。歌德说得好："把握住现在的瞬间，从现在开始做起。只有勇敢的人身上才会赋有天才、能力和魅力。因此，只要做下去就好，在做的历程中，你的心态就会越来越成熟。能够有开始的话，那么，不久你的工作就可以顺利完成了。"

人最重要的资本是时间资本，个人的时间资本依照人的寿命不同约为几万天。即使一天工作10个小时，一个人在其职业生涯中拥有的工作时间也不到9万小时（40年×220天×10=88000小时）。

我们的一切始于“现在”，应该从现在开始，抓住“现在”马上行动。

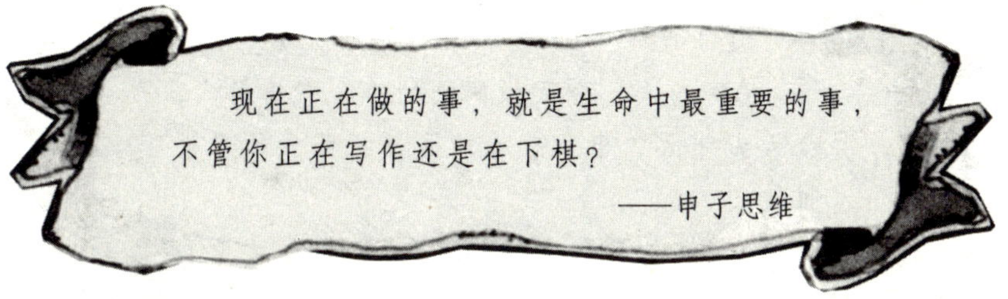

爱尔兰的古代民谣说：

> 您应抓紧时间工作，这是成功的代价。
> 您应抓紧时间思考，这是力量的源泉。
> 您应抓紧时间游戏，这是青春的秘密。
> 您应抓紧时间读书，这是知识的基础。
> 您应抓紧时间行善，这是走向幸福圆满之门。
> 您应抓紧时间做梦，这是真正的人生乐趣。
> 您应抓紧时间快活，这是心灵的音乐。

人生是一个过程，活一百岁，只有三万多天，相对于这个世界，每个人都是匆匆过客。但追求过程的精彩，体验过程的艰辛，难道不是一份难得的快乐吗？

——贺永强

要想成就未来，就从现在开始。我们仅剩的时间就是“现在”，这是我们惟一可以兑换的“货币”。富兰克林说：“把握今日等于拥有两倍的明日。”

但生活中相当多的人总习惯于把今天的事拖到明天去，这是件相当糟糕的事情。因为即使到了明天，又会因别的原因，还是做不好今天的事。明明是立马该做的事情，但一些人总在等条件，等时机。“等结婚以后再说吧”、“等有了房子安顿好了再说吧”、“等找到机会再说吧”……“再说吧”的声音不绝于耳，无数个“再说吧”组成了生命的岁月，到头来，一事无成！

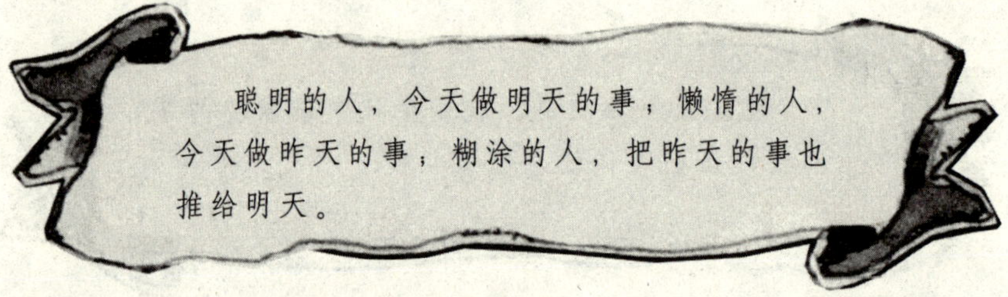

聪明的人，今天做明天的事；懒惰的人，今天做昨天的事；糊涂的人，把昨天的事也推给明天。

从现在开始，还是听听先祖的劝勉：

《昨日诗》（无名氏）

昨日复昨日，昨日何其好！昨日过去了，今日徒懊恼，世人但知悔昨日，不觉今日又过了，水去日日流，花落日日少。成事立业在今日，莫待明朝悔今朝。

《今日诗》（明·文嘉）

今日复今日，今日何其少，今日又不为，此事何时了！人生百年几今日，今日不为真可惜！若言姑待明朝至，明朝又有明朝事，为君聊赋今日诗，努力请从今日始。

《明日诗》（清·鹤滩）

明日复明日，明日何其多！吾生待明日，万事成蹉跎！世人若被明日累，春去秋来老将至。朝看水东流，暮看日西坠，百年明日能几何？请君听我明日歌。

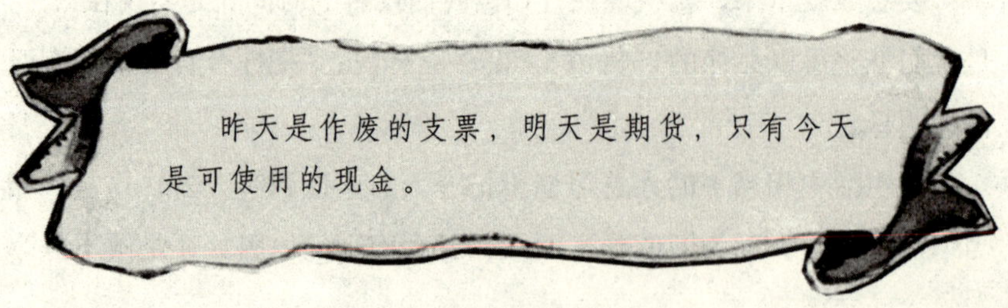

昨天是作废的支票，明天是期货，只有今天是可使用的现金。

法则四：甘冒风险，决不胆怯。

行动为什么这么难？因为行动就意味着要承担一系列的责任，就意味着冒一系列看得见和看不见的风险。由于下意识地惧怕承担责任，怕担风险，也就下不了决心行动。

怕担责任、怕担风险，将一事无成。成功学家拿破仑·希尔说：“不要等到万事俱备以后才去做，永远没有绝对完美的事。如果要等所有的条件都俱备以后才去做，只有永远等待下去。”

有50%的把握就行动——这是行动法则最简短有力的概括。

任何人在做一件事之前，都不可能100%预见未来的结局。如果要等到十拿九稳时，才肯举步向前，那他只能是机遇的匆匆看客。

世界上有许多人恪守没有100%的把握就不行动，结果即使有99%的把握，也还是找不到出路。可是，也有许多成功人士就在1%的把握中，因付出了99%的行动，结果找到了出路。

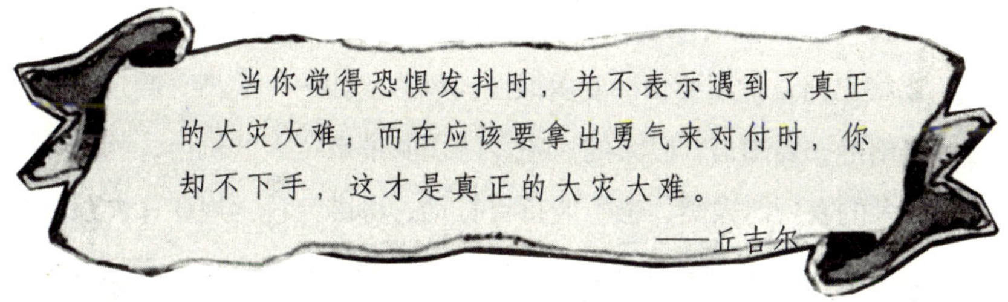

我们熟悉的香港巨富霍英东，就是在敢担风险的坚定行动中找到出路的。他那敢做敢为的行动个性给人们留下了极为深刻的记忆：

◎1945年，22岁的霍英东正帮母亲打理着驳运生意。由于战争刚刚结束，大批的战后遗留物资在香港岛上堆积如山，当时的港英政府准备拍卖这些剩余物资。于是，大大小小的拍卖通告开始见诸报端。年轻的霍英东凭着自己敏锐的商业眼光，看中了其中的40台轮船机器。可是那时的霍英东一无所有，为了获得进入拍卖会的资格，他不得不向妹妹借了100港元。在拍卖会上，霍英东以1.8万港元中标。100元尚需向别人借来，他又上哪去找1.8万？他马上转向朋友推销这40台机器，朋友很感兴趣，愿意出价4万元买下，霍英东空手套白狼的生意，就这样做成了，他获得了平生的第一桶金——2.2万港元。就这样，霍英东在这次勇于挑战的行动中捞取了人生的“第一桶金”。

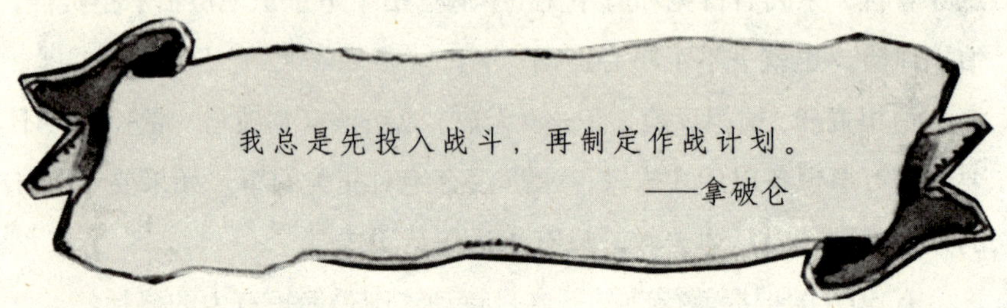

人不冒险，枉为一生。

如果总是担心失败，怕冒风险，又怎么能勇敢行动，又怎能找到出路呢？

做任何事情，都不可能有百分之百的把握。出路总是为那些敢吃螃蟹的人张开双臂的，大家都不敢吃螃蟹，哪有新的出路呢？世界上又怎么会有那么多的伟人，那么多的伟业呢？

要找出路，就不要怕，要勇敢些。风险犹如一个险滩，渡过去，就会风平浪静。要知道，巨大的风险，往往能带来巨大的机会，巨大的效益，巨大的喜悦。当然，也不能盲目行动，得讲究科学规律，会预测事物发展的未来，也得有防范风险的办法。胆大心细，立于不败之地！

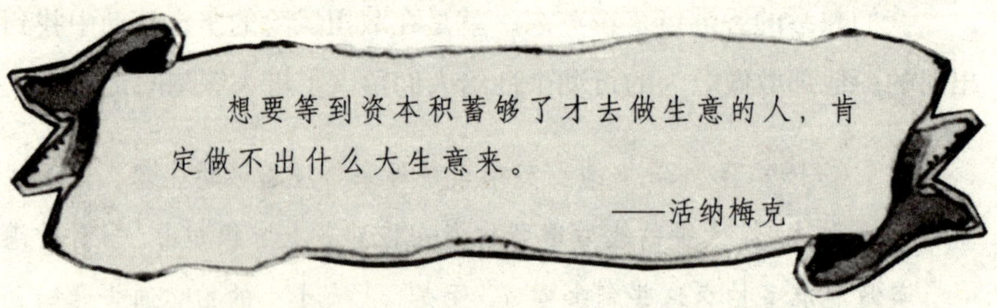

法则五：坚持不懈，直至成功。

开弓没有回头箭，一旦行动，就要勇往直前。行动最怕的是三心二意，患得患失，反反复复，或者遇到一点困难就停滞不前，半途而废。许多人经过自己多年的努力，往往只差一点点就能实现愿望，就有新的出路。但就是差这么一点点，他要么是因为看不到曙光在前，要么就缺乏毅力，鬼使神差地放弃了努力，结果前功尽弃，把成功送给了他人，事后自己悔恨不已。

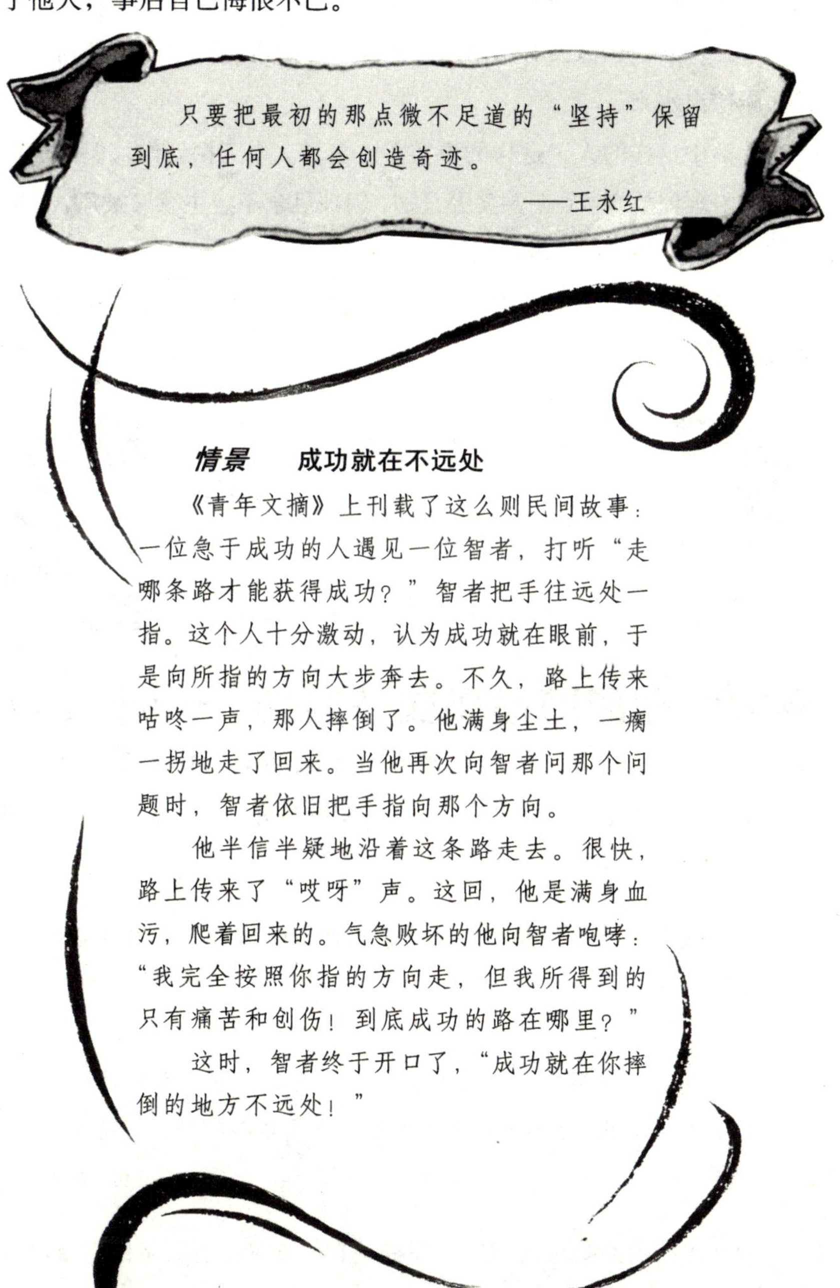

只要把最初的那点微不足道的“坚持”保留到底，任何人都会创造奇迹。

——王永红

情景　成功就在不远处

《青年文摘》上刊载了这么则民间故事：一位急于成功的人遇见一位智者，打听“走哪条路才能获得成功？”智者把手往远处一指。这个人十分激动，认为成功就在眼前，于是向所指的方向大步奔去。不久，路上传来咕咚一声，那人摔倒了。他满身尘土，一瘸一拐地走了回来。当他再次向智者问那个问题时，智者依旧把手指向那个方向。

他半信半疑地沿着这条路走去。很快，路上传来了“哎呀”声。这回，他是满身血污，爬着回来的。气急败坏的他向智者咆哮：“我完全按照你指的方向走，但我所得到的只有痛苦和创伤！到底成功的路在哪里？”

这时，智者终于开口了，“成功就在你摔倒的地方不远处！”

有一年高考看图作文提供了这样的一幅漫画：一个人在挖水井，挖了半天，没有挖到水；于是，这个人放弃这口井，重新挖第二口井，挖了好几米深，仍然没有挖出水；于是，这个人又放弃第二口井，开始挖第三口井，仍然没有挖出水……其实只要再努一把力，任何一口井都能挖出水来。

生活中这样的人，这样的事实在太多了，今天搞创作，但因出版遇到点困难便放弃了；明天又办公司，因项目拿不定主意又被搁浅，东一榔头，西一棒子，结果一事无成。

勇敢行动，就应坚持不懈，努力，努力，再努力，坚持到底，必能成功！

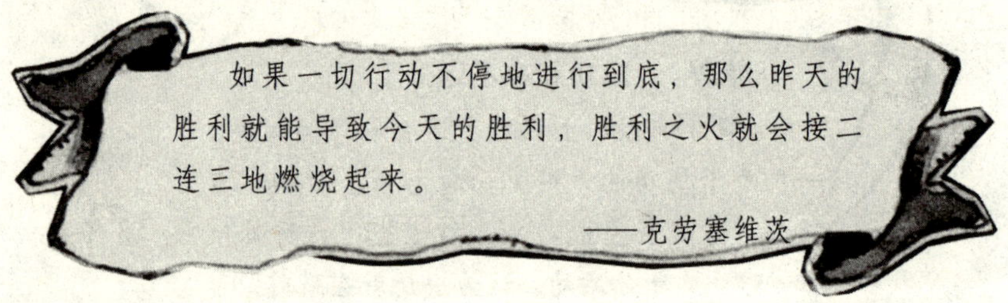

如果一切行动不停地进行到底，那么昨天的胜利就能导致今天的胜利，胜利之火就会接二连三地燃烧起来。

——克劳塞维茨

●大气行动的脊梁在于坚韧。“敌军围我万千重，我自岿然不动！”这是种大气大成的坚韧！要学犹太人，坚信：有人的地方，就必有活路。即使前后左右全无路，头顶上也许会有出路！

我们每时每刻都必须注意培养自己的意志，任何时候，任何地方。

——列宁

成事须靠英雄气。何为英雄气？就是在最倒霉的时候，敢于咬紧牙根，寻找出头日，体现一股气吞山河如虎的精神。

——申子思维

通往出路的路崎岖而坎坷，坚韧是它的脊梁。有了坚韧，就没有越不过去的坎，没有过不了的河。

情景　拿破仑跨越阿尔卑斯山

拿破仑在对奥地利的征服战争中，问手下的工程师，“如果通过这条路直接穿插过去，有没有可能？”工程师被吓得目瞪口呆，因为那前面是只有登山探险家才敢攀登的阿尔卑斯山啊！看到拿破仑坚定的眼神，工程师吞吞吐吐地回答：“还是存在着一定的可能性。”“那就前进吧！”拿破仑果断地下令，丝毫也没有考虑工程师回话中的弦外之音：穿越那山肯定是异常困难的。

奥地利人听到拿破仑想要跨越阿尔卑斯山，认为拿破仑不是白痴就是疯子，报以无声的冷笑，因为那山是“从未有任何车轮碾过，也不可能有车轮能够从那里碾过的地方”。何况，拿破仑还率领着七万大军，拉着笨重的大炮，带着成吨的炮弹和装备，还有大量的战备物资和弹药呢！

拿破仑没有被高山吓住，在困难面前没有退缩，尽管这种困难对于任何人来说都是不可能克服的。但拿破仑坚韧地、坚韧地不断前进。

正当奥地利军队还在幸庆拿破仑将困死在山上时，拿破仑却奇迹般地跨越了阿尔卑斯山，就像天上神兵突然出现在奥地利人面前。奥地利军队的精神也随之崩溃了。

坚韧的力量真神奇啊！

什么是坚韧？“敌军围困万千重，我自岿然不动”。这就是坚韧！

世界上只有两种动物能达到金字塔顶，一种是老鹰，还有一种就是蜗牛。

什么是坚韧？先感受一下毛泽东同志的几个生活片段：

在井冈山时，中国革命处于最低潮的时期，一度真正有战斗力的红军战士只有几百人，但毛泽东同志以坚忍不拔的意志，写下了《星星之火，可以燎原》的历史篇章，进行了五次反“围剿”的殊死斗争。又经历二万五千里爬雪山、过草地的伟大长征，中国的前途就是在这种前有堵截、后有追兵的险恶中走出来的。先烈们的每一个足迹上，无不深深地烙上“坚韧”二字。

毛泽东同志的坚韧是惊天地、泣鬼神的。他提倡一种“不怕鬼”、“不信邪”、“斗争到底”的人格。

青年时代，毛泽东豪迈地宣称：天、地、鬼、神、资本家不要怕。成为党的领袖后，他经常教育人们，要下定决心，不怕牺牲，要排除万难，要有愚公移山的精神。1945 年在党的“七大”闭幕式上，毛泽东专门讲了愚公移山的故事，后来，他干脆把自己的闭幕词取题为《愚公移山》。他一生都把自己的事业视为挖山，而他就是那个带领人民挖山不止的愚公。他经常用这则寓言教育人们，仅据有文字记录可查的材料看，1938 年、1939 年，在延安“抗大”、陕北公学等学校的讲演中，他就不下五次讲述了愚公移山的故事，明确说“我们打日本，也是这个道理”。

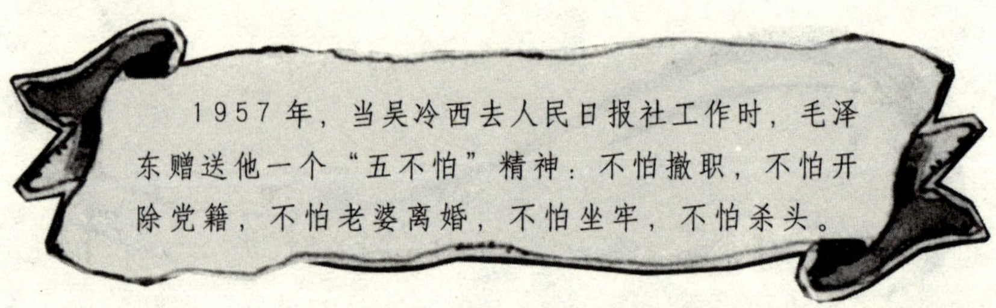

毛泽东同志的一生，“看到革命二字就高兴”。早年是“今日之我向昨日之我、明日之我向今日之我挑战”；走上革命道路后，主张与天奋斗，其乐无穷，与地奋斗，其乐无穷，与人奋斗，其乐无穷。

毛泽东在生前最后一个元旦前夜，会见了美国前总统尼克松的女儿和女婿。他的谈话，留给这两位年轻人最深的印象是“坚韧”，是关于“斗争”的勇气。尽管这位经历了82个春秋艰苦搏斗的巨人，已经衰老，病魔缠身，但却让这两位异邦客人感到毛泽东“比中国的年轻一辈更充满活力、更渴望斗争”，使他们不得不坚信：毛泽东的一生，已经使全世界的穷人产生了强烈的和日益增长的革命要求，他发动了全球的斗争，这种斗争已经并且继续带来翻天覆地的变化。毛泽东这种坚忍不拔的意志为美国客人所深深折服。

因此，无论历史如何下结论，毛泽东的一生肯定将成为人类意志力量的突出证明。无论如何总结中国革命成功的经验，都不能忘记：毛泽东及其所领导的革命队伍所表现出的坚韧，足以感动上帝！

坚韧，是成就大事者的第一特征，是出路的第一脊梁。

坚韧，是一种摧不垮、压不倒的力量，不论处境如何险恶，不管条件如何艰难，坚忍不拔就可战胜一切。坚韧，就没有过不去的坎，没有所谓的滑铁卢，没有挺不过的任何难关。在世界上，也没有什么更宝贵的东西可以取代坚韧，依靠坚韧比依靠金钱资本、教育资本、权力资本等获取成功的人多得多。天赋、才华、先天背景都不如坚韧的努力更有助于我们找到出路。

历史上许多伟大的成事者，都是由坚韧造就的。贝多芬说：“在困厄颠沛的时候能坚定不移，这就是一个真正令人钦佩的人的不凡之处。”

克雷吉夫人说美国人成大事者的秘诀，“就在于敢直面人生中的困难。他们在事业上竭尽全力，毫不顾及失败，即使失败也会卷土重来，并立下比以前更坚韧的决心，努力奋斗直至成就大事”。

坚韧，就要不怕失败，敢于在绝境中找出路。巨大的困难，巨大的不幸经历，往往也会孕育出一种巨大的力量，鼓舞着你获得巨大的成功和幸福。

中国有句古话：“蚌病成珠。”价值昂贵的珍珠，恰是牡蛎体内病痛的产物。不利的环境犹如磨刀石，它能砥砺人们坚韧顽强、战胜困难。对此，高尔基深有感触地说：“生活情况愈艰难，我愈感到自己更坚强，甚至也更聪明，相反，环境优越，倒容易使人产生惰性而沉溺于安逸之中，昏昏噩噩，得过且过。”

平静的湖面，练不出精悍的水手；安逸的环境，磨不出时代的伟人。逆境使人坚韧，坚韧成就事业。

在中国历史上，文王拘而演《周易》；仲尼厄而作《春秋》；屈原放逐，乃赋《离骚》；左丘失明，厥有《国语》；孙子膑脚，兵法修列；不韦迁蜀，世传《吕览》；韩非囚秦，《说难》、《孤愤》、《诗三百篇》，大都是圣人罹难发愤所为。

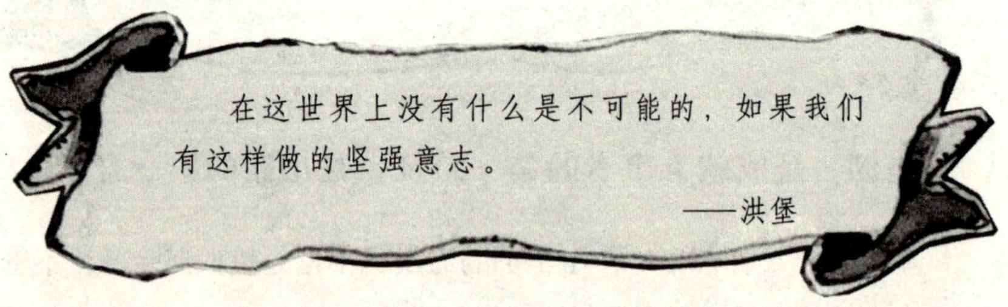

的确，许多伟大的事业，伟大的出路恰恰是在困境中出现的：

笛福在监狱里写出了《鲁滨逊漂流记》；

拉莱在他13年的幽囚生活中，写成了《世界历史》；

路德在狱中把《圣经》译成德文；

旦丁绝大多数作品是在放逐生活中完成的；

贝多芬在两耳失聪，生活最悲惨的时候完成了他最伟大的乐曲；

弥尔顿在双目失明、贫病交迫的时候，写下他的名著。

他们正是环境所困，反而愈加奋勇，更加磨练他们的意志、力量与品格，使之成为人上之人。

当代“保尔”张海迪，自幼丧失行走能力，似乎注定一生不会再有什么出路。但她非常坚韧，非常顽强，她用手，用轮椅，用自己那颗跳动有力的心在坚强地奋斗，走那条崎岖的生命之路，走追寻阳光的不平坦之路。终于，成就了令正常人刮目相看的事业。

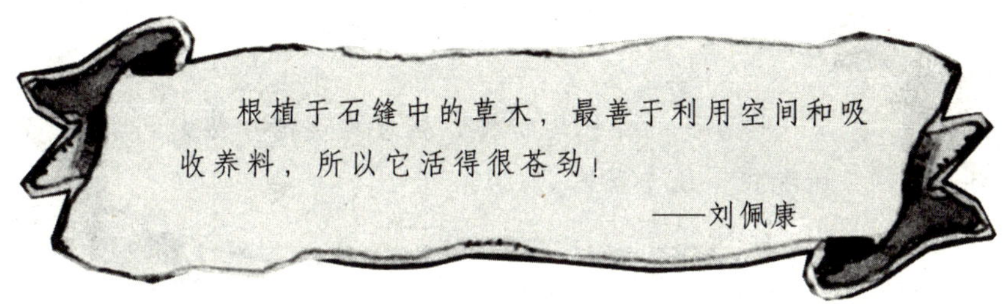

根植于石缝中的草木，最善于利用空间和吸收养料，所以它活得很苍劲！

——刘佩康

罗曼·罗兰说得好：“痛苦是一把犁刀，它一面割着你的心，一面劈开出生命的新的水源。”逆境令人痛苦，但这种痛苦赋予有志者坚韧的性格，帮助你开辟出新的出路。

富兰克林如果不是世界上最有韧性的人，就根本不可能当上美国总统。当他在律师界初试锋芒的时候，他几乎陷入彻底的失败。尽管他十分苦恼，但他并没有沮丧。他说，他将尝试999次，如果还是失败的话，他将进行第1000次努力。有了这样一种坚忍不拔的精神，还有什么事做不成呢？

坚韧的人相信：有人的地方，就必有活路。即使前后左右全无路，头顶上也许会有出路。

有坚强意志的人将能以自己的意志改造世界。

——歌德

坚韧，是个人出路的脊梁，也是一个民族生存与发展的脊梁。犹太人为什么优秀？他们没有家园，分布在世界各地，在环境极为恶劣的情境下，为什么大多有较好的出路？答案仍然是：坚韧！

犹太人说，有人的地方，就必有活路。即使前后左右都不行，头顶上也许会有出路。“命运就在脚下，人的双脚会引导你走向想要去的地方”。

犹太民族是一个多灾多难的民族，长期饱受蹂躏、放逐、杀戮，面对一次次灭绝之灾，他们在挣扎中流亡，在苦难中生存。在他们的生存史上，无处不飞扬着血泪、流浪和苦难，他们像空气一样遍布世界各地，有近1900年的时间，没有自己的国土，流离失所。

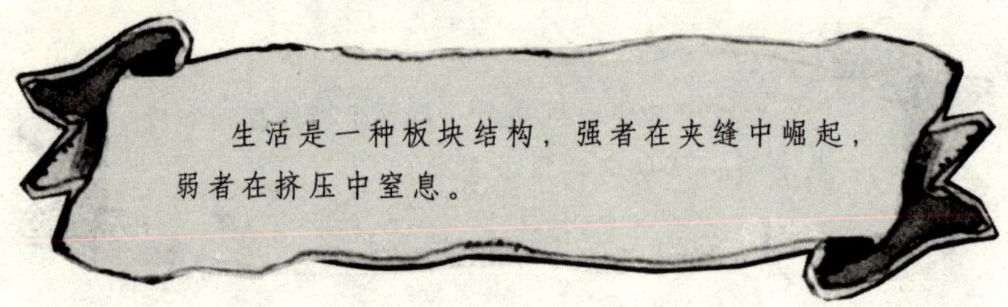

公元前5世纪，他们成为“巴比伦之囚”，开始了历史上第一次大流散；

公元前3世纪，亚历山大帝国灭亡波斯帝国后，造成了犹太人第二次大流散；

罗马帝国兴起后，又把幸存的犹太人几乎全部逐出以色列，出现了犹太人历史上第三次大流散。

1933年，希特勒上台后，他的纳粹政权就制定了历史上最有组织性的和规模最大的消灭犹太人计划，尤其是在奥斯维辛集中营，那简直就是一个设施齐备的屠杀犹太人的工厂，德国纳粹在那里杀害了180万犹太人。每当火车开到集中营时，犹太人在月台上被分成两堆，身强力壮的留下干活。其余的被骗去洗澡，然后送到毒气室毒死。被杀害的犹太人，从头发到身上油脂都被当成物资利用，尸体烧完后就当做肥料，头发编制成地毯……即使这样，犹太人也没有一个自杀的。至第二次世界大战结束时，居住在世界各地的900万犹太人，被纳粹杀害的达600万之多。但这并没有摧毁犹太人生存的希望，相反，他们用不屈的头颅延续着生命之火，并用超凡的智慧获得更大的生存空间和机遇。就是在这种流亡漂泊的生活中，在与恶劣的生存环境搏斗中，犹太人中诞生了马克思、爱因斯坦、基辛格等无数世界伟人，使犹太民族成为世界上最具坚韧性的民族。

在美国约有600万犹太人，仅占美国人口的2.5%，可是，在《财富》杂志的年度富豪榜中，犹太人竟占到了20～25%。不仅如此，犹太人在自然科学、社会科学、文学艺术等诸多领域取得的世界性辉煌成就也比比皆是。在全美的大学教授中，有10%是犹太人。此外，获得过诺贝尔奖的美国人中，犹太人或有犹太血统的人也占到了约30%。1978年，诺贝尔奖在6个领域共有10人获奖，其中在5个领域竟然有6位犹太人获奖者。

犹太人也不是天生聪慧，而且还长期处于社会底层。如1936年，美国《财富》杂志对犹太人进行调查，发现75%的犹太人没有掌握什么特别的技术，生活都非常贫困，典型的蓝领，典型的“打工者”，只有10%的人经营一些水果店、废品收购店等小生意，5%的是行商。但他们有着顽强的进取心，凭着《旧约》全书中，上帝命令亚当和夏娃“生产吧，增加吧，让大地充实起来吧！”的信念，硬是彻底改变了自己。到了20世纪80年代，美国犹太人的职业发生了天大的变化。首先，他们中的60%从事教师、会计师、律师、医师、技师等专门职业，蓝领阶层只占5%，经济上70%以上的犹太人进入了富裕阶层行列，仅有15%犹太人属于低收入阶层。他们靠自己地地道道的努力，打开了幸运之门。

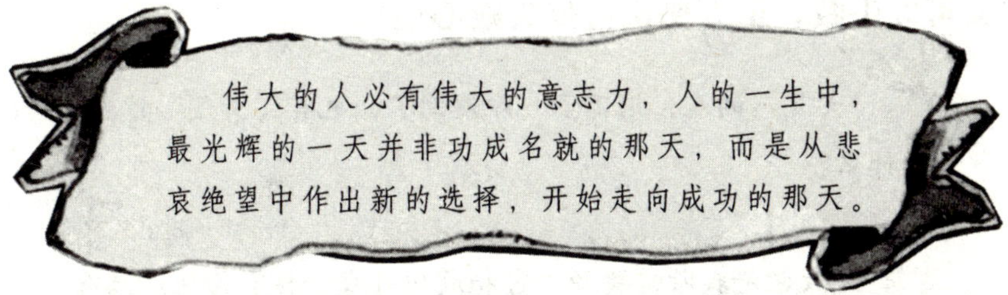

再看看当今的以色列，同样可以感受到犹太人的那种坚忍不拔的精神。1948年，历尽人间沧桑的犹太人在地中海东岸约2万平方公里的土地上建立了以色列国。犹太人占全国人口的83%以上，80～90%的国土属于沙漠和荒丘，是世界有名的“不毛之地”，自然条件极其恶劣。全国资源贫乏，淡水奇缺。但犹太人自强不息，依靠其顽强的生存意识和智慧，经过50多年艰苦卓绝的建国创业，使这块贫瘠的土地出现了举世闻名的奇迹。他们把沙漠荒丘改造成良田，通过使用远地引水技术和滴灌技术，不但解决了用水问题，还成了世界农业用水技术的榜样和先驱。滴灌农业、绿色农业，不仅使以色列国富民安，而且大量出口创汇。他们在世界最差的自然环境里，发展出世界上最具现代意义的绿色经济，令世界各国刮目相看。

犹太人的出路靠的是坚忍不拔之志。只要自强不息，顽强拼搏，就没有攻不下的堡垒，就没有走不出的路。

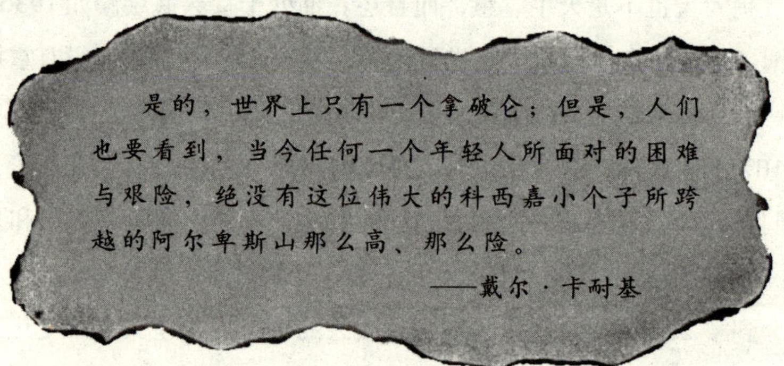

是的，世界上只有一个拿破仑；但是，人们也要看到，当今任何一个年轻人所面对的困难与艰险，绝没有这位伟大的科西嘉小个子所跨越的阿尔卑斯山那么高、那么险。

——戴尔·卡耐基

●“大气不倒”的行动法则——敢用创伤磨平出路。

我们在跌倒中学会走路，从胡说中学会说话。失败是一种经历、积累和收获。出路的路基是用失败垫起的。人可以失败，但要坚决打掉失败心理！

“大气”的人，倒不了。即便倒了，也有“大气”撑着，怕什么？

——申子题记

失败也是我所需要的，它和成功对我一样有价值。只有在我知道一切做不好的方法以后，我才知道做好一件工作的方法是什么。

——爱迪生

情景　来自蚂蚁运包谷的灵感

帖木尔皇帝被敌人紧追不舍，走投无路时，躲进了一间坍塌的破屋。就在他感到出路无望时，看见一只蚂蚁吃力地背负着一粒包谷向前爬行。在一个凸起的地面上，蚂蚁怎么也翻不过那道坎，蚂蚁重复了79次，每次都同包谷一起摔下来，然后又爬起来，继续工作。哦，瞧！到了第80次，它终于成功了！这只蚂蚁的成功极大地鼓舞了这位彷徨的英雄，在他的内心，对未来的胜利又燃起了希望的火焰。绝处逢生后，他不怕失败，在绝望中一次又一次组织力量，英勇战斗，最终战胜了敌人。

有战斗，就会有牺牲。有行动，就一定会有碰壁，会有失败。从哪里跌倒，就从哪里爬起来，继续行动。这就是“不倒翁”的行动法则。找出路，就要敢于用创伤磨平出路，把失败变成走向成功的高速公路。

出路无坦途，失败本是平常事。

只要不放弃，就永远不会被打垮。

——林肯

许多人害怕失败，认为失败就是无能，失败就是不幸，失败就是倒霉。

孰不知，“失败是成功之母”。孩子是在跌倒中学会走路，在犯错中学会做事，在胡说中学会讲话的。

每当我们开始干一件事时，总难免要失败，不许失败，无异于不许做事，不许成功！

成功者之所以成功，就是比他人失败得多，从失败中学到的东西多。成功者在谈成功经验时，都会说：“跌倒，爬起来，便是成功！”仔细研究世界伟人的成长轨迹，我们发现他们普遍经历了常人难以想像的困难与坎坷。巨大的挫折与失败，往往是他们的精神食粮。“不经风雨，哪有彩虹？”在失败中，骨头变硬了，意志变强了，智慧增多了。

***情景*　林肯总统的失败史**

大人物的一生大多不平坦，经历的失败也会比常人多，美国总统林肯就是如此。他21岁时在生意上遭到失败；22岁参加议员竞选失败；24岁再次生意遭受挫折；26岁时经历了心爱的人离世；34岁时参加国会竞选失败；45岁时竞选议员失败；47岁时竞选副总统失败；49岁时竞选议员失败；52岁时当选美国总统。林肯，就是这样的一位从失败的母腹里走出来的美国总统。

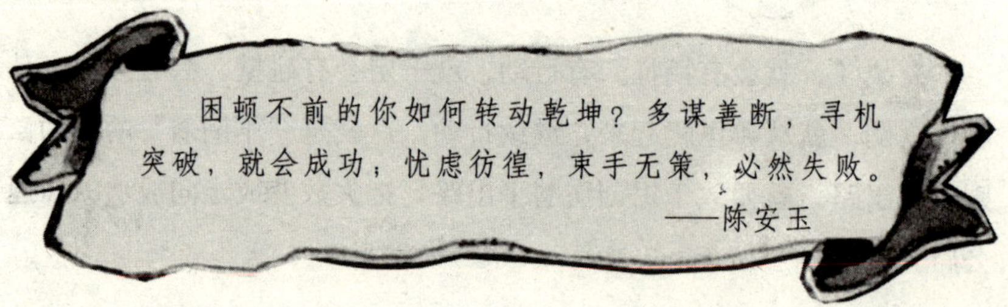

困顿不前的你如何转动乾坤？多谋善断，寻机突破，就会成功；忧虑彷徨，束手无策，必然失败。

——陈安玉

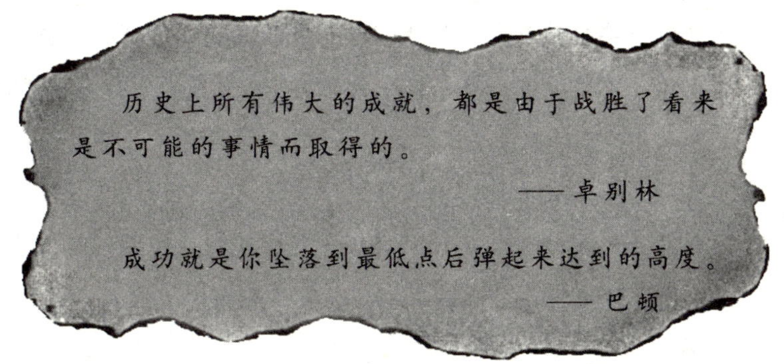

威廉·马士腾说：生命中如果有哪个因素是能导致成功的，那就是从被击倒中得到益处。就我所知道的每一个成功，都是因当事者能够分析被打倒的原因，而在下次再试时从中得到助益。

除非是特别幸运的人，人们在寻找出路时，大都要经历失败。如果说出路是成功的归宿，那么，出路的路基却是用失败垫起来的。

失败是一种经历、一种积累、一种过程、一种收获。

没有失败就没有成长。

——斯坦利·贾德

正如英国诗人约翰·济慈所说：“从一定意义上说，失败是成功的高速公路。因为，我们所发现的每一个错误都会带领我们去热切地追寻真理。而每一次新鲜的经历，即便含有这样或那样的错误，都会指导我们以后小心地去避免错误。”

成与败是可以相互转化的矛盾共同体。有一位哲人曾归纳出失败的优胜面：

失败并不意味着你是一位失败者——失败只是表明你尚未成功；

失败并不意味着你一事无成——失败表明你得到了经验；

失败并不意味着你要一直受到压抑——失败表明你愿意尝试；

失败并不意味着你不可能成功——失败表明你也许要变换方式；

失败并不意味着你比别人差——失败只表明你还有缺点；

失败并不意味着你必须放弃——失败表明你还要继续努力；

失败并不意味着你无法成功——失败表明你还需要一些时间。

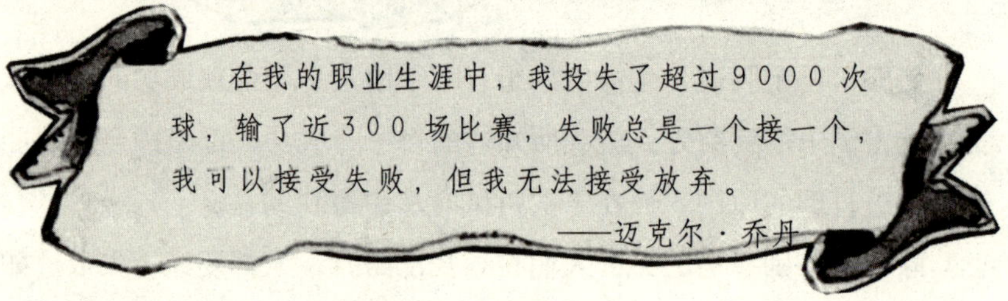

人可以失败，但不能有失败心理，打掉四种失败心理，再搏一把，定能成功！

勇于做大事，即使受到失败的阻挠，比那些情绪低落，既没有获得荣华富贵，也没有经历磨难的人要远远好得多。

——罗斯福

失败是成功之母，信心是成功之父。

——拿破仑·希尔

有这样一则寓言故事：

三只青蛙掉进鲜奶桶，第一只青蛙说："这是我命中注定的事。"于是它盘起后腿，等待死亡降临。第二只青蛙说："这桶太深了，凭我的能力，是不可能跳出去的，今天死定了。"于是，它稍微挣扎了几下便沉入桶底。第三只青蛙观察了四周说："真不走运！但我的后腿还有力量，我要找到垫脚的东西，跳出去！"于是，第三只青蛙边划边跳，慢慢地，鲜奶在它的搅拌下变成了奶油块，在奶油块的支撑下，这只青蛙奋力一跃，终于跳出奶桶，找到了活路。

这则寓言告诉我们，三只青蛙为什么在同样的处境下有着不同的出路，关键是心理使然。前两只青蛙为自悲心理、失败心理所困，“等死”就成了它们惟一的出路。第三只青蛙没有失败心理，在奋斗心理、抗争心理、自信心理的支配下，只需稍稍努力，就找到了活路。

一个人只要不放弃自己的追求，永不言败，便没有成不了的事。

即便出路的门口有一道铁墙，只要咬紧牙闯过去，也许就成了。

坚持到底，永不放弃，再搏一把，就是胜利。这是一切有出路者的箴言。日本松下电器总裁松下幸之助就是这样行动的：

松下幸之助出身贫寒。年轻时到一家电器工厂去谋职，这家工厂的人事主管嫌他身材瘦小，衣着肮脏，很不高兴地说：“我们暂不缺人，一个月以后再说吧。”这本来是一句托辞，没想到一个月以后松下真的来了。如此反复了多次，主管只好说出了自己的态度：“你这脏兮兮的样子是进不了我们厂的。”于是松下立即回去借钱买了身整齐的衣服穿上再次面试。负责人看他如此实在，只好说：“关于电器方面的知识，你知道得太少了，我们不能要你。”

不料两个月之后，松下再次出现在人事主管面前：“我已经学会了不少有关电器方面的知识，您看我哪些方面还有差距，我一项项来弥补。”这位人事主管紧盯着态度诚恳的松下看了半天才说：“我干这一行几十年了，还是第一次遇到像你这样来找工作的。我真佩服你的耐心和韧性。”

松下幸之助就是这么执著，这么永不放弃和不怕失败的精神，使

成功时，不要盲目乐观，要想到失败可能随时发生；失败时，不要悲观失望，要想到成功可能就在后面。就像白天过后是黑夜，黑夜过后是黎明一样。

——金本

他成为一位“不倒翁”，并最终成为世界电器行业的巨人。

失败不可怕，但害怕“失败心理”。俗话说“哀莫大于心死”，“心死”，是行动的大敌，它会瓦解意志，击垮斗志，使人精神瘫痪，不敢行动，必然不战而败，自取灭亡。因此，失败之后，必须打掉四种失败心理，在心灵上装上进取的发动机。

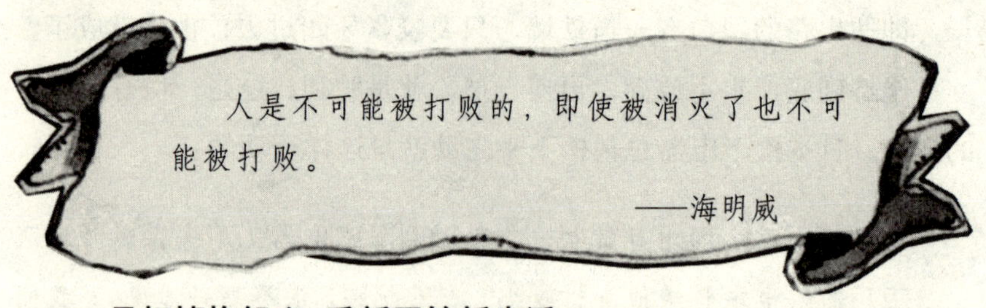

人是不可能被打败的，即使被消灭了也不可能被打败。

——海明威

一是打掉抱怨心，重新开始新生活——

失败后要总结经验，但不能总是翻陈年老账，抱怨别人，或抱怨自己。历史不能假设，你也不能总是想着“如果不那么样，就好了”，“我怎么那么蠢，怎么就办了这么件蠢事？”责备他人，或责备自己永远都无济于事。从过去的心理状态中彻底摆脱出来，牢记“今天，我开始了新的生活”。

二是打掉多疑心，坚定地让实干说话——

失败之后，做事会变得警觉起来，也会多一些心眼，这是好事。但不能走向极端，怀疑一切，对什么都不信任，是十分有害的。一些人“一朝遭蛇咬，十年怕井绳”。这也怕，那也怕，怀疑目标是否正确，怀疑自己的能力，怀疑他人拆自己的台，疑神疑鬼，谨小慎微，结果同样是什么也干不成。相反，要坚定地行动，该出手时就出手。

三是打掉自卑心，让阳光照亮心房——

千万别在失败之后，就背上沉重的十字架，从此一蹶不振。失败的阴影如果挥之不去，自卑起来，怀疑自己的能力、怀疑自己的运气，就会对人生不负责任，自暴自弃，变得没理想，没追求，浑浑噩噩地过日子，严重的还表现出一种绝望心理。这种心态是十分有害的，因而，失败之后，要想到“每朵乌云背后都有太阳”，要想到“如果你不敢冒失败的风险，就永远得不到成功的机会”。多想一些成功的事情，积极调整自己，重新积蓄能量，自信起来，随时准备再次冲刺。

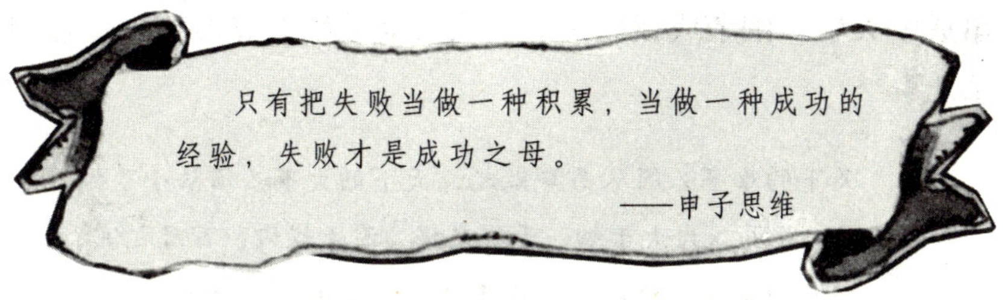

四是打掉赌徒心，科学理性地对待人生与未来——

一些人失败之后不理智，盲目地破釜沉舟，背水一战，或破罐子破摔，像红了眼的赌徒一样，不总结经验，不调整目标，不改变方法，依然我行我素，这样做的结果，同样离正确的方向会越走越远，结果必然自取灭亡。失败后应好好总结经验，把失败当做投资，当做成功之母，科学设计未来的出路，就能达到胜利的彼岸。

进取的人生，是不怕失败的人生。即不为失败所困，不为失败动容，不为失败弯腰，把失败当做成功的积累。

我们来到世界上，天然地是在为成功而奋斗，我们的血管里没有失败的血液在流动，我们的大脑里没有失败的思想在指挥，我们不想听失意者的哭泣，抱怨者的牢骚，因为，这是弱者的伴侣，没出息者的瘟疫。

我们要坚信“行！行！行！我能行！”面对失败，面对挫折，我们的意念里不再有“不可能、办不到、没希望、没法子、不干了……”这类愚蠢的想法。我们应尽量避免绝望，一旦受它的威胁，立即想方设法向它挑战。“打掉牙，和血吞”，放眼未来，勇往直前，坚信沙漠的尽头必是绿洲！要像水手一样，乘风破浪，一往无前！

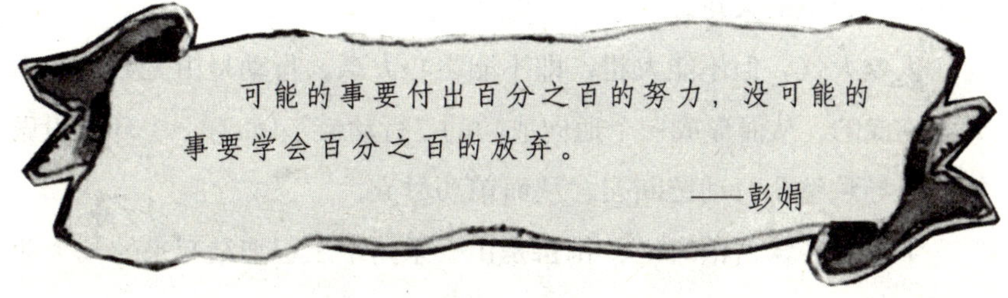

●大成行动要精心，善于从夹缝中开辟出路。“大气”不要“大粗”，1% 的疏忽导致 100% 的失败。小事成就大事，细节成就完美。养成行动精细的好习惯，赢在细节上！

天下的难事必须从易事做起，天下的大事必须从小事做起。图难于易，为大于细。千里之堤，溃于蚁穴；百尺之室，焚于烟窗的缝隙。所以，处理事情要从小的地方开始。

——《圣贤书》

一个通向大成的人一定要在必须处理的小事上多下功夫，让它们不能成为做大事的障碍。

——曾国藩

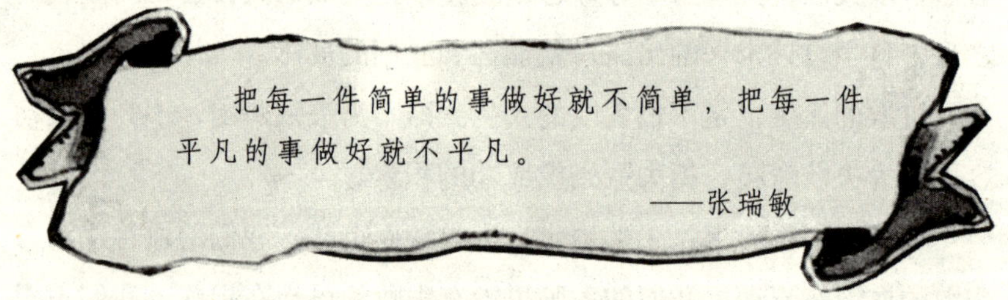

行动是一个复杂的系统工程，要求每一个环节、每一个步骤都要做到位，否则，全盘皆输。

《细节决定成败》一书，从营销、管理的角度，揭示了“细中见精”、“小中见大”、“寓伟大于平凡”的真理。告诉我们“做人、做事、做管理——细节决定成败”、“任何一个名牌的形成都是企业精细化管理、在每一个细节上精益求精的结果”、“每增加一厘米的倾斜，都可能导致古塔的倾覆，1%的疏忽导致100%的失败”、“伟大源于细节的积累”，无不闪烁智慧的火花。

人要大气，但不能大粗，即不能粗心大意。行动是由无数个动态元素构成的，从而形成一个通向成功的“行动链”，如有一个环节没做好，将导致整个行动链断裂，从而前功尽弃。

卡耐基在谈营销时说：销售是由一系列小工程连结起来的一个动

态工程。销售过程有六个步骤：一是了解客户；二是建立和谐；三是引发兴趣；四是提供解答；五是引发动机；六是交易完成。

这六个步骤细分下去，各又包含若干条甚至十几条，从而形成一个完整的行动链。如果每个环节都做好，行动到位，才能取得好的销售业绩，如一个环节没做好，整个销售就将“泡汤”。

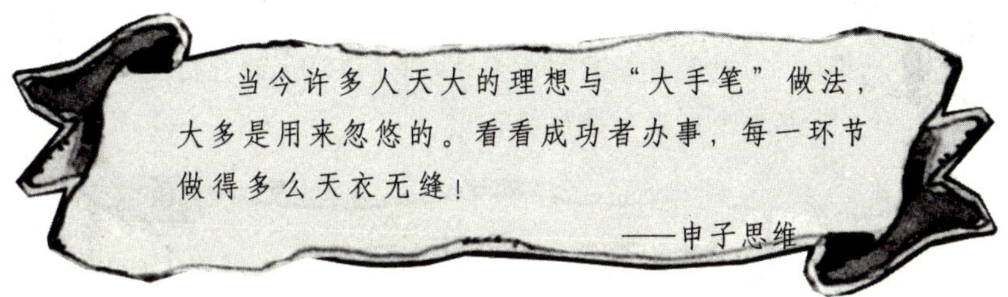

管理学上有个“水桶理论”，即水桶的装水量取决于水桶上最短的木板，同样，整个行动的力量和效果，取决于一个人在行动中最弱的细节。

古希腊有一则“阿基里斯之踵”的神话说：

——阿基里斯是希腊神话中最伟大的英雄之一，他的母亲是一位女神。在他降生之初，女神为了使他长生不死，将他浸入冥河洗礼。阿基里斯从此刀枪不入，百毒不侵，只有一点除外，他的脚踵被提在女神手里，未能浸入冥河。由于女神忽略了这一小点，阿基里斯之踵就成了这位英雄的惟一弱点，结果在特洛亚战争中，阿基里斯被敌人一箭射中脚踵，不治而亡。

中国古代也有一则这样的寓言故事：

——有个国王面临外敌入境，危机之中，突然命令仆人备马，要御驾亲征。慌乱中个人钉马掌时，少钉了一颗钉子。由于战事紧急，国王匆匆忙忙骑马奔赴前线。通过一番激战，眼看胜利在望，突然，国王所骑战马的马掌掉了，马脚受伤了，接着国王从马上摔下来了。于是，前线局势急转直下，敌人又扑过来了。最后是国王牺牲，国家灭亡。

“少钉了一颗钉，便掉了个马掌；掉了个马掌，便折了一匹战马；折了一匹战马，便牺牲了一个国王；牺牲了一个国王，便灭亡了一个国家。”这就是说，任何一个细小的环节，都将对整个行动的结局发生决定性的影响。

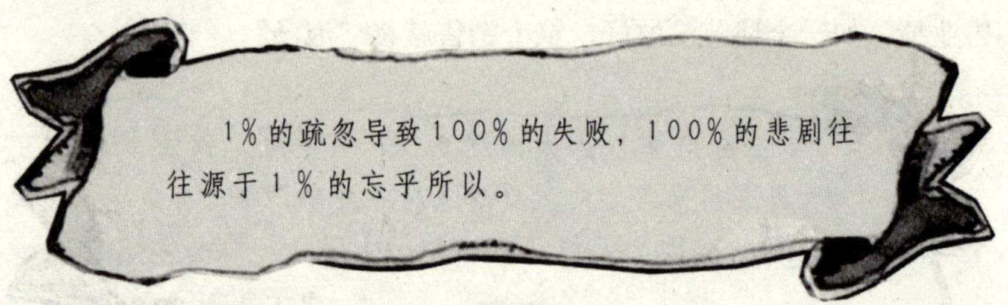

这样的例子其实不胜枚举，现实生活中，一些人勤奋工作几十年，但往往一件小事就可以毁掉一生。人生中有“污点效应”，如一个人其他方面都好，但在某一点上有“污点”，就可能导致“整个人有污点”；又如办某件事，别的环节都做好了，只有一个环节没做好，那么，整个这件事就办砸了。

平时，在饭局上人们总是开玩笑说“喝酒打牌看干部”，这虽是玩笑，但在实际生活中，无论是谈情说爱选对象，还是招聘人才、选拔干部，还是很看重细节的，个人的“站相”、“坐相”、“哭相”、“笑相”，“吃相”、“喝相”，一言一语，一举一动，往往就决定他人对你的评价，决定是否认同你，决定是否选择你，也就决定了你在一定时期内，在某一个方面能否成功。

生活就是这么残酷，逼着我们必须行动精细、精心。为此：

对行动的设计要精心。

设计行动方案要周到、精细，“小事成就大事，细节成就完美”。行动前要将可能出现的问题、复杂的环境一一搞清楚，并拟定具体的解决办法，每一步骤都要求完美无缺。没有策划的行动是愚蠢的行动，而愚蠢的行动是不能达到目的的。

用心做好每一个环节，并从细微处表现出“光亮”来。

◎美国标准石油公司曾有一位小职员叫阿基勃特，他在出差登记旅馆的时候，总是在自己签名的下方写上“每桶4美元的标准石油”字样，在写书信、在收据上，凡是在签名的时候，无一例外地要写上那几个字。他因此被同事叫做“每桶4美元”，他的真名倒没有人叫了。公司董事长洛克菲勒知道后，很受感动，还邀请他共进晚餐，提拔重用。后来，洛克菲勒卸任，阿基勃特成为第二任董事长。

用心做人，用心做事，主要体现在行动的细节里。一个人不可能处处闪光，亮点表现在细节上。所谓才华出众，所谓鹤立鸡群，都是因为某些细微的地方与众不同，才使你的人生闪闪发光，并产生一种神奇的力量，推动着你达到胜利的彼岸。

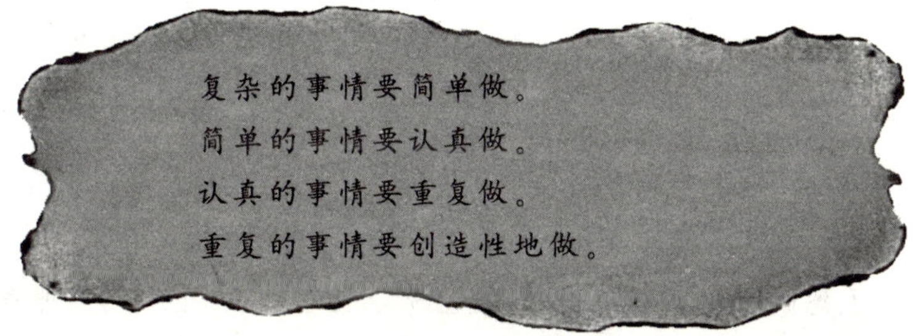

善于从细节里提升竞争力，从生活的夹缝中成就出路。

◎台湾首富王永庆，早年家境贫寒，为求生存16岁时凑来200元钱，开了一家米店。但当时周围有米店26家，竞争非常激烈。为了打开销路，王永庆努力为他的新主顾做好服务工作。主动为顾客送货上门，不吝惜时间和力气，在服务上下功夫。譬如，那时候，稻谷加工非常粗糙，大米里有不少糠谷、沙粒。这种现象非常普遍，买家卖家都习以为常，见怪不怪。王永庆却从这里找到了突破口。他和来米店帮工的两个弟弟一齐动手，将夹杂在大米里的糠谷、沙粒统统清理干净。这一来，他店里的米质比其他米店要高一个档次。在服务方面，当时还没有送货上门一说，王永庆却增加了这一服务项目。无论天晴下雨，无论路程远近，只要顾客叫一声，他立马送到，而且免收服务费。

王永庆给顾客送米，并非送到就算，还要帮人家将米倒进米缸里。如果米缸里还有米，他就将旧米倒出来，将米缸刷干净，然后将新米倒进去，将旧米放在上层。这样，米就不至于因陈放过久而变质。他这个小小的举动令不少顾客深受感动，铁了心专买他的米。

每次给新顾客送米，王永庆都要打听这家有多少人吃饭，每人饭量如何，据此估计这家下次买米的大概时间，记在本子上。到时候，不等顾客上门，他就主动将米送过去。

那时嘉义大多数家庭都靠做工谋生，收入微薄，少有闲钱，主动送米上门，王永庆并不急于收钱。他把全体顾客按发薪日期分门别类，登记在册，等顾客领了薪水，再去一拨儿一拨儿地收米款，每次都十分顺利，从无拖欠现象。

由于王永庆处处替顾客设想周到，大家一传十，十传百，他的名气越传越大，整个嘉义都知道有一个心眼特别好的少年老板。自然，他的生意也越来越好。从这家小米店起步，王永庆最终成为今日台湾工业界的“龙头老大”。后来，他谈到开米店的经历时，不无感慨地说：“虽然当时谈不上什么管理知识，但是为了服务客户做好生意，就认为有必要掌握客户需要买米及方便付款的日子，没有想到，由此追求实际需要的一点小小构想，竟能作为起步的基础，逐渐扩充演变成为事业管理的逻辑，到今天台塑企业各项管理制度的基本概念，都可以说起源于此。”

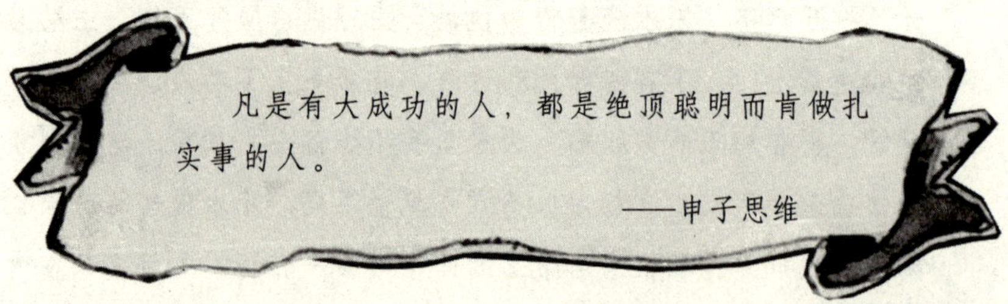

就像企业提升竞争力往往从细微处提高产品质量、从细微处提高服务水平、从细微处改进管理一样，个人的社会竞争力更多地表现在细微处。因为大多数人，或者说同一层次的人，整体素质都相差无几，真正

闪光的东西恰恰在一些细节上。人生如一座美丽的大厦，那么镶嵌在这座大厦上的明珠，就是那些亮眼的细节，是人的素质上的特别之处。正因为有这么点特别之处，就可以在社会的夹缝里打开新的人生天地。

天下大事，必做于细。养成行动精细的好习惯，赢在细节上！

许多人看来，行动细节是一些无关紧要的芝麻小事。孰不知恰恰是这些容易为人所忽视的小事，也最能反映一个人真实的修养、素质与能力状态。把一些小事做得精细，反映了一种一丝不苟的工作作风、脚踏实地的务实态度和自动自发的责任心理，折射出一个人的全面素质。

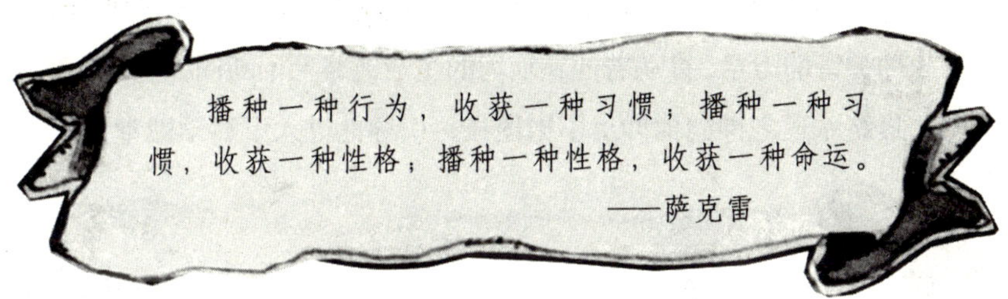

人生亮点在细节，做好细节，会有一种神秘的力量，给人生带来意外的惊喜。许多大人物也是从做好细节中成长起来的，如引起物理学革命的大科学家法拉第便是其中的代表。

1791年迈克尔·法拉第出生在一个铁匠的家里。为了维持生活，法拉第12岁当报童，13岁去里波先生的书店里当学徒。一次偶然的机会，他去皇家学院听大化学家戴维的讲座。戴维讲的题目是发热发光物质，讲得轻松，却又透彻。法拉第被深深地吸引住了，他一连听了戴维的4次讲座，好像游历了美丽、庄严、圣洁的科学殿堂，照得他心里光明、温暖。每次听完讲座，他都兴奋不已，连夜整理，誊写演讲记录。法拉第从小就练得一手好字，绘画也有一定水平。他尽力根据自己的理解，对戴维演讲的内容作了必要的补充，还画了不少精美的插图，并注明戴维演讲时所做的各种示范实验。把4次听讲的笔记仔细整理以后，用漂亮的皮封面装订成册，美丽极了。

他经常翻阅这本小册子，也希望能从事科学研究工作！终于，他鼓起勇气给戴维写信，并且把装订成册的4次讲座的笔记一起送去。戴维捧着这么精美的演讲记录，读着法拉第真诚的来信，这位大化学家深为感动。毅然让法拉第到皇家学院化学实验室当了自己的助手。就这样，法拉第走进了科学圣殿的大门！

学徒出身的法拉第为什么能受到戴维的发现与培养，这与法拉第将戴维的演讲稿整理、装订得那么用心、那么精致有重要关系。这是法拉第投机吗？绝对不是。这其中恰恰反映了法拉第崇尚科学的真诚，对科学研究锲而不舍的精神和一丝不苟的工作作风。这种闪光的人生素养细节，产生了一种神奇的力量，推动着他在坎坷的生活道路上不断向往科学、努力奋斗，最终幸运之神向他伸出了橄榄枝，引导他进入了科学殿堂。

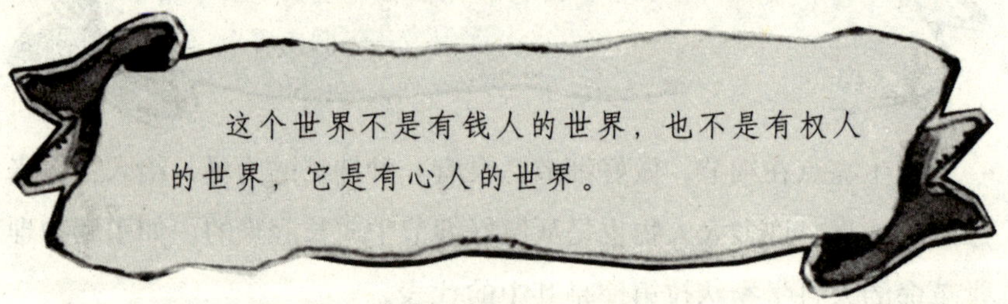

这个世界不是有钱人的世界，也不是有权人的世界，它是有心人的世界。

天下大事，必做于细。做好细节，要养成良好的习惯。然而，我们在生活中，恰恰忽视细节，做事只求“大概”，不问细节。特别是年轻人，他们普遍胸怀大志，热切盼望当大官，发大财，干惊天动地的大事，搞人生的大工程。所以在我们身边，高谈阔论者多，眼高手低者多，“大智大勇”者多，脑子里装着“大思路、大战略”者多，办实事的少，甚至看不起做细节的人。正因为这样，往往误事误国误人生，许多人因小事乱大谋，输在细节上。

值得警惕的是，对输在细节上的现象，大家不以为然，既不服气，也不反省，甚至认为这个问题不是问题。为什么会这样？因为，我们这代中国人的眼睛时刻盯在“大处”、盯在“高处”。好像我们一生下来就站在泰山之巅上，一生下来人生的境界就站在世界的最高处，就像孔子那样，“登东山而小鲁，登泰山而小天下”。放眼四顾，犹如上苍一样俯视众生，天下万物尽收眼底，万丈豪情与满腔雄风油然而生。

河汉苍苍，宇宙茫茫，“天下者，舍我其谁？”这种“崇高”的人生境界，使我们看不见小事，看不起细节，所以，我们的行动总是有缺陷的，所以我们搞的工程“豆腐渣”多，所以我们很难脚踏实地，最终，我们的出路难以落到实处。在经历无限多的挫折以后，我们应该清醒地认识到：行动要精细，出路细中求。

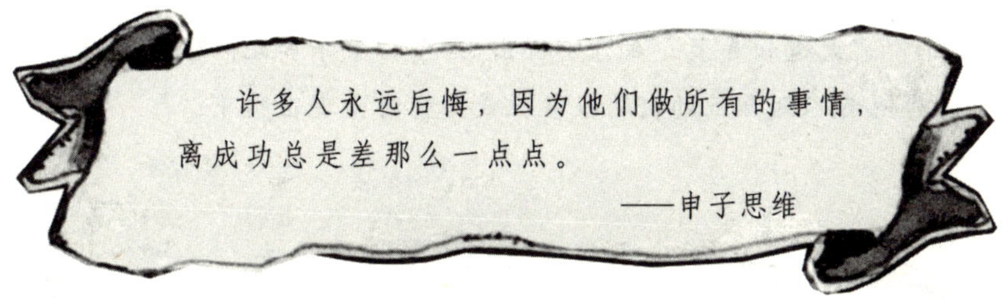

●打造大气大成的行动人格。战胜“灰狗”，跨越出路的心理“死亡地带”。行动让那些认命者、依赖者、幻想者、懒惰者见鬼去吧！像霍金那样奋斗，像肯德基之父桑德斯那样，60多岁时还有一颗奔腾的心。

从根本上说，出路的死亡地带是在人的心中。所以，“破山中贼易，破心中贼难”。

——申子题记

美国乔治·巴伯曾做过这样的一项统计：“100个29岁的人中，有66人将活到65岁。这66人中，只有1人能成为大富翁。有4人将相当富有。有5人在54岁时还在靠工作谋生。其余56人的吃饭问题还要依靠家庭、养老金、社区或社会福利来解决。”

的确，社会上许多人终其一生也没找到好的出路，甚至相当多的人，他们的“出路”在青年时期就“死亡”了，不相信能找到出路，更不会为之追求，为之拼搏，为之行动。人到中年，慢慢地，就变成“老油条”了，至于自己的出路，不会去想，也不会去争，事不关己，高高挂起，得过且过，浑浑噩噩。他们的人生状态，活像冬天里常蜷曲在灶边烤火的“灰狗”，睁不开眼睛，抬不起头，没精打采，有气无力，别说护家看院，连吠叫的声音也没了。为什么会这样呢？

出路的“死亡地带”不在身外，而在内心。认命、自卑、依赖、懒惰、幻想心理是出路的“软杀手”，它使认命者、自卑者、依赖者、懒惰者、幻想者的出路从人间蒸发。

“大道如青天，我独不得出”，李白千年如此慨叹，是因为他看不到真正的出路往往在最失望时出现在脚下。

——十年砍柴

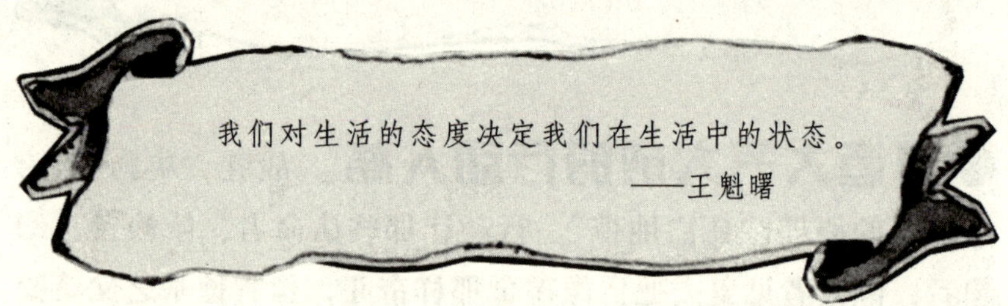

从根本上说，出路的死亡是心理上的死亡。开放的社会、丰富的资源，山不转路转，路不转水转，社会并不存在出路的死亡地带。出路的真正敌人是在人的心中，是宿命之心、自卑之心、依赖之心、懒惰幻想之心，它瓦解人的意志，摧毁自己的前程。正是这种落后、平庸、失败的心理阻止了我们的行动，正是这种心理毒瘤成为出路的致命“硬伤”，成为扼杀出路的“软杀手”，使许多人丧失行动能力，出路亦从人间蒸发。具体表现为：

——相信命运，懒得行动。

命运是什么，说不清楚；到底有没有“命运”，也说不清楚，但许多人就是相信“命中注定”。这些人，在10多岁的时候，不懂什么是命，所以还努力思考、探究，也还学习，也还行动；20多岁时，便到处请教别人对命运的看法；30多岁时，将信将疑，到处请人算命，不知如何对待，慢慢听任命运的摆布；40多岁时坚信“一切都是命中注定”，于是懒得学习、懒得思考、懒得行动，自命为看破红尘，与命运作对是自找苦吃。50多岁时，看到他人的命那么好，自己的命这么差，又想搏一把，但又觉得力不从心；60多岁以后，一切心安理得，估计这一辈子，上帝也不会来救自己了，于是，一切顺从“天命”。一生如何交差？皆由上帝安排吧。

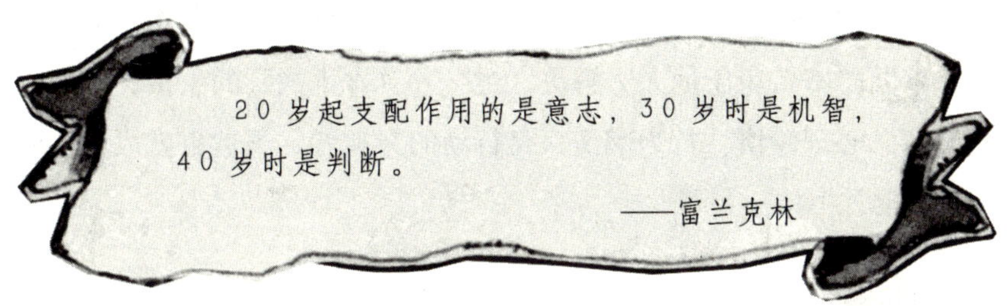

——缺乏自信，畏惧行动。

美国心理学家斯韦特·马登说过：“人生中大多数失败者只是心理上失败的受害者。他们相信自己不能取得和别人一样的成功。这着实使他们丧失了自信心所带来的活力和决心，而且他们甚至不为成功做出半点努力。”

中国有句古话：哀莫大于心死。一些人常有自卑情绪，总认为自己长相不如人、先天背景不如人、能力不如人、运气不如人，变得越来越自卑起来，逐渐年轻时曾有的那颗“雄心”便死亡了，自己跟自己过不去，自己打败自己，当然再也不会去奋斗了。于是，就形成一种“约拿情结”。“约拿”是《圣经》中的人物，上帝给了他机会，他却退缩了。因为缺乏自信，往往怀疑自己的能力、怀疑今天的机会、怀疑明天的成功。于是，畏首畏尾，惧怕行动。怕思考、怕想事、怕说话、怕做事、怕交友，害怕他人发现自己的存在，甘心当缩头乌龟 。甚至还荒唐地认为：一切行动不仅枉然，而且会给自己带来更大的不幸。

——依赖、懒惰，旁观行动。

有个故事说，懒汉即使把饼套在脖子上，也会被活活饿死。然而，这世界上脖子套饼而饿死的人还少吗？生命中的许多东西要经过努力才能得到，往前走一步就离目标近一步，当努力到一定程度时，它就属于你了。然而，这些人就是不会去努力，不会去想办法，而是依赖，一切依赖外部力量，长此以往，形成顽固不化的依赖心理。经济上变成“啃老族”，经济宽裕的家庭是他们的提款机，不宽裕的家庭是他们的榨汁机。自己的出路不是靠自己打拼，而是依赖父母安排、依赖组织安排、依赖学校分配，寄希望有人把出路这个饼子套到自己的脖子上来。即便如此，还希望有人把饼子往自己的嘴里送，人生中遇到一点点难题总寄希望于他人去解决，过一种“寄生式”的生活。他们思想懒惰、心理懒惰、行为懒惰，是行动的旁观者，当然也就成为出路的“看客”。

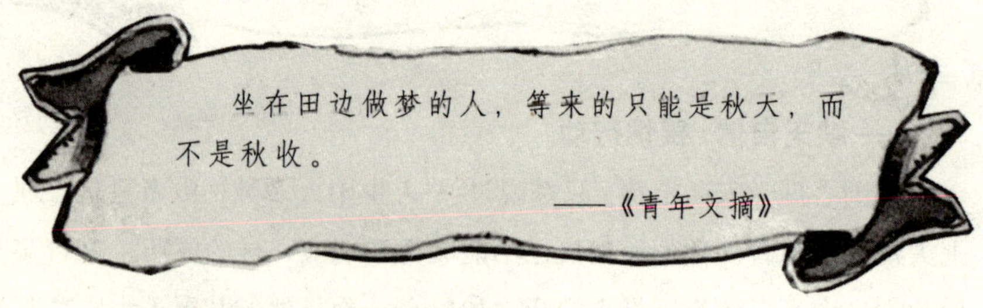

坐在田边做梦的人，等来的只能是秋天，而不是秋收。

——《青年文摘》

——幻想等待，行动彷徨。

许多人还是从内心里希望自己有个好的出路，但是，他们的路径错了，他们把出路寄托在幻想里，寄托在等待中。一天又一天，一年又一年，幻想天上能掉个林妹妹，幻想某一天命运峰回路转，幻想某一时，上帝会来救自己。他们害怕出路是杀出来的一条“血路”，更不敢想像靠自己可以拼出一条出路来，天天做“白日梦”，做黄粱美梦。有时也想振臂一呼，但真正行动起来又觉得困难重重，于是又回归到幻想之中，他们是行动的彷徨者，出路永远在幻想等待中。

天无绝人之路，世上只有自绝之人。其实只要我们行动，每个人都有能力发展自己，取得更大的成功。不幸的是这种种心理障碍束缚了我们的手脚，使我们不战而败。因而，要成功，就得跨越这种心理障碍，勇敢地行动起来！

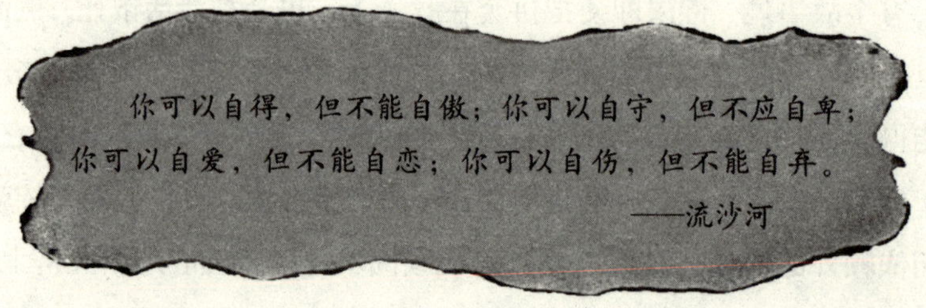

你可以自得，但不能自傲；你可以自守，但不应自卑；你可以自爱，但不能自恋；你可以自伤，但不能自弃。

——流沙河

塑造积极心理，打造大气大成的行动人格，跨越出路的“死亡地带”，像霍金那样奋斗，像肯德基之父桑德斯那样，60多岁时还可以杀出一条“血路”来。

心力无边，心态支配人生。

——申子题记

自信，是人类运用和驾驭宇宙无穷大智的惟一管道，是所有奇迹的根基，是所有科学法则无法分析的玄妙神奇的发源地。

——拿破仑·希尔

1948年，丘吉尔首相应邀到牛津大学演讲人生哲学，在雷鸣般的掌声中，丘吉尔开讲了，他说：“**我的成功诀窍有三个：第一个是，决不放弃；第二个是，决不，决不放弃；第三个是，决不，决不，决不放弃！**”

丘吉尔短短的三句话，便结束了全场演讲。但他留在世人心坎上的东西，却是一种永恒的力量！试想在二战最惨烈的时候，如果不是凭着这样一种倔犟的心力去激励英国人，大不列颠可能早已变成纳粹铁蹄下的一片焦土。丘吉尔在用他一生的奋斗告诉我们：

成功根本没有秘诀，如果有的话，就是要做心理上的强者。“心力”无边，心力支配人生。心力好比航标灯射出的明亮的光芒，在朦胧浩淼的人生海洋中，牵引着人们战胜一切灾难和不幸，一步步走向辉煌！

在轮椅上生活了40多年的科学巨匠——霍金，同样是一位心理上了不起的强者。

◎史蒂芬·霍金因患卢伽雷病，童年时动作就不能自如，20多岁时，身体彻底变形：他的头只能朝右边倾斜，肩膀也是左低右高，嘴歪成一个S形，两只脚是朝内扭曲着，心脏和肺也失去了应有的功能，他不能说话，全身惟一能动的是大脑和三个手指头。但他是个最伟大的“超人”，在轮椅上生活的40多年，纵使遭受再大的病魔，也从未停止过对宇宙的探讨，被世人称为是继爱因斯坦后最伟大的科学思想家。

有一次，在学术报告结束之际，一位记者不无悲悯地问："霍金先生，疾病已将你永远固定在轮椅上，你不认为命运让你失去太多了吗？"对此，霍金脸庞表现出恬静的微笑，用三个手指艰难地叩击键盘，于是，宽大的投影屏上缓慢然而醒目地显示出如下一段文字：

我的手指还能活动，我的大脑还能思维；

我有终生追求的理想，有我爱的和爱我的亲人和朋友；

对了，我还有一颗感恩的心……

霍金的回答无不令人心灵震颤，这样的心力还有什么人生障碍不能跨越呢？人们推崇霍金，不仅仅因为他是智慧的英雄，更因为他是一位人生的斗士！

霍金如此，中国的张海迪、感动中国的青年学生洪战辉及一切成功人士，莫不如此。

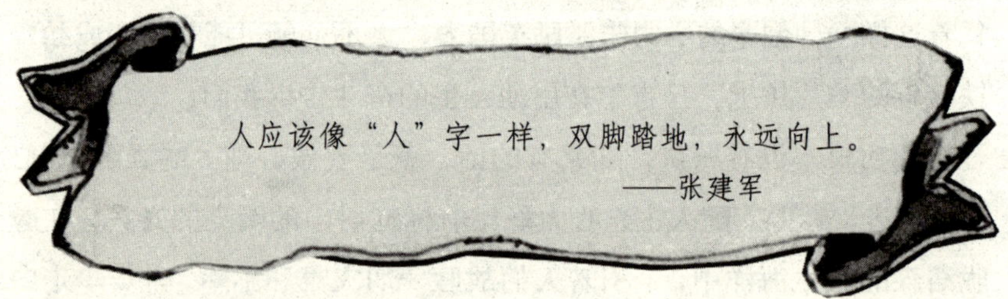

美国科学家罗伯特·科利尔在研究无数人的成功经验后感慨道："全世界的心理学家和科学家都同意这一观点——思想决定一切。无论你决定你是什么，你可以做到。你不必生病。你不必忧愁。你不必贫穷。你不必失败。你不是一般的泥巴。你不是负债累累，注定一辈子以无休止地辛勤劳动换取衣食的苦力。你是大地的一个领主，具有无穷的潜能。在你体内有一种力量，只要适当地掌握和引导，就能让你离开平庸刻板的生活，将你推上大地精英的行列之中——立法者、工程师、伟大的企业家、实干家和思想家。关键只在于你，要学会运用这种属于你的力量——这种无所不能的思想。”

可见，走出出路的心理“死亡地带”，最核心的“秘密武器”，就是打造积极心态，构建健康行动人格。用积极向上的、有出息的现代文化精神充溢心灵空间。其主要特征是：

1．自信的而非自卑的；　　2．自主的而非盲从的；
3．乐观的而非悲观的；　　4．进取的而非退让的；
5．勤劳的而非懒惰的；　　6．实干的而非幻想的；
7．创新的而非守旧的；　　8．开放的而非封闭的；
9．激情的而非冷漠的；　　10．科学的而非愚昧的。

构建积极的心态和健康的人格是一个漫长的过程，最有效的方法是把握好三条：

第一条，自信，自我价值感必须刻骨铭心，找到生命能量的源泉。

奥里森·马登说过一段耐人寻味的话：“如果我们分析一下那些卓越人物的人格特质，就会看到他们有一个共同的特点：他们在开始做事前，总是充分相信自己的能力，深信所从事的事业必能成功。因此，他们在做事时就能付出全部精力，排除一切艰难险阻，直到胜利！”

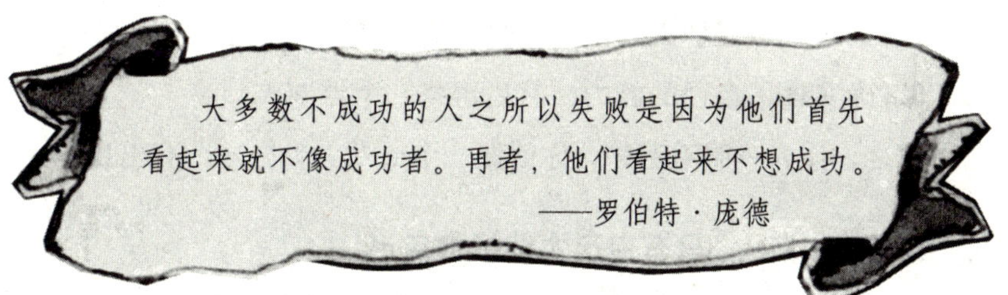

自信是人生不竭的动力，是战胜失败与挫折的坚实基础，是造就成功人士的第一要素。建立积极心理态度的起点，就是建立自信。

自信，就是自己要相信自己，肯定自己，激励自己。人的生命能量来自自信，它是成功的第一要诀。自信的人，才敢想、敢干，才有一种神奇的力量，使你成为你希望成为的人，成就你希望成就的事。反之，如果自己都不相信自己，自己打败了自己，那还有什么作为呢？心理学家认为，“当一个人认为自己干不了某件事时，他就没有了任何的信念”。

佛斯迪克说得更精彩：“生动地把自己想像成失败者，这就足以使你不能取胜；生动地把自己想像成胜利者，将带来无法估量的成功。伟大的人生以你想像中的图画——你希望成就什么事业、做一个什么样的人作为开端。”

道路总是在有决心、有信心、有勇气之人的脚下。正是这种必胜的心理态度，对力量的认识，无所不能的信心成就了这世上伟大的一切。如果你没有这种态度，如果你缺乏信心，现在就必须开始培养。

如何建立自信，综合卡耐基等成功学家的思想，现提出八条简单可行的规则。采取这些规则吧，你也能对自己信心十足。

1．构思你自己成功的心象，牢牢印在脑海中。不屈不挠地固守这幅心象，不容它褪色。

2．每当消极的想法浮上心头，马上用积极的想法与之对抗。

3．有意忽视每一个所谓的障碍，把阻力缩小。

4．遇到困难时，反复在心里默念“行，行，行，我能行！”

5．遇到失败时，要拿出一张纸，列出对自己有利的因素。

6．找一个专家帮你找出自卑的主因。

7．别过度敬畏他人，培养一种“我不错”的心态。

8．确实评估自己的能力，然后再将它上浮10%。

总之，让人一眼看起来，你就像一个成功者，像一个有出息的人。

第二条，自主，只有自己才能拯救自己。

人的一生，真正能依靠的对象是谁？是自己，除了自己，谁也靠不住。所以，人的一生，时刻都应高唱《国际歌》：从来就没有什么救世主，也不靠神仙皇帝，要创造人类的幸福，全靠我们自己。

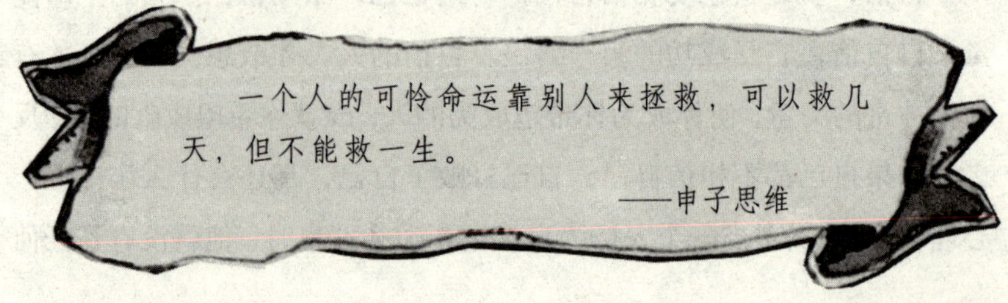

人是自己命运的最高主宰，也是惟一的仲裁者。不要相信命的好坏，命运靠自己把握。在这里，我想讲一个小故事：明代开国皇帝朱元璋继位后，有人说他是命里注定了能当一国之君。可朱元璋却不相信命，他想到自己原来不过是个讨饭的穷人，只是努力才有了今天。于是，他派人贴出告示，寻找和自己同年、同月、同日、同时出生（八字完全相同）的人。告示贴出后，竟然有几十个人来见朱元璋。按说，八字完全相同的人，命运也应该完全相同才是。可这几十个人中，有读书人，也有文盲；有财主，也有乞丐，大家的情况大有差别。朱元璋走到其中一位最卑微的乞丐面前说："你跟我是一个命，所以不要相信'命中注定'怎样，只要你努力创造，一定会过上幸福的生活。"随着科技的发展、社会的进步，现代社会的人们逐渐认识到，决定人命运的条件只有两个：其一，先天遗传基因；其二，本人后天努力。因此，决定人命运的不是其他条件，而是自己。人可以通过接受教育、勤奋努力地工作来把握自己的命运。

走出出路的死亡地带，就要做一个完完整整的自我主宰者。请永远记住《圣经》里的经典名言：上帝只救可救之人！请千万相信：自己救不了自己的人，上帝也不会理你！

第三条，自强，做一个顽强的奋斗者。

好运不会自动到来，一切全凭自己去争取。

能够走出出路死亡地带的人，都有一颗勇往直前、永远进取、自强不息的雄心。这就是勇于奋斗，做永不疲倦的奋斗士！

人生是一场竞技，生命就是赛跑，强者属于自强不息的奋斗者！

永不停息的奋斗是找到出路的永恒品质，是走向成功的强大推动力。奋斗者具有奋斗的品质，成功学家哈罗德·雪曼写过一本《反败为胜》的书，列举了奋斗品质具有以下精神特质：

1. 只要我坚信自己正确，决不放弃；
2. 只要我坚持到底，一切都会迎刃而解；
3. 在逆境中我会充满勇气，决不气馁；

4．我不允许任何人用恫吓或威胁使我放弃目标；

5．我会竭尽全力克服生理障碍与挫折；

6．我会一而再、再而三地努力做我想做的事；

7．我知道成功了的男人和女人都曾跟失败和逆境搏斗过之后，我会获得新的信心和决心；

8．无论我面临什么样的障碍，我决不向失望和绝望低头。

在人生奋斗的生涯中，不同的人有不同的状态，有这么四种人：

第一种人，主动去做应该做的事情；

第二种人，别人提醒后才去做应该做的事情；

第三种人，在被别人踢了屁股后才去做应该做的事情；

第四种人，根本不去做自己应该去做的事情。

奋斗士属于第一种人，他们是成功者！奋斗之心魅力四射，永远是机遇的宠儿，上帝也会给予丰厚的回报。

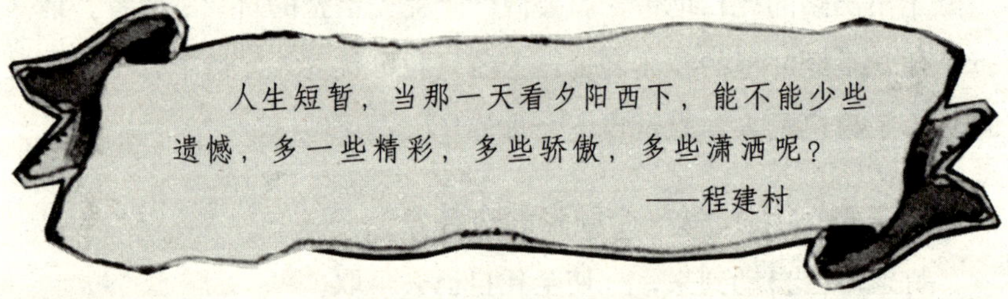

历史上的奋斗者不乏其人，其中不肯认命的“肯德基炸鸡”创始人桑德斯是最值得我们钦佩的，他在60多岁时还有一颗奔腾的奋斗之心，并最终引导他走向了成功。

◎桑德斯上校是肯德基炸鸡连锁店的创办人。但他早年的命运并不好，65岁时还身无分文且孑然一身，人生没有出路。当他第一次拿到政府发给的救济款时，金额只有105美元，内心极度沮丧。他不怪社会，相反内心充满感激，思考“我应该如何回报社会呢？”

他想起了他有一份“炸鸡秘方”，不知餐馆要不要？当然不能白送，卖掉秘方吗？也换不了几只炸鸡。最好的办法是从营业额里抽成，拿生意上的“回扣”，人生的晚年就有份稳定的收入，也不至成为国家累赘。

说干就干，他挨家挨户地敲门游说，告诉餐馆自己的炸鸡秘方如何如何好，一定会带来生意，而本人只从增加的营业额里抽成。但很多人都当面嘲笑他：“得了吧，老家伙，看你这个落泊的样子，怎能会有那么好的秘方呢？”

他丝毫没有气馁，他坚持一种“能力法则”，也就是“不懈地拿出行动”：在做每一件事时，必须从中好好学习，找出下次能做得更好的方法。桑德斯上校坚持这一法则，每天他都要研究餐馆拒绝的理由，反复修正游说词，以便更好地说服下一家餐馆。

他像中国的孔子周游列国一样，驾着一辆又旧又破的老爷车，足迹遍及美国每一个角落，困了就和衣睡在后座，醒来逢人便说自己的点子。为人示范所炸的鸡块，就是他的食粮。整整两年时间，他游说了1008家餐馆，1008次被拒绝。但是他还是没有失去信心，他还要继续努力，不达目的，决不罢休。

他继续向前，他走进了第1009家餐馆，游说也非常娴熟了，示范炸鸡的效果也更好了。餐馆老板终于向他露出了笑脸，他第一次听到了“同意”二字。这可是碰了1008次壁以后，才听到“同意”二字啊！

像桑德斯那样，做个不知疲倦的奋斗士，让那些不思进取的认命者、依赖者、苟且偷安者见鬼去吧。惟有顽强奋斗，出路迟早会张开双臂，热切地拥抱我们！

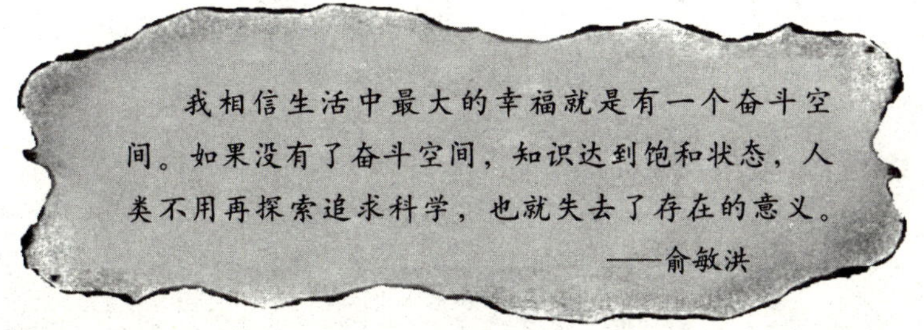

我相信生活中最大的幸福就是有一个奋斗空间。如果没有了奋斗空间，知识达到饱和状态，人类不用再探索追求科学，也就失去了存在的意义。

——俞敏洪

大气大成，大道通天。

通天大道走着瞧

卷八：通天大道走着瞧

走天下路，走天下人自己的路！

——申子题记

当苦难的余烟叹息着朝我扑来时，我依然执著地展开理想的翅膀，在辽阔的天空中写下：相信自己。

我要用手指向那涌在天边的排浪，我要用手掌托起太阳、大海，我要用孩子的笔体写下：相信未来。

——洪战辉

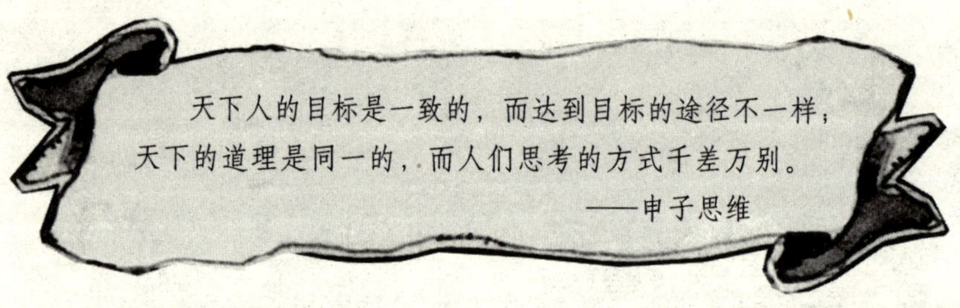

天下人的目标是一致的，而达到目标的途径不一样；天下的道理是同一的，而人们思考的方式千差万别。

——申子思维

这是个日新月异的世界，一切都在迅速改变。未来，没有终点。我们每个人都在以自己的方式梦想着、追寻着，只要在行动，这就够了！不要问将来如何？走着瞧吧！

●机会遍天下，处处有出路。“成为一名百万富翁不是一种机会，而是一种选择！”我们没有理由不相信自己，没有理由不相信未来！

弱者等待机会，强者创造机会。

——彭力

也许人们更痴迷财富，那我们就看看发财的机会是不是越来越多。

美国人对富翁做了许多实证研究发现，随着社会的发展，超级富豪们如同雨后春笋般地从社会各个角落里涌现出来，越来越多得难以胜数。1847年，一位名叫彼池的美国人，对纽约富豪进行调查，只发现了24个百万富翁，费城也只有9个百万富翁。但到20世纪初，芝加哥人声称，该市百万富翁的人数与1840年的选民人数一样多。到1954年，据《财富》杂志估算，大约250个美国人创造了价值5亿多美元的财富。1972年的一项研究得出结论：在美国有133，400个百万富翁。到1992年估计，有300多万个百万富翁。1995年，《福布斯》杂志列出的财富排行榜中，有100多人拥有的个人资产超过10亿美元。

一位名叫贝克·哈吉斯的美国人所写《管道的故事》一书，讲了个令人震惊的新发现：即一百年前，普通人是几乎不可能成为百万富翁的。而现在，成为一名百万富翁不是一种机会，而是一种选择！

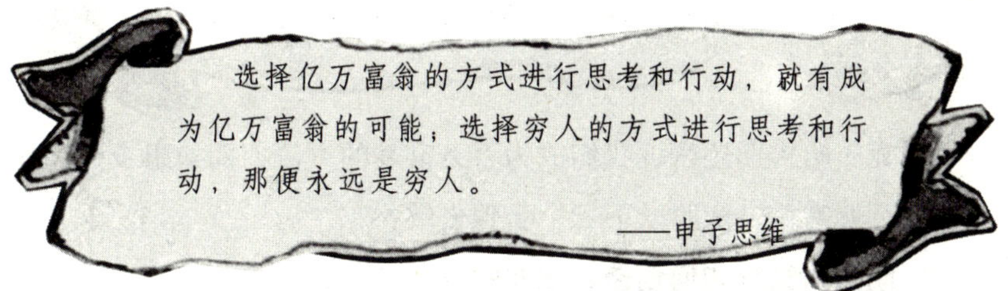

这是因为，人们的经济状况已发生了翻天覆地的变化：

1900年，美国的平均薪水是每小时0.22美元，一般工人的年收入在200美元至多400美元之间，处于当时的贫困线下。那时全美只有6%的人高中毕业，平均寿命47岁。只有14%的家庭拥有浴缸。全美只有8000部轿车，铺好的路面也只有144英里。直到第一次世界大战时，美国普通家庭将收入的80%都用在食物、住房、穿衣等基本需求上。总的来说，当时的社会，基本上只有两个经济阶层：富有阶层和贫困阶层。10个家庭中只有一个是富有阶层或中产阶层。也就是说，在1900年，美国有90%的人属于贫困阶层， 中产阶级依然靠工资生活。

如果我们将镜头从一百年前转回2001年，就会发现：现在一般家庭的收入为47000美元。小汽车的数目超过了人口数目。大多数家庭至少拥有两台电视。人的寿命延长至75岁。一般人都拥有比以前更多的可以自由支配的收入，有更多的空余时间，还有更多的职业选择。

于是，他发布了一个或许会让你震惊的大胆声明："这是真的——今天，任何一个有中等收入的人都可以成为一名百万富翁。不可能？绝对可能！事实上，它真的很简单。"

"成为一名百万富翁已不再是一个好福气或者是好运气的问题。它只是个学习和跟随已被证实的财富创造策略问题。"

"大部分的百万富翁将不再是洛克菲勒家族或范德比尔特家族的后裔。超过80%百万富翁是普通人，他们只在一代人内积累了他们的财富。"

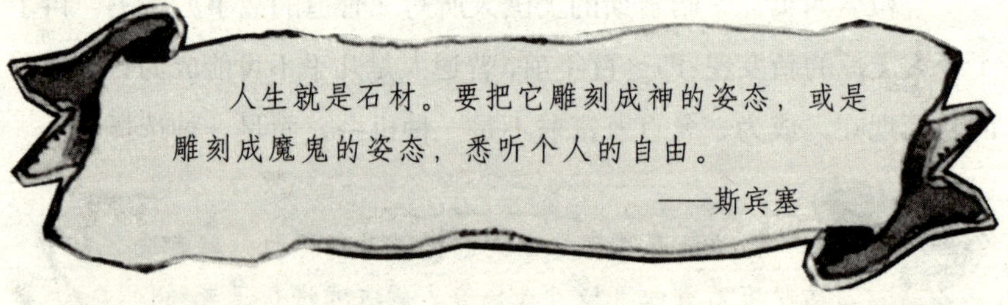

贝克·哈吉斯还告诉我们成为百万富翁的方法，即如果今天想成为一名百万富翁，依照以下三个步骤去做：

1.明白财富是如何创造和积累的；

2.效仿已被证实的创造财富的方法；

3.坚持不懈地去做。

的确如此，成为一名百万富翁其实很简单，因为发财的机会太多了！现实使我们不得不承认：我们已经进入了一个遍地是机会、处处有出路的新时代。

与我们的父辈相比，当今之世社会资源极为丰富。社会财富方面，历史上的马可·波罗不可想像，当年他所描述的东方社会“遍地是黄金”与今天比较起来，只是小巫见大巫了。仅我国城乡居民存款就达15万多亿元，国际流动资金多得不可胜数，树上随便掉落一片树叶都有可能碰上几个100万、1000万甚至亿万富翁，这些财富，为我们的发展不知又将创造多少机会呀！

日新月异的科技发展所开辟的新兴行业、新的领域，同样令人眼花缭乱，不知新增了多少发展领域和就业岗位，给我们带来的新出路又是那么令人目不暇接。持续的“民工荒”现象足以证明：民工都不干老本行了，因为有新的出路供他们驰骋。当我们看到“海龟”变“海待”、大学毕业即“失业”而心急火燎时，孰不知有多少人年纪轻轻就成为IT老板或年薪几十万的“白领”，或靠自己的专长打拼出一条辉煌的人生之路。当那些老牌的大学生干一辈子干得白发苍苍，最终干成为“房奴”或“网虫”时，孰不知那些房地产老板或网站的站主恰恰是些乳臭未干的刚毕业的学生。新的领域、新的空间、新的机会、新的出路，的确令人瞠目结舌。

全球化与网络时代的到来，又让我们每一个人都融入了世界，真正成为天下人，吃天下饭，尽管我们足不出户，但我们腰包里的钱可能是从美国佬、英国佬那儿赚来的，我们碗里盛的，说不定是从非洲黑人或北极的爱斯基摩人那里分的一杯羹。

我们的出路可以向全世界延伸，甚至向太空延伸也未必就是幻想。个人发展的空间成几何级数扩充，变得前所未有地开阔了，并迎来了资源整合的新时代。

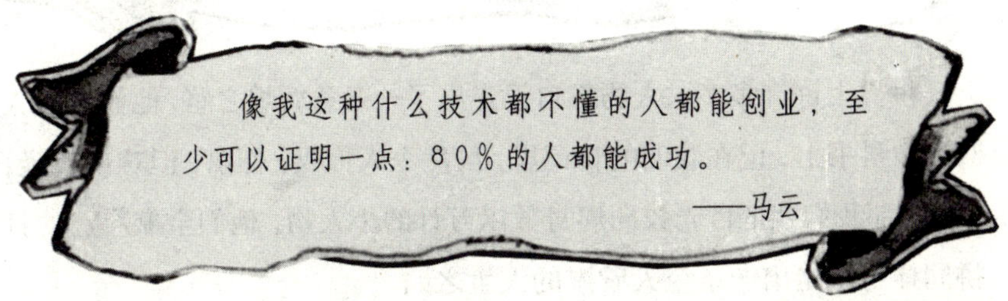

未来的社会也许比说的还要迷人，机会也许比想像的还多。但有一点是肯定的，机会要自己创造，机遇总是垂青于有准备的头脑！著名成功学家拿破仑·希尔说得好："别人能看出来的机会，绝对不算是机会。千万不要等到万事俱备以后才去做，这世界永远没有绝对完美的事情。如果要等所有的条件都俱备以后才去做，那你就只能永远等待下去，你将会失去所有机会。"

几千年前的亚历山大说得更形象，一次，在战斗中有人问他是否等待机会来临再去进攻，亚历山大听了这话，大发雷霆，说"机会？机会是要靠我们自己创造出来的！"

每个时代和个人都有独特的机遇，当今社会，机会遍天下，处处是黄金，只要我们善于创造，用山姆·沃尔顿的一句话说，"我们追逐着，并坚持不懈"，就能开创新的出路。

●路是人走出来的。相信自己即使今天没有出路，明天也没有出路，但只要努力，后天一定有出路！像凭着一根唢呐闯天下的禹阳飞总裁那样，吹着唢呐，豪情满怀，奔向未来。

路是人走出来的，只要肯走，就一定能走出路来。

——申子题记

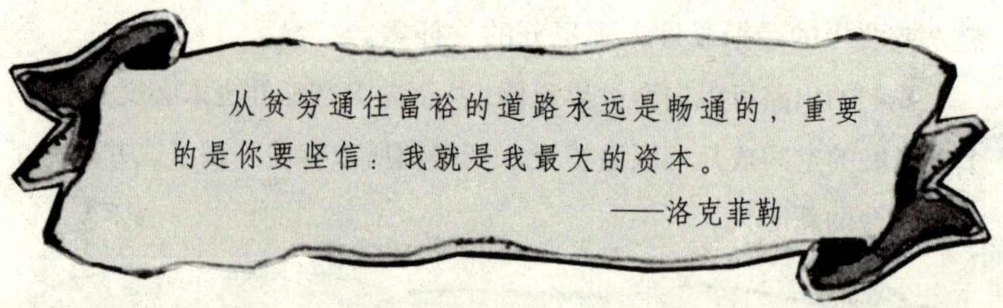

从贫穷通往富裕的道路永远是畅通的，重要的是你要坚信：我就是我最大的资本。

——洛克菲勒

世界上许许多多大人物靠自己走出了一条条辉煌之路，他们的经验写在教科书上，记在我们的日记里，虽然令人惊叹、仰慕，但难以克隆、效法。那我们就把目光投向周身数以万计的小人物，他们全靠自己的打拼同样可以走出一条令人欣慰的人生之路。

湖南阳飞乐器行的老板禹阳飞，就是以自己特有的方式，打造了一条值得我们仿效的成功之路。

也许是上帝的考验，禹阳飞经历了比平常人更多的生活磨难。他是地地道道的湖南邵东农家子弟，还未上学，父亲就病逝，家中七口人，完全靠体弱的母亲种田养活，家里穷得叮当响。

高中毕业，因高考的几分之差与大学失之交臂，他想继续复读一年考大学，可家庭条件不允许；他想参军，因身体条件受限制，当兵的梦想也破灭了；于是，只好回乡务农，过着面朝黄土背朝天的日子。

为了解愁，他自制了根笛子吹着乐。悠扬的笛声引来了乡邻的围观，有人喝彩，有人恭维，也有人说风凉话，一个老者信口说："要是会吹唢呐就好了。"因为在农村，谁家做红白喜事，请人吹一整天唢呐，可以挣3元钱，吹一整夜可以挣5元钱。

是啊，要是能吹唢呐就好了。但买根唢呐要几十元钱，哪来钱呢？

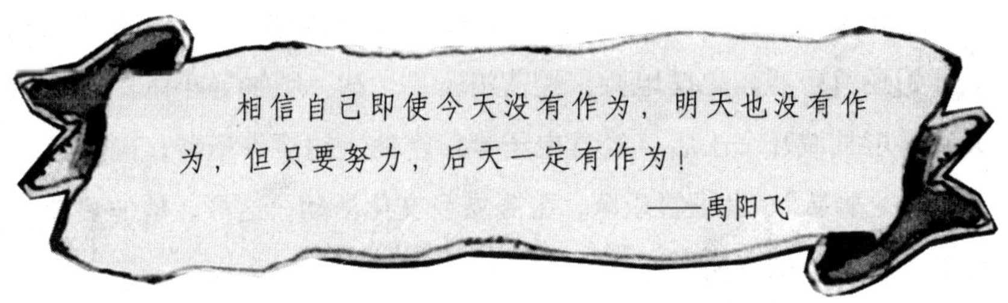

他铆足劲，发誓要赚够买根唢呐的钱。于是，他就开始贩卖冰棒，冰棒每支卖5分钱，每支可赚1分多钱，他背着几十斤的冰棒箱，顶着烈日，走了一村又一村，走了一寨又一寨，每天行走几十里，起早摸黑忙了一整个夏天，终于挣了几十元钱。他高兴极了，悄悄地跑到县城买了根唢呐。

可是，又怎么学呢？富人子弟可以请老师，可家贫的人，连自学的权利都被剥夺了，因为，吹不好便会有人叽笑："叫花子穷快乐。"

他不敢堂而皇之地自学，于是，农闲时，他就把门关起来，躲进被窝里，用厚厚的棉被蒙起来学，免得有响声而引起他人叽笑。蒙着棉被学吹唢呐，虽然吹不好调也不会失面子，但委实难受。每次都憋得大汗淋漓，把脖子上的青筋憋得又红又胀，但他全不在乎。就这样，几十天下来，他的唢呐吹得溜溜的，令乡亲们赞叹不已。

于是，乡邻办红白喜事，就去帮忙吹唢呐。他吹得特别卖力、特别用心，且吹出的花样特别多，吹得乡邻心花怒放，吹得大伙乐不可支。一传十，十传百，他的名气就这样“吹”出来了。方圆几十里，只要办红白喜事，非请他不可，如果没有把他请去，乡邻就会嘀咕这台红白喜事没有档次，“不够味”，主人也会觉得没有面子。似乎只有他去，办红喜事的，会吹得更加红；办白喜事的，似乎把死人都能吹活。

他的业务开始繁忙起来，请他的人太多了，但他没有分身术。于是，他又组织一个乐队，培训了一批帮手，也提高了服务水平。

久而久之，周边几个县都知道有这么个唢呐师傅，那些学乐器的、修乐器的、买乐器的、当然还有切磋乐艺的都来找他，他也不厌其烦，总是让人满载而归，他的业务局面不断得以扩充。

这么做，虽乐在其中，也能养家糊口，但不能发家致富。于是，他又开始经营乐器。先摆地摊，经营笛子、二胡、唢呐等小乐器，尔后又到邵东县城开个小店，经营电子琴、吉他、铜锣等乐器，同时还组建了“龙狮队”、女子管乐队，服务城乡文化活动。这样，他的事业又迈上了一个新的台阶。

在经营乐器中，他发现许多乐器是“外行”生产的，价高又不中用，何不自己也搞点生产呢？说干就干，先组成个小作坊，生产二胡、笛子及一些乐器配件，投放市场后，效果还不错，利润也不薄。这无疑给他打了针兴奋剂，胆子也大了，接着，他又筹集资金，兴办了铜锣厂，生产响器、铜锣、队鼓队号等乐器，还兴办了演出服装厂。

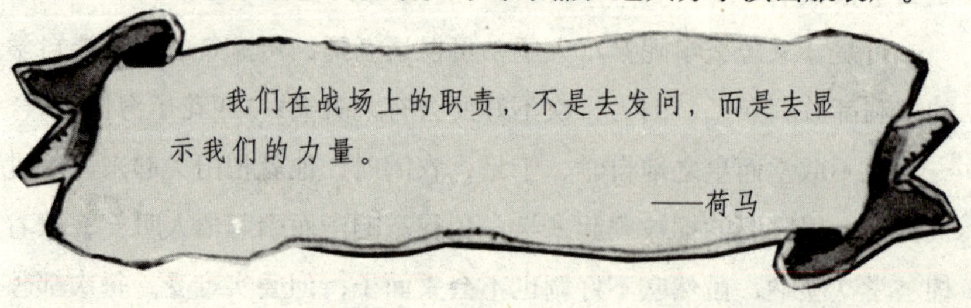

是马是骡子，得拉出来遛遛，乐器质量如何，得打打吹吹。通过这些年市场的吹吹打打，他生产的乐器质量就是过得硬，不到 5 年工夫，基本上占领了中国的大西南市场。为提高产品质量，他可没少下功夫。

譬如，生产唢呐上的“哨子”，他就做了许多研究和改进：原来市场上销售的“哨子”，虽然价格低廉，只几分钱一个，但大多有毛病，要么音色不好，要么容易破损，往往在关键时候出不了“声”，气煞人。为解决这些问题，他到河北、天津访问了中国做“哨子”最有名的师傅，但效果还是不那么理想。但他并没有就此罢休，做哨子的工艺并不复杂，是不是选材上有学问？于是，他到洞庭湖、鄱阳湖、太湖、白洋淀等地采摘不同的芦苇做哨子，通过比较，得出洞庭湖的芦苇用来做哨子最好。于是，他就像大科学家袁隆平研究杂交水稻一样，深入洞庭湖畔，研究什么时节、什么区域、什么部位的芦苇用来做哨子最好？

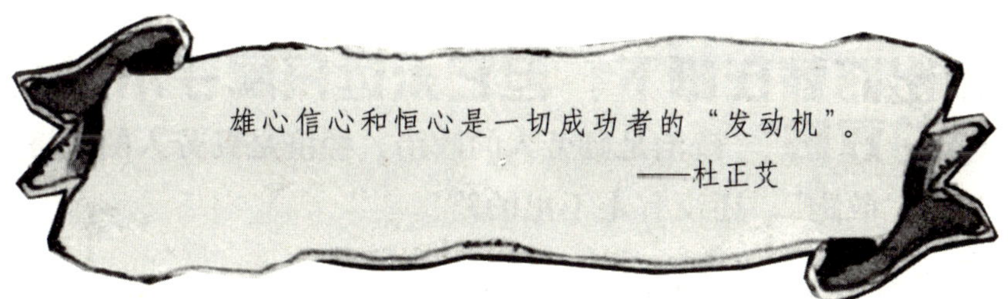

功夫不负有心人，通过他的反复实践，终于找出了在洞庭湖的某个浅水湾、立秋以后的多少天内采摘的芦苇最适合做哨子，而且是离水面 2 厘米左右高的芦苇可以做出“极品哨子”。这一经验摸出来后，他做的哨子投放市场获得一片赞美，哨子的价格由每个一毛多钱提高至每个五元钱，有些还出口东南亚市场。

阳飞乐器行出名以后，他的兴奋点似乎并不在于如何发财，而是将更多的热忱放在提升下一代的音乐素养上，特别关心为广大少年儿童扫“乐器盲”，让他们更幸福、更快乐、更全面地成长。为此，他为许多农村学校免费配置电子琴、二胡、笛子等各种乐器，常常带着专业队伍深入学校义务培训，看着老师、家长和孩子摆弄着乐器那种无比快乐的样子，他就特别开心。

通过十多年的打拼，他从一个无依无靠的“穷小子”一跃成为拥有1000多万资产的小老板。面对小小的成功，他豪情满怀，常常自豪地调侃说：吹着唢呐，同样可以走向世界！

阳飞乐器行闯出的路，其实很平常，但带给我们的启示却很深刻。

论先天条件，论家庭背景，论学历文凭，论社会关系，论机会运气，我们每一个人都比禹阳飞具有更多的优势，家庭条件有优势、知识专长有优势、生活环境有优势、社会关系有优势，也就是说，没有理由找不到出路。

现代社会，资源极为丰富，机会多如牛毛，任何人只要有耐心，有恒心地奋斗下去，总有脱颖而出的一天。

我们要相信自己，即使成不了太阳，那也可成为一颗星星，而且只要努力，就可以成为一颗耀眼的明星；即使不能成为一棵参天大树，那也可做一棵小草，而且只要努力，一定能茁壮成长。

●出路就在脚下，但它永远只属于不知疲倦的双脚！

政治是勤劳人的政治，经济是勤劳人的经济，只要“敢跑”，还没有走不出的路！

生活奉献给你的精彩与你投入生活的诚实合法的精力成正比。勤奋踏实地干吧，你的每一个梦想就会慢慢地实现！

——廖岳华

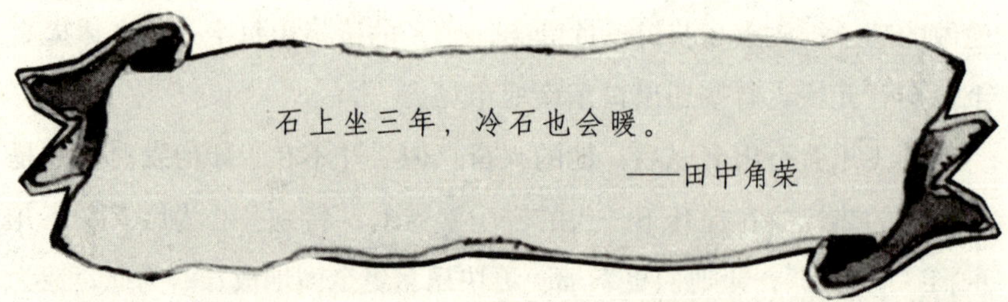

如果天上真的掉下馅饼来，只有先伸出手的人才能接着；如果外面有出路可捡，只有起得早的人才能捡到。政治是勤劳人的政治，经济是勤劳人的经济，同样，出路是勤劳人的出路。

人的一生有太多的理想，太多的追求，是什么促使理想成为现实呢？惟一的法宝就是韦尔奇所说的那样，一定要让自己“动起来”，让自己在前进的道路上“跑起来”，只要坚持跑下去，就一定能跑到理想的彼岸。

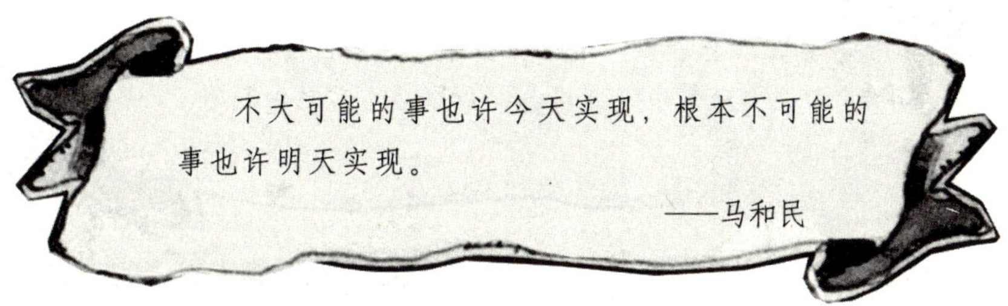

世界上还有这样一种有趣的现象，即人们走路的速度与成功有关，社会经济发达的地区，人们走路的速度也快。美国学者罗伯特·列文对全球31个国家和地区人们步行速度进行调查，步行速度最快的前7位依次是：爱尔兰、瑞士、荷兰、英国、德国、美国、日本。香港排在第14位，台湾排在第18位，大陆居第24位。排在最后一位的是巴西，有人说“在巴西的深处，一天才行进一公里，时间也停止了步伐”。

人们都羡慕幸运的人，也希望能遇上幸运之神，像约翰·洛克菲勒，一位万灵油推销商的儿子，找到了一种真正给他带来名声和财富的石油；像山姆·沃尔顿，一位在偏远小镇开杂货铺的人，居然发展成为全球零售业大亨；像比尔·盖茨，一位中途退学的大学生创办一家小软件公司，后来竟成为全球首富。尽管这些人原来大多是个穷光蛋，但是，真正要成为成功的幸运儿，一般要具备三个条件，这便是“眼尖”、“手快”、“腿脚勤”。

勤能补拙。古希腊神话中说有个神因犯了天条，被罚苦役，他要不断地从山脚往山顶推石头，到了山顶石头又滚下来了，接着又推，周而复始，以致无穷。开始时，还觉得自己倒霉，埋怨这埋怨那；后来，他把石头推到山顶当做人生的乐趣，当做锻炼身体、磨练意志的过程。就这样，他推过了春夏秋冬、蓝天白云，越推越快乐，终于感动了上帝，于是，他被召回天庭，成为得到上帝青睐的幸运儿。

出路，从来都不是从天上掉下来的，而是苦苦修炼而成的。正如美国“焦炭大王”弗里克所说：“成功没有秘诀，只是需要努力奋斗，并为你所做的事献出所有的时间，无论白天还是黑夜。”

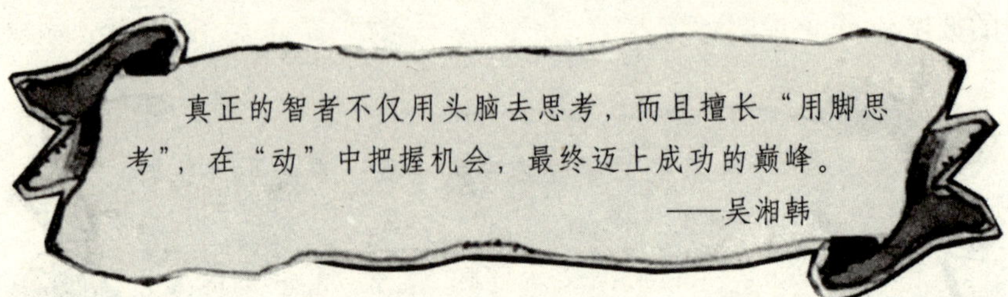
真正的智者不仅用头脑去思考，而且擅长“用脚思考”，在“动”中把握机会，最终迈上成功的巅峰。

——吴湘韩

世上一切成功者的出路，无不是依靠勤劳的双脚走出来的。他们大都要经历常人难以想像的艰辛，付出常人难以想像的汗水。威尔逊当选美国副总统后，在一次大会上，用自己年轻时的一段亲身经历深刻地说明了这一道理：

“我在10岁时就离开了家，当了11年的学徒工，每年可以接受一个月的教育，最后，在11年的艰苦工作之后，我得到了1头牛和6只绵羊作为报酬。我把它们换成了84美元。从出生一直到21岁那年为止，我从来没有在娱乐上花过一美元，每个美分都是经过精心算计的。我完全知道拖着疲惫的脚步在漫无尽头的盘山上行走是什么样痛苦的感觉……在我21岁生日之后的第一个月，我带着一队人马进入了人迹罕至的大森林里，去采伐那里的大圆木。每天，我都是在天际的第一缕阳光出现之前起床，一直辛勤工作到天黑后星星探出头来为止。在一个月夜以继日的辛劳努力之后，我获得了6美元的报酬。当时在我看来，这可真是一个大数目啊！每个美元在我眼里都跟今天晚上那又大又圆、银光四溢的月亮一样。

在这些岁月里，我很珍惜时间，就像抓住黄金一样紧紧地抓住了零星时间，不让一分一秒无所作为地从指缝间流走。在21岁以前，我利用零星的时间，设法读了1000本好书。”

一分耕耘，一分收获，成功靠打拼，类似的道理大书小书都讲烂了。但这里还是要讲一个我们身边的故事：

南京有位已退休的辅导员，在家赋闲，经济拮据，为补贴家用，她选择了代理学生报刊的销售。两年以后，她的年销售收入达到200万元，这是非常了不起的业绩！因学生报刊市场白热化的竞争，就连“正规军”也无法取得如此业绩。我为之惊叹，专程拜访了她：

——“请问有什么秘诀？”

——秘诀就是“跑”。马不停蹄地跑，不厌其烦地跑，从这所学校跑到那所学校，从年初跑到年底，从早晨六点出门跑到晚上十二点才“跑”回家。为此，她还出示了随身携带的“两双鞋”，一双为平跟鞋，一双为高跟鞋。

——“为何要带一高一平的两双鞋？”

“出家门在路上跑就穿平跟鞋，跑得快，一天可以跑更多的单位，脚也舒服；快进校门时便换上高跟鞋，因要见老师、要见学生，人还是要讲究点‘模样’，他人的感觉也会好一点。”

她就是这么“跑”，结果“跑”成了学生报刊的“销售大王”。

出路是跑出来的，是奋斗出来的。如果像古人说的饼子挂在脖子上却被活活饿死的懒汉那样，手都懒得动一下。这样的人，即便出路就在脚下，懒得动脚，是永远不会有出路的。

现代社会，机会多如牛毛，前景灿烂美好，对此，心理学家罗伯特·科利尔充满信心地告诫年轻人：“不要找一些愚蠢的借口，比如说，你没有机会，没有人帮助你，没有人吹棒你，没有人拉你一把，没人让你变得重要，没人告诉你出路何在。如果你有潜力，如果你真的称

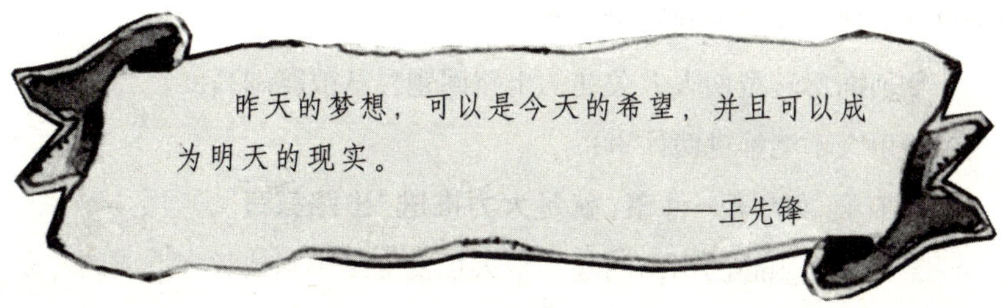

职，你就会在找不到路的时候开创出一条路来。”的确，出路，取决于创造、取决于奋斗。惟有锲而不舍地奋斗，才能打开辉煌的出路之门。

出路，总是垂青于不知疲倦的双脚！

●画蛇添足——政府要干新鲜事。如何激活出路？当务之急政府要用大手笔推进两件事：一是推进“出路教育”；二是推进“走出去”战略，在中国的和平崛起中赢得大出路！

东方的经验证明：政府即使不是万能的，也是强大的。

——申子题记

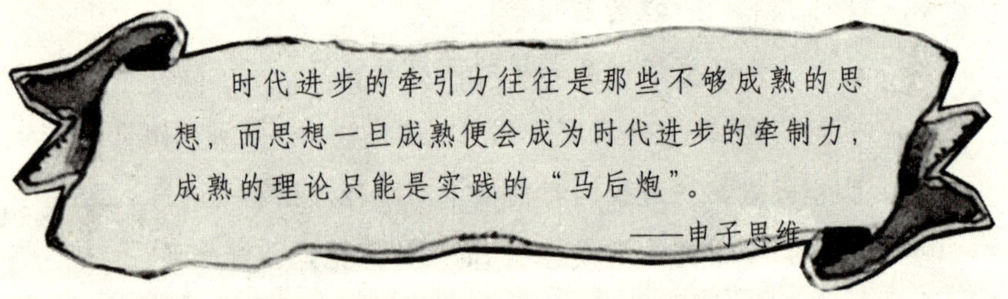

时代进步的牵引力往往是那些不够成熟的思想，而思想一旦成熟便会成为时代进步的牵制力，成熟的理论只能是实践的“马后炮”。

——申子思维

尽管我们豪情满怀地倡导大气大成，尽管我们对未来的通天大道充满信心，我们也充分相信天下每一个人都会铆足劲行动起来，去打拼人生辉煌的出路。但是，当我们把人生的方方面面进行全面系统地思考后，发现还是缺乏一种力量，于是又不得不把政府扯进来，要政府支一把力。

应该承认，中国的改革开放为我们每一个人的发展开辟了一个广阔舞台，开辟了亘古未有的康庄大道。但是，发展，必然带来发展的问题，社会发展不断升级，人们对出路的要求也不断升级，由此产生对出路的迷茫与焦虑问题也在升级。

如何面对转型期人人关注的出路问题？从战略的高度，当务之急政府要用大手笔推进两件事：

政府要做的第一件事，就是大力推进“出路教育”。

当今令人困惑的出路问题，很大程度上是中国式教育造成的，是应试教育的负面性对社会的一种报应。“为分数而拼命”的应试教育必然造成教育与社会两张皮、教育与人的出路相脱节，当依靠“神圣的分数”过日子的学子们走向社会时，发现这些“分数”并不能换取“真金白银”，甚至连面包都换不了时，必然引发严重的出路问题。改变这种状况，就必须改变教育方式。

求学，不论怀着什么目的，最终都要走向社会，并在社会上找到自己的出路。教育的第一目的是为人的出路服务的，这是国际经验，也是所有为父母者的期盼。因此，应该理直气壮地推出“出路教育”。

出路教育不是设一堂出路课，也不是开设一个出路专业，而是应作为一种“大思路”、“大思想”贯穿于教育的始终，从根本上解决教育与社会、教育与出路“两张皮”的问题。让出路主导教育，教育服务出路。出路主导教育，围绕出路抓教育，一切教育方式与方法都是为了成就学生的出路。教育要让受教育者明白自己的出路在哪里？找到这条出路需要什么条件，需要什么知识和能力？有的放矢实施教育。

出路教育的方式是兼容应试教育与素质教育之长，为了孩子的出路，该“应试的”就应试，该“素质的”就素质。具体说：

出路教育的内容是开放的——教育百花齐放，尤其要大力发展兴趣教育、特长教育和创业教育。围绕个性化的出路定位选择教育内容，教育内容应该五花八门。国际“桌球大王”丁俊辉的父母就是出路教育的先知先觉者，他们认定自家的小丁能在桌球上找到出路，就让孩子连小学也没读完，便放弃学业，倾家荡产地引导孩子打桌球，果然，在桌球上找到了一条大出路。

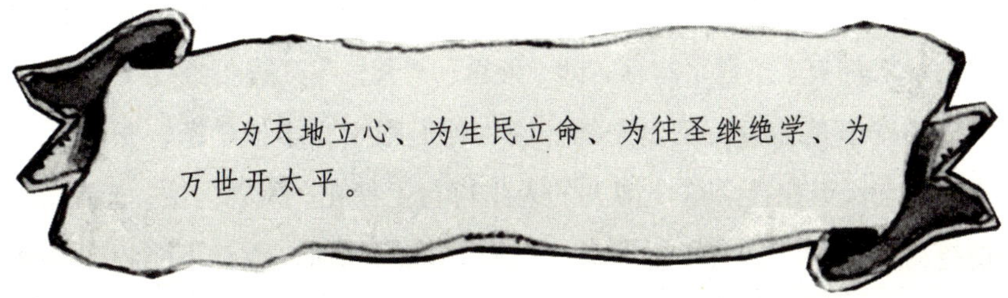

出路教育的方式是开放的——著名的儿童文学作家郑渊洁，“家中三代小学生”，而且都有大出息。他不是不重视教育，他是在家中有的

放矢地搞出路教育。

郑家第一代小学生郑洪升，1932年出生，最高学历为五年私塾，但他靠自学成为华北军政大学的哲学教员，创造了小学生教大学生的记录；郑家第二代小学生郑渊洁，1955年出生，顶级学历为小学四年级，靠自学成为著名的儿童文学作家，创造了皮皮鲁、鲁西西、舒克、贝塔等一系列儿童喜欢的童话形象；郑家第三代小学生郑亚旗，1983年出生，因不堪忍受应试教育，小学毕业在家接受父亲教育，靠自学成为北京某著名网络媒体的技术总监。

郑家三代从内心里认为，学习是一辈子的事，而现代学校教育最误人子弟，对出路帮助不大。他们还商定，争取第四代拿到大学文凭，在拿到文凭的那一天，前三代人6只手合力将那文凭缓慢地撕得粉碎，然后语重心长地告诉他（她）："孩子，你爷爷的爸爸和爷爷还有爸爸撕的只是一张普通的纸。从零开始吧，一直自学到死。人的毕业证只有一个，那就是死亡证书。无人能看到自己的毕业证书。凡是以为自己看到了自己毕业证书的人，活着时，已经死了。不自学，毋宁死。"

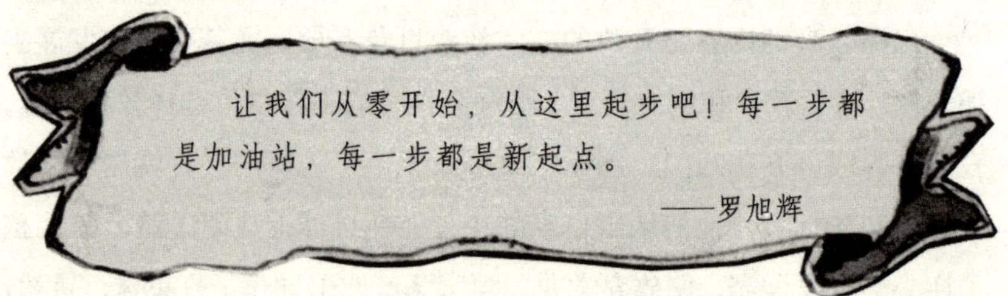

从中国到外国，从大老板到小老板，他们在起步时大多属于"三无人员"，即无高学历、无"靠山"、无资金，但为什么能成功？因为他们一般都有"三善"特征，即"善思"、"善悟"、"善拍板"。这种"三善"的本事是如何历练出来的？因为他们很少受学校禁锢，很少受书本束缚，长年在社会这一博大的人生舞台上搏击，久久为功，于是，也便练就了这种"三善"的本事。因此，无论如何，教育不能封闭，必须与社会发生密切的互动，教育必须深入社会实践，真正让受教育者在实践中"悟"出智慧来，历练出打拼出路的本事来。

说到底，出路教育也是创业教育。推进创业教育最根本的是要改变“高考指挥棒”，真正让大学教育与创业密切互动。大学是彻底开放的，大学生随时可以中断学业去创业，工作之后需要提高再回校学习，读书与实践紧密结合。上大学绝不是目的，而是赢得出路、升级出路的“加油站”，年轻时可与某所大学达成契约，需要学习时，随时进这所大学去“充电”、“加油”，有了一定本事就离开学校到出路上去“跑”，然后又“加油”，如此不断循环，直至老了，不需再“加油”，也不要再找出路了，然后根据单科学习证明和工作业绩，再到年轻时达成“约定”的大学申请文凭，所在大学核准后，在烫金的、金光闪闪的文凭上写上——该同志一生学了什么、创了什么业、打造了什么出路！因此，高学历文凭也是一生出路的记载，获得它时，便是对一生的打拼画上一个圆满的句号。

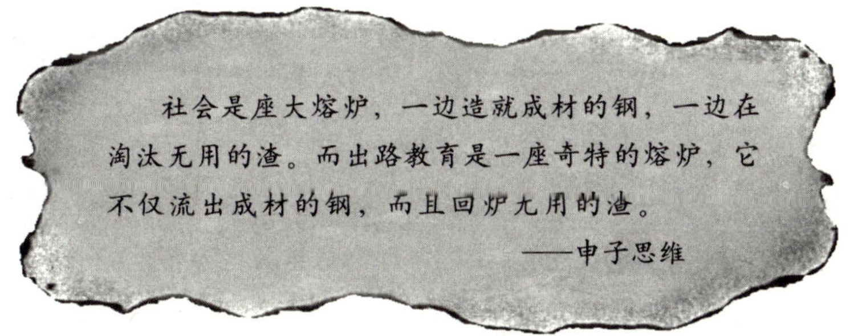

出路不会从天上掉下来， 也不会从地下突然冒出来，它是人与社会反复磨合的结果，而教育是其磨合的润滑剂。如果每年400多万大学生6月30日毕业，7月1日就要找到出路，这本身就是计划经济时代造成的一件很荒唐的事情。

大学不仅是个人出路的“加油站”，更是一个无比巨大的就业创业“蓄水池”。它犹如一座巨型水库，应该向社会细水长流，即天天有人进，天天有人出，如果让水库里的水在统一的一天如山洪暴发般地倾泄出来，岂能不决堤？岂不给社会带来恐惧性的后果？而出路教育，把教育和人的出路当做一个恒久的互动过程，它既没有统一的入学日，也没有统一的毕业日，只是把教育当做服务出路的工具，把教育融入打拼出路的始终，也就实现了教育、受教育者的出路与社会的良性循环。

出路教育不是简单地缓解当前的就业压力问题，而是从根本上解决教育与社会、教育与人的出路“两张皮”问题，使教育真正成为成就人们出路的大熔炉。

政府要做的第二件事，就是全力推进“走出去”战略。

中国的改革开放了不起！第一大“了不起”就是农民“走出去”了。成千上万、成万上亿的农民兄弟“游走全国”、“游走世界”，走向城镇、走出国门，彻底告别了脸朝黄土背朝天的日子，获得了新生，赢得了新的出路。著名的“温州模式”就是一种“走出去模式”，目前世界上哪儿有生机，哪儿就有温州人，温州人走到哪里，就有温州人的新出路。

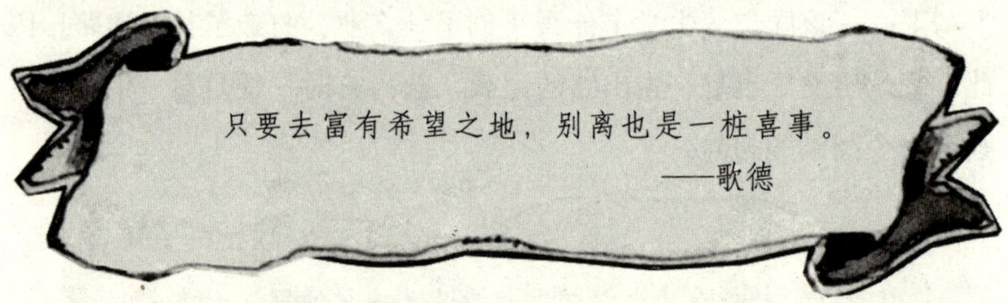

解决眼下大学生的出路问题，同样应推进“走出去”战略。无疑，“走出去”应该是从大城市走出去。类似北京、上海等大城市，本地每年上百万毕业生恋着不想走，全国各地高材生及世界各地的“海龟”要挤进来，的确人满为患。随便到这些城市的地下室瞧瞧，都会发现里面住满了硕士博士生，一些人的日子过得惨兮兮，生活质量甚至比不上在麻将馆里洗麻将的人，出路当然渺茫，但为了面子还是“死撑着”。因此，为了出路，必须从大城市走出去。那么，走到哪里去？

走到城镇去！成千上万的中小城镇空荡荡，空气新鲜，阳光明媚，等待着我们去建设。

走到农村去！新农村、新天地，新一轮的农村城镇化、乡村生态化、农业产业化、工业化，使“广阔天地”从理想变为现实。

走到西部去！那里地广人稀，山川秀美，资源极为丰富，发展潜能巨大，如果能像当年美国人开发西部一样，前程怎不诱人？

走到世界各国去！尤其是走到与我们关系友好、正在实行开放的第三世界国家去，那里就像我们改革开放的初期一样，刚刚启动起飞机制，发展空间巨大，遍地是机会，处处有黄金。

但是，怎样才能走出去？事实上我们天天都在号召大学生下基层、去边疆，效果又如何呢？在广大农民兄弟一个个削尖脑壳往城里钻的今天，简单地号召好不容易跳出“农门”的学子回到农村去，似乎也有点滑稽。想当年动用国家机器，把知识分子弄到农村，结果有几个能“扎根”？回城的哨子一吹响，他们一个个飞得比麻雀还快。

为什么会这样呢？因为没有为他们配置创业要素，没有为他们搭建立业平台。这就是说，走出去，不论是在国内走还是到世界各地走，都是需要一定条件的。这种条件，就是要对人力、财力、物力进行有效匹配。大学生走向社会，如果不给他们配置必要的发展要素，一味地鼓动他们到基层去、到农村去，去干什么？如果选择不去，便给他们戴上一顶“眼高手低、高分低能”的帽子，这真是天大的冤枉，天大的不负责任！事实上，仅凭一腔热血，必然于事无补。

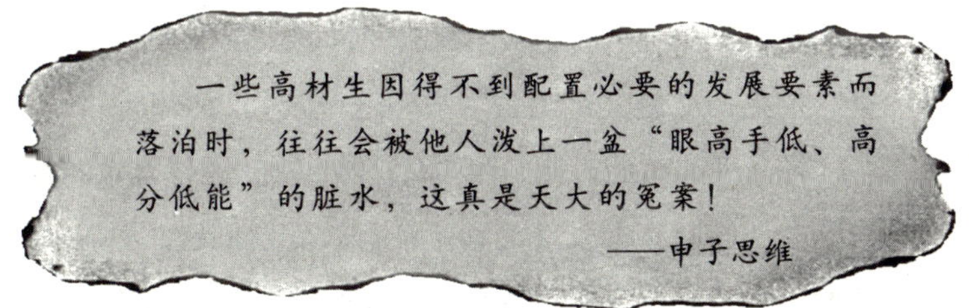

令人欣喜的是，今日已不同于昨日，我们迎来了实施“走出去”战略的最佳历史时期，我们有充足的能力为大学毕业生“走出去”提供一个完整的支持体系。因为，当今毕业即失业，绝对不是人多了，也不是天地窄，更不是他们“高分低能”没本事，根本原因是人与“财力”、“物力”等必要的发展要素不能得到合理的匹配。计划经济时代政府对这些要素进行强制匹配，那么市场经济条件下，处于弱势的、单个的、缺乏经验与关系的学子凭什么能得到这些资源的有效匹配呢？

要知道，在“人才剩余”的假象背后，社会造成了巨大的“财力剩余”和“物力剩余”。社会闲置的资金堆积如山，银行里堆积了数十万亿闲钱，外汇储备达一万多亿美元，就如西汉时期的钱一样，堆在金库里都发霉了；社会财富大量剩余，600多种主要商品样样过剩，投资哪儿，哪儿就过剩。这就是说，“财不尽其力”、“物不尽其用”，必然导致“人不尽其才”。钱、物都找不到出路，必然导致人也找不到出路。

这就是当代大学生出路困惑的症结所在！这就是难以“走出去”的症结所在！如果将这么多“发霉的钱”、“发霉的物”，拿出一丁点与当代大学生的聪明才智进行合理匹配，那么，他们将如鱼得水、如虎添翼。先不说他们中将产生出多少个比尔·盖茨、多少个柳传志式的人物，但至少他们也能在“走出去”战略中写出精彩的人生画卷！

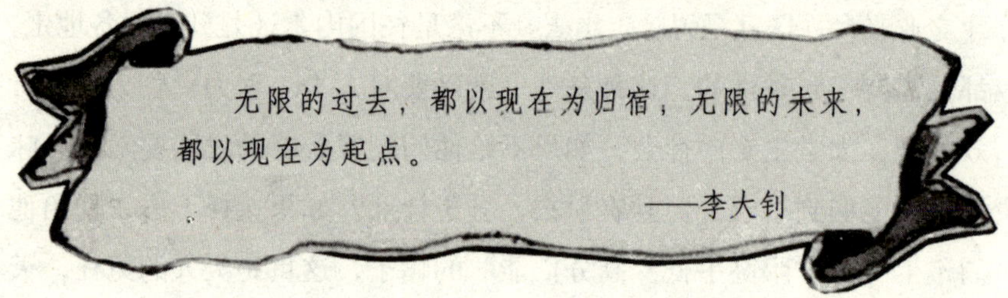

好了！问题的症结已经找到了，那么政府具体扮演什么角色呢？

第一，就像当年实施“请进来”战略一样，坚定地实施“走出去”战略，切莫错过当前实施“走出去”战略这一最佳历史机遇期。

第二，建立完善的市场机制，让“人、财、物”进行有效匹配，解决大学生与资本、与财富等发展要素不能有效配置问题。如果通过政府引导，把大学生与资金、与老板、与民工捆绑起来，以企业家为龙头，以大学生为骨干，以项目、资金为纽带，让他们组成成千上万个小分队，浩浩荡荡地开到基层去、开到世界各地去发展。这不仅盘活了“财力”、“物力”的出路，自然也就盘活了“人力”的出路。

当今世界不是还有许多地方的人连黑白电视机都没有吗？许多地方的人还没有鞋袜穿吗？还有许多地方的孩子没有书可看吗？这就行了，哪里需要就到哪里去办厂开店搞实业。如此，出路这盘棋就活了。

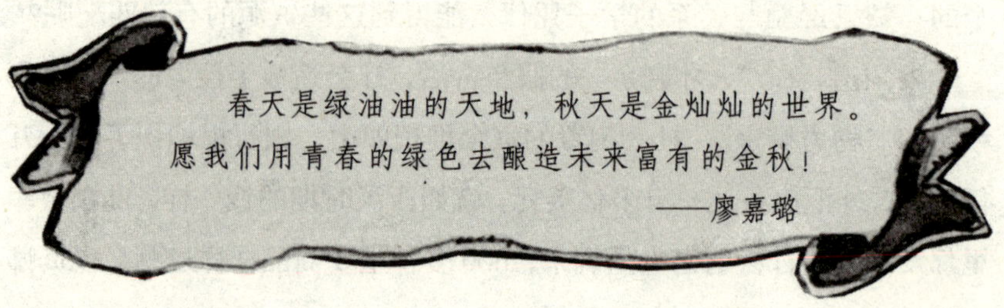

走出去！我们立马就会发现，天地是如此之大，路子是如此之广，人生是如此之美。

走出去！财富价值上我们将走出“低薪时代”，走进“发财时代”，即使成不了富翁，至少也可以成为一名“白领”或“高管”。

走出去！社会价值上我们将让不发达地区发展起来，让不够美丽的地方美丽起来，尤其是帮助第三世界兄弟国家搞建设，我们将对人类、对世界做出多大的贡献呀！

走出去！个人价值上我们再也不会像只刺猬一样畏缩在被遗忘的角落里，而是像雄狮一样傲视全球、“游走世界”，再展“天之骄子”的才华和魅力，谁还会说我们“高分低能”？谁还敢说我们“眼高手低”？

中国正在走向世界，中国正在和平崛起！走出去！让我们跟随中国走向世界与和平崛起的步伐，大胆地往前走吧！

人生路漫漫，出路浩然然，在这个世界上——

最美丽的图画尚未构思，
最优美的诗篇尚未成行，
最高的山峰还没人征服，
最广的河流还没人横渡，
最美好的航行还未起锚，
最伟大的事业刚刚开始。

我们没有理由不相信社会，没有理由不相信自己，没有理由不相信未来，只要“走出去”，只要敢闯，只要锲而不舍，就一定能走出一条对得起父辈、对得起自己、对得起子孙的具有时代个性的发展之路！

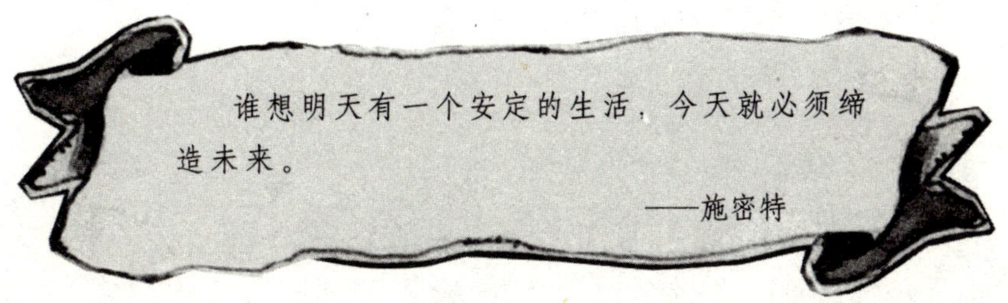

走天下路，走天下人自己的路！

只怕自己不发力，不怕上帝不开门。

(京)新登字 083 号

图书在版编目（CIP）数据

出路／申平华著．—北京：中国青年出版社，2007

ISBN 978-7-5006-7230-2

Ⅰ.出... Ⅱ.申... Ⅲ.成功学 Ⅳ.B848.4

中国版本图书馆 CIP 数据核字（2006）第 133286 号

责任编辑：庄志霞

整体设计：zhengmei 正美 书籍装帧设计部 010 64003130 zhengmeibj@126.com

中国青年出版社 出版发行

社　　址：北京东四 12 条 21 号

邮政编码：100708

网　　址：www.cyp.com.cn

发行电话：(010) 64065904

编辑电话：(010) 84046485

邮购电话：(010) 84039659

印　　刷：三河君旺印装厂印刷

经　　销：新华书店

开　　本：700 × 1000　1/16

印　　张：23

插　　页：3

字　　数：320 千字

版　　次：2007 年 1 月北京第 1 版

次　　数：2007 年 8 月北京第 2 次印刷

印　　数：20001－25000 册

定　　价：29.80 元